新制度经济学

第三版

New Institutional Economics

3rd edition

张卫东 编著

21世纪高等院校经济学专业系列教材

东北财经大学出版社 Dongbei University of Finance & Economics Press 大连

图书在版编目（CIP）数据

新制度经济学 / 张卫东编著．—3版．—大连：东北财经大学出版社，2024.1
（21世纪高等院校经济学专业系列教材）
ISBN 978-7-5654-5033-4

Ⅰ.新…　Ⅱ.张…　Ⅲ.新制度经济学-高等学校-教材　Ⅳ.F019.8

中国国家版本馆CIP数据核字（2023）第225933号

东北财经大学出版社出版
（大连市黑石礁尖山街217号　邮政编码　116025）
网　　址:http://www.dufep.cn
读者信箱:dufep@dufe.edu.cn
大连东泰彩印技术开发有限公司印刷　东北财经大学出版社发行
幅面尺寸：185mm×260mm　字数：407千字　印张：17　插页：1
2024年1月第3版　2024年1月第1次印刷
责任编辑：孙　平　孙晓梅　责任校对：刘贤恩
封面设计：原　皓　版式设计：原　皓
定价：52.00元

教学支持　售后服务　联系电话：（0411）84710309

如有印装质量问题，请联系营销部：（0411）84710711

第三版前言

中共二十大强调了勤劳致富，并提出通过中国式现代化的发展道路实现共同富裕，表明中国的发展战略“从少数人先富起来”正式向实现共同富裕转变，走向包容、共享的发展之路。

这种转变既是时代发展的要求，也是历史经验的总结，因而具有重要的战略意义。要实现这种转变，需要很多的前提条件与基础设施，因为新的发展战略内涵十分丰富，涵盖了从增长到分配、从效率到公平的各项内容，而这些内容之间既有关联衔接，也有冲突取舍。要处理好这些关系，既需要精细的制度设计，也需要贴切有效的政策措施，其中制度建设又是重中之重。精巧的激励相容制度不仅能够最大限度地调动各个经济主体的生产积极性，实现经济的高质量增长，同时也意味着各种资源的所有者按贡献获得相应报酬，实现发展成果的合理共享。

从另一个维度来看，制度与科技是当今社会发展的两大利器。科技可以提升生产效率，由此增强竞争力。而制度规定了人们的行动准则，成为人类社会秩序的基石，也是生产力发展的基础。但就二者的关系而言，制度建设可能更具有基础性作用。这是因为，科技创新虽然可能诱导制度创新，但若缺乏制度建设所提供的基础设施与支撑体系，科技创新不仅没有动力，也没有发挥作用的平台与环境。科技与经济的发展历史表明，正是专利制度的设立，才有了人们从事科学研究与发明工作的强大动力，才使传统社会中的闲情雅致式的研究活动转变成了职业化、商业化与组织化的系统工作，进而形成了科技成果转化的有效机制与良好环境。因此，制度建设是科技创新的强大推手与有力保证。

进而言之，自党的十八大以来，中国继续推行深化改革与扩大开放战略，在错综复杂的国际国内形势下，着力应对“百年未有之大变局”，充分彰显了制度建设的重要作用。随着新技术革命的发展及新技术在经济社会中的运用，经济运行更为复杂，新环境与旧制度的冲突亦不断加剧，制度障碍造成的效率损失与制度改善带来的福利增加持续存在，这似乎提醒着人们，制度问题在经济社会发展中具有持久的影响力。在这种背景下，中共十九届四中全会专门讨论制度问题，将“中国之治”的制度密码概括为13个方面的制度优势，全面系统地总结了过去几十年来中国制度建设的成就与经验，这是对制度作用，特别是关于市场与政府关系认识的升华，使我国自改革开放以来从最初的“计划经济为主，市场调节为辅”到以“政府为主导、充分发挥市场配置资源的基础性作用”的转变，再次向更高的认识层级跃升，从而为未来进一步深化改革、提高治理能力与治理效能提供了指南。

这些都说明，制度建设在我国当前具有特别重要的意义。本书第三版就是在这种背景下进行修订的。本次修订在保持原有框架和基本内容不变的前提下，进行一些调整。作者对全书作了逐字逐句的打磨与推敲，对一些文字表述进行了修改，对案例进行了更新（这里要特别感谢袁雪闵、岳铭慧两位研究生在收集案例中所做的工作），几乎每章都增加了习题，特别是增加了一些反映党的二十大精神的内容。

当然，本书作为系统介绍新制度经济学的教材，虽然力图更多地引入中国改革开放的鲜活案例与中国元素，但总的来说，“中国元素”依然不够。直面中国体制改革的重要问题，建立有中国特色的制度经济学，依然是一个挑战。同时，本书对于新制度经济学的最新发展动态没有进行更多的追踪，对于新的问题也着墨有限。这些缺憾希望以后能有机会弥补。

最后，要特别感谢东北财经大学出版社的孙平先生。13年前在他的帮助与努力下，本书得以出版，5年前又在他的帮助下出了第二版，现在还是在他的极力支持和督促下完成了第三版。当然，本书文责自负。对于不足之处，衷心希望广大读者批评指正。

张卫东

2023年11月于武汉

第一版前言

中国人聪明、勤劳，举世公认。这种聪明、勤劳曾经创造了灿烂的古代文明：经济上的繁荣自不必说，就是科学艺术上的成就亦可圈可点。但自康乾盛世以后至1949年之前，中国的发展乏善可陈。虽然不完全是百业凋落，停滞不前，却也称得上是坎坷多艰，捉襟见肘。个中的原因，仁者见仁，智者见智。制度问题为其根本，几乎已成为大多数人的共识。道理很简单：人还是那些人，地还是那块地，但动员人的方法不同，耕作土地的效率也就不同。

动员人的方法也就是制度。有效的制度可以最大限度地调动人的积极性，从而更好地利用经济资源；无效的制度使人行为扭曲，导致资源浪费。从这个意义上说，不同年代、不同国家，经济发展的绩效迥然不同，可以有很多的说法，但长期的贫困或繁荣只能归结为制度的作用。

制度的作用在1978年以来的中国表现得最为明显。1978年开始的经济体制改革轰轰烈烈，其效果也不同凡响：短短30余年，神州大地沧海桑田，其变化之大、之快，令人惊叹。

这种变化的结果是：中国连续保持了30余年的高速增长，创造了经济奇迹和世人称道的"中国模式"。

然而，在经济上急速改善的同时也产生了新的问题。这种新的问题可以概括为：少数人先富起来了，大多数人还没有实现共同富裕。甚至在少数人富得流油的同时，大多数人感觉到生活压力更大了。结果，30年前人们为填饱肚子而伤神，30年后人们为差距过大而忧心。

"成也萧何，败也萧何"，制度的这种双刃剑作用表明了制度的复杂性。回过头来看，制度在造就高速增长的同时也隐含了它的限制：经济体制改革造成的强激励和市场化过程释放出的巨大机会，是少数人率先富起来的制度背景，但体制改革的探索性使制度本身不完善，以及中国官本位下权力深度介入市场，是收入分配差距拉大乃至失衡的制度条件。显然，只有制度的进一步完善，才有可能解决目前存在的问题，并奠定进一步发展的基础。

从另一个角度来看，体制改革在降低一部分交易费用的同时，又增加了另一部分交易费用。其表现是：一些教师不再安心教学，而是为了各种学术资源（或荣誉）四处"公关"；一些商人不是深入研究市场，而是通过结交权贵赚取利润；一些干部不是安心为国为民，而是竭尽全力打造各种"形象工程"。诸如此类，急功近利的浮躁和各种"关系"的泛滥，导致了各种短期行为和大量的资源浪费。可以想象，一旦降低了这种交易费用，中国的发展空间将再次打开，新一轮的增长又将可期。

这意味着，作为经济社会基本游戏规则的制度，不仅在过去，而且在现在和将来，在经济活动中始终起着重要的作用，因此，研究制度问题具有十分重要的意义。尤其对于中国这种处于转型过程中的国家来说，制度建设的意义更为重大。

幸运的是，新制度经济学在中国的影响日盛，说明制度的重要性已逐步为国人所认识。目前我国已陆续出版了大量的新制度经济学读物，其中既有翻译国外的，也有中国学者自著的，从论文到专著、教材，林林总总。这些读物内容丰富，各有千秋。在这种背景下，要想出版一本独具一格、能在市场上占据一席之地的著作，已是非常困难。

本书是应东北财经大学出版社之约而写的。本书力求对当代新制度经济学的主要理论进行比较系统的概括与总结，在全面展示新制度经济学理论和方法的同时，把握新制度经济学的精髓，以便人们能够更好地学习和了解当代新制度经济学的主要内容和方法，并运用新制度经济学的理论和方法研究和分析中国的制度问题，为中国的经济建设服务。

相对而言，本书的第一个特点在于：以交易费用理论为中心，廓清了新制度经济学的理论体系。在作者看来，交易费用是新制度经济学的核心概念和理论生长点。在交易费用的框架下，产权的界定和执行变得非常重要，由此产权理论被看成交易费用理论的自然延伸，而一旦产权被界定和执行，人们就会通过各种各样的合约进行交易，以实现资源价值的最大化，由此合约经济学也随之而来；当人们在不同条件下为了极小化交易费用而选择不同的合约形式时，组织问题出现了；经济组织的具体形式是市场、企业和国家，它们都是以极小化的交易费用解决经济问题的方式，由此新制度经济学的市场理论、企业理论和国家理论也就相应产生。最后，当交易费用理论用来分析法律制度的形成与作用时，法律经济学也就进入了画面。循着这种思路，本书在第1章介绍了新制度经济学的一些基本概念以后，第2章是交易费用理论，接下来依次是产权经济学、合约经济学、经济组织理论、市场理论、企业理论、国家理论，最后是法律经济学。由此可见，新制度经济学的理论实际上环环相扣、体系严密。

本书的第二个特点是收集了一些中国的实际案例，希望尽可能结合中国的实践来阐释新制度经济学的理论，为新制度经济学的本土化尽一份力量。在本书的每一章都设有一些专栏，这些专栏从不同的角度展示了中国的现实情况，从中可以看出，用新制度经济学的理论和方法来分析中国现实问题的贴切性和重要性。

最后，一本好的教材必须能够较好地吸收现有的优秀成果。本书是否称得上好还有待检验，但本书确实从已有的研究成果中吸收了不少养分，这里特别要提到的是，冰岛学者埃格森（Thrainn Eggertsson）撰写的《制度与经济行为》和美国学者埃里克·弗鲁博顿、德国学者鲁道夫·芮切特（Eirik Furubotn and Rudolf Richter）撰写的《制度与经济理论——新制度经济学的贡献》两部著作。前者文字通俗简洁，主要强调了新制度经济学关于产权与经济组织的论述；后者相对系统，在交易费用理论的基础上，对产权、合约和经济组织进行了较为全面的总结与概括。本书吸收了这两部著作的一些有益成果，在此对作者表示感谢。同时还要感谢其他一些文献的作者，这些文献凡是直接或间接引用到的，都在书后注明了。

在本书写作过程中，自始至终得到了东北财经大学出版社孙平先生的关心和支持。本书的写作可以说极其费时，从1999年作者开始为研究生讲授“新制度经济学”课程开始，迄今已11年。是他的宽容和督促，才使本书最终得以完成，在此表示衷心的感谢。

由于作者水平有限，书中仍有许多尚待修改完善之处，欢迎读者批评指正。

张卫东

2010年8月于武汉

目 录

第1章 概 论 /1
学习目标 /1
1.1 制度的基本概念 /1
1.2 什么是新制度经济学 /16
1.3 新制度经济学的创新之处 /25
1.4 学习新制度经济学的意义 /33
本章小结 /39
基本概念 /39
复习思考题 /39
主要参考文献 /39

第2章 交易费用经济学 /41
学习目标 /41
2.1 交易费用的概念 /41
2.2 交易费用存在的原因 /54
2.3 交易费用的重要性 /58
2.4 交易费用的理论模型 /63
2.5 交易费用的理论意义 /65
本章小结 /67
基本概念 /68
复习思考题 /68
主要参考文献 /68

第3章 产权经济学 /69
学习目标 /69
3.1 产权的基本概念 /69
3.2 产权的起源 /78
3.3 产权的重要性 /85
3.4 租值消散理论 /89
3.5 转让权的意义 /94
3.6 产权保护的价值 /96

本章小结 /99
基本概念 /99
复习思考题 /99
主要参考文献 /100

第4章 合约经济学 /101
学习目标 /101
4.1 合约的概念与类型 /102
4.2 合约经济学的主要理论 /109
4.3 完全合约理论 /115
4.4 不完全合约理论 /121
本章小结 /129
基本概念 /130
复习思考题 /130
主要参考文献 /130

第5章 经济组织理论 /132
学习目标 /132
5.1 经济组织的概念与基本问题 /132
5.2 研究组织问题的不同方法 /134
5.3 产品市场的度量问题 /136
5.4 劳动市场的度量问题 /141
5.5 农业中的各种合约安排 /159
5.6 自由放任市场中的企业结构：相互竞争的组织形式 /165
本章小结 /170
基本概念 /170
复习思考题 /171
主要参考文献 /171

第6章 市场理论 /173
学习目标 /173
6.1 市场的组织特性 /174
6.2 市场的价格刚性 /178
6.3 市场做法的逻辑 /179
本章小结 /193
基本概念 /193
复习思考题 /193
主要参考文献 /193

第7章 企业理论 /195
学习目标 /195
7.1 企业概论 /195
7.2 企业的规模与类型问题 /205
7.3 企业的产权安排与委托代理问题 /211
本章小结 /218
基本概念 /219
复习思考题 /219
主要参考文献 /219

第8章 国家理论 /221
学习目标 /221
8.1 产权理论与国家理论 /222
8.2 简单的新古典国家理论 /224
8.3 国家的起源与演变 /226
8.4 政治制度与政治市场 /234
8.5 国际关系中的国家 /237
本章小结 /239
基本概念 /240
复习思考题 /240
主要参考文献 /240

第9章 法律经济学 /242
学习目标 /242
9.1 法律经济学研究的主要问题与研究方法 /242
9.2 关于财产的经济理论 /248
9.3 关于合约的经济理论 /251
9.4 关于侵权的经济理论 /253
9.5 普通法诉讼程序的经济效率 /255
9.6 关于犯罪和刑法的经济理论 /258
本章小结 /260
基本概念 /261
复习思考题 /261
主要参考文献 /262

第1章
概　论

学习目标

1. 掌握制度的基本概念、作用
2. 熟悉新制度经济学的主要理论与研究方法
3. 了解新制度经济学的主要创新
4. 理解学习新制度经济学的重要意义

本章论述了制度的基本概念，新制度经济学的主要代表人物、基本理论及其创新之处，内容共分四节：第1节介绍了有关制度的一些基本概念，第2节概括了新制度经济学的基本理论与研究方法，第3节讨论了新制度经济学的创新之处，第4节提出了学习新制度经济学的主要意义。

1.1　制度的基本概念

科技与制度是现代社会发展的两大利器。科技提供效率，制度提供秩序，二者的作用都不可或缺。然而，从更深层次来理解，制度的作用更为基础与根本。在好的制度下，科学技术才有发挥作用的可能。这表明科学技术的发展有一个前提，就是好的制度。

那么，制度的作用为何更为根本？如何才能建立好的制度呢？这个问题看似简单，实际上并不容易回答。从中国古代的“大同”思想、近代欧洲的“乌托邦”，到当代的法西斯主义、传统的社会主义、斯堪的纳维亚的社会主义、第三条道路，以及一些发展中国家的“社会工程学”，人类社会充满了各种各样的思考与实践。无数的先贤志士提出过各种各样的设想，试图描述美好制度的蓝图。

在经济学中，亚当·斯密曾看到资本主义制度对生产力提高的巨大作用，但资本主义制度在提高生产力的同时也造成了经济危机和工人阶级的贫困化，因此，马克思把资本主义制度看成现代社会的一切矛盾之源，并提出了推翻资本主义、建立共产主义制度的伟大理想。

1917年，俄国爆发“十月革命”，开始了社会主义计划经济体制的实践。几十年后，计划经济体制的无效率暴露无遗，诸多中央计划经济国家又开始了向市场经济体制的转轨。

在西方发达国家，20世纪30年代的大萧条使人们看到了市场经济体制本身的缺陷，凯恩斯提出了通过政府干预政策保持经济体系稳定的主张，由此奠定了第二次世界大战后混合经济制度的理论基础。但第二次世界大战后的混合经济制度并没有消除资本主义经济危机，反而使经济危机具有了新的特点。20世纪60年代以后，西方发达国家发生了普遍的经济滞胀，就是国家过度干预经济导致的新型经济危机。面对滞胀，凯恩斯主义的国家干预政策束手无策，倡导自由竞争的新自由主义乘势崛起。在新自由主义的旗手弗里德曼看来，理想的政府是："维护法律和秩序，界定产权，充当我们修改产权和其他经济博弈规则的工具，裁决在解释规则上出现的争端，强制执行契约，促进竞争，提供一个货币框架，从事抵消技术垄断的活动，克服各种被公认为十分重要因而需要对其实施政府干预的邻域效应，政府还应在保护无责任能力者（精神病人或儿童）方面辅助私人慈善团体和普通家庭。"

与此相应，第二次世界大战后倡导自由竞争的德国新自由主义也提出了类似的理想制度：私人财产，缔约自由，个人对其承诺和行动负责，开放市场（进入和退出自由），货币稳定，经济政策稳定。

然而，即使经过长期的进化与改良，发达资本主义国家也没有完全实现这种理想社会的制度规则，而且这些理想的制度规则是否包括了制度的全部内容，并达到理想的经济效果，仍然需要实践的检验。

在中国，随着经济体制改革与对外开放而来的经济转型，释放出巨大的生产力，实现了多年的经济高速增长，造就了举世瞩目的"中国经济奇迹"。人们对"中国经济奇迹"或"中国模式"津津乐道，人们的目光被进一步引导到中国的基本经济制度上。中国特色社会主义市场经济在多大程度上是一种全新的经济制度，还是只集成了计划经济与市场经济的某些优势？这无疑为研究者提供了一个很好的范例。

也许是因为制度问题过于复杂，理想的制度只存在于少数人的想象之中；更重要的原因可能是，除了改朝换代的大革命时期，历史上的制度变迁十分缓慢。例如，封建制度绵延几千年（中国的封建制度从公元前475年至1840年），发达国家的市场经济体制在长时间内几乎没有发生大的变化，因此，在相当长的一段时间内，经济学家研究既定制度下的资源配置问题，制度问题被存而不论，并最终从主流经济学的视野中完全消失。

20世纪60年代以来，新制度经济学兴起，唤起了人们对制度问题的兴趣，使制度问题得到了前所未有的关注。在技术革命的推动下，社会经济飞速发展，新技术与旧制度的冲突不断出现；在经济发展层面，传统中央计划经济体制的解体与改革，以及一些西方发达国家从私有化到国有化再到私有化的转型，特别是20世纪80年代末期的东欧剧变，均昭示着制度在经济发展中的重要作用。人们希望通过制度改革找到解决现实问题的答案，真正解决现实中存在的问题，由此在全球范围内掀起了一股研究制度问题的思潮。

那么，制度究竟是什么？制度到底对资源配置有什么作用？这就是制度经济学首先要回答的问题。

1.1.1 制度是什么

制度（Institution）一词早已有之。在《辞海》中，制度是指要求社会成员共同遵守的、按一定程序办事的规程。这么定义似乎有点抽象，同时与经济学没有什么关系，因而有必要寻求更为专业的说法。

在制度经济学中，制度是如何定义的呢？我们先看看一些代表人物的说法。

旧制度学派的主要代表人物凡勃伦（Veblen）认为，制度是由人制定的规则，它起着规范人们行为的作用，抑制人际交往中可能出现的任意行为和机会主义行为。它告诉人们可以干什么、不可以干什么，必须这样做或必须不这样做，它具有奖惩作用。在这个维度下，制度就是使人们的行为变得可以预见，以促进人们之间的合作与交往。

旧制度学派的另一代表人物康芒斯（Commons）则认为，制度是集体行动控制个体行动，制度告诉人们能够、应该、必须做什么，或者相反。

可以看出，旧制度学派偏重从制度的功能来定义制度，这当然是有启发性的，它较好地说明了制度的作用，表明制度是一种行为规范。

然而，只从功能来定义还远远不够，虽然功能极其重要。因此，新制度经济学以及其他一些学者对制度也提出了各种定义。例如，安德鲁·斯考特在《社会制度的经济理论》中对制度给出了明确的界定，他说："社会制度，指的是社会的全体成员都赞同的社会行为中带有某种规律性的东西，这一规律性具体表现在各种特定的往复情境之中，并且能够自行实行或由某种外在权威实行之。"这就是说，从执行方式来看，制度可以分为自觉实行和强制实行两种。

当然，这一定义还是有点难以把握，并且不够精练。

另一位学者艾尔斯纳认为，制度是一种决策或行为规则，特定的规则通常在特定社区内得到普遍承认，因为它们为与决策有关的预期提供了基础。

著名学者舒尔茨认为，制度是一种行为规则，这些规则涉及社会、政治、经济行为。

布罗姆利认为，制度是影响人们经济生活的权利和义务的集合。它包括两个部分：一部分是行为准则；另一部分包括规则和所有权。

尼尔认为，从广义上讲，制度暗指一种可观察且可遵守的人类事务安排，它同时也含有时间和地点的特殊性而非一般性。具体来说，某一制度可以通过下面三类特征而被识别：一是存在大量的人类活动，并且这些活动是可见的和可辨认的；二是存在许多规则，从而使人类活动具有重复性、稳定性，并提供可预测的秩序；三是存在大众习俗，它对人类活动和各种规则加以解释和评价。

在《新制度经济学手册》中，制度被定义为人类设计出来用以减少不确定性并控制其环境的一切文字与非文字的规则、行为规范与行为限制，包括：（1）支配合约关系与治理结构的文字规则与约定；（2）支配政治领域、政府、金融，以及更大范围内的社会的宪法、法律与规章；（3）非文字的处事规则与行为规范（Menard and Shirley，2008）。这一定义的特点是把制度涉及的各方面内容都包括进来了，而且说明了制度的作用，因而比较完整。

这类定义的清单还可以继续延伸。总的来说，各种定义从不同侧面说明了制度的作用和特征，因而可以相互补充，也可以互相代替。如果要取一个更一般性的简单说法，那么，诺斯的定义值得借鉴。诺斯指出："制度乃是一个社会中的游戏规则。更严格地说，制度是人为制定的限制，用以约束人类的互动行为。"（诺斯，1990）

诺斯进一步解释道，制度是一系列被制定出来的规则、守法秩序和行为的道德伦理规范，它旨在约束追求主体福利和效用最大化的个人行为，它提供了人类相互影响的框架，建立了一个社会，或更确切地说，一种经济秩序的合作与竞争关系，故制度是社会游戏的规则，是人们创造的、用以限制人们相互交流行为的框架。

这就是说，如果把人在社会中进行的各种活动看成游戏，把个人看成游戏的参与者，那么，制度就是这种游戏的规则。显然，制度是指导人们进行活动的指南，没有制度，游戏就进行不下去；即使勉强进行下去，游戏的过程也会混乱不堪，结果也无法确定。这就把制度的本质特征揭示出来了。

因此，概括起来说，制度是一个社会的游戏规则，起着规范、约束人们行为的作用。这样定义的制度有以下几个特性：

第一，制度是一种公共规则，表现为一定范围内的人群共同遵守的东西。这种范围可大可小，可以大到一个国家，如宪法，是一个国家范围内人们的行为规则；也可以小到一个微型公司，如公司章程或纪律，是一个公司范围内员工需要遵守的行为准则。当然，最小的范围是两个人组成的社会。在《鲁宾逊漂流记》中鲁宾逊一个人的情况下，是不存在制度的，因为他的行为除了受到大自然的限制以外，不用考虑其他任何人的反应，但星期五加入后，鲁滨逊就要和星期五约定某种规则来解决他们相处时的矛盾和冲突。

第二，制度是一种长期有效的规则。制度不同于一些解决一时问题的具体方案，它是一套一旦遇到同样的矛盾和冲突就可以循例调解矛盾与化解冲突的规则，故其特性是具有长期性和稳定性的。相反，政策、战略和措施都具有短期性和应急性，它们因为某一具体的问题而存在，随着问题的解决而消失。当然，制度和政策的边界并不完全清晰，一种长期执行的政策往往也制度化了。例如，在中国实行计划生育政策时期，一对夫妇只生一个孩子，既是一种政策，也成为一种制度。

第三，制度是一种旨在实现合作的规则。“共识”是合作的基础，如果社会中的人没有达成某种“共识”，他们就不可能进行合作，而制度就提供了一种“共识”。从某种意义上讲，制度就是人们在合作中经过多次博弈而达成的一系列规则的总和。制度的功能就是为实现合作创造条件。它告诉人们什么是可以做的或必须做的，以及什么是不能做的，或者一旦违反就应该受到什么惩罚。由于未来具有不确定性和不可预知性，建立制度能将阻碍合作的因素减少到最低限度。例如，银行制度实现了资金供给者和资金需求者之间的某种合作：资金供给者将资金提供给银行，资金需求者在需要时从银行取得资金。这一过程之所以能够顺利进行，是因为资金供给者知道，他可以定期取得供给资金的报酬，并在需要时撤回本金；而资金需求者知道自己的责任和义务是按照规定支付使用资金的费用，并按时偿还资金。假如二者没有这种共识，资金的供给者将不会供给资金，二者的合作也不会发生。再如货币制度，交易双方都对某一单位货币的价值形成共识，并同意用它来作为交易的标准。如果双方对某一单位货币究竟价值几何争执不休，那么，用货币来进行交易也就变得不可能了。

第四，制度是一种提供确定性的规则。规则的作用一般是通过确定人们对其他同伴的预期来消除他们之间的利益冲突。由于人们总是生活在一个不确定的世界中，而不确定性的存在会降低人们的福利。制度的一个作用是通过建立一个人们相互作用的结构来减少人们相互交往时的不确定性。制度设定了各种情形下的适当行为，通过对权利和义务的明确界定，使模糊性总量减少。例如，教育入学制度保证学生只要达到学校规定的各种要求，就可以取得文凭；婚姻制度保证夫妻双方的责任和义务，使双方在共同生活中有了财产分配与相互扶持等确定关系，而同居则没有这种保证；保险制度保证投保人在发生事故时可以得到理赔。由于模糊性总量减少，或者一些模糊性消除，人们进行活动的安全性上升，福利水平相应提高。

1.1.2 为什么关注制度

人类从远古走到今天，靠的是制度，而不是人类的爱。由于制度具有以上作用和特性，因而制度是人们能够进行正常交易与和谐相处的基础，是人类赖以生存和发展的基石。简单地说，没有制度，就没有秩序。而没有秩序就会产生混乱，混乱的结果是资源的浪费和无效率，甚至是霍布斯所说的“一切人对一切人的战争”。设想一下，一个繁忙的十字路口没有红绿灯，人们个个争先、人人抢道，其结果将是什么？再设想一下，人人都想不劳而获，人人都想养尊处优，人人都想通过巧取豪夺占有他人的劳动成果，结果又是什么呢？

可以想象，在前一种情况下，交通事故频发，甚至堵得谁也动弹不得；而在后一种情况下，盗贼横行，经济停滞，民不聊生，这是必然的结果。

在经济生活中，如果一个国家对物质资本和人力资源的使用没有任何限制，那么这个社会是没有活力的。因为没有限制，必然导致人们对资源的争夺，争夺的结果不仅直接消耗资源，而且会导致行为扭曲，由此减少社会的财富。

更一般地说，没有制度，也就没有秩序，结果，世界将一片混乱。人们不知道该干什么，也不知道不该干什么。更重要的是，人们可能需要花费巨大的精力来保护自己免受伤害。

因此，1993年诺贝尔经济学奖获得者诺斯认为，制度提供了人类相互影响的框架，它们建立了一种合作与竞争关系，正是这种合作与竞争关系构成了一个社会，或更确切地说，构成了一种经济秩序（诺斯，1981）。

经济社会需要这种秩序，这个观点也可以从人的本性中推导出来。人的自利心使得每个人都想获得更多的东西，但资源的稀缺性又使得人们的要求不可能得到完全的满足，这就意味着人们的利益存在矛盾，选择存在冲突。制度就是解决这种矛盾与冲突的工具，至少制度是以某种方式解决了这种冲突，虽然有时解决得并不完美。有效的制度能够抑制机会主义行为和过度的要求，并充分发挥人们的善意，抑制人类的恶行，使社会达到和谐状态；而无效的制度则会惩善扬恶，导致物欲横流和各种扭曲。

此外，人的行为在某种意义上又可以用相应的制度安排来解释。这就是说，有什么样的游戏规则就会有什么样的人的行为。下面流传甚广的五个故事很好地说明这一观点。

❖专栏1-1

制度的力量

第一个故事：合格率的检查制度

二战期间，美国空军降落伞的合格率为99.9%。这意味着从概率来说，每一千个跳伞的士兵中会有一个因为降落伞不合格而丧命。军方要求厂家必须使合格率达到100%才行。厂家负责人说他们竭尽全力了，99.9%已是极限，除非出现奇迹。军方（也有人说是巴顿将军）就改变了检查制度，每次交货前从降落伞中随机抽出几个，让厂家负责人亲自跳伞检测。从此，奇迹出现了，降落伞的合格率达到了100%。

第二个故事：付款方式

英国将澳大利亚变成殖民地后，因为那里地广人稀，尚未开发，英国政府就鼓励国民移居到澳大利亚。可是，澳大利亚当时非常落后，没有人愿意去。英国政府就想出一个办法，把罪犯送到澳大利亚去服刑。这一方面解决了英国本土监狱人满为患的问题，另一方面也解决了澳大利亚的劳动力短缺问题。还有一条，他们以为把坏家伙都送走了，英国就会变得更美好了。

英国政府雇佣私人船只运送犯人，一开始按照装船的人数付费，多运多赚钱。很快政府就发现这样做有很大弊端，就是罪犯的死亡率非常高，平均超过了10%，最严重的一艘船死亡率达到了惊人的37%！政府官员绞尽脑汁想降低罪犯运输过程中的死亡率，包括派官员上船监督、限制装船数量等，却都效果不好。

最后，他们找到了一个一劳永逸的办法，就是将付款方式变换了一下：由根据上船的人数付费改为根据下船的人数付费。船主只有将人活着送达澳大利亚，才能赚到运送费用。

新政策一出炉，罪犯死亡率立竿见影地降到了1%左右，后来船主为了提高罪犯的生存率，还在船上配备了医生。

第三个故事：抽水马桶的清洁标准

某日本高级酒店，检测客房抽水马桶是否清洁的标准是：由清洁工自己从马桶中舀一杯水喝一口。可以想象，这样的马桶会干净到什么程度。

第四个故事：粥的分配制度

七个人住在一起，每天分食一大桶粥。要命的是，粥每天都是不够的。一开始，他们轮流分粥，每天换人。于是乎，一周下来，每个人都只有一天是饱的，就是自己分粥的那一天。

后来他们推选出一个自诩为道德高尚的人来分粥。他大权独揽，没有制约，肯定会产生腐败。其他人开始挖空心思去讨好他，互相勾结，搞得整个小团体乌烟瘴气。再后来大家组成了三人的分粥委员会及四人的评选委员会，互相攻击，互相扯皮，粥吃到嘴里时全是凉的。

最后他们想出了一个方法：轮流分粥，但分粥的人要等其他人都挑完后拿剩下的最后一碗。为了不让自己吃到最少的，每个人都尽量分得平均，就算不平均，他也只能认了。大家快快乐乐，和和气气，日子越过越好。

第五个故事：互助与共赢的天堂

有一位行善的基督徒去世后向上帝提出了一个请求，他想去参观地狱和天堂，看看二者究竟有什么区别。他们先来到了地狱，看到一张巨大的餐桌，摆满了丰盛的佳肴。他心想：地狱的生活不错呀。过一会儿，用餐的时间到了，只见一群骨瘦如柴、奄奄一息的人围坐在香气四溢的肉锅前，只因手持的汤勺把儿太长，尽管他们争着抢着往自己嘴里送肉，可就是吃不到，又馋又急又饿。上帝说，这就是地狱。

随后他们走进另一个房间，这里跟地狱一般无二，空气中同样飘着肉汤的香气，一群人同样手里拿着特别长的汤勺。但是，这里的人个个红光满面、精神焕发，原来他们每个人都手持特别长的汤勺把肉汤喂进对方嘴里。上帝说，这就是天堂。

同样的人、同样的事，只是有不同的规则，就可以产生截然不同的结果。这就是制度的力量！

除了第五个故事具有神话色彩以外，其余四个故事都有现实基础，都是实际发生或者以不同形式出现过的事情。这五个故事分别说明了验收制度、报酬支付制度、检查制度、分配制度、合作制度的奇妙作用，其中蕴含着规则的重要性：规则简单调整，其作用近乎神奇！规则调整之所以产生了神奇的作用，是因为规则使个人的收益与其劳动或行为更紧密地捆绑在一起，在降低度量成本的同时实现了激励相容。上升到一般意义，制度是人们在相互作用的过程中逐步演化的结果，是在各个利益集团为争取自身利益最大化而进行斗争的过程中产生和变迁的。一个好的制度应该简单而易行，高效而合理，并且符合经济人的本性。

然而，好的制度并不常见。虽然人类一直努力建立好的制度，但建立有效的制度不仅耗费甚巨，亦受人类智力与私心的限制。如何缓解甚至打破这些限制，是人类面临的巨大挑战。这也成为人们关注制度创新与制度建设的重要理由。

制度对于经济活动的基础作用可以概括为以下五大功能：

制度的第一个功能是降低交易费用。在新古典经济学中，由于假定交易费用为零，制度因素可以忽略。在理论分析中，新古典经济学往往没有考虑制度因素，或假定制度因素为不变。然而，一旦进入现实世界，交易费用就不会为零，制度的作用就出现了。在现实世界中，由于人们之间的利益存在冲突，由于各种不确定性与不可预知性，交易费用就产生了。此时，制度安排的出现可以通过减少交易中的不确定性，来化解人们的利益冲突，抑制机会主义行为，降低交易费用。从历史上看，许多制度演化出来，就是为了降低交易费用，如婚姻制度、银行和货币制度等都是直接为了降低交易费用而出现的。

制度的第二个功能是为经济提供服务。舒尔茨认为，制度的功能就是为经济提供服务，如货币制度便利了交换和结算，租赁、抵押贷款和期货可以提供一种使交易费用降低的合约，市场制度提供了交易的平台，保险制度可以分散风险，银行制度可以提供金融服务等。

制度的第三个功能是为合作创造条件。由于制度规范了人们之间的相互关系，减少了信息成本和不确定性，把阻碍合作的因素减少到了最低限度，因而为合作创造了条件。比如，公证制度和保险制度就起到了稳定预期和消除不确定性的作用，由此更好地促进了人们的交易与合作。

制度的第四个功能是提供激励机制。最明显的例子是专利制度。专利制度鼓励人们的发明与创造，因而技术进步现在被看成对经济激励作出的反应。再如市场制度，它像一架精巧的机器，通过奖勤罚懒，最大限度地激励人们努力工作。

制度的第五个功能是外部效应的内部化。在存在外部性的场合，通过明确界定产权或合并企业，可以解决所谓的外部性问题。一个经典的外部性例子是炼钢厂与养鱼场之间的污染问题。炼钢厂排出的废水污染了河流，影响了养鱼场的产出。这种外部性在福利经济学中需要通过政府征税与补贴来解决，科斯主张界定二者的产权，如果交易费用不高的话，那么二者可以通过市场交易来解决。在这里，制度提供的第三种解决办法是：炼钢厂与养鱼场可以合并为一个企业。在合并为一个企业的情况下，炼钢与养鱼的相互冲突可以在内部得到解决，企业所有者或管理者可以权衡一下炼钢与养鱼的相对收益，然后进行选择。由此，外部效应就完全内部化了。

我们可以将制度的功能与作用机理总结如图1-1所示。

正是由于制度具有上述功能与作用，因而，制度在经济生活中处于基础地位，对经济活动起着不可或缺的作用。由此，人们关注制度建设，也就顺理成章。

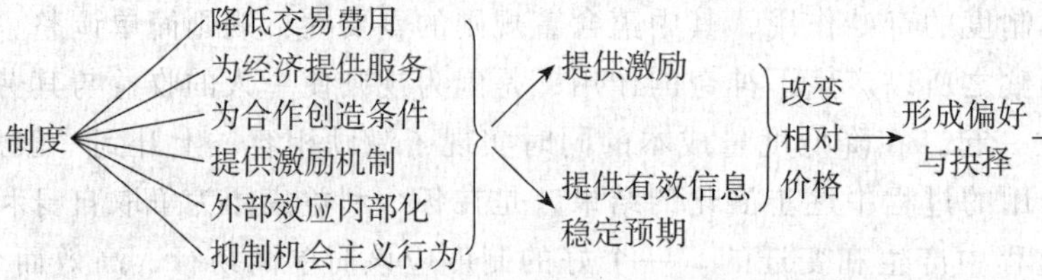

图 1-1 制度的功能与作用机理

1.1.3 制度包括哪些内容

根据诺斯的看法，制度是社会的游戏规则，这种游戏规则通常包括三个部分的内容：正式规则、非正式规则和实施机制。其中，“正式的限制，譬如人类制定的法律；非正式的限制，譬如惯例与礼仪”。（诺斯，1990）

具体来说，正式规则是指人们自觉发现并用以规范化的一系列规则，包括政治规则、经济规则和契约。这些规则的排列顺序是：从宪法到成文法和不成文法，再到明确的规则，最后是个别的契约。这些规则一般以明确的文字正式地公示出来，在其规定的范围内约束人们的行为，例如，宪法在一国范围约束公民的行为，而党章在党内约束全体党员的行为，公司章程则在公司范围内约束公司管理者与员工的行为等。政治规则可定义为政治团体的等级结构，以及它们的基本决策结构和支配议事日程的明晰特征。经济规则用于界定产权，即关于财产的使用、从中获取收入的权利，以及转让和处置一种资产或资源的权利。

正式规则的主要特征在于其具有强制性。这表现为，正式规则一经公布实施，就必须遵照执行，违者必究。例如，在学校，校规就是正式规则，学生必须遵守；在公司，公司章程就是正式规则，公司人员必须服从；在社会，国家法律（包括宪法、民法、商法等）就是正式规则，居民必须遵守。在所有这些场合，正式规则都是强制实行的，如果有人违反，就会按违反程度受到相应的惩罚。

非正式规则包括习俗、传统、道德观念、意识形态等可以统称为“文化”的一些东西。这些东西基本上是随着历史的发展逐渐演变而来的，因而具有很强的历史传承性和惯性。其中，意识形态处于核心地位，因为它蕴含着价值观念、伦理规范、道德观念和风俗习性。诺斯（1981）认为，人们通过意识形态了解自己所处的环境，建立起一种指导行为的世界观。因此，非正式规则的作用在于克服“搭便车”的问题，促进一些群体不再按有关成本与收益的简单的、享乐主义的和个人的计算来行事。

非正式规则的特点是不具有法律强制性，却具有约束性，它无处不在，深深地根植于人类的心灵深处，代代相传。非正式规则还具有多样性和本地性的特征，即使在同一种正式规则下，各个地方的风俗习惯也可能五花八门，甚至匪夷所思。非正式规则界定了文化的类型，对人们的日常生活有重要影响。所谓“入乡随俗”，其实就是指人们在不同的地方需要遵守不同的非正式规则。

非正式规则与吴思先生所说的“潜规则”不完全等同。“潜规则”是相对于“元规则”“明规则”（即上面所说的正式规则）而言的。顾名思义，非正式规则就是看不见的、明文没有规定的、约定成俗的，但又是得到广泛认同的、实际起作用的、人们必须“遵守”的一种规则。“潜规则”是隐藏在正式规则之下，却在实际上支配着社会运行的一些规矩。在时下流行的意义上，“潜规则”更多地具有贬义，往往意味着交易中的强势一方对弱势一方的某种侵占（例如肉体或金钱）。不同的行业可能有不同的“潜规则”，从业人员要在该行业中生存，就必须遵守该行业的“潜规则”。可以看出，“潜规则”包括在非正式规则之中，非正式规则包含的内容比“潜规则”广泛得多。

非正式规则与正式规则是一种互相补充又相互交织，甚至相互排斥的复杂关系。一些非正式规则与正式规则和而不同，另一些非正式规则与正式规则可能是相悖的，二者可以在不同的状态下共同发生作用，也可以在相同的状态下单独发生作用。总体上看，非正式规则是在正式规则的框架下发挥作用的。例如，虽然每个家庭都有自己的规矩，用来规范家庭成员的行为，但“家法”必须服从国法，这是文明社会的最基本要求。下面的例子很好地说明了非正式规则的存在及与正式规则的关系。

❖专栏1-2

幕僚没有名字

所谓的“双牌县政协委员发言惹怒书记”事件，在旁人看来有许多可圈可点之处。

那位双牌县政协委员具有“双牌身份”，他既是县委办公室负责材料的副主任，又是政协委员。第一个角色需要他缜密、低调、保守秘密；第二个角色需要他高调发言、建言献策。这二者是有冲突的。当他试图打通这两个角色，把县委办看到的材料当成政协会议的发言素材时，麻烦就来了。

县委正在酝酿、准备出台的决策，被他拿出来以“个人建言”的形式宣讲，这是否涉嫌泄密或者剽窃？他是县委“笔杆子”之一，在这些决策的形成中，他或许也有贡献，可是幕僚没有名字，古今中外都是如此。

在美国，为总统写演讲词的人都要签保密协议，他们绞尽脑汁、模仿总统口吻想出的每一个警句、每一个口号，都属于总统，不可能署上他们自己的名字。

小布什2002年才一上任，就在“国情咨文”中提出了“邪恶轴心”的概念，惹得国际舆论哗然。不到一个月，构想出这一“绝妙好词”的白宫“笔杆子”弗鲁姆就辞职了。原来，1月29日布什“国情咨文”发表的当天，弗鲁姆的妻子就向所有朋友发送电子邮件：“国情咨文中的‘邪恶轴心’这个词是我丈夫构想的。一个词能引起全国的关注实属少见……希望你在看到这词在所有地方的新闻中不断被重复时，会明白我身为妻子是何等骄傲。”

妻子一“骄傲”，丈夫就“下岗”，很可笑是吗？这只能说明，“官不到二品，戴不得红顶”，政治就是政治，无论在五千年前的华夏，抑或今天的太平洋彼岸，某些规则始终没有改变过。

“双牌县政协委员发言惹怒书记事件”中有趣的还有媒体的倾向性报道。比如，“县政协委员发言惹怒书记被停职”的标题，很容易引导读者认为书记是法盲，居然停掉了政协委员的职务，其实被停的是“县委办副主任”职务而已。再比如，文章结尾称，“胡佐军委员的遭遇，在双牌引起广泛关注。‘发言都会遭受处分，以后谁还敢讲真话啊！’另一位政协委员说。”居然把此事引导到“说真话”上头去了，有点真痴假癫的感觉。《新京报》的新闻追踪称，胡佐军并未被停职，而是由于违反了工作保密性的要求，被安排到农村带队工作去了。

资料来源 李煦. 幕僚没有名字［N］. 武汉晚报，2010-04-22.

制度的内容还包括实施机制。实施机制就是规则实施的过程和原理，也就是由谁、通过什么方式来执行正式规则与非正式规则。实施机制决定了制度的执行程度，也决定制度的有效性。一国制度的质量高低不仅取决于该国正式规则和非正式规则的完善程度，而且取决于这个国家制度的实施机制是否健全。离开了实施机制，再好的制度也形同虚设。从一般意义上来说，一种好的制度也包括完善的实施机制在内。各种制度安排是否已经设立或是否恰当虽然重要，但它们能否严格地执行更为重要，因为一种制度的真正存在是以其得到很好执行为前提的。反过来，一部良好的法律如果不能有效地执行，或者被选择性地执行，就不仅不能达到应有的效果，反而会造成怠政和乱政的印象，导致政府公信力的丧失。新制度经济学认为，实施机制极其重要。在复杂的经济交往中，违约、欺骗行为会随时发生，阻碍交易活动的顺利进行，因此，必须建立相应的制度安排，为合作者提供足够的工具，并监督和保证合约的实施。一些有利可图的商业活动之所以没有发生，可能是因为合约的实施成本太高。

实施机制可能是正式的，由政府来执行。比如，我们将钱存入银行，是因为我们知道，我们需要钱时可以随时从银行将钱取出来。如果需要钱时，银行不让取钱，那么我们可以找警察和法院。这就是一种由第三方——政府——来执行的实施机制。假若没有警察和法院，谁也不会把钱存入银行。

实施机制也可能是非正式的，如合约的自我执行。人们大多数时候是靠自觉来遵守国家法律和社会公德的，比如在餐馆吃饭，如果服务不到位，或者价格不公道，最好的办法是以后不再光顾。对餐馆来说，如果有人吃饭不付钱，可以叫警察，但如果来不及叫警察，餐馆往往自己解决，因而许多餐馆（包括娱乐场所）都养着一些“看家护院”，以便随时对付吃“霸王餐”的人。

这些都说明，正式和非正式的实施机制在社会经济生活都起着重要的作用。当然，在后面我们将看到，由于国家的特有性质，由国家来执行制度——正式的实施机制，在大多数情况下是成本最低的。

在实施机制缺乏的场合，一些交易可能不会发生。比如，不知名的境外网站推荐一款金融产品，并许诺高额的投资收益，请问，有多少人愿意相信而进行投资呢？显然，人们不会进行投资，因为这里不存在任何实施机制。地下钱庄放高利贷，一般也要依靠黑社会的暴力手段来执行其债权，但即便如此，还是有很大的违约风险。

1.1.4 制度的起源

为什么会有制度？制度从何而来？这个问题涉及制度的起源。现在通行的制度中，有一些是人类设计出来的，如宪法、党章；另一些是随着时间的演进而自然形成的，如货币制度、婚姻制度。但是，在人类形成之初，制度是如何出现的呢？这是一个考古问题。我们不能想象人类产生之初是如何相处、如何合作的。目前有一种观点认为，制度起源于竞争过程，在竞争过程和社会交往过程中，双方如果合作，就可以改善福利；反之，如果不合作，就会导致损失。因此，为了获得合作的收益，就产生了制度。具体来说，目前的研究提出了三种关于制度起源的观点。

第一种观点是以科斯为代表的交易费用学说。在科斯看来，制度之所以产生，完全是为了降低交易费用。以企业制度为例，作为一种生产制度，企业之所以存在，是为了降低交易费用。这就是说，假若不存在交易费用，一切生产均可以不在企业内进行，也就不需要企业这种经济组织。又如货币制度，如果不存在交换的困难，也就是说，如果交易费用为零，那么，人们可以直接进行物物交易，是不需要货币这种一般等价物的。

第二种观点是诺斯的从简单交换到非个人的交换理论。这种理论实际上是交易费用学说的翻版，只是从另一个角度来说的。诺斯认为，迄今为止，人类经历了两大交换形式：一类是简单的交换；另一类是非个人（Impersonal）的交换。在简单的交换中，专业化和分工都处于原始状态，交易不断地重复进行，买卖几乎同时发生，每一项交易的参加者都很少，当事人之间拥有对方的完全信息，比如一个村庄内的农民用粮食交换锄头就是如此。在这种情况下，不需要通过建立一套制度来约束人们的交易行为，以达到合作，因为交易都在熟人之间进行。随着交换的增加，市场规模扩大，这时出现了非个人的交换，表现为交易人数大量增加、交易范围突破了熟人的圈子、信息不完全或不对称，此时，欺诈、违约、偷窃等行为不可避免，由此产生了“囚徒困境”和“搭便车”情况。在这种情况下，制度就应运而生，以保证陌生人之间的交易能够成功，并使个人收益与投入相对称。因此，制度的作用在于规制人们之间的相互关系，减少信息成本和不确定性，把阻碍合作的因素减少到最低限度。

更一般地，新制度经济学认为，在历史上，分工及专业化的发展严重地受到交易费用提高的限制，制度的出现一定会使专业化程度提高所节约的生产费用正好大于或等于由此引起的交易费用的提高。如果没有制度，专业化和分工所带来的好处可能被过大的交易费用所抵消。

可以看出，这种观点与交易费用学说其实没有本质的区别，因为在非个人的交换中，制度也是因为降低交易费用的需要而产生的。

第三种观点是考特和尤伦（Cooter & Ulen，1988）关于财产制度起源的思想库。他们假想了一种原始状态，说明在这种状态下财产制度是如何起源的。在他们看来，制度包括很多内容，财产制度是其中最基本的一种，许多制度都是财产制度的派生物或是为财产制度服务的。

他们假设存在一个由人、土地、农耕技术和武力，但没有政府和法院的世界。在这个世界里，人们以土地为生，同时他们也拥有道德上的权利，但由于没有政府和法院存在，所以这些权利缺乏保障。在这种情况下，权利的维护和执行基本上靠个人和家庭。而个人和家庭作为利益极大化者，只有在维护和执行权利的收益大于维护和执行权利的成本时，才会进行权利的维护和执行。在均衡情况下，个人和家庭维护自己利益的代价在边际上正好等于其收益。但是，这种状况对个人来说是有效率的，对社会来说不是有效率的。因为对社会来说，如果不存在相互侵占的行为，那么，用于防御他人侵占的资源或代价就可以节省下来，就可以用于生产更多的农产品，这就是一种损失。

问题在于，如果相互侵占的行为不能避免，那么，能否找到一种比武力防御更节省的机制来保障个人和家庭的权利呢？如果社会建立一套大规模的武力系统比个人建立许许多多小规模的私人武力系统来保障个人和家庭的权利具有规模上的经济效应，那么，由社会建立这样一套武力系统就会更为经济。假定可以让每个土地占有者向某个中心机构交纳税款，然后该中心机构来维护和执行产权制度，以保证每个家庭的权利，那么，这种方式就要比每个家庭单独建立一套武力系统要节省得多。而这个中心机构为了维护和执行产权制度，就需要某种权威。一旦某个中心机构具有了这种权威，它就具有了国家的特征。实际上，国家就是这样产生的。所以，国家在建立和保护产权方面具有比较优势。

上述关于制度产生的思想并不完全是一种空想，从一些人类学家的研究中可以发现关于制度起源的历史证据。例如，由伊文斯-普拉查德（Evans-Pritchard）、格洛克曼（Gluckman）和贝茨（Bates）等人所做的关于非洲社会早期的研究，就揭示了制度的形成过程（埃格森，1990）。他们发现，建立一种产权制度的收益可以用博弈论中的“囚徒困境”来说明。例如，在非洲上尼罗河地区，尼尔人以家庭为单位从事养牛活动。没有政府保护他们饲养的牛群，他们依靠自己的力量来维护自己的权利。现假设有两个家庭X、Y，他们都有同样的暴力潜力和暴力行为倾向。每个家庭拥有的净财富是10头牛（尼尔人的一个货币单位就是10头牛）。每个家庭都面临着两种行为选择：侵犯（A）和不侵犯（N）另一个家庭。每种行为的收益取决于另一个家庭是否采取同样的行为。其结果可以用一个支付矩阵来表示，如图1-2所示。

家庭X

	行为选择	A	N
家庭Y	A	（4，4）	（18，2）
	N	（2，18）	（10，10）

图1-2　尼尔人侵犯博弈矩阵

从图1-2可以看出，如果两个家庭和平共处，则每个家庭的收益都是10头牛；如果两个家庭都采取侵犯行为，那么，每个家庭的收益就只有4头牛。这是因为，相互侵犯的过程会消耗资源。如果一个家庭采取侵犯行为，另一个家庭不采取侵犯行为，那么，采取侵犯行为的家庭可以获得18头牛的收益，而不采取侵犯行为的家庭就只得到2头牛的收益。由于每个家庭都不知道另一个家庭会采取什么行为，因而他们的最优选择都是侵犯，于是（A，A）就是一个均衡解。这就使两个家庭处于一种“囚徒困境”，因为如果他们都不采取侵犯行为的话，即采取（N，N）策略可以使每个家庭都有10头牛的收益。

那么，如何走出这一困境呢？办法只有使（A，N）或（N，A）两种策略变得没有吸引力，或者任何一方都不能成为潜在的侵犯者，或者通过第三方使双方达成某种妥协。这些情况可以用支付矩阵表示，如图1-3所示。

家庭X

	行为选择	A	N
家庭Y	A	（4，4）	（0，0）
	N	（0，0）	（10，10）

图1-3　修改后的尼尔人侵犯博弈矩阵

在这种情况下，双方的博弈就只有一个最优的结果：（N，N）。此时，每个家庭都得到10头牛。要达到这种结果，双方之间一定存在某种协议或制度安排。制度就这样产生了。

一些经济学家也进行了历史案例研究，来说明制度的起源。第3章将会说明，美国淘金热过程中对产权的界定，以及印第安人捕猎过程中形成的专有权，都是制度产生的历史证据。

1.1.5 制度的变迁

诺斯曾经指出，研究制度变迁是理解历史演变的关键，因而他在一系列著作中发展了关于制度变迁的理论。例如，1971年出版的《制度变迁与美国的经济增长》、1973年出版的《西方世界的兴起》、1981年出版的《经济史中的结构与变迁》，以及1990年出版的《制度、制度变迁与经济绩效》都把制度变迁当做一个重要的主题。在这些著作中，诺斯对制度变迁的主体、制度变迁的原因或动力、制度变迁的方式等进行了比较深入的讨论。

制度变迁的主体可以没有，可以是政府，也可以是一个阶级、一个企业或别的什么组织，还可以是一个自愿组成的或紧密或松散的团体，甚至可以是个人。例如，市场交易制度的建立可能是由众多个人无意间完成的，这里似乎没有明确的主体。国家的法律制度是由政府建立和修改的，在这里，国家是制度变迁的主体。许多行规的设立是由行业协会来完成的，因而团体充当了制度变迁的主体。

不同的主体进行制度变迁的特点是不同的。由政府或团体进行的制度变迁往往具有强制性的特点，因为政府在确立了某种制度以后，居民不管是喜欢还是不喜欢，都得按照国家制定的制度来行动，这就表现为一种强制性。自下而上的制度变迁，即由个人进行的制度变迁或无主体的制度变迁，一般具有诱致性的特点，因为这种制度变迁一般是源于个人对获利机会的反应。这就是说，个人作为一个利益极大化的主体，一旦发现了有利可图的经济机会，就会想办法利用这种经济机会。结果，当现有的制度妨碍了他们利用经济机会时，他们就会想办法发明新的制度，这就诱致了制度的变迁。

不论是强制性的制度变迁还是诱致性的制度变迁，都是制度变迁的收益超过成本的结果。对强制性的制度变迁来说，只有在政府收益超过成本的时候，政府才会建立新的制度。对于诱致性的制度变迁来说也是如此，只有在个人进行制度创新的收益超过成本时，他们才会进行制度创新。

由于收益超过成本意味着制度创新可以使创新者获得正的净收益，因而制度创新的内在动力在于极大化主体对创新收益的追求，而外在动力是客观经济条件的变化造成了各种创新的压力。前者表现为创新主体对制度创新的主动追求，后者则是创新主体对客观经济条件的被动反应。

从制度变迁的方式来说，制度变迁可以经由习惯、行为准则、社会规范，乃至成文法、不成文法和个人契约来完成，它可以像冰河移动般缓慢，当然也可能像暴风雨一样剧烈地变化。前者可称为渐进式的制度变迁，后者可称为突变式的制度变迁。

渐进式的制度变迁与突变式的制度变迁在历史上都是存在的。在中国历史上，每一次改朝换代，都表现为突变式的制度变迁，因为新统治者都会改变原有的制度安排，尤其是改变那些在旧王朝招致天怒人怨的政策和做法，由此带来社会制度的剧烈变革。一旦社会进入稳定时期，制度变迁更多地表现为一种和风细雨式的微调。从最近来看，1949年中华人民共和国建立，原有的生产资料私有制被彻底废除，社会主义公有制相应建立，这一过程在短期内完成，因而体现为一种突变式的制度变迁。自1978年以来的中国经济改革，从农村到城市，均采取了“摸着石头过河”的办法，边探索边改革，前后延续几十年，被大多数人认为是一种渐进式的制度变迁。与此相对应，苏联和东欧国家在短期内全盘私有化，被人们称为突变式的制度变迁（或激进式改革）。

不论是突变式的制度变迁还是渐进式的制度变迁，都会对经济活动产生重要影响，因此，制度变迁是解释经济变化尤其是经济增长的重要因素。正如诺斯所看到的，政治-经济组织的变迁及相应的激励效应是将结构变迁的所有来源理论化的基础，而且包含着有目的的人类活动的制度改变。例如，关于封建主义的兴衰，人口变化和战争在解释有关结构变化中起了关键作用。战争是政治单位的规模和结构的决定因素，人口变化则通过影响土地和劳动的相对价格，从而在改变经济组织和产权中起着同样的决定作用。从近代来看，正是由于私有产权的建立和贸易与商业的竞争降低了交易费用，才使英国在17世纪摆脱了使法国和西班牙深受其害的马尔萨斯灾难（诺斯，1981）。

制度变迁也是理解产业革命的关键，"正是较充分地界定产权（与自由放任不同），改善了要素市场和产品市场，其结果，市场规模的扩大导致了更高的专业化与劳动分工，从而增加了交易费用。组织的变迁旨在降低这些交易费用，结果在市场规模扩大以及发明的产权得到更好的界定，从而提高了创新收益率的同时，创新成本得到根本性的降低。正是这样一系列变化为联结科学与技术的真正技术革命——第二次经济革命——铺平了道路。也正是19世纪后半叶的这种变化，使得新知识的供给曲线富有弹性，从而得到一个短期内超越前人积累的前所未有的发展"。（诺斯，1981）

"总之，研究产业革命的经济史学家着眼于把技术变化视作这一时期的主要动态因素。然而，他们常常不能回答是什么引起了这一时期技术进步速度的提高。在讨论技术进步的原因时，他们似乎常常假定技术进步是无代价的和自发的。但简而言之，技术进步速度的提高既缘于市场规模的扩大，又出自发明者的能获取他们发明收益的较大份额的可能性。"（诺斯，1981）在诺斯看来，技术进步加快的原因在于经济方面，其中产权更好地界定和保护是主要原因。由此，制度变迁不仅是理解历史上经济增长的重要因素，也是理解产业革命在西方首先发生的关键。

正是由于制度变迁如此重要，因而对制度变迁问题进行研究非常必要，这就导致了制度变迁理论的产生。斯密德（Allan A.Schmid，2004）把现有的制度变迁理论分为功能性、权力、同构和学习演化四种。功能性制度变迁理论认为，一个理性的代理人总是会采取行动，推动制度变迁以使制度更好地满足自己的利益。这就是说，只要存在帕累托改进的可能，人们总是会采取措施以得到这种改进。所谓权力理论，可以表述为有权力获得自己的利益，而无须征得其他人的同意。同构理论将过程概念化，制度可以稳定，也可以变化，甚至在代理人不知道可选择制度与绩效之间的关系的情况下也是如此。学习演化理论则强调了人类目标和偏好的变化并不需要环境发生改变。

诺斯的制度变迁理论就是一种功能性理论，因为在他看来，一旦在现有的制度下无法利用新出现的获利机会，人们就会建立新的制度。新的获利机会可能是人口变化、新技术的发明、发现自然资源或者消费者偏好的变化，甚至是交易费用的变化。例如，拉坦和速水（1984）发现，菲律宾水稻新品种打破了农村和城市劳动力边际报酬之间的平衡，因而不得不调整佃农、无地劳动力和地主之间分配收成的传统制度安排，以恢复农村和城市工资均衡。这就是典型的功能性制度变迁的例子。

"如果人们相互依赖，不是每个人都可以得到他们的第一选择，那么行使权力就是不可避免的。"（斯密德，2004）因而，制度变迁的权力理论强调了人们在制度变迁中的不均等性：一些人拥有更多的机会，一些人拥有更少的机会，因为他们拥有的权力是不一样的。举个例子来说，股票期权作为一种解决股东与经理激励相容问题的新的报酬制度而被引入，或许是权力性制度变迁的一个证据。显而易见，在股票期权制度下，如果实际控制企业的经理不能获得相应的、往往是更高的收入，他们是不会同意引入这一制度的。实际上，股票期权制度一般意味着他们可以合法地获取更高的收入，尽管工人及其他利益相关者在这一制度下可能并没有得到什么好处，但由于经理是企业的实际控制者，因而这一制度的引入就在所难免。

同构理论有时也称为路径依赖理论，也就是当环境和机会发生巨大变化时，制度却没有相应地变迁以与之相适应，以致出现普遍的非理性、权力无效和缺少创新的现象。这是因为，为了减少不确定性，经济主体都倾向于模仿其他人的行为而不进行创新，由此出现同构。

但上述几个因素有时是密不可分的，宪法这种正式规则就是功能性、权力和同构的混合物。斯密德（2004）以美国医疗教育制度的例子来说明这一点。在美国，曾经存在多种有关药品和医疗教育的理论。1910年，一个有声望的基金会出版了弗莱克斯纳的报告，出现了一种占主导地位的医疗教育体系，结果是其他医学院消失了："如果你想得到执照，就必须毕业于某个学校。这可以解释功能性适者生存，或者可以解释为权力掠夺，或者为同构过程。"

制度变迁的学习演化理论认为，学习导致认知的变化，而认知的变化导致制度变迁。诺斯有一段话清楚地说明了这种制度变迁的特点："政治和经济人物的认知变化反映组织之间随着相对价格的变化普遍存在的竞争，其他新信息引导这些人士改良或改变制度以提高他们的竞争能力、改变现有的框架强加给他们的信仰和限制。结果是改变经济系统的'事实'，反过来改变系统的认知和信念，反过来导致进一步的制度变迁，这是无休止的社会变化过程。"

在诺斯的《制度、制度变迁和经济绩效》中，他进一步把意识作为关键变量，揭示了它作为制度变迁起点的作用。意识作为社会学习的结果，通过一系列过程影响经济的制度基础，进而影响人们对不断变化的环境的适应能力。在他看来，经济变迁是一个过程。与达尔文的进化论相反，人类演化变迁的关键是参与者的意向性。在达尔文的进化论中，信念并不决定选择机制，而人类的演化是由参与者的感知所支配的。由选择到决策都是根据这些感知作出的，这些感知能在追求政治、经济和社会组织的目标过程中降低组织的不确定性。经济变迁在很大程度上是一个由参与者对自身行动结果的感知所塑造的深思熟虑的过程。在这一过程中，具有话语权的社会精英首先通过学习或观察获得某种感知与意识，在意识的基础上形成信念，然后将信念付诸实践，就会形成新的制度安排。

诺斯还列举了苏联兴衰的例子。在他看来，制度变迁的过程可以通过苏联兴衰的具体例子来说明，这一过程是：马克思和恩格斯提供了信念体系，列宁从中获得了灵感；俄国1917年饱受战争折磨的境况为突然的制度变迁提供了机遇；列宁和俄共远离了那些基本原则，提出了1921年新经济政策；1928年的第一个五年计划又回到了正统的意识形态。最初几年关于不同战略和制度的大量讨论丰富了社会主义的内涵，由此形成的复杂制度体系逐渐扩展，带来了显而易见的成功（重工业）与失败（农业），随后是纳粹入侵与长期重建，制度体系不断被外部激励所修正，结果是20世纪50年代、60年代和70年代早期，物质产出、军事技术和科学知识的快速成长，以及随之而来的超级大国的出现。（诺斯，2007）

1.2 什么是新制度经济学

1.2.1 新制度经济学概述

新制度经济学（New Institutional Economics 或 Neoinstitutional Economics，NIE）最早是由威廉姆森提出来的，意指以科斯为代表的、强调交易费用和制度重要性的学术思潮。这种思潮是20世纪60年代以后在西方兴起的。简单地说，这种思潮以各种制度安排（Institutional Arrangements）为主要研究对象，研究了各种制度安排的内涵、构成、功能和起源，说明了制度安排对人类经济活动的重大作用。新制度经济学的核心思想是：产权结构和交易费用影响激励和经济行为，因而以产权为基础的制度安排对于人的行为和资源配置以及经济增长具有至关重要的影响。它讨论的问题包括制度为什么很重要、它是如何产生又是如何演变的、各种制度安排尤其是经济组织的背后逻辑是什么、为什么不纳入制度因素就不能说明有史以来的经济增长等。由于这种思潮既不同于以凡勃伦、康芒斯等为代表的旧制度学派，也不同于当代占主流地位的新古典经济学，而是继承了制度学派重视制度的观点，同时用交易费用和产权思想修正和补充了新古典经济学，故称为新制度经济学。

新制度经济学的主要代表人物有1991年诺贝尔经济学奖获得者罗纳德·科斯、1993年诺贝尔经济学奖获得者道格拉斯·诺斯，以及阿曼·阿尔钦、哈罗德·德姆塞茨、张五常、约拉·巴泽尔、奥利弗·威廉姆森、波斯纳等。其中，科斯被公认为该学派的领袖人物。科斯于1937年发表《企业的性质》一文，首次提出了交易费用的思想，并用交易费用的思想解释了企业的存在、企业的本质、企业的规模和企业的边界，建立了现代企业理论。“交易费用”这一概念后来成为当代经济学中出现频率最高的名词之一。1960年，科斯发表了《社会成本问题》一文，用交易费用和产权解释了外部性问题，得出了现在广为流传的“科斯定理”。这两篇文章奠定了他的经济学大师地位，也开创了当代的新制度经济学。

当代产权经济学的主要代表人物阿尔钦从另一个思路得出了与“科斯定理”相同的结论：在产权界定不清时，租值将会出现消散。他先后发表了《不确定性、生物进化和经济理论》、《生产、信息成本和经济组织》（与德姆塞茨合作）、《产权的一些经济原理》等一系列论著，提出了当代产权经济学的主要思想，奠定了产权经济学的理论体系。

沿着科斯和阿尔钦的思路，华人经济学家张五常先后发表了《佃农理论》《合约的结构与非专有资源理论》《企业的合约本质》等论著，进一步阐述了交易费用理论和产权理论，奠定了当代合约经济学（Contract Economics）的理论基础。

同样是沿着科斯的交易费用思想，道格拉斯·诺斯发表了《1600—1850年海洋运输生产率变化的原因》（1968）、《西方世界的兴起》（1973）、《经济史中的结构与变迁》（1981）、《制度变迁与美国的经济增长》（1971）、《制度、制度变迁与经济绩效》（1990）等一系列论著，用新制度经济学的观点重新解释了历史，形成了制度变迁理论或新经济史（New Economic History）和国家理论。

沿着科斯的企业理论，威廉姆森等人立足于资产专用性概念，进一步揭示了从市场到企业的演变逻辑与相互边界，并对企业的内部组织、交易费用的具体内容作了开拓性研究，建立了所谓的科层组织理论，实际上是将企业理论推向纵深。威廉姆森被誉为重新发现“科斯定理”的人，至少是由于他的宣传，才使科斯的交易费用学说成为现代经济学中异军突起的一派，并汇聚了包括组织理论、法学、经济学在内的大量学科交叉和学术创新，逐步发展成当代经济学的一个新的分支。“新制度经济学”就是威廉姆森对这一新分支的命名。威廉姆森的主要论著有《市场与科层制度：分析与反托拉斯含义》（1975）、《交易费用经济学：合约关系的治理》（1979）、《资本主义经济制度》（1985）等。

与威廉姆森一起获得诺贝尔经济学奖的奥斯特罗姆（Elinor Ostrom），针对哈丁的“公地的悲剧”及阿尔钦所说的租值消散，试图在公共事务的治理中寻找自由、财产和效率之间的稳态均衡。她考察了一个世纪以来全球森林、渔场和牧地的治理案例，发现人类历史上存在许多小型公共资源治理的成功案例，由此提出了一个分析和解释小规模群体中公共资源供给与管理的框架。这一框架的核心要素是制度供给、可信承诺和有效监督。她认为，通过对环境的细致刻画，描述社区中参与人的利益差异，制定细致有效的资源使用规则，允许内外部监督力量的参与，实行分级制裁规则，让组织权威得到尊重，是可以使公共资源得到有效利用的（奥斯特罗姆，1990）。

大法官波斯纳于1972年出版了《法律的经济分析》，对法律制度进行深入的经济分析，说明法律制度和法庭判决对经济效率的影响，形成了所谓的法律经济学或法和经济学（Law and Economics）。

在科斯等人开创的企业理论的基础上，奥利弗·哈特（Oliver Hart）和本特·霍尔姆斯特伦（Bengt Holmstrom）进一步提出了不完全合约理论，不仅形式化了科斯关于企业边界的决定问题，更重要的是他们回答了“谁应该拥有特定的资产”的问题。在他们看来，资产的所有权应该给予那些对不能合约化的部分作出投资的人。而当交易双方各自拥有资产，并且双方各自的投资都同等重要的情况下，不进行一体化才是最优的。这就将企业理论、合约理论与产权理论综合在一起，回答了如何解决企业由于委托代理关系而产生的道德风险这一问题。由此，他们二人共同获得了2016年诺贝尔经济学奖。

在上述理论的支撑下，经过众多学者的努力，新制度经济学已形成了比较完整的理论体系。根据作者的梳理，新制度经济学的理论体系可用图1-4来表示。

- 交易费用经济学
  - 产权经济学
  - 合约经济学
  - 经济组织理论
    - 市场
    - 企业
    - 国家（新经济史）
  - 法律经济学

图1-4　新制度经济学的理论体系

从图1-4可以看出，交易费用理论是新制度经济学的理论基石和理论生长点，其他理论都可以看成这一理论的拓展或自然延伸。具体来说，新制度经济学的逻辑关系可以概括如下：由于人的有限理性与机会主义行为，加上经济世界的不确定性，交易费用必然存在，因而交易费用成为我们分析问题的逻辑起点；由于存在交易费用，因而为了降低交易费用，产权的界定、执行和保护就变得非常重要，产权经济学也就由此而生；在产权确定之后，产权的所有者使用、处置和转让产权，就会形成各种各样的合约，而合约形式的选择对于降低交易费用和提高资源配置效率极为重要，由此研究合约选择的合约经济学也就进入人们的视野。由于不同的合约选择实际上导致了不同的资源使用方式，因而不同的经济组织出现了，其中国家、企业和市场是三种具有代表性的组织。虽然它们都是解决经济问题的方式，但在不同的约束条件下，只有选择不同的组织，才能降低交易费用，并使交易费用最小化。最后，法律规定和法庭判决也只有在交易费用大于零的情况下才起作用，并且其本身也具有降低交易费用的效果。因此，围绕交易费用，新制度经济学可以成为一个逻辑自洽、体系相对完整的经济学分支。

可以看出，交易费用理论在新制度经济学中起着中心作用，在交易费用存在的前提下，其余理论的逻辑关系也一目了然。产权的界定和执行为交易提供了基础，而交易引发了合约选择的问题；合约的不同选择形成了不同的经济组织；经济组织的具体形式可分为三类：市场、企业与国家；最后是规范经济组织和经济活动的法律体系如何实现成本最小化的问题。

1.2.2 新制度经济学的主要理论

如上所述，新制度经济学立足于交易费用概念，对制度的作用进行了深入剖析，形成了一系列独特的理论，其中最有代表性的是交易费用经济学、产权经济学、合约经济学、企业理论、新经济史和国家理论、法律经济学等。下面我们首先对其主要理论作一个简要概括，然后再分章就其中的重要部分进行详细讨论。

(1) 交易费用经济学

交易费用是新制度经济学的核心概念，也是近几年西方经济学中出现频率最高的几个概念之一。按照一般的定义，交易费用就是指交易过程中谈判、签约和履行合约的成本。具体来说，在交易过程中，交易双方必须涉及两种成本：一是事前成本（Ex Ante Costs）；二是事后成本（Post Costs）。事前成本是指交易前发生的成本，包括很多内容，比如寻找交易对象、讨价还价、起草和签订书面合同，这些都需要花费成本；即使是口头协议，也要交易双方协商交易的条件（the Terms of the Transaction）。事后成本是指交易达成以后，为了保证合同的履行而花费的成本。例如，监督交易对方遵守合约的条款，如果交易对方违约，就要求理赔等。在某些情况下，这些成本是微不足道的，但在另一些场合，这些成本就会高不可攀，甚至使交易无法达成。

这样定义的交易费用是狭义的交易费用，而较为广义的交易费用是阿罗提出来的。阿罗认为，交易费用就是经济体系运行的费用，具体包括两个方面：一是信息费用和排他性费用；二是设计公共政策并执行的费用。

还有一种更广义的交易费用。威廉姆森认为，交易费用是所有不直接发生在物质生产过程中的费用，就像物理学中的摩擦力，无处不在。张五常认为，交易费用是鲁滨逊·克鲁索（《鲁滨逊漂流记》的主要人物）一人经济中不存在的费用，这是一种制度成本，是人们进行社会交往所产生的成本。在张五常看来，采用广义的交易费用概念是必要的，因为在经济社会中，有些成本完全不需要有任何交易，或者交易费用达到一定的高度后交易根本就不会发生，所以，严格地说，交易费用就是一种制度成本。这种广义的交易费用大得惊人，包括律师、金融机构、警察、中间人（经纪人）、企业家、经理、职员等的收益……除那些物质生产过程和运输生产过程直接有关的成本外，社会中所有可想象的成本，都是交易费用。例如，在当今的中国香港，GDP中至少有80%来自交易费用。在农业社会，交易费用是比较小的。但在当今的发达国家，其交易费用总和没有一个是少于国民收入的一半的。

到目前为止，交易费用的概念尚未完全统一，但其思想是明确的。交易费用经济学的基本思想是：交易一般是以极大化其净收益的方式进行的。作为理性的经济人，经济单位或经济个体总是希望降低交易费用，因而会想出各种办法，包括作出不同的制度安排，建立不同的经济组织，或者选择不同的交易方式等，以达成最经济的交易。

交易费用在新制度经济学中处于核心地位。因为新制度经济学是研究制度的，而一切制度安排都是为了降低交易费用，所以新制度经济学家特别重视对交易费用的分析。例如，科斯用交易费用来解释企业的存在和外部性的本质问题；阿尔钦和德姆塞茨用度量成本（交易费用的一种）来解释团队生产问题和产权的重要性；张五常用交易费用来解释各种合约的选择（固定租还是分成租，计时工资还是计件工资）；威廉姆森用交易费用来解释经济组织从市场到企业的演变过程以及企业内部的等级结构；诺斯用交易费用来解释历史上制度的演变和国家的兴衰。其他新制度经济学家在分析中也或明或暗地立足于交易费用，结果，交易费用成为新制度经济学解释制度存在和制度创新，以及制度质量和制度效率的关键概念。

交易费用理论的主要内容包括交易费用的含义、交易费用存在的原因、交易费用在不同条件下的表现形式、交易费用对经济活动的影响和重要性，以及交易费用的度量等，第2章将依次介绍这些内容。

（2）产权经济学

产权经济学是当代新制度经济学的主要理论之一。自科斯在1960年的《社会成本问题》一文中提出产权问题以来，阿尔钦和德姆塞茨、张五常、巴泽尔等人作了进一步拓展，形成了比较系统的产权经济学。

产权经济学的基本观点是：产权是经济系统的关键变量，一旦改变了产权，也就改变了整个系统，因而，产权安排对经济活动的效率至关重要。但在不同经济学家的分析中，产权的作用方式与表现不尽相同。

科斯在1960年的《社会成本问题》中提出了著名的科斯定理：当交易费用为零时，权利的界定与资源配置的最终结果无关。科斯得出这一结论的根据是关于外部性问题的分析。在外部性存在的场合，双方的权利并不清楚，因而责任机制并不存在。一旦双方的权利被明确界定，在交易费用很小的情况下，双方就可以通过市场交易解决外部性问题。产权界定可以消除外部性问题，因为产权界定使双方能够通过市场交易解决资源使用的冲突。然而，这一切都是以市场交易不存在成本为前提的，因为如果市场交易存在成本，那么交易就可能变得不划算。一旦交易成本超过了交易的收益，就没有交易的必要了。因此，从表面上看，科斯定理说明了产权的明确界定对资源配置没有影响，但实际上，由于交易费用不为零，产权界定给谁，对资源配置的效率至关重要。

1972年，阿尔钦和德姆塞茨在《生产、信息成本和经济组织》一文中进一步论证了产权的重要性。他们认为，在现代企业中，由于存在度量问题，每个参与者都有偷懒的动机。为了消除偷懒，监督是必要的，但监督是有成本的，同时谁来监督监督者也是一个问题。在企业中，为了减少偷懒，经理可以监督员工，问题在于，由谁来监督经理呢？他们认为，只有经理具有剩余索取权，经理才有动力进行有效的监督，才能减少因偷懒而造成的效率损失，因而，产权的归属极其重要。

由阿尔钦首先提出、经由张五常和巴泽尔等人阐发的租值消散理论，从另一个方面说明了产权的重要性。在他们看来，任何一种有价值的资源，如果不存在排他性的产权安排，或者排他性产权的执行成本太高，就会导致资源的过度使用或滥用，甚至会出现重新签约、排队、竞争等消耗资源的活动，由此使资源的价值下降。为了减少资源价值的消散，就需要一些特定的分配资源的方法。在所有分配资源的方法中，价格机制是成本最低的一种。而价格只有在私有产权下才有可能。一旦价格机制不存在，其他分配资源的方法将取而代之，这些方法或多或少地会有一些浪费，因此，如果产权的界定和执行存在问题，资源的浪费就会出现。奥斯特罗姆的公共资源治理理论进一步拓展了这一分析，在她看来，只要一些权利（尤其是使用权）作了更细致的划分与有效的执行，所有权未被界定为私人的公共资源也能得到有效的使用。

哈特和霍尔姆斯特在不完全合约的框架内发展了产权理论，表明由于合约不完全，产权结构或产权安排（尤其是所有权与剩余控制权的分配）对企业的激励和效率具有重要作用。

产权经济学主要讨论了产权的内涵、产权的构成、产权的起源、产权的重要性，以及如果产权安排存在缺陷，它如何导致资源浪费等。

（3）合约经济学

合约经济学是20世纪80年代以来形成的一个新兴研究领域。该领域主要研究交易费用与合约选择的形式、合约的结构与合约的效率。由于市场经济本质上是一种交换经济，而交换需要签订合约，因此，研究合约选择问题对于理解经济的运行和资源配置的效果具有重要意义。

与新古典经济学的合约理论不同，新制度经济学的合约理论强调了交易费用的作用，其讨论的主要问题是：在信息不对称或存在风险的条件下，如何通过合约（或组织形式）的选择，更好地达到激励相容和风险的合理分担，从而使资源配置达到最优。具体来说，合约经济学的内容包括四个部分：一是关于基本概念或基本模型的讨论，包括信息甄别、信号发送和道德风险；二是私人信息和隐行为下的双边合约问题，包括拍卖、双边贸易和企业的内部组织理论；三是私人信息和隐行为下的长期合约；四是不完全合约，包括所有权和控制权理论。其实归结起来也就是两个方面：在完全合约的假设下，理性的委托人通过设计最优的合约，实现有效的风险分担，并最大限度地激励代理人，以解决合约面临的信息与激励问题；在不完全合约的假设下，问题的关键变成了一旦合约不完全，合约中未规定的权利由谁所有？因而，产权的合理分配就成为解决信息不对称与激励问题的有效办法。

合约选择理论在新制度经济学中占有重要地位。作为制度分析重点的经济组织被看成合约形式的选择问题，而企业和市场在某种意义上也可以还原为不同的合约选择形式。

（4）经济组织理论

如果把经济组织理解为不同的合约选择，那么，经济组织的不同形式就是人们在不同情况下为了降低交易费用而进行选择的结果。循着降低交易费用、利用规模经济优势与有效风险分担的思路，我们不仅可以解释经济生活中存在的各种各样的组织形式，而且可以说明历史上一些经济组织的演进规律。比如，产品市场和劳动市场如何为了降低度量成本而选择不同的交易形式，农业中存在的各种合约安排以及工业中存在的各种相互竞争的企业结构的背后逻辑是什么等，这些问题都可以用交易费用来解释。在工业中，个人业主制、合伙制与公司制同时并存，表明这些制度安排虽然不相同，但都经过了市场竞争的筛选。显然，离开了交易费用，我们无法对这些组织形式作出完整的解释。同样，在历史演进过程中，奴隶制如何转向封建制、庞大的帝国为何最终崩溃等，也只有纳入交易费用的分析框架，才能得到更好的解释。

总之，经济组织理论主要讨论了经济组织的本质、经济组织存在的原因，以及经济组织的选择和演变机理，企业、市场与国家是经济组织的具体形式，因而企业理论、市场理论和国家理论是经济组织理论的进一步细化。

（5）企业理论

企业理论是新制度经济学的主要理论之一，新制度经济学的开山之作就是从讨论企业开始的。1937年，科斯的《企业的本质》奠定了新制度经济学企业理论的基石。虽然这篇文章在发表以后沉寂了近50年，但其中的真知灼见无疑具有开拓性作用。在科斯看来，企业的存在是因为使用市场机制存在成本，因为要进行市场交易，首先要发现相对价格。发现相对价格就是有成本的，这里包括与交易对象谈判价格、起草与签订交易合同等活动，这些都是有成本的。所以，如果进行市场交易需要花费的成本（交易费用）太高，市场交易就会变得不划算，这时用企业这种形式来组织生产就可以节约成本。用企业这种组织形式来进行生产，就是一个长期合约代替了一系列短期合约，由此大大节省了讨价还价和签约的成本。在科斯的讨论基础上，企业理论在20世纪七八十年代得到了巨大的发展，先是阿尔钦和德姆塞茨把企业看成一种团队生产，然后张五常把企业看成合约选择一种形式，威廉姆森把企业看成一种科层组织，最后企业被归结为一种合约的联结（Neuxs of Contract）。经济学家讨论了从企业的存在到企业所有权与控制权分离的诸多问题，建立了比较完整的分析框架，由此揭示了企业的本质、企业的内部构造、企业的边界与规模、企业与市场及政府的关系、企业的产权安排等问题，形成了完全不同于新古典经济学的企业本质论。

（6）市场理论

新古典经济学虽然是一种价格理论，但对形成价格的市场缺乏应有的研究，尤其是没有从组织的角度研究市场的本质。新制度经济学通过对市场本身决定的研究，揭示了市场的合作本质，说明了各种市场现象之所以存在的背后逻辑。在新制度经济学看来，市场是一种进行合作的经济组织，它的存在是为了降低交易费用；从市场决定的成本来看，完全竞争市场的建构成本可能高不可攀，因而存在一定的垄断可能是一种降低成本的选择；许多市场做法都有降低交易费用的作用，例如价格刚性不是无效率的，相反它降低了定价成本，并增强了卖者和买者之间的信任，从而增进了市场的合作功能。

总之，按照新制度经济学的观点，市场的各种现象或做法，以及市场结构本身的决定和选择，在引进交易费用以后，都可以得到合理的解释。

（7）新经济史与国家理论

国家是制度的最大供给者，所以诺斯指出："理解制度结构的两个主要基石是国家理论和产权理论。"而国家又决定了产权结构，产权结构是经济增长、经济衰退或经济停滞的决定因素，因此，在新制度经济学中，国家的作用特别重要。诺斯指出，关于制度变迁的国家理论既要解释造成无效率的产权的政治或经济组织的内在活动倾向，又要说明历史上国家本身的不稳定性，即国家的兴衰。国家理论首先要说明国家的性质，其次要说明国家的起源，最后要说明国家的作用，由此形成的理论就是关于国家本质与作用的理论。

与国家理论相联系的是，诺斯等人用交易费用和制度变迁的思想，重新解释了历史，说明了历史上的经济增长是如何发生的，以及国家的兴衰。他们发现，各个社会的资源多寡固然会影响经济增长，但有效率的经济组织才是长期经济增长的关键，因为有效率的组织才能造就出有利于增长的制度与产权，并且在条件改变时能够顺利地促成制度的变迁。相对于荷兰与英国的成功，法国与西班牙的失败显示出健全的制度并不容易获得。由于集体行动所遇到的组织困难，私人团体所能达到的制度改变有一定的限度，因此，政府的强制力量在协调公私利益的差距而建立有效产权方面有发挥作用的机会。但当政府的力量不受节制时，往往又成为破坏产权的主因，因此，政府的作用是一把“双刃剑”。政府作用的这种两面性被称为“国家悖论”。诺斯立足于这种“国家悖论”，分析了人类自新石器文明以来历史结构的稳定与变迁，说明经济体制为什么在长期会产生极为不同的结果，为什么有些社会会繁荣、有些社会会贫穷落后，而且往往出现贫者恒贫、富者恒富的局面，说明了罗马帝国的崩溃与西方世界的兴起。在诺斯来看，制度的演变和发展具有一种路径依赖效应，制度变迁一旦踏上某种特殊的发展路径，就具有累积强化的作用。这就导致了一些国家的持久繁荣、另一些国家的持久贫困。同时，当外部条件发生重要变化时，交易成本与相对价格发生变化，国家由此兴衰。

（8）法律经济学

法律经济学也称法和经济学，主要是对法律制度进行经济分析，说明法律制度和法庭判决对经济效率的影响。科斯是法律经济学的创始人，他在《社会成本问题》一文中，运用众多的法庭判决案例，说明了法律制度的重要经济作用。在科斯看来，当交易费用为零时，法律制度或者法庭判决对资源配置没有任何影响，因为人们可以通过市场交易改变法庭判决的结果，实现资源的最优配置。而一旦交易费用不为零，法律制度或法庭判决就对资源配置有重要影响。这就是科斯第一定理与第二定理的本质含义。

在法律经济学的初创时期，还有两位非常重要的代表人物：一位是阿尔钦，另一位是戈多·卡拉布雷西。阿尔钦在1961年发表了《关于产权经济学》一文，运用效用理论和最大化方法研究了产权制度问题；卡拉布雷西则在同一年发表了《关于风险分配和侵权法的思考》一文，从经济学视角比较系统地研究了侵权的法律问题。

法律经济学在20世纪七八十年代经历了一个蓬勃发展的时期。这个时期涌现出许多优秀的代表人物与研究成果，其中最突出的是理查德·波斯纳撰写的《法律的经济分析》（1973）一书。这是一部类似法律经济学“百科全书”的经典作品，标志着法律经济学完整的理论体系的建立。此外，还有沃纳·赫希的《法和经济学》（1979）、米契尔·波林斯基的《法和经济学导论》（1983）、考特和尤伦的《法和经济学》（1988）等。

法律经济学研究的主要问题包括：在一个合约中，如果事先没有分配由于某个偶然因素而无法履行合约所造成的损失的风险，法院如何分配这种风险造成的损失才是有效率的？在有负的外部性的场合，法院如何判决才能导致最有效率的结果？在白领犯罪的例子中，如何制订处罚方案才能有效地制止犯罪？诸如此类的问题都波及法律条文如何规定和法庭如何判决才能达到最有效率或使成本达到最低。换言之，法律经济学主要从成本收益的角度讨论法律规定和法律执行的结果及经济效率问题。

1.2.3　新制度经济学的研究方法

一些学者认为，新制度经济学并不是试图建立一种全新的经济理论，而是将产权和交易费用的思想纳入经济模型，将新古典经济学拓展到交易费用为正的世界（埃格森，1990）。这表现在许多新制度经济学家接受了新古典经济学的边际概念、最大化和均衡分析。循着制度很重要的逻辑，新制度经济学将制度本身当做一个变量，讨论了不同制度安排对激励和人的经济行为有什么不同的影响。这一讨论立足于以下四个假设：

第一是经济人。经济人假设最初来自亚当·斯密，现已成为经济学的基本假设。新制度经济学也沿用了这一假设。在新制度经济学中，人依然是趋利避害的、谋求自身利益最大化的个人。从制度分析的意义来说，这一假定意味着人总是在既定的制度安排下谋取自己的最大利益。另外，当现有的制度安排不能保证其获得最大利益时，或者发现了新的获利机会时，人总是设法通过改变制度安排来获取最大利益。因而，制度安排或制度变迁都来自理性人对自身利益最大化的追求。同样可以推理，当交易有成本的时候，人们总是会选择成本最小的方式进行交易。此外，由于每个人都具有追求自身利益最大化的动机，因而人们之间的冲突不可避免，而制度的作用就是妥善地解决这种冲突，或者将这种冲突减至最低限度。

第二是有限理性。传统经济学假定人是完全理性的。所谓完全理性，按照克瑞普斯（Kreps，1990）的说法："一个完全理性的个体有能力预测到可能发生的所有事件，并可以对各种可行的行为进行评价和作出最佳选择，所有这一切都可以在一眨眼的时间内完成，不存在任何成本。"显然，由于存在信息成本和知识的差异，或者由于存在不确定性，或者由于其他原因而导致交易费用，人们并不可能做到完全理性，因而，有限理性是人们进行选择时的常态。新制度经济学家认识到了这一点，因而都自觉或不自觉地否定了完全理性假说，采用了有限理性假设。例如，科斯曾经指出："大多数经济学家都作出了这样的假设，即人是理性地追求最大化的。在我看来，这个假设既没有必要，也会引人误入歧途。"诺斯也说，"毫无疑问，人们处理信息的思维能力是有限的"，由此人的理性也是有限的。这种有限理性体现在：一是环境是复杂的，在经济活动中，人们面临的是一个复杂的、不确定的世界；二是人们对环境的计算能力和认识能力是有限的，人不可能无所不知。而制度的一个作用就是降低这种环境的不确定性，增强人们的计算和把握能力（诺斯，1990）。

第三是不完全信息。新制度经济学的一个重要假设是，获得信息是有成本的，而且人们处理信息的能力是有限的。这种信息问题是交易费用的一个重要来源，因为如果信息是完全的，那么，许多交易就不需要成本，或者交易费用会大大降低。实际上，信息不可能是完全的，人们总是在不完全信息下进行决策。比如，人们在进行交易时，可能并不知道对方是否诚实守信，更重要的是，人们可能并不知道交易对象的实际状况和未来可能发生的情况。这就需要人们在交易之前作出某种安排，以防不测事件发生。这也为人们通过制度安排减少交易中的信息障碍提供了条件。

第四是机会主义。机会主义是威廉姆森提出的一个概念。在他看来，并不是所有的人都是诚实守信的，其中有一些人可能不是诚实的，也就是说，他们会隐瞒偏好、扭曲事实或者故意混淆视听。这种机会主义与自利是不同的。以旧车的出售为例，一个诚实的车主也希望卖一个好价钱，但他会把有关的信息毫无保留地告诉买者，由买者根据真实信息进行选择；而一个机会主义者则会尽量隐瞒车辆的关键信息，以图卖一个更好的价格。这种不诚实的行为对经济活动的影响是重大的，对相关的合约选择和制度也具有重要意义。因为如果人是完全诚实的，那么，不完全的合约也可以达到有效率的结果，但如果存在利用欺骗手段谋利的行为，那么，不完全的合约就可能达不到合意的结果，由此，就需要消耗资源来预防这种欺骗行为的发生。如果不能通过某种安排来预防不诚实行为的发生，那么，相关的交易有可能完全停止。

从上面四个假设可以看出，新制度经济学与新古典经济学的理论前提有很大的不同：新制度经济学不仅用有限理性取代了完全理性，用不完全信息取代了完全信息，而且将机会主义作为人的行为假设引入经济分析。这一引入在新制度经济学中具有重要意义，因为众多需要解释的制度安排正是因应了机会主义行为的存在而存在的。

立足于上述四个假设，新制度经济学对现实世界的诸多问题进行了研究，由此体现出比其他经济学更关心现实世界的特征。对此，张五常（2000）曾经指出，制度经济学具有关心现实世界的悠久传统，新制度经济学的一大创新就在于它能够解释为什么观察到的制度安排是这个样子，“新制度经济学家对现实世界的约束条件更感兴趣”。张五常强调，他所看到的世界始终是真实世界，他所研究的问题也是从真实世界而来的问题，而不是想象出来的问题。所以，从《卖桔者言》到《经济解释》，他始终是在解释实际发生的现象，并用这些现象来验证相关的理论。

新制度经济学的主要代表人物科斯坚决反对“黑板经济学”，而强调对现实问题的关注和研究。他曾经批评新古典经济学变得越来越抽象、越来越形式化和数学化：“它正变得越来越抽象……一个不争的事实是它与真实世界越来越疏远了……经济学家们在研究供给与需求怎样决定价格时，却忽略了那些在市场中决定什么商品和劳务被交易且因而被定了价的因素。这是一种对真实世界中所发生具体事件的蔑视态度，但是它已成为经济学家们的习惯，且他们自己也没有觉得有什么不合适。主流经济学在理论上所取得的成功以及在理论上的主导地位掩盖了它的不足之处，因为主流经济学向来重理论而轻事实。”（2003）他所倡导的方法可以概括为现实世界、约束条件和一般化三个要素。所谓现实世界，就是始终以现实世界为研究对象，研究实际中所观察到的问题，并使理论的假设符合实际。所谓约束条件，就是在经济分析中要加入现实的约束条件，考察不同状态由于约束条件的变化而产生的结果。所谓一般化，就是从经济生活的事实和现象出发，寻找解决问题的答案，最后把不同状态下得到的理论结果归结为一个简单的、一般化的原理。科斯的这种研究方法对新制度经济学产生了重要影响。基于这种方法，经验研究或案例研究就成为新制度经济学的主要研究方法。

就科斯本人而言，由科斯开创的“经济分析法”始终是从案例出发进行分析。其中，在《社会成本问题》一文中，科斯就引用了十多个案例，说明了在交易费用为零或不为零时，法庭判决对经济效率如何具有不同的影响。在该文的最后，他倡导要转变经济研究方法，改变新古典经济学从理想状态出发来说明现实社会无效率的分析方法，他认为：“较好的方法看来是，将我们分析的出发点定在实际存在的情况上来审视政策变化的效果，以试图决定新情况是否比原来的情况好或坏。按这种方法决策时，结论与实际情况就有一些关系。”在这里，科斯实际上遵循着与弗里德曼不大相同甚至相反的研究方法，后者认为理论的假说可以是不现实的。

德姆塞茨在研究产权的起源时，也引用了加拿大印第安人狩猎的案例，说明产权的出现及演进是人们为了更好地利用经济机会的结果。诺斯对经济史的研究则是发掘了历史上的各种经验事实，实际上是一种以国家为案例的研究。张五常的《经济解释》更是针对经济事实。为了说明价格管制如何造成租值消散，他以香港的租金管制为例，揭示了管制过程中各参与方如何通过竞争，重新签约，从而导致成本支出的事实。此外，钱德勒、威廉姆森、乔斯克沃和梅纳德等人对公司治理结构的研究，霍尔斯特姆和罗伯茨等人对企业边界的研究，都属于案例研究。

当然，新制度经济学家并不排斥新古典经济学的研究方法，例如，他们在分析中也使用了边际分析和均衡分析，也包括了实证分析和规范分析，一些学者还主张将新古典经济学的数学模型方法引入制度经济学，建立制度分析的经济模型，并进行定量分析。科斯根据同样交易在企业内组织的交易费用与通过市场组织的交易费用在边际上相等的原则来划定企业和市场的边界，就是边际分析的例子。同样，自诺斯以来，一些学者试图对交易费用的大小进行度量，就是定量分析方法的运用。此外，通过史实来进行研究的历史方法在新制度经济学中也不少见。

1.3 新制度经济学的创新之处

制度经济学是相对于正统经济学（即新古典经济学）而言的，新制度经济学是相对于旧制度经济学而言的。那么，以这二者为参照系，新制度经济学到底有哪些创新之处呢？为了回答这个问题，最好的办法是把新制度经济学同这两种经济学相比较。

1.3.1 与新古典经济学相比

在新古典经济学看来，制度经济学是一种异端邪说，是离经叛道的。反过来，在制度经济学看来，新古典经济学完全脱离了现实。但在对待新古典经济学这个问题上，新制度经济学与旧制度经济学的不同之处在于，新制度经济学不是以批判新古典经济学为己任，而是将自己的理论建立在新古典经济学的基础上；旧制度经济学则是以批判新古典经济学为己任的。正如弗鲁博顿与芮切特在《新制度经济学》（1991）一书中所说，新制度经济学通过考察产权结构和交易成本怎样影响激励和经济行为而扩大了新古典经济学的应用范围。新制度经济学家在分析方法上的变革并不是处心积虑地想建立一种新的、与常规理论不同的学说，而是在经济模型中引入更多的制度因素和现实假设，因为他们看到标准的新古典经济学的分析太抽象了，不能有效地解决当前理论家和决策者感兴趣的一系列问题。

根据修正论学者的看法，微观经济学在交易费用大于零的所有场合，以及在资源的产权采取不同于古典经济学理想形式的时候，都是失败的。新制度经济学家不同于旧制度经济学家，因为他们不排斥根据推理得到的理论。他们也接受了边际主义，并推崇边际主义的用途，但他们的重点在于通过考察经济体制中以前被忽略的特征而扩大了微观经济学的范围。虽然不能说传统理论完全没有考虑制度结构，但通常它对制度的讨论都是肤浅的。

比如，传统理论当然承认存在政治、法律、货币和其他制度，但不认为这些制度会影响经济活动，就是把它们当做既定的，由此认为它们不重要。相反，新制度经济学认为制度非常重要，每一种不同的组织结构都会影响激励和行为，此外，制度本身也是经济分析的目标。正如科斯所说，我们可以用经济理论来分析制度，解释制度的运行，使制度成为经济模型的一个有机部分。

埃格森（1990）更详细地比较了新古典经济学与新制度经济学，从这种比较中可以看出新制度经济学的创新之处。埃格森认为，如果说新古典经济学是一种价格理论的话，那么，新制度经济学则是价格理论在经济、政治制度方面的应用。这种应用之所以必要，是因为社会生产的结果在很大程度上取决于支配经济活动和整个社会运作的社会政治规则。这种应用在许多方面补充和拓展了新古典经济学，增强了新古典经济学的解释力，扩大了其适用范围。

(1) 新制度经济学与价格理论的总体比较

埃格森（1990）认为，新古典价格理论对分散化（Decentralized）市场上交换和生产的根本性质提出了一些极有价值的见解，同时为我们提供了一些分析工具，使我们能够推测均衡结果怎样受到单个决策者所面临的约束条件的变化的影响。如当收入变化或价格变化时，消费者的均衡如何变化；当价格变化时，生产者的产量如何变化等。但是，当我们用这种理论来解释现实世界时，人们可以发现，这种价格理论忽略了一系列重要的东西，包括：

第一，不同的社会规则（产权）和经济组织怎样影响行为、资源配置和均衡结果？

第二，即使在相同的法律框架下，为什么不同类型的经济活动具有不同的经济组织形式？如工业生产采用公司制，农业生产采用家庭经营；即使在工业生产内部，也有独资、合资、股份制等多种形式。更一般地说，用于组织生产和交换的各种合约安排和经济逻辑是什么？

第三，支配生产和交换的根本社会与政治规则背后的经济逻辑是什么？这些规则怎样变化？

对于这些问题，新古典经济学几乎没有进行什么研究，因而当制度成为一种变量而影响经济行为时，新古典经济学就变得束手无策。

20世纪60年代后期以来，大量新古典经济学家开始关心经济组织的结构，新的研究思路开始出现。这种研究思路试图在保留传统思路的所有主要因素——稳定的偏好、理性选择模型和均衡——的前提下，引入交易费用、信息成本和产权安排等约束条件，这种新的研究思路就是新制度经济学，故新制度经济学并没有改变新古典经济学的核心。

尽管新制度经济学目前还处于一种探索阶段，其内部并不统一，一些定义和术语尚未得到公认，数学模型的运用还不那么显著，但已呈现四个方面的共同特点：

第一，新制度经济学家一般明确地尝试建立关于规则和合约的约束条件的模型，建立新古典经济学当做基准的理想产权结构模型。

第二，放弃了完全信息和无成本交易的新古典经济学假设，考察了正交易费用的含义。

第三，放弃了任何商品和服务只有数量和价格两重属性的假定，考察了经济组织的含义。

第四，新制度经济学从许多不属于该学派的经济学中获得养分，如斯蒂格勒的信息经济学、规制经济学和产业组织理论，加里·贝克尔的人力资本理论等，因而它并不与其他学派的理论完全不相容。

(2) 新制度经济学与理性选择模型

新古典经济学的理性选择模型强调单个代理人在约束条件下使目标函数极大化，具体来说，就是家庭的效用极大化和企业的利润极大化。它设想的状态是：不受限制的市场交换、完全信息和充分定义的私有产权。在这种环境下，代理人自利的效用极大化受到了生存因素的约束，因为竞争消除了无效率的企业，迫使幸存者按照最小成本和最大利润的原则行事。进一步说，完全信息和零交易费用消除了各种形式的偷懒，由此垄断并不会导致无效率的结果。

例如，垄断企业由受雇的代理人经营，似乎不受竞争性企业所面临的那种竞争条件的影响，但由于垄断企业的所有者同受雇的代理人签订了合约，追求最大利润，代理人除了按合约办事以外别无选择，因为所有者执行合约的成本为零。但如果交易费用不为零，合约不完全或存在执行成本，这些行为限制因素就没有了。这时，合约各方——工人、经理、所有者、买者和卖者——就都可能出现偷懒行为。由于这个原因，新古典经济学的理性选择模型就无法解释我们观察到的实际情况，由此备受争议。

批评的意见认为，个人的偏好是不稳定的，其选择不存在传递性，人们决策时并不是精于计算的。针对这些批评，新制度经济学抛弃了最优化假设，代之以西蒙的令人满意原则或有限理性假设。根据西蒙的观点，由于人的理性是有限的，故个人行为基本原则是令人满意，而不是最优。这就意味着，由于信息不完全，最优化的目标无法达到，相应地，人们不是追求最优结果，而是达到令人满意的结果就行了。由此可见，新制度经济学的有限理性假设实际上改变了新古典经济学的核心因素。这就使新古典经济学在加入了交易费用和产权因素以后，具有了更丰富的、更有力的理论含义。

(3) 规范分析与实证分析

新制度经济学有相当一部分内容是规范性的，这表现在，它试图寻求一个对社会来说最优的交换结构或制度结构。例如，许多经济学家在讨论外部性问题时，试图找到一套最优的规则结构或产权结构，以解决外部性问题。其他经济学家在讨论制度问题时，也持有类似的观点，要么希望交易费用最小，要么希望通过制度改革达到最高的经济效率等。这都意味着要建立一套最优的产权结构或最佳的制度安排，使社会的财富极大化。但问题在于，如果认为使财富或效用极大化的制度才是最好的制度，那么最好的制度如何判断却大有疑问，因为任何一种制度都会使一些人受益，而使另一些人受损，因而最优的制度对不同的人可能意味着不同的东西。另外，如果把最优的制度安排理解成指导资源运用以产生最大财富的规则，当制度最优时，资源将用于最有价值的用途，那么，由于最有价值的用途是不易确定的（因为这在很大程度上取决于人们的主观判断），因而最优的制度安排也就无法确定。

与这种寻求最优制度安排的规范分析相对应，更有益的做法不是寻求最优的制度、组织与规则，而是探讨不同规则、组织与制度所带来的不同经济效果，这就要进行制度的实证分析。目前有许多新制度经济学家致力于从实证的角度，比较各种制度安排的经济效果和不同产权规则的作用，试图考察各种产权结构对国民财富的影响，同时说明无效率的产权制度为何长期存在。例如，从相对无效率的产权结构转向更有效率的产权结构，将使一些人受益，但也可能使另一些人受损。如果总体上受益大于受损，按照卡尔多的标准，这种转变就是有效的，因为受益者在补偿受损者以后，仍比以前更好。但是，在现实世界里，由于存在巨大的谈判成本和执行成本，几乎没有受益者会自愿补偿受损者，因而这种有效的改进不会出现。诺斯和托马斯在《西方世界的兴起》一书中解释了这种困境。他们说：如果产权容许进行社会生产活动，经济增长就会发生。这种产权的创造、界定和执行是有成本的……当私人收益超过交易费用时，人们就会努力创造这种产权。政府会接手产权的保护和执行，因为这样做的交易费用更低。然而，政府的财政需要也可能导致保护那些阻碍而不是促进增长的产权，因此，我们并不保证会出现有效率的制度安排。这段话很清楚地解释了最优产权结构建立的困难。历史上还有很多例子可以说明这种无效率产权制度存在的原因，例如，为了获得财政收入，国家控制了盐的销售、对烟草实行专卖等，这些都是人为垄断而造成无效率的例子。

立足于交易费用，新制度经济学几乎可以对所有的无效率现象进行解释，由此形成的理论可称为实证的制度经济学。这种实证的制度经济学如此重要，以致占了新制度经济学的绝大篇幅。张五常甚至认为，经济学的任务就是进行经济解释。

（4）交易费用与资源配置

新制度经济学的一大创新是提出了交易费用的概念，并运用交易费用的思想来解释社会的制度结构和经济的运行机理。新制度经济学的研究表明，交易费用对资源配置和经济组织的结构具有重要影响。交易费用使所有权的分配至关重要；交易费用说明了经济组织的问题，使政治制度的结构成为理解经济增长的关键。

那么，说交易费用很重要，究竟有何历史根据呢？诺斯和托马斯（1986）在《1600—1850年海洋运输生产率变化的原因》一文中发现，在17世纪到19世纪中期这一段时间内，尽管海洋运输技术没有大的变化，但由于海洋运输变得更安全和市场制度变得更完善，因而降低了海洋运输的成本，使海洋运输生产率大大提高。这是交易费用重要性的历史证据。

在现实生活中，交易费用广泛存在，直接提供交易服务的行业包括批发、零售、金融、保险和地产。这些非政府行业主要是为了促进、协调和监督交易。诺斯和托马斯发现，用于私人和公共部门交易的资源，用占GNP的比例来衡量，大致从1870年的1/4上升到1970年的1/2。这还只包括专业从事交易的资源，不包括个人从事交易的成本，如排队等待和搜集产品或要素市场信息方面的成本。在现代社会，证券交易所、产权交易中心、会计师事务所、资产评估公司、律师事务所等多如牛毛，无不彰显着组织与协调交易活动的重要性。

交易费用很重要的另一个例子是，如果交易费用为零，新古典经济学所说的垄断的无效率也会消失。根据新古典经济学的分析，垄断会导致社会福利的净损失，使垄断者的得益小于消费者或社会的损失。因而，消除垄断可以改善福利，提高效率。但是，如果集体行动的成本是零，理性的消费者为什么不联合起来，贿赂垄断者，让其采取完全竞争企业的产量和定价政策呢？由于交易费用为零，完全的价格歧视也很容易做到，结果是，垄断者自愿地选择完全竞争的产量，同时通过完全的价格歧视占有全部的消费者剩余。在这种情况下，消费者的福利没有损失，垄断者的状况得到改善。因而，如果交易费用为零，垄断的无效率可以消除，资源配置总会达到最优。

新古典经济学关于自由市场制度是有效率的结论，是从完全信息假设的一般均衡模型中推导出来的。这一模型认为，自由的市场体制往往趋向于利用个人之间所有共同有利的交换，在均衡时，帕累托最优将会达到。只有在存在外部效应或溢出效应时，才会达不到帕累托最优状态。如果不考虑这种外部效应或溢出效应，按照新古典经济学的标准，资源配置总是最优的。实际上，信息并不是完全的，交易费用也不会为零。科斯在《社会成本问题》（1960）一文中指出，假定交易费用为零，庇古关于外部性的批评是错误的，因为不管资源的权利最初是如何分配的，只要交易费用为零，其结果总是最优的，理性的代理人总会将外部效应考虑进来，社会成本将会消失。

例如，当集体行动的成本和其他交易费用为零时，生活在工厂周围的居民将联合起来，向企业提供贿赂，以减少污染。最大贿赂额等于清洁空气的价值。贿赂提高了企业污染的机会成本，它是否继续污染就取决于污染所带来的收益是否大于贿赂。另外，当居民拥有享受清洁空气的权利时，工厂要排污就要向居民提供一笔补偿，只有排污后的收益大于补偿的代价时，工厂才会提供补偿以获得排污权。

在上述两种情况下，结果都取决于工厂排污所产生的价值与居民空气价值的比较。在交易费用为零时，社会成本也不会产生。因此，庇古既没有交易费用的概念，又提出外部性问题，这完全是错误的。

这就意味着，由于新古典经济学没有交易费用的概念，而在讨论资源配置问题时它又暗中假定交易费用为零，因而得出了似是而非的结论。新制度经济学通过引入交易费用的概念，澄清了新古典经济学在这一问题上的混乱，说明当交易费用不为零时，垄断和外部效应的存在并不是无效率的表现。

（5）交易费用与效率

根据新古典福利经济学的观点，偏离帕累托最优状态就是无效率。这种将理想状态与实际状态相比较，然后得出实际状态无效率的观点，受到了科斯和德姆塞茨等人的批评。德姆塞茨在《信息与效率的另一种观点》一文中指出，“非最优”、“无效率”、“利用过度”或“利用不足”这类术语都是一种误导，并且模糊不清。效率的准确含义必须是指稀缺和人们在怎么干，而不是他们能够干什么。他认为现代分析必须描述在一个存在不可分性和创造知识具有成本的世界里的无效率。

埃格森认为，在零交易费用的新古典经济学中，没有理由存在企业或货币这种现象。只有存在交易费用，这类制度安排才会产生。Staten和Umbeck进一步证明，如果把效率理解为帕累托最优，那么就不可能从微观经济学中得出无效率的观点。因为按照新古典经济学的假定，每一个人都在约束条件下使效用最大化，每个企业都在约束条件下使利润极大化，那么其结果一定是最优的。在空气污染的例子中，当工厂有权排污时，据说是无效率的，因为工厂会将产量推进到私人边际成本小于社会边际成本的水平，因而社会收益和社会成本在边际上也不相等，这按照帕累托的标准是无效率的，但当污染对居民的损害大于工厂清除污染的成本时，居民为什么不提供一笔补偿，让工厂限制其污染水平呢？答案在于该模型省略了一些约束条件，如省略了集体行动的成本或法律限制等交易成本，这才导致无效率的结论（埃格森，1990）。

张五常在《价格管制理论》（1974）一文中，提出了类似的观点。他说：“在每个人的行为都与约束条件下极大化假设相一致的世界里，经济无效率提出了一个术语上的矛盾。全部错误都可以追溯到某种类型的约束条件上去。如果充分描述世界的模型详细说明了它这样运行的成本和收益，世界就是有效率的。”在他看来，如果所有的约束条件被清楚地说明了，总会导致帕累托最优。只有漏掉了一些约束条件，才会出现无效率的情况。在另一个地方，张五常还特地举了自助餐的例子来说明这一点：在自助餐中，顾客按人头一次付费，想吃多少就吃多少，因此，他将消费到最后一口食物的边际效用为零的那一点，这是一种浪费，因为这最后一单位食物的边际成本大于零。但是，自助餐节省了监督成本和度量顾客能吃多少的成本。如果我们只是要解释顾客在自助餐中为什么吃这么多，那么，监督成本和度量成本就是无关的，因此就成了浪费。如果我们想解释为什么采取自助餐的形式，就要考虑监督成本和度量成本，浪费就消失了（张五常，2000）。

因此，如果我们把交易费用考虑进来，现实中的大部分无效率消失了。按照这一观点，中国的国有企业只有在不考虑它们的约束条件时才是无效率的。由于国有企业同样的投入得到的产出比私有企业少，说国有企业无效率似乎理所当然。但如果考虑国有企业与私有企业具有不同的产权约束，那么，国有企业也是有效率的，这就是，国有企业也是约束条件下的最优化；否则就无法解释，为什么国有企业的参与者都极大化，却得到了一个无效率的结果。又如，与大农业相比，单个小农也许是无效率的，因为他们的生产率很低，并且采用新技术的动力不足，融资能力有限，但如果将风险分担和知识等约束条件考虑进来，小农经营同样也是有效率的。

因此，新制度经济学的一个贡献是，由于引进了交易费用概念，可以更好地说明效率的含义和人类行为。

（6）物品的质量特性和度量成本

新古典经济学的另一个问题是没有讨论度量问题，尽管它大量讨论了市场交换，但在它的模型中，市场交换只有价格和数量二者需要决定。在完全信息的假定下，商品的各种质量和数量边际都被无成本地度量和定价。因此，直到现在为止，标准的微观经济学理论都忽略了商品品质的多维性。如果我们放弃完全信息的假定，我们就必须正视每种商品的多种品质特性。正如马林沃德所说：实际上，许多商品都有多方面的品质特性，这就产生了度量商品多种品质特性的问题，度量误差就成为一个普遍现象。随着生产的专业化和技术变化，商品的品质特性变得更为复杂，在交换时对度量的要求也就更高。

例如，考虑一下汽车的购买，这里要度量汽车的各种品质特性：外形、车况、座位、空调，甚至灯光、刹车等。买者不只是要决定以什么价格购买多少数量的汽车，还要决定其质量和式样是否符合要求。

再如，考虑一下开发商寻求建筑商建造新房的问题。开发商不光要考虑以什么成本建造房屋和建造多大面积的房屋等问题，还要考虑建筑质量是否达标、房屋式样是否符合居民的审美标准和实用要求等。

在所有这些情况下，交易双方都要度量交易对象的质量特性，这种度量的难易程度或成本高低将会影响交换的组织和资源配置。新制度经济学的一个命题是：度量成本的存在将影响合约的结构、市场和经济制度的组织。当度量成本上升时，经济力量可能起作用，形成新的安排，以降低交易费用。这样，新制度经济学就比新古典经济学更好地解释了各种经济组织的存在逻辑。

(7) 交易费用与均衡结果

根据新古典经济学的理性选择模型，个人将在约束条件下达到最优化；当约束条件变化时，均衡的结果也会发生变化，在现实生活中，约束条件是无限的，所以，理论模型只能有选择地说明那些令观察者感兴趣的约束条件。

在标准的微观经济学中，均衡分为两种：一是马歇尔的局部均衡，以单个企业、单个家庭和单个市场为对象，研究其达到最优所需要的条件和将会出现的情况；二是瓦尔拉的总体均衡（或一般均衡），研究一个经济体系内所有的家庭、企业和市场同时达到均衡所需要的条件和将会出现的情况。这两种均衡都是在完全信息和零交易费用的条件下实现的，因而对现实的解释力十分有限。

以局部均衡为例，企业或其所有者被当做极大化利润的代理人。如果企业在竞争市场上运行，其选择就受到投入和产出价格及现有技术的约束。在这种条件下，最优化涉及技术的选择、使生产成本极小化的投入组合，最后选择的是使利润达到极大化的产量水平，即边际成本等于外在价格的产量。新古典经济学竞争模型的根本特征是：单个企业并不直接竞争，而是适应外生参数的变化。例如，产出价格的变化将导致企业修正最优决策，调整其投入与产出水平，并考虑是进入还是退出一个行业。

瓦尔拉的总体均衡模型讨论了代理人的相互作用问题，但策略性的相互作用是与理性选择模型相一致的。当代理人不能相互联系和签订合同时，策略性的相互作用据说是间接的。这一过程导致纳什均衡。策略性的行为也可以是直接的，个人可以相互接触，形成合谋，结果也是均衡的。当再调整的过程完成，约束条件没有进一步变化时，均衡结果就达到了。竞争性行业达到长期均衡时，每个企业在长期平均成本的最低点生产，企业规模最优，但每个企业只得到正常利润，所有行业报酬相等。

对于这种分析，新制度经济学的创新在于以下几个方面：

首先，新制度经济学明确加入了新的约束条件，其中最重要的约束条件是产权结构和交易费用，故可以用来分析传统市场交换、组织内的交换及不同经济体系的交换，使人们能够更好地理解产权分配的变化怎样影响人类行为，其重点是约束条件的变化如何影响均衡结果。

其次，新制度经济学解释或内生化了市场组织与合约结构，经济组织，如企业，被视为合约的联结（Network of Contracts or Nexus of Contracts），市场也被当做经济组织的一种形式。而组织形式之间的竞争（也就是交易费用大小的比较）导致了均衡合约的产生。比如，市场和企业的边界就可以用二者进行同样的交易所花的费用在边际上相等来划定；是采用计件工资还是采用计时工资、是采用分成合约还是采用固定租合约，也可以通过权衡它们的相对交易费用来决定等。

最后，社会和政治制度也被看做个人之间进行交换的结果。制度之间的竞争导致了均衡的制度。例如，传统的集中计划经济在经过多年的实践之后被放弃，转而采取市场经济。

显然，通过这种拓展，经济学的适用范围扩大了，其理论也更符合现实了。

1.3.2 与旧制度经济学相比

科斯就曾尖锐地指出，美国的制度主义是一个沉闷的话题，是反理论性的；它除了一堆需要理论来整理不然就只能一把火烧掉的描述性材料外，没有任何东西留传下来。斯蒂格勒也认为，美国的旧制度经济学是失败的，并把其失败的原因归纳为两点：一是对正统经济理论采取仇视态度；二是缺乏实证研究。相应地，新制度经济学在这两个方面都取得了进展。

这样看来，旧制度经济学是不值一提的。然而，旧制度经济学究竟提出了哪些观点？为什么在没有理论的情况下也能在经济学说史上占据一席之地呢？

旧制度经济学基本上是美国土生土长的经济学，其开创者是凡勃伦和康芒斯，代表人物还有米契尔（Mitchell）等人。凡勃伦主要揭露了资本主义社会和正统经济学的种种毛病；康芒斯主要关注经济活动或交易的法律框架，特别是关注集体主义或集体行为，他实际上是现在的法律经济学的奠基者；而米契尔则主要关注周期波动和总体失衡，其开创了经验统计学派。

旧制度经济学的第一个特点是，反对正统经济学的抽象法，认为自李嘉图以来的抽象推理方法得不出什么有用的东西，经济学家必须通过实地观察（Look and See），将研究工作立足于历史和统计资料，才能得出有益的结论。这一方法论特点实际上是继承了德国历史学派的观点。新制度经济学家虽然强调经验分析和案例分析，但并不反对由推理得出的理论，因而也没有对抽象推理方法进行批判。相反，在许多情况下，新制度经济学还运用了正统经济学提供的抽象推理方法。

旧制度经济学的第二个特点是，几乎全盘否定正统经济学，即使不认为正统经济学一无是处，也认为正统经济学用途不大。而新制度经济学并没有否定正统经济学，它不过是用交易费用补充了正统经济学理论的不足，纳入产权因素研究了制度的作用。曾有这样一种说法，如果正统经济学考察的是真空世界，那么，新制度经济学考察的是有摩擦力的世界，而这种摩擦力就是交易费用。

旧制度经济学的第三个特点是，它并没有留下什么值得一提的理论，而新制度经济学则有着十分丰富的理论，而且这些理论随着时间的流逝影响越来越大。新制度经济学以交易费用理论为基础，先后建立了企业理论、产权经济学、合约经济学、市场理论、国家理论、制度变迁理论、新经济史、法律经济学等经济学分支或理论学说，形成了比较完整的理论体系。下面我们会进一步阐述。

当然，旧制度经济学强调制度（虽然制度的含义非常宽泛），这与新制度经济学相似，也正是因为这一点，人们在讨论新制度经济学与制度运作的理论时，不能不提到以前就谈过制度问题的旧制度经济学，这或许是人们至今仍记得旧制度经济学的一个原因。

1.3.3 新制度经济学之“新”在于交易费用

综上所述，新制度经济学之所以“新”，就在于它提出了以前从未有人提过的“交易费用”概念，并根据这一概念考察了社会经济的制度方面，得出了不同于正统经济学，也不同于旧制度经济学的一整套理论。这一理论强调制度的作用，强调对现实世界的分析。正如张五常（2000）在《论新制度经济学》一文中所说：“如果我们要把经济学的一个分支称为‘新制度经济学’的话，我们就必须告诉人们‘新’在何处。制度经济学具有关心现实世界的悠久传统，‘新’就新在我们现在能够解释，为什么观察到的制度安排是现在这个样子。这一突破包括两个方面：首先，大多数‘旧’制度经济学家在分析约束条件下的选择时既不能轻松自由，也不能始终如一，而新制度经济学家却十分通晓现代经济理论，并能在日常研究工作中运用它。其次，新制度经济学家对现实世界的约束条件更感兴趣，较为具体地说就是，交易（制度）成本的存在现在被视为首要的约束条件。”“无论如何，经验科学的成功只能根据它在多大程度上增加了我们对世界的了解来判断，正是在这一点上，新制度经济学作出了根本性的贡献。”

1.4 学习新制度经济学的意义

新制度经济学作为一种理论创新，不仅填补了新古典经济学的一些空白，而且将经济学的研究从零交易费用引向正交易费用的世界，这无疑拓展了经济学的研究方法与研究范围，使经济学变得更为现实和更有解释力。这种解释力使我们能够更好地解释制度问题，理解制度现象，探索制度改革与制度创新。

从实践来看，中国目前正处在计划经济向市场经济的转型期。在这一时期，社会变化剧烈，制度改革频繁，若没有制度分析的眼光、缺乏制度分析的方法，就很难把握时代跳动的脉搏。因此，借鉴新制度经济学的有益成分，抛弃其糟粕，为中国的改革开放服务，以达到道路自信、理论自信、制度自信、文化自信，不仅具有理论意义，也具有现实意义。

具体来说，学习新制度经济学的意义，首先来自其研究方法的启发作用。经济学的研究方法有很多种，各种方法各有特色和作用。新制度经济学的特点是引入了实际的约束条件，考察现实世界发生的问题，这与新古典经济学先建立理想模型，然后再与现实世界相比较，以说明现实世界无效率的方法形成对照。这种研究方法更有利于将实际的经济问题作为经济研究对象，真正考虑现实世界的约束条件，以把握真实世界的运行规律。理论研究不是把理想状态与现实世界相比较，而是把实际面临的各种选择相比较，以获得约束条件下的最优化。这种方法显然有助于立足实践，更好地为经济决策服务。

其次，新制度经济学将制度当做重要变量，研究了制度的作用，尤其是分析了不同制度下人的行为与资源配置的效率问题，这对于我们更好地理解中国改革开放以来的经济增长，以及如何进一步通过深化改革，促进高质量发展，也具有重要的理论参考价值。

有效的组织才是长期经济增长的关键，制度因素是解释历史上经济增长的关键变量，也是西方世界兴起的关键所在，这是新制度经济学通过经济史的研究而得出的结论。这种结论也适用于中国。中国改革开放40多年以来，创造了举世瞩目的经济奇迹，通过制度改革与制度创新，建立了有中国特色的市场经济体制，释放了制度红利。中国传统的计划经济体制否定了市场机制的作用，不仅导致了严重的信息问题，而且造成了巨大的激励问题，由此无法很好地动员和利用生产要素，形成高效率的生产活动。到改革开放前夕，国民经济实际上已处于崩溃的边缘。1978年以来的市场化改革提升了制度质量，通过进行有效率的制度安排，创造了巨大的“改革红利”，使经济具有了前所未有的活力。以农业为例，中国1978—1984年农业的超常增长是在其他因素没有变化，尤其是在技术没有多大变化的情况下发生的，故可以认为主要是制度改革带来的。不仅如此，中国40余年的经济高速增长，基本上也可以看做制度改革的结果。因此，不加入制度因素，很难解释中国40余年的经济增长。

制度的这种作用在与技术相比较时显得更为突出，“很多人认为是袁隆平的杂交水稻让中国人吃上了饱饭，我们不能否认科技革命给人类带来的影响。但是我们进一步思考，火药的最早发明源自中国，但我怎么也想不通火药在后期的作用微乎其微。圆周率的精确率比西方早上几百年，但是中国的数学科学落后西方好多年。一个聪明绝顶的人才，带给人类一项革命性的技术，但是没有了一项制度体系的建立，始终会日落西山。如果杂交水稻不是建立在1978年的‘包干合同’在神州大地遍地开花，那么杂交水稻只是流星一闪，中国的温饱问题还是一个问题”（周双文，2009）。

中国40余年的高速增长，正好说明资本、劳动、技术进步这些经济增长的因素，缺乏了动员它们或激励它们的制度安排，就不能很好地发挥作用。如果我们把中国1978年以前30年的经济增长同1978年以后30年的增长比较一下，这一结论几乎是确定无疑的。

当然，学习新制度经济学的主要目的并不只是更好地解释以往的经济增长，而是更好地解决当前的现实问题。实际上，中国当前的许多现实问题，没有制度分析也是解释不清楚的。没有交易费用思维，这些现实问题也是不可能很好解决的，因为当前的许多问题都与制度安排的缺陷或制度的缺失有关。从大的方面来看，财产与分配制度缺陷导致的收入分配不公、环境产权制度的缺失导致的环境破坏、监管制度不严导致的腐败与寻租、市场制度不健全导致的竞争无序与过度竞争、政府主导的发展体制导致的产能过剩与经济泡沫等，都是需要通过深化改革和扩大开放来解决的重大问题。

以深受国民诟病的腐败问题为例，时任国务院总理温家宝曾一语中的：腐败的原因“是权力过于集中又得不到有效约束，关键是有些制度不够完善，有些制度落实得不好”。而“上级监督太远，同级监督太软，下级监督太难，法纪监督太晚”，正是相关制度安排存在缺陷的真实写照。监督缺乏使得一些掌管人、财、物的权力部门和实力官员在欲望的驱使下不择手段地谋取私利，而相关体制的设计漏洞使可能变成现实。以主管公路建设的交通部门为例，全国各地的交通厅长纷纷落马成了经济领域犯罪的一个奇特风景。6年间贪污受贿6 000多万元的贵州省交通厅原厅长卢万里就是其中的一个典型，此外，河南省交通厅原厅长曾锦城、张昆桐、石亮发，四川省交通厅原厅长刘中山、原副厅长郑道访，广东省交通厅原厅长牛和恩、原副厅长李向雷，广西壮族自治区交通厅原副厅长褚之田，湖南省交通厅原副厅长马其伟，贵州省交通厅原副厅长张有德，新疆维吾尔自治区交通厅原厅长阿曼·哈吉，江苏省交通厅原厅长章俊元（此公曾说过“工程上马，干部下马”），以及安徽省交通厅原厅长王兴尧等，也都因为贪污受贿而先后遭到查处，其中一些还是在前任受到查处后继任不久又因为腐败问题而被查处。

❖专栏1-3

爱唱《铁窗泪》的落马局长，贪腐近20年

在被称为“中国煤炭黄金10年”起点的2002年，时年41岁的陶虎生出任陕西省国土资源厅规划与评审中心副主任。这是一个肩负全省矿产资源规划编制、矿产储量评审等重要工作的岗位，同时也承担着维护国家对矿产资源所有权的职责。陶虎生的贪腐之路正是从这一时期开始的，至2021年被查，时间跨度长达20年。

2022年8月，检察机关依法对陶虎生涉嫌受贿案提起公诉。检方指控，陶虎生在担任陕西省国土资源厅规划与评审中心副主任、主任，省国土资源厅矿产开发管理处处长、监察局副局长、局长，省自然资源执法局局长等职务期间，利用职务便利，为他人谋取利益，非法收受他人财物，数额特别巨大，依法应当以受贿罪追究其刑事责任。

随着矿产资源领域反腐败工作的持续深化，2021年9月，从陕西省自然资源执法局局长任上退休不到一周的陶虎生被查。陶虎生的仕途起点很高。1996年3月，参加工作仅12年，35岁的他就出任陕西工程勘察研究院院长。之后的22年间，陶虎生的事业步入快车道，几乎每两年就换一个岗位。他先后担任陕西省地质环境监测总站副站长，陕西省国土资源厅规划与评审中心副主任、主任，陕西省国土资源厅矿产开发管理处处长等职务；任期最长的5年，最短的只有3个月。2018年5月，57岁的陶虎生再度获得升迁，担任陕西省国土资源监察局局长，正式跻身副厅级。次年2月，他再度履新陕西省自然资源执法局局长，直至两年后退休被查。

在矿产资源管理部门工作多年，且长期担任部门“一把手”，陶虎生可谓“浑身上下都是权力”。在陕西省国土资源厅规划与评审中心副主任的任上，陶虎生得以近距离接触很多煤老板，他们互动频繁。他利用职权为对方提供方便，对方则以“感谢费”为名向他进行利益输送。“开始给500元信封，拿在手上，心里怦怦直跳。后来慢慢习惯了，心也不跳了。”陶虎生在忏悔书中坦言，逢年过节，他都能收到老板们送来的大大小小的红包，“特别是春节前夕较多，元旦、中秋、端午，零星也有”。

小节失守即是大节不保的发端。特别是2007年担任陕西省国土资源厅规划与评审中心主任后，当陶虎生看到身边的老板们在他的帮助下日进斗金、住豪宅开豪车时，他已经不再满足于逢年过节收受礼品礼金了。陶虎生的一个“朋友”想收购煤矿，希望争取到一些便利条件。陶虎生爽快答应，事后对方给他转账200万元作为感谢费，他心安理得地收下。另一个与陶虎生关系密切的老同学，同样得益于陶虎生的帮助，顺利承揽了全省矿产资源利用现状调查、煤矿储量勘探等多个项目，先后送给陶虎生130多万元。

矿业是国民经济的基础产业。与私营企业主沆瀣一气，“养肥”了陶虎生的“胆”。经查，陶虎生通过手中掌握的矿产资源规划编制、矿产资源储量评审、采矿权证办理等权力，累计索取或收受22名矿产私营企业主贿赂860多万元。这种畸形的政商交往是对营商环境的极大损害。在与陶虎生的接触中，很多私企老板的思维逻辑是“不拿钱根本办不成事”。相对其他领域，矿产资源审批程序复杂、时间较长，有些矿业权申请人为尽快取得矿业权，便想尽办法寻找“捷径”。在陶虎生看来，收受管理和服务对象送的礼品礼金，最多算是违纪问题。他甚至给自己设了一条底线——可以违反纪律，只要不违法就行。

矿产资源开发领域腐败问题危害十分严重。少数矿产私营企业主通过单井扩大、再扩大等方式进行虚假矿产资源整合，或者通过协议取得的方式获得矿产资源，再以股权转让代替矿业权转让的手法从事倒卖矿产资源活动，给国家造成重大损失。更为严重的是，一些领导干部与矿产企业大肆进行权钱交易，不仅在经济上共同攫取国有资源，而且严重污染政治生态。2020年3月起，陕西省开展为期两年的领导干部违规插手干预工程建设和矿产资源开发突出问题专项整治，严肃查处在工程建设、矿产开发中滥用职权、谋取私利，搞权钱交易、利益输送等行为。

在接受审查调查前，陶虎生预感到自己的问题可能会暴露，他将违纪违法收受的400余万元分别储存在多个以同学或亲戚名义开设的银行账户中，企图掩盖其严重违纪违法的事实。一直到留置初期，陶虎生还认为“自己已经做得天衣无缝”，在事实面前百般抵赖，妄图蒙混过关。

2022年4月，陶虎生被开除党籍、开除公职。审查调查结果显示，陶虎生在矿产资源储量评审，矿区范围划定，采矿权设立、延续、变更等方面为他人谋取利益，其违纪违法金额合计达990多万元。

《党风与廉政》杂志文章介绍，矿产资源开发领域政策支持力度大、资源集中、资金密集，行业统筹性强，本身就是腐败问题易发高发的行业。2022年5月12日，陕西省自然资源厅党组召开陶虎生严重违纪违法案以案促改动员部署视频会议。会议传达了《省纪委关于给予陶虎生开除党籍处分的通知》《省监委关于对陶虎生享受的待遇给予调整处理的通知》，强调要坚持以案治本、立足常态，全面从严管党治党，推动形成用制度管人、管事、管权的长效机制。

这是来自陶虎生案的警示。

“月儿啊弯弯照我心，儿在牢中想母亲，悔恨未听娘的话呀，而今我成了狱中的人。”年轻时，陶虎生对这首曾风靡一时的《铁窗泪》津津乐道，如果他真能听懂这首歌背后的深意，又何来今日的“铁窗之愁”。

资料来源 邹姗．爱唱《铁窗泪》的落马局长，贪腐近20年［EB/OL］．［2023-04-09］．https：//baijiahao.baidu.com/.

交通厅厅长为何“前腐后继”？能源领域为何腐败频出（腐败实际上并不限于这两个系统）？交通、能源系统投资体制政企不分、“四位一体”，导致主管官员权力过大是根源所在。在目前的国家建设项目投资、建设、管理、使用“四位一体”的投资体制中，担当公路项目建设使命的交通厅官员大都是官商合一，同时拥有行政权力和项目建设经营权。卢万里当时既是贵州省交通厅厅长、党组书记，又兼任贵州省高速公路开发总公司总经理。前者是主管部门，后者是被管的企业。这种政企不分是滋生腐败的主要温床。由于卢万里当时既是厅长又是总经理、法人代表，集“裁判员”和“运动员”于一身，贵州省高速公路开发总公司变成了个人的领地，他可以随意越级提拔任用心腹，使上下级之间形成人身依附关系、钱权交易关系。高速公路建设本来有招投标制度，但招投标制度形同虚设，无法遏止交通领域的腐败。原因在于很多交通部门负责人同时兼任工程建设公司负责人乃至评标委员会主任，“三位一体”，让谁中标或不中标经常由一个人操纵，程序不过是走过场。

交通、能源系统官员纷纷落马的事实证明，单靠加强廉洁自律教育是不够的。显然，要防止腐败，关键是要实施以项目、资金、市场相互分离、彼此制衡的交通、能源投资体制改革，也就是说，交通、能源部门不能既是建设领域的“裁判员”，又是“运动员”，集官商于一身。因此，习近平总书记在中国共产党第二十届中央纪律检查委员会第二次全体会议上指出：要在不能腐上深化拓展，前移反腐关口，深化源头治理，加强重点领域监督机制改革和制度建设，健全防治腐败滋生蔓延的体制机制。

❖专栏1-4

“GDP注水”畸形背后有畸因

多年来，地方GDP“增速高于全国、总量大于全国”的统计乱象引发公众质疑。近期，东北多地官员坦承，各地纷纷在给统计数字“挤水分”，并反思统计数字造假之弊。

“相关部门做过一些核查，有些投资数据至少有20%的水分。”黑龙江省工信委投资规划处处长官英敏证实。仅黑龙江省自行“挤掉”的投资水分，近两年每年至少数百亿元。（《新京报》2015年12月11日《东北多地GDP造假 县域经济规模超香港》）

按照经济学的概念，GDP即国内生产总值，各个地方的GDP指的是一个地方在一定时期内生产的所有最终产品和劳务的市场价值。GDP是国民经济核算的核心指标，也是衡量一个国家或地区总体经济状况的重要指标。据科学核算，香港近几年的GDP也就是每年2 000多亿美元，但在东北不少地方，GDP让人惊愕、咋舌，因为不少地方县市的GDP就达到数百亿元，一个省恐怕就是几万亿元，考虑人民币和美元的汇率，恐怕这样的GDP数据也是让人惊诧不已的，无怪乎吉林省人大财政经济委员会主任委员赵振起认为，从各地固定资产投入上计算，“2010年年底一汽集团的资产总额才1 725亿元，全省每年上万亿的投资，一年要建设多少个一汽”。倘若依照各地汇报的产业成长性计算，东北一些县域经济规模都超过香港了。很明显，地方GDP“增速高于全国、总量大于全国”的统计结果是“注水GDP”。

GDP数字注水，其后患危害极大。一是直接影响对宏观经济发展形势的把握和决策，危害巨大。二是导致基层公众利益受损，一方“注水”必然导致多方为“注水”承担额外负担，这均摊在基层，是一言难尽的负担甚至是负债。三是GDP注水导致各种经济行为依假而为，必然导致决策失误、浮夸流行、捧得高跌得疼，最终造成发展恶果甚至成为发展之祸。特别是为“注水”而实施的财政空转、重复计算投资额、欺上瞒下、开空头支票等行为，更是直接影响一个地方的社会风气和工作作风，不仅不会有丝毫好处，反而会贻误时机，阻碍发展，炮制经济泡沫和窟窿。

“GDP注水”毋庸讳言是一种畸形，但导致此畸形背后的畸因更值得关注。为何会出现“GDP注水”畸形？原因并不复杂，首先是畸形的政绩观作祟。不少“GDP注水”的背后都有地方官胆大妄为的身影，但这样做的根本目的是追求数字出政绩的效果。在国内不少地方还把GDP当做唯一或者最重要的政绩衡量标准的评价氛围之下，不少地方唯GDP是从，在实在提不起来的窘迫之下，唯有追随造假才能“脸上有光”，才能让上级认可和赞同，因此，不“注水”才怪呢！所以，不科学、不正确、存在评价偏颇的政绩观衡量标准，无疑是导致“GDP注水”的直接诱因之一。其次，除了外在诱因，地方主政者的片面政绩观也是潜在诱因。在每起“注水GDP”事件的背后，无疑都存在一种为了捞政绩和图升迁而不顾为官之德、为官之本、为政之责的冲动与盲目以及胆大妄为。为官价值的失衡、权责观念的滑坡、为民意识的淡薄，直接导致对上面的偏颇考核投其所好，甚至为了政绩和升迁而丧失原则立场和为政底线，导致“注水”造假横行。更关键的是，出现“GDP注水”，除了政绩评价畸形、为官行为畸形之外，现实中缺乏必要的问责规约，更让GDP统计的歧路越走越远。地方主政官员为何敢明目张胆地给GDP“注水”？地方统计部门为何为虎作伥而罔顾统计纪律和原则？有些上级为何能睁一只眼闭一只眼？为何“GDP注水”能大行其道？恐怕责任缺失和问责不严难辞其咎。同时，统计数据不公开、民众无法监督、问责不能与民意高度契合也是导致畸形的重要原因。

“GDP注水”，畸形背后有畸因，要想解决这种畸形，就必须从源头抓起，对症下药。首先是调整政绩考核评价标准，克服唯“GDP论”的评价方式，多从民生改善、发展质量测评等方面去考核官员的政绩，从源头上杜绝“GDP冲动”。其次是强化问责机制，对统计数据造假、政绩造假等行为进行严苛的责任追究，对于这种违反作风纪律建设要求以及明显违法违纪的行为，从严究责一票否决，并实行终身问责机制，用严苛的问责制止“GDP注水”的不正之风。更关键一点是，对于设计GDP统计指标等事关国计民生的工作，要推行阳光公开机制，让GDP也晒晒阳光，让各地都亮亮家底。这样不仅能让人民多多监督，而且能让民意与统计和评价契合，从而提高公民的参与意识、主人翁意识，维护公众的知情权，这也有利于各项改革举措的推进以及热点难点问题的解决。

资料来源　孔之见.“GDP注水”畸形背后有畸因［EB/OL］.［2015-12-12］. http://www.hnr.cn/news/pl/yxwp/201512/t20151212_2164850.html.

再以我国的独立董事制度为例，有数据显示，2008年被交易所谴责，或被监管机构立案稽查的公司中，95%以上的独立董事并没有及时或者提早发现和提出异议，而从独立董事制度推出以来，情况大致如此。独立董事制度推出至今，显然已经沦为“制度建设”的败笔。全国人大常委会前副委员长成思危在公开场合抨击国内独立董事制度装饰性过强，并指出国内有的经济学家在多家上市公司同时担任独立董事，没有足够的时间和精力履行义务和责任，且其研究的方向也对上市公司的经营管理毫无益处。

更重要的是，独立董事制度本来是从公司治理结构制度相对健全的美国引进的，其目的是让独立董事在公司里联合别的股东，对大股东实行节制，保护中小股东的利益。但中国因公司治理结构极不完善，基本上都是“一股独大”，独立董事根本无法节制大股东。所以，中国的独立董事只是帮企业干“锦上添花”的好事，不可能去揭露企业的非法勾当，根本无法起到保护中小投资者利益的作用。这表明，在某种程度上，中国的独立董事制度并不成功。

这就产生了一个问题：原本在国外有效的制度，到了中国缘何“水土不服”？中国股份制企业在已有监事会的基础上再引入独立董事制度，可谓是为公司治理结构上了双重“保险”，缘何仍然无效？这就要从相关的制度安排中寻找答案。

在中国，独立董事主要是由上市公司聘请的，而上市公司又受大股东控制，大股东又是“一股独大”。理所当然，大股东不会聘请一个真正具有独立监督作用的反对者担任独立董事，而独立董事也会“识相”；否则，本领再高也不会被聘请。再加上监督不严，责任追究机制不健全，独立董事都是大股东的“哥们”，当然是既不独立也不“懂事”。

显然，要想从根本上解决上市公司独立董事的不作为，甚至沦为“花瓶”的尴尬局面，必须在体制机制上加以完善。比如，一些人认为，设立上市公司独立董事协会，将有助于改变独立董事分散、缺乏独立性的局面；又如，独立董事的产生方式不是由大股东提名委派，而是事先建立独立董事库，由主管部门或独立的第三方从库中随机抽取。此外，独立董事应该职业化而不是兼职化，这样他们就有时间和精力更多地为上市公司工作，而不是做挂名的独立董事。当然，加强对独立董事的监督和责任追究，也是他们充分履行职责的题中应有之义。

要解决诸如此类的制度问题，不仅需要良好的顶层设计，也需要扎实的机制重建，因此，“改革永远在路上”，制度建设任重而道远。

本章小结

制度是一个社会的游戏规则，它包括正式规则、非正式规则和实施机制三个方面，具有公共性、长期性、合作性和确定性四个特征。制度的作用是规范和约束人的行为，并为经济发展提供服务。目前虽然没有确切的考古证据说明历史上的制度是如何起源的，但不同的观点都指向交易费用的节约。制度一旦产生，就会对人的行为形成限制，但制度也会因为内外部条件的变化而变迁，并且制度变迁的形式是多种多样的。新制度经济学引入交易费用、信息成本和产权安排等约束条件，对不同的社会规则（产权）和经济组织怎样影响人的行为、资源配置和均衡结果，组织生产和交换的各种合约安排和经济逻辑，以及支配生产和交换的根本社会与政治规则背后的经济逻辑等问题进行了深入、系统的探讨，把新古典经济学的价格理论拓展到社会经济、政治制度方面，从而大大增强了经济学的解释力。新制度经济学的主要理论包括交易费用理论、产权理论、合约理论、经济组织理论，以及法律经济学。由于中国目前正处于转轨时期，许多问题实际上可归结为制度问题，或者是由制度问题衍生而来，因此，学习新制度经济学具有重要的理论与现实意义。

基本概念

制度　制度安排　正式规则　非正式规则　实施机制　制度变迁　交易费用　理性选择模型　路径依赖

复习思考题

1. 什么是制度？制度的功能或作用是什么？制度是如何起源的？
2. 什么是制度变迁？制度变迁有哪些形式？
3. 什么是新制度经济学？新制度经济学有哪些主要代表人物？
4. 新制度经济学有哪些主要理论？
5. 新制度经济学到底“新”在何处？
6. 为什么要学习新制度经济学？
7. 如何用制度经济学的观点来解释中国改革开放以来的高速增长？
8. 高质量发展与共同富裕的制度基础是什么？
9. 如何进行制度改革，以构建新发展格局？

主要参考文献

［1］ EGGERTSSON. Economic Behavior and Institutions ［M］. Cambridge： Cambridge University Press，1990.

［2］ NORTH. Institutions， Institutional Change and Economic Performance ［M］. Cambridge： Cambridge University Press，1990.

[3] 斯密德．制度与行为经济学［M］．刘璨，吴水荣，译．北京：中国人民大学出版社，2004.

[4] RUTTAN, HAYAMI. Toward a Theory of Induced Institutional Innovation［J］. Journal of Development Studies，1984，20（4）.

[5] KREPS.A Course in Microeconomic Theory［M］. New York：Harvester，1990.

[6] WILLIAMSO. Markets and Hierarchies：Analysis and antitrust Implications［M］. New York：Free Press，1975.

[7] 张五常．经济解释——张五常经济论文选［M］．北京：商务印书馆，2000.

[8] 周双文.《卖桔者言》到“话分桔者”——论中国经济产权制度的改革［N］．经济学消息报，2009-01-09.

[9] COOTER，ULEN.Law and Economics［M］. Scott：Foresman and Company，1988.

[10] MÉNARD，SHIRLEY. Handbook of New Institutional Economics［M］. Berlin：Springer-Verlag，2008.

[11] 诺斯.理解经济变迁过程［M］．钟正生，邢华，等译．北京：中国人民大学出版社，2007.

[12] OSTROM.Governing the Commons：The Evolution of Institutions for Collective Action［M］. New York：Cambridge University Press，1990.

第2章
交易费用经济学

学习目标

1. 熟悉交易费用的基本概念与内容
2. 理解和掌握交易费用存在的原因
3. 领会交易费用在经济生活中的重要性
4. 了解交易费用的测度方法
5. 认识交易费用经济学在新制度经济学中的重要地位

自科斯1937年提出交易费用的思想以来，经过阿罗、威廉姆森、张五常等多个学者的努力，交易费用理论已形成了比较系统的体系。这一体系以交易为基本分析单位，研究了交易费用的内涵、交易费用的构成、交易费用的测度、交易费用的经济含义，并在此基础上形成了系统的交易费用理论。由于新制度经济学是以交易费用为基础的，因此，掌握交易费用理论对于理解整个新制度经济学的理论体系具有重要意义。本章将依次介绍交易费用的概念、影响交易费用的因素、测度交易费用的方法、交易费用在经济生活中的重要性、如何按照规范的方法建立交易费用的理论模型，最后说明交易费用经济学在新制度经济学中的重要性。

2.1 交易费用的概念

交易费用又译为交易成本（Transaction Cost），是新制度经济学的核心概念，也是新制度经济学的理论生长点，因而在新制度经济学中的地位十分重要，正因为如此，新制度经济学又可称为交易费用经济学。

2.1.1 交易费用的含义

(1) 交易的概念

要了解什么是交易费用，首先要了解什么是交易。

交易费用经济学的主要代表人物之一威廉姆森（1985）是这样定义交易的：当一种物品或服务在不同的技术界面上被转让时，交易就发生了。交易意味着活动的一个阶段的终止，另一个阶段的开始。

根据这种说法，交易限于这样一些情形：资源在“交付”（Delivery）这一物理意义上被转让。这种交付可以发生在企业内，也可以发生在不同的市场之间，因此，我们称之为企业内部交易和外部交易或市场交易。这种交易主要是由分工造成的。

企业内部交易可以用亚当·斯密的制针例子来说明。在那里，制针需要许多步骤和工艺，每个工人只从事一部分，他们相互合作，这种合作就是一种交易。

企业外部交易或市场交易涉及社会分工。每个企业对生产要素的购买或产品销售，都可以看做外部交易或市场交易的例子。

旧制度经济学的代表人物康芒斯（1934）提出了另一种交易概念，他认为交易“就是个人之间对物体未来所有权的让出与获取”。康芒斯的交易也涉及资源的转让，但他说的转让强调法律意义上的转让，是法定权利的让渡，因而交易的实质不是交易资源或物品本身，而是交易物品的权利。这二者虽有联系，但也有不同。例如，一件衣服的交易，从物理意义上来说是将衣服从卖方移交到买方手中，但从法律意义上来说是将关于衣服的权利从卖方转移到买方。

根据这种观点，康芒斯（1934）把交易具体分为三类：一是买卖型交易；二是管理型交易；三是配额型交易。

买卖型交易又叫平等的交易，指的是买者和卖者之间的市场交易。这种市场交易由于所有主体都是独立的个人，因而是一种法律上平等的竞争性交易。市场竞争主体在竞争中形成市场价格，通过交换，权利在双方之间发生转移。

管理型交易就是代表上级的个人或特权组织，发号施令，下级必须服从的交易。这种交易实际上是企业交易，这是一种不平等的交易，因为交易双方是一种上级与下级的关系。一方是法律上的上级，有权发号施令；另一方是法律上的下级，只能服从。管理型交易没有竞争性，但含有一定成分的谈判性，只是一方处于强势地位，而另一方处于弱势地位。

配额型交易是指一个集体的上级或其代表人的交易，这是一种政府交易。这种交易也是一种上级与下级的关系，与管理型交易不同的是，在这种交易中，上级是一个集体的上级或其代表人。由于这种交易是在政府与公民之间进行的，每一个公民个人只得到相同数量的产品，所以叫配额或限额交易。例如，经济纠纷中的司法判决，是把一定数量的国民财富或等值的购买力，强制地从一个人手里转移到另一个人手里，这里既没有买卖，也没有管理，但发生了财富的转移。

由此可见，康芒斯的交易概念涉及了多方面内容，其中既有经济方面的内容，也有社会行动和政治交易方面的内容。

在制度分析中，人们关注的不只是经济交易，还包括社会行动和政治交易。这是因为，社会行动和政治交易是建立、维持或改变社会关系所必需的，对经济活动具有重要影响。从这个意义上来说，经济交易只是一种特殊的社会交易。这就是说，社会行动是形成和维持制度框架所必需的，而经济活动就发生在这样的制度框架内。

政治交易特别重要，因为必须说明政客、官僚和利益集团之间的交易，并考虑这些集团对于行使公共权力而进行的讨价还价和计划，还要考虑官员们以司法行政形式行使的日常政治权力。原因在于，这些政治交易决定了制度体系的构建和运作。在讨论一种制度，尤其是在讨论经济制度的交易费用时，不能不讨论政治交易，因为很多制度的形成往往是利益集团角逐并进行政治交易的结果。

然而，上述这些社会行动或政治交易可能并不涉及资源在物理意义上的转让，也不涉及权利在法律意义上的转让，而只是一种承诺或补偿。以典型的政治交易为例，人们投票选举某人担任一个职位，可能是因为这个人答应在当选后实施某种有利于他们的政策，或采取某种有利于他们的行动。因而，广义的交易概念也是需要的。

根据威廉姆森的看法，无论是政治交易还是经济交易，都具有下列三个关键特征：一是不确定性；二是交易发生的频率；三是进行特定交易投资（Transaction-specific Investments）的程度。第一个特征是新古典经济学家早就认识到的，但新古典经济学没有注意到第二个和第三个特征的重要性。在新制度经济学中，交易的这三个特征都对交易费用有重要影响，因而对资源配置和经济行为有重要作用。

（2）交易费用的定义

由于交易概念的复杂性，要提出一个交易费用的准确概念十分困难，因而，自科斯1937年提出交易费用的思想以来，学者们对交易费用提出了各种各样的定义。例如，科斯、德姆塞茨等人把交易费用定义为利用市场价格机制的费用，包括进行信息搜寻、谈判、签订合约等的费用；阿罗、威廉姆森等人将交易费用定义为经济体系运行的费用；张五常等人将交易费用定义为制度运作的费用。这些定义从不同角度说明了交易费用的性质，虽然都有其适用空间，但无法得到一个简洁统一的概念。

首先我们看一看比较狭义的交易费用。马修斯（Matthews，1986）在《制度和增长源泉的经济学》一文中提出了一个狭义的定义：交易费用是“事前安排合约、事后监督和执行合约的成本，它与生产成本相对”。在这种定义看来，交易费用就是实施一个合约的费用。

狭义的交易费用主要立足于市场交易概念，因而对于市场交易中形成合约和执行合约所花的费用十分关注。由于市场交易可分为三个阶段，因而狭义的交易费用是这三个阶段费用的加总。

交易的第一阶段可称为发现交易对象，这里主要是搜寻费用；第二阶段是谈判和签订合约，其中包括讨价还价；第三阶段是履行合约，包括对违约者进行处罚和对受害者进行赔偿。这三个阶段的活动又可以细分为以下六个方面：

第一是寻求关于商品、劳动投入等价格与质量分布的信息，寻找潜在买主和卖主及其行为与状况的信息。

第二是讨价还价以弄清买主和卖主的真实意图。

第三是起草与签订合同。

第四是监督签约者，看他是否遵守了合同条款。

第五是当签约者没有履行合同责任时，执行合同和理赔损失。

第六是产权的保护，包括买方和卖方的权利都得到保护。

这些活动都是需要费用的，其中有些活动还需要专门的组织才能完成，而且都与信息相关联，因此，信息费用或信息成本十分重要。

交易费用虽与信息费用有关，却也不完全等同。当获得信息是有成本的时候，为了交易而获得信息就将导致交易费用。由于信息是交易活动的重要内容，因而交易费用中有很大一部分是信息成本，如发现交易对象的成本就是信息成本。但信息成本不完全是交易费用，只有人与人打交道时信息成本才是交易费用。例如，荒岛上的鲁滨逊没有人同他打交道，故不存在交易费用，但他有信息费用，因为他可能不知道什么野果可以吃、什么野菜不可以吃，什么地方安全、什么地方不安全。从本质上说，交易费用是人与人打交道时的成本，而信息成本是一种更广泛的概念，它既包括人与人打交道的成本，也包括人与自然界打交道的成本。

反过来说，如果存在完全信息，则不存在交易费用。比如，如果股东知道经理的一切信息，作为交易费用之一的代理成本就不存在了。

上述交易费用只是围绕着市场交易而产生的，因而属于狭义的交易费用。除了进行市场交易以外，人们还进行社会交易和政治交易，这就产生了广义的交易费用。因此，阿罗把交易费用看成"经济体系运行的成本"，张五常把交易费用看成制度运作的费用，这就是一种广义的交易费用。这种交易费用包括建立、维持或改变一个体系的基本制度框架的成本。因此，相对于正式制度来说，我们可以说，交易费用来自建立、维持和改变下列方面的成本：（1）法律意义上的制度（宪法和民法）；（2）权利意义上的制度（如自愿协商签订劳动合同而产生的具体索取权）。此外，由于存在与基本的正规制度运行相联系的非正式活动，也会出现交易费用。

❖专栏2-1

企业在科创板上市到底需要花多少钱

注册制改革以来，我国投行业务迎来高速发展的黄金时期，对于券商、会计师、律师等中介机构而言，在科创板、创业板改革的红利带动下，各个中介机构也赚得盆满钵满。但是，对于注册制下科创板、创业板上市的收费标准，各家也众说纷纭，没有一个统一的说法。截至目前，科创板已经有217家公司成功上市。

在具体的统计分析工作中，我们发现，凡企业募集资金在15亿元以下的，发行费用是有规律可循的；而募集资金在15亿元以上的，基本就没有规律可循了，一单一议，都是看各方的谈判能力而定。不过，90%左右的企业募集资金仍旧在15亿元以下，我们团队的统计分析结果还是有很大的参考价值的。因此，以下的统计分析结果基本适用于募集资金在15亿元以下的公司，对于募集资金在15亿元以上的，大家可以尽情发挥自己的谈判能力。

一、科创板总体发行费用

经我们分析，得到了如下公式：$y = 0.0591x + 3\,035.2$（$R^2 = 0.6388$）。其中，x为募资总额，y为整体发行费用。用通俗的语言解释就是，科创板的整体发行费用要3 000万元打底，另外再收募集资金的6%。可以说，与传统板块的IPO发行费用相比，科创板的发行费用确实很高。尽管有洁特生物、上纬新材、申联生物这样只花费了3 000多万元的特例存在，但90%以上的企业发行费用超过了5 000万元，75%以上的企业发行费用超过了6 000万元，更有56家企业的发行费用超过了1亿元。中芯国际的发行费用最高，约7.15亿元。

二、科创板首发保荐承销费用

在企业的发行费用中，券商的保荐承销费用牢牢占据主要地位。根据我们的统计，券商的保荐承销费用占整体发行费用的比例是不一样的，其范围低至50%多到超过90%，平均占整体发行费用的75%左右。可以说，整体发行费用中的近八成是被企业用来支付券商的保荐承销费用的。而券商的保荐承销费用也与企业的募集金额有着密切的关系。

经我们分析，得到了如下公式：$y=0.0563x+1\ 444.7$（$R^2=0.6596$）。其中，x为募资总额，y为承销保荐费。用通俗的语言解释，就是券商对于科创板的收费基本上要1 400万元打底，再收募集资金金额的6%左右。

三、其他发行费用基本固定

将券商的保荐承销费用公式与整体发行费用公式对比，我们就能发现，二者之间的差距大概就是1 600万元的其他发行费用，这些费用包括法律费用、审计及评估费用、信息披露费用。

其中，信息披露费用在400万~500万元。这个费用是要交给法定媒体的，比较贵也比较固定，每家都差不多。因此，在科创板的发行过程中，会计师事务所和律师事务所能得到的法律费用和审计费用合计在1 200万元左右，而这1 200万元在会计师事务所和律师事务所的分配中，基本是按照7∶4进行分配。这也表明，其他发行费用是常数，与企业的募集金额基本无关，而是属于在行业平均水平下的一事一议。

我们用169家企业发行中的审计费和律师费做了简单的测算，审计费平均收费811万元，律师费平均收费454万元，基本符合我们的统计及推理结论。当然，在实际执行过程中，各家的谈判能力不一样，能获取的费用也不尽相同。比如，天合光能的会计师事务所收费最高，达到3 170万元；而安集科技的会计师事务所只收了137万元。同样，天合光能的律师事务所收费2 200万元，而兴图新科的律师事务所只收了113万元。

我们也知道，会计师事务所和律师事务所在某些时候收费异常，其背后可能另有原因，但不管怎么说，从整体上来看，基本符合我们的结论。

四、总结

整体发行费用计算公式：$y = 0.0591x + 3\ 035.2$（$R^2 = 0.6388$）。其中，x为募资总额，y为整体发行费用。

券商保荐承销费计算公式：$y = 0.0563x + 1\ 444.7$（$R^2 = 0.6596$）。其中，x为募资总额，y为承销保荐费。

会计师事务所和律师事务所合计收费约1 200万元，按照7∶4的比例进行分配。

资料来源　佚名.企业在科创板上市到底需要花多少钱？［EB/OL］.[2021-03-02].https：//www.163.com/dy/article/G44CNH7R0519R487.html.

将广义的交易费用与狭义的交易费用综合起来，我们可以把交易费用看成经济组织运行或使用的成本，其中既包括使用市场的成本，也包括在企业内行使发号施令的权利的成本。前一种成本可称为市场交易费用（Market Transaction Costs），而后一种成本可称为经理交易费用（Managerial Transaction Costs）。此外，还要考虑运行和维持一个政府的行政体系或制度框架而产生的成本，这种交易费用可称为政治交易费用（Political Transaction Costs）（弗鲁博顿和芮切特，2000）。

这三种交易费用又可以分解为两个方面：一是“固定”交易费用，即建立制度安排所进行的特定投资。这种交易费用之所以是固定的，是因为一种制度一旦建立起来，其建构费用就是一个定值。二是“可变”交易费用，即与交易数量有关的成本。也就是说，如果每一次交易都要花费一定的成本，那么，交易次数越多，交易费用也就越高。下面我们将进一步分析这三种类型的交易费用。

2.1.2 交易费用的分类

(1) 市场交易费用

市场交易费用就是指市场交易过程中谈判、签约和履行合约的成本。具体来说，在交易过程中，交易双方必须涉及几种类型的成本：一是事前成本，是指交易前发生的成本，如果交易要签订书面合同，则合约的起草和签订都要花费成本；即使是口头协议，也要交易双方协商交易的条件。二是事后成本，是指在交易达成后保证合同履行的成本。

这种狭义的交易费用就是科斯第一次提出这一思想时所包含的意思。科斯在1937年发表的《企业的本质》一文中把交易费用看成发现相对价格、谈判和签约的成本。在1960年的《社会成本问题》一文中，科斯作了更清楚的解释：为了进行市场交易，有必要发现谁希望进行交易，有必要告诉人们交易的愿望和方式，以及通过讨价还价的谈判缔结合约，督促条款的严格履行等，这些工作的成本常常很高。

由于市场交易一般分为三个阶段：交易前发现交易对象和检验产品价值、讨价还价和签订合约、交易后监督与执行合约条款，因而，狭义的交易费用也可以分三阶段来讨论。

市场交易费用主要由信息成本和讨价还价成本构成。信息成本显然是重要的，但讨价还价成本也不能被低估。在现实生活中，信息是不完全的，市场存在不确定性，没有一个决策者能够立即知道或自动地知道谁会买卖一种产品或以什么条件买卖。一般来说，在完全竞争市场上也不会发生匿名交易。典型的情况是，潜在的交易对象必须相互搜寻对方。一旦这种有兴趣的交易者相互接触，他们就要了解更多的东西。具体来说，包括交易对象是谁，他愿意而且能够达成什么协议。因此，要通过协商来找到有效率的交易，并确立具体的交换条件。交易也可能需要法律保障。由于可能会出错，因而必须监督合约的履行。在某些情况下，甚至需要通过法律行动来执行合约。由此，使用市场的代价可以更具体地分为以下三类：一是准备合同的成本（狭义定义的搜寻和检验成本）；二是确定合同的成本（讨价还价和决策的成本）；三是监督和执行合同责任的成本（弗鲁博顿和芮切特，2000）。下面我们简明扼要地讨论一下这三种成本。

搜寻和检验成本：每个想要进行交易的个人都必须搜寻适合的交易对象，搜寻过程不可避免地会发生成本。这是因为个人要进行搜寻就需要直接的支出，如广告费、访问潜在交易对象的交通费等。为了方便搜寻，建立一些组织是必要的，例如，创设有组织的市场（如建立证券交易所、集市或周末市场等）等。此外，还包括潜在交易对象之间交流信息的费用（如电话费、邮费等）、收集不同供应商关于同种商品价格的信息的费用，以及因检验和质量控制而产生的成本等。在互联网时代，这些费用虽然大大降低，但没有消失。从理论上说，关于搜寻和检验而引起的信息成本的讨论属于信息经济学的范畴，但在这里，它也表现为一种交易费用。

当然，在有组织的市场上，许多产品的交易采取匿名的形式，产品也可能是标准化的，这使得交易前的搜寻与信息成本大为降低，但不可能完全消除。例如，在证券交易所购买上市公司的股票，人们可能并不知道卖者为谁，但购买以前也必须了解目标股票的相关信息；在市场上购买衣服，虽然有固定的商场或服装店可供选择，但购买何种款式仍然需要挑选。在这些例子中，证券交易所和商场虽然提供了潜在的交易对象，但仍然需要在潜在的可能对象中进行甄别选择。

在搜寻到合意的产品以后，对其质量或价值属性进行检验也需要代价。由于消费者对产品本身往往并没有完全的或专业的知识，因而要聘请专业机构进行检验，评估其价值，在一些场合就成为必需。专栏2-2说明了检验的专业化趋势。

❖专栏2-2

我给房子“诊病”，遭人恐吓也要说真话

验房师是给房子做体检的“全科医生”。

2023年6月初，《环球人物》记者见到王续超时，他正在北京某豪宅“出任务”。

四五百平方米的大平层，价值9 000多万元，他验得仔细：空鼓锤各处敲一敲，检测房子墙体是否有空鼓；激光标线仪架起来，检测地面与顶面的水平度；靠尺检测墙面、瓷砖是否平整垂直……

豪宅的质量并不一定都好，也需要认真验——这是他的经验之谈。

2017年，王续超入行不久，和同事去验一处精装修豪宅。去之前，他满心期待；去之后，他只剩失望。

那栋房子的质量特别差：门扇变形了，地板起翘了，墙面返碱了，甚至地面石材大面积空鼓，感觉像是根本没用石材黏结剂就干铺在地上；还有厨房串烟的问题，楼下做个西红柿炒鸡蛋，楼上一闻就知道……

那栋豪宅的业主是位性格豪爽的中年男士，请验房师本来只是图个安心，没想到竟验出了房子存在1 000多处问题。

“如果没请验房师的话，我只能看个表面，好多问题根本发现不了。”业主对王续超表达了感谢，然后再也压不住怒火，扭头质问开发商客服：“我几千万元买你们的房子，结果就弄成这样？”

“别说业主，当时我的心理落差都特别大，感觉开发商这活干得真是糟蹋东西。”王续超叹了口气，说自己后来才发现，这竟不是个例，“哪哪儿都是问题”的房子年年都能遇到。

他曾在一个沿海城市验房，结果一整栋楼墙面渗水，下雨的时候，每个楼层都变成了“水帘洞”。

验房师就像是给房子做体检的全科医生，不仅要看房子有哪些问题，还要给出合情合理的“治疗”建议，哪些问题比较严重、什么原因导致了这些问题、怎么去维修和整改。透过验过的房子，王续超看到了无数普通人的生活。

有刚买房的新婚小夫妻，一脸喜悦地拜托他：兄弟，这是我的婚房，也是我人生中的第一套房，麻烦你给仔细检验检验。

有旧房置换新房的中年人，头一套房子踩了某些坑，“久病成医”，成了半个行家，对第二套房子的质量要求更高。

还有为养老作准备的老两口，练就“火眼金睛”，一丁点儿瑕疵都不放过。

房子对中国人来讲总有着特别的意义，因此业主对验房师往往极尽热情。曾有一位业主，见王续超和同事中午没吃饭就赶来验房，顶着大太阳出去买了一个大西瓜，又专门买了一把切瓜刀，回来就切西瓜给验房师吃。

面对这种情况，王续超又感动又心酸。

“现在的业主，房子买得好不好全凭运气。有人可能通过对比开发商的实力去买房，但是大型开发商也有区域公司，不同区域的服务意识也可能不同。”

这意味着，房子到底行不行、好不好，业主心里没底，于是只能将把好关的希望寄托在验房师身上。

王续超特别能理解业主的感受——他也被开发商“坑”过。2014年，他在老家买了一套房，结果开发商干一段时间、停一段时间，磨洋工磨了9年，至今仍未交房。

盘桓在他心底的终极疑问是：“为什么开发商房子还没盖好就能卖？房子出现质量问题或者延迟交付时，开发商难道不需要担责？为啥受伤的总是业主？”

“他可能是被打了……”

验房师越是为业主考虑，就越容易触碰到开发商和装修队的敏感神经。

王续超见过太多这样的例子：

当业主提出要带验房师先验房、后收房时，开发商拒绝配合，于是不通水、不通电，让验房无法正常进行；

他的同事去业主家验房，刚把工具箱放下，就有人冲过去，拎起工具箱就跑，最后藏到施工单位的项目办公室里……

站在不同立场，那些人并不理解验房师的工作，甚至觉得验房师就是靠“整人”捞钱。

大多数时候，王续超并不想同他们争辩，觉得没有意义，但有一回，他忍不住怼了回去。

那天，他们三名验房师跟着业主去验房，刚到小区门口，一群装修人员就盯上了他们。有三个人跟了上来，一个人负责干扰一名验房师，手里还都拿着对讲机，“像是准备有情况随时‘摇人’过来”。

他们这边一敲空鼓，那几个人就瞪眼咧嘴，凶神恶煞地说：“敲什么敲，谁让你敲的！”他们要换工具继续检查，对方就言语恐吓：“差不多得了啊！”

此后连续几天都是类似的情况，验房师不堪其扰，找业主也不管用。王续超怒上心头：

“你们不用恐吓我，这里是北京，中国人民的首都，你们想干吗啊？人家业主办完收房手续了，这是业主的家，人家请你们进来了吗？你们现在这种行为，我完全可以报警，明白吗？人家花半辈子积蓄买房，你们把活儿干成这样，心安吗？”

这股气势一时镇住了那群人，但想来后怕，他们验完房开车出小区时，看到路边躺着一名其他公司的验房师，“那人的同事都在旁边围着，救护车也来了，他可能是被打了”。

验房师分为A、B、C、D四个级别。其中，B、C、D都是助理，C和D只能做些测量面积、查验门窗、记录问题的简单工作，B可以查验墙面、地面、顶面等大面上有无问题。只有A是主验，不仅要理论扎实、经验丰富，还要有面对干扰和压力时随机应变的能力。

王续超用半年多从D升到C，又用两年从C直接升到A。这并不常见，自他入职以来，全公司只有屈指可数的几个人跳级晋升。

前几年，“验房师被打”事件偶有发生，王续超心疼同行，却并不认同盛传的“验房师是高危职业”的说法。“验房确实存在一定的危险性，但高危就夸张了，现在毕竟是法治社会，对吧？”

而那些“危险”也并未阻碍验房行业的发展。据王续超所在的公司粗略估算，2012年之前，北京业主找验房师的比例不足5%，该数字近年来逐年上升，如今已达到20%至30%。

2022年，验房师作为新增职业被正式纳入职业分类大典。从“游击队”变为“正规军”，王续超作为专业验房师，从业的底气更足了，但他也坦承，围绕验房师而产生的质疑并未因此彻底消散。

网络上有一种观点是“请验房师就是交智商税”，尽管新房购买合同上有一则“非人为因素损坏的无条件保修”条款，但不少问题即便验出来也无法解决。换句话说，请验房师不仅解决不了问题，很可能还会徒增烦恼。

“完工的房子里，有些活儿已经是‘死活儿’了，确实没法改。作为验房师，我们也只能告诉业主，你这房子有这么个问题。业主了解问题所在后，可以通过去住建部门投诉、去法院起诉等手段，来维护自身的合法权益。”

一个可喜的变化是，过去有些人买房是为了“炒”，并不关注房屋质量，如今买房的人多是为了自住，质量意识、维权意识都有大大提升，倒逼开发商必须更重视房屋质量。

这种变化推动了验房行业的转型，验房师不再局限于服务个人业主，也不再局限于收房后验房。

有不少开发商——不论是曾在房屋质量上踩过“雷”的，为了不重蹈覆辙；还是对房屋质量一如既往高要求的，为了再提高业主满意度——现在会找一些头部验房公司到施工现场，对装修过程进行全程质量监管。

和大众更熟悉的工程监理不同，验房师在施工现场做的不是抽检，而是逐层逐户进行100%查验。工程每进行一项，验房师就查一项，将查出来的问题汇总给施工单位。施工单位对照整改完成后，验房师要进行复验，确保问题全部整改完成了，才能进行下一步施工。

用王续超的话讲，这尽可能避免了“死活儿”的产生，也让验房师的作用更大了。

与此同时，本处于地产江湖边缘地带的验房师，将更深刻地体会到业主和开发商之间的微妙关系：同样的问题，作为业主那方的验房师时，一句话就能解决；但作为开发商这方的验房师时，怎么跟业主解释都没用。

“或许有人觉得我们受雇于开发商，就彻底变成了‘开发商的人’，但作为我来讲，不存在这种事情。”王续超说，“即便是开发商请我验房，我考虑的也只有两点：一是国家制定的工程施工质量验收标准规范；二是业主的合理权益。咱们老百姓买套房不容易，真的不容易。”

资料来源　许陈静．我给房子“诊病”，遭人恐吓也要说真话［EB/OL］．［2023-06-14］．http://www.rexun.cn/renwu/2023/0614/0614116050.html.

讨价还价和决策成本：这类成本主要与起草合约及交易双方对交易条件进行协商有关。这一过程不仅需要花费时间，还可能需要昂贵的法律工具。根据情况不同，合约的繁简程度及协商的难度也不同。在一些交易中，这种成本可能很低；在另一些情况下，这种成本可能高不可攀。在信息不对称的情况下，这可能导致无效率的结果，使一些有利可图的交易无法达成。

例如，在一些情况下，讨价还价甚至需要专门的组织才能进行。以拍卖为例，拍卖就是一种专门进行讨价还价的机制，这种机制从设计到执行都需要很高的代价，但显而易见的是，这种机制由于更有效地激发了竞争，因而能够很好地进行讨价还价，从而降低了议价成本。

决策成本包括收集信息的成本、支付顾问费和在集团内形成一致意见的成本等。这些成本在一些情况下也可能很高。比如，在中国国企产权交易中，关于产权交易的决策往往需要主管部门、企业管理层和职工代表大会三方讨论通过。由于这三方是具有不同利益的主体，因而并不总是能取得一致意见。其决策过程往往一波三折，如果不是因为这三方在决策中处于不对等的地位，产权交易的决策可能根本无法达成。

在决策之后，签订合同也可能需要费用。在一些小额交易中，可能不需要签订文字性合同，交易双方达成口头协议，立马拍板成交。但在一些大额交易中，尤其在成交以后仍然需要双方相互合作才能履行合约的例子中，文字性合约是需要的，并且还可能需要律师与公证服务。这些服务都不可能是免费的。

监督和执行成本：这是指监督按约定的时间交货、度量产品的质量和数量等引起的成本。在这里，信息起了重要作用。度量产品的价值属性、保护权利和执行合同条款都有成本。由于监督和执行成本高昂，在一定程度上违约不可避免。当然，欺骗和机会主义行为也会产生不良后果。这种行为可以通过一定的制度安排来限制，但不能完全消除。

❖专栏2-3

消费者如何维权

浙江杭州，张女士支付65.8万元在4S店购买了一辆进口奔驰轿车。可张女士去上车牌时，被工作人员告知，其车子无法上牌，理由是车子的轮胎被人更换过。张女士立即找4S店讨说法。4S店坚称车子出厂时就是这样的。张女士一气之下，将4S店告上法庭，要求4S店退一赔三，总共赔偿其200多万元。

原来，这辆车子在运回4S店的过程中，车胎受到了损坏，工作人员临时用18寸的轮胎将原厂轮胎给换了，但事后没有及时换回，且销售也没有如实告知张女士。此时张女士已经不想听解释了。

法院庭审时，4S店辩称，其一方是因工作人员失误，没有及时将车胎换回来而已，主观上不存在欺诈的故意，即车子只是出现了一点小瑕疵，只要换回出厂的车胎就可以解决此事，并不影响张女士上牌。

《中华人民共和国民法典》第577条规定，当事人一方不履行合同义务或者履行合同义务不符合约定的，应当承担继续履行、采取补救措施或者赔偿损失等违约责任。

4S店想要表达的意思是，其主观上没有欺诈张女士的主观故意，只是工作失误而导致的违约而已。因此其一方愿意承担违约责任，赔偿张女士5万元，并采取补救措施将车胎换回来。

《中华人民共和国消费者权益保护法》第55条规定，经营者提供商品或者服务有欺诈行为的，应当按照消费者的要求增加赔偿其受到的损失，增加赔偿的金额为消费者购买商品的价款或者接受服务的费用的3倍。

也就是说，如果4S店欺诈成立话，其不仅要退回车款65.8万元，还要赔偿3倍的车款197.4万元，以及赔偿服务费、保险费等经济损失5万多元。

成本也居高不下，如上海金山区1996—2006年政法总投入124 609万元，占财政总支出的5.6%，财政拨款年均增长17.34%；广州市2007年社会维稳支出44亿元。

中国的行政成本高，是众所周知的事。社会矛盾和冲突高发，尤其是群体事件此起彼伏，更是耗费了巨大的社会资源，在居高不下的行政成本之外，又多了一个同样不断攀高的维稳成本。目前还没有权威的全国维稳成本统计，但仅就部分地区的情况来看，维稳支出每年以两位数增长，维稳经费相当于甚至超过政府的民生支出，似已成为普遍现象。尤其是在经济并不那么发达的中西部地区，天价维稳成本就不免令当地政府捉襟见肘。比如湖南省津市市。该市因政府财力有限，虽然维稳经费在财政拨款中已经占了较大比例，仍不能满足需要。无奈之下，只好口中挤食，强令所有财政拨款的行政事业单位压缩20%的开支，挤出财力保证维稳经费。甚至不惜从每名统发人员的工资中逐月扣钱，拨到政法委集中使用，以确保专业巡逻人员工资的发放。天价维稳成本已经是沉重的包袱，它最终必然分摊到每个纳税人的头上，对经济危机阴影笼罩下的中国经济来说，更是雪上加霜。危害人人皆知，但天价维稳成本为什么就是降不下来呢？

原因可以列举很多，最重要的原因只有一个，即国家基本制度一定程度的失灵。研究已经发生的诸多群体事件就会发现，几乎所有群体事件发轫之初，都是小事，往往因为拖，最后拖成了大事。而这个拖的过程，往往都是当事人或者受害人求告无门的过程、是从希望到失望再到绝望的过程、从只是满腹冤屈发展到满怀怨恨的过程。之所以求告无门，无非是因为正常渠道不正常，不具备解决相应问题必须具备的权威，因而缺乏解决相应问题的实际能力。

处于转型期即新旧社会问题交汇期，社会矛盾和冲突的增长已不可遏制。既然正常渠道不正常，社会矛盾和冲突一旦发展到了不能不解决的地步，往往只能法外解决、特殊处理。而每一次法外解决、特殊处理，都更加烘托出正常渠道的不作为，更加把其他当事人或者受害人引到法外解决、特殊处理之途。法外解决、特殊处理就这样成了处置群体事件的惯例，国家基本制度被冷落，越来越边缘化，越来越失去公信力。

任何一个现代国家，其基本制度本身就已经具备了维稳功能。现代媒体制度保证了媒体信息发布的公信力，现代司法制度保证了司法最高和最后仲裁的地位，代议制度则保证了民意的规范表达和民意对权力的有序监督。只要这些正常渠道是正常的，那么几乎所有的社会问题，都不难分散纳入各自的体制路径，经由成熟的程序，以最小的成本得到专业化的解决，而不至于牵一发而动全身，发展为危及整个社会的狂涛巨浪，让整个社会都付出高昂的代价。

资料来源　佚名．维稳成本［EB/OL］．［2017-12-18］．https：//baike.baidu.com/item/%E7%BB%B4%E7%A8%B3%E6%88%90%E6%9C%AC/4134009？fr=aladdin.

此外，经理交易费用和政治交易费用都可以看成代理成本，因为在这类交易中，都存在委托代理关系，因而都是一种委托代理费用。比如，从政治交易来说，官员作为公民的代理人，为了使他们有效而规范地行使社会职能，真正代表人民的利益，需要建立相应的激励与监督机制，而这种激励和监督机制的建立和运作都是有费用的。

2.2 交易费用存在的原因

上面的分析实际上已提到了交易费用存在的原因，这里根据威廉姆森的概括，再详细阐述一下。威廉姆森对交易费用的研究虽然是针对狭义的交易费用而言的，但也可以推广到广义的交易费用上。

威廉姆森是交易费用经济学的奠基人之一，2009年因经济治理结构，特别是关于企业边界的研究成果而获得诺贝尔经济学奖。根据诺贝尔评奖委员会的致辞，威廉姆森的主要贡献是对经济组织作出了开创性的贡献。威廉姆森认为，市场和企业这类等级结构代表着不同类型的治理结构，其之所以不同，在于它们解决利益冲突的方法存在差异。企业是一个科层组织，而市场则是自愿协商。但这两类组织的解决方法都有缺陷：市场的缺陷是经常导致争议和分歧，企业的缺陷是减少了争论却可能滥用权威。相比之下，竞争性市场要更好一些，因为在有分歧时，买者和卖者可以转向其他的交易伙伴进行交易。然而，当市场竞争有限时，企业是更合适的解决办法。威廉姆森经过分析，得出了一个关键性的结论：随着资产专用性的增加，经济代理人倾向于在企业的边界内进行交易。威廉姆森的上述结论完全建立在交易费用理论的基础上。他的交易费用理论首先研究了为什么会存在交易费用这一问题，然后才是在交易费用存在的情况下经济的治理结构如何安排、如何演变的问题。

关于为什么会存在交易费用，威廉姆森（1985）概括了两个方面的因素：一个是与交易有关的人的因素；另一个是与特定交易有关的因素。

（1）关于人的因素

在威廉姆森看来，进行交易的个人都是有限理性的（Boundedly Rational）和机会主义的（Opportunistic）。这二者结合起来，使交易双方既不可能估计到所有的情况，也不可能防止他人投机取巧，因而必须采取一些预防性的措施或安排来保护自己不受侵害，由此导致了交易费用的增加。

有限理性是新制度经济学关于人的基本假定。有限理性是指个人在交易过程中不可能考虑到所有的意外因素（Contigencies），这将增加事前起草合约的成本，同时也将增加事后解决意外情况的成本。

有限理性不同于完全理性，具有有限理性的个人由于信息、知识和判断力有限，而无法准确估计到可能发生的一切。虽然其主观上仍然希望最大化，但有限理性的个人可能不知道最大化是什么，即使知道最大化是什么，也可能不知道如何实现。他不可能对一切的变化进行闪电般的计算，以得到最大化的解决办法。比如，一个求职者，虽然在主观上希望找到一个最适合自己的、待遇最优厚的工作，但实际上他不知道这种工作位于何处；即便他知道，并且获得了这个工作岗位，他也不知道一段时间以后，这是不是还是最优的选择。同样，一个正在选择专业的考生，虽然他希望所选择的专业在将来拥有最好的就业机会，但由于他并不知道职业市场将会如何变化，因而也不知道他毕业时最抢手的就业专业是什么。在人工智能飞速发展的今天，这一切变得更加不确定了。这表明，个人决策都是根据目前有限的信息和自己的判断来进行的，其结果当然也是不确定的。从不确定中寻找确定，是人们的一种理想，但往往力所不逮。

在市场交易中，有限理性意味着人们既不能事先搜集到有关交易的完全信息，也不能预测到未来可能发生的各种变化，从而将这些可能发生的变化一一写入交易合约，因此，合约总是不完全的。在合约不完全的情况下，个人为了防止不测事件的发生，必然希望能够通过某种方式事先加以预防或解决，这就需要消耗资源。这种资源消耗也就代表了交易费用。因此，威廉姆森指出："有限理性是一个无法回避的现实问题，因此就需要正视为此所付出的各种成本，包括计划成本，以及对交易实施监督所付出的成本。"

以婚姻为例，如果当事人是完全理性的，且信息是无成本的，那么，他就可以运用匹配理论的方法，在全球范围内寻找自己最满意的结婚对象，并且能够准确地预知他的婚姻在将来会如何变化。此时，他就可能签订一份完全的婚姻合约，解决可能遇到的各种问题，由此得到最完美的婚姻。但实际上，信息和知识的限制使当事人无法在全球，甚至无法在较大的范围内进行搜寻，他也不可能预知未来将会发生什么变化。在这种情况下，合约肯定是不完全的。为了解决信息问题，并且预防未来可能发生的各种麻烦，婚姻介绍和登记制度、公证制度、离婚制度随之产生，但这些制度都是需要花费成本的，并且不能获得完全满意的结果。

因此，为了弥补有限理性的不足，人们通过各种制度安排或不同形式的合约选择来降低不确定性，以减少由此引起的交易费用。但不幸的是，在许多场合，这些制度安排或合约选择至多只能减少而不能完全消除不确定性与交易费用。

机会主义是新制度经济学对人的另一个行为假定。所谓机会主义，是指个人可能随机应变，违反事先签订的合约，通过投机取巧来谋取自己的最大利益。

在威廉姆森看来，机会主义行为是交易费用经济学研究的核心，因为交易费用的很大一部分就来自机会主义行为。例如，交易双方都可能采取随机应变、投机取巧、阴谋诡计等手段，使一方利用另一方的不利处境、无知或信息不对称，来谋取自身的利益。中国有句俗语，说"有些人就像墙头草，遇风两边倒"，这一般用来形容政治上的投机主义分子；还有"食言而肥"一词，是诅咒那些背信弃义的人；而"坐山观虎斗"，谁赢了就投靠谁，则是社会生活中的机会主义。在经济交易中，机会主义的表现是：在不守信用就可能增加自己的利益时选择不守信用，或者不坚持原则，或者有意发出误导他人的虚假信息，或者隐瞒别人所需要的关键信息。所以，威廉姆森（1985）说："我说的机会主义是指损人利己，包括那种典型的损人利己，如撒谎、偷窃和欺骗，但往往还包括其他形式。在多数情况下，投机都是一种机敏的欺骗，既包括主动去骗人，也包括不得已去骗人，还有事前及事后骗人。"

从威廉姆森的这段话中可以看出，机会主义与欺骗、撒谎和偷窃联系在一起，这与字面上的意思——利用各种机会来谋取利益——有所不同。机会主义当然要利用各种机会，但欺骗、背信弃义是利用机会的主要条件，这与合情合理地利用意外机会来谋利形成对照。显然，机会主义行为是不讲道义的，但是否违反法律则不一定。

这些机会主义行为使交易费用增加，因为人们在进行交易时不得不考虑如何防止对方的机会主义行为，由此需要一些资源的支出，建立特定的制度安排，如保险和公证就是这样的一些预防性安排。

值得注意的是，机会主义行为与简单的自利是不同的，一个完全诚实的人可能从来不会违约，也不会投机取巧，但他仍然努力使自己的利益最大化。比如，一个人出售一辆旧车，诚实的人也想卖一个好价钱，但他绝对不会向买主隐瞒有关汽车质量方面的信息（尤其是不利的信息），但机会主义者会隐瞒这种不利的信息，而发出一些有利于自己的信息。以前有句话叫“君子爱财，取之有道”，就说明诚实的人如何自利，但不是机会主义的。

（2）关于与特定交易有关的因素

除了人的因素以外，还有三个与特定交易有关的因素也导致了交易费用：一是资产的专用性（Asset Specificity）；二是未来的不确定性的程度（Extent of Uncertainty）；三是交易的频率（Frequency）。

所谓资产的专用性，是指一种资产一旦形成，就只有一种用途，而不能转作他用。在这个意义上，用途越少的资产，专用性越强。用经济学的术语来说，具有完全专用性的资产，其机会成本为零。当然，在现实世界，这种机会成本为零的具有完全专用性的资产并不常见，大多数资产都有一定的机会成本。各种资产的区别只在于专用性的程度不同而已。比如，土地资源具有多种用途，但也不是无所不能；机器设备只能生产其规定的一种或少数几种产品；而打印机除了打印以外，可能没有其他用途。因此，一项资产的专用性与这一资产用于其他用途或由不同使用者使用时其生产价值的损失程度成正比。损失程度越大，其专用性越强；反之，其通用性越强。

威廉姆森（1985）进一步把资产的专用性分为四类：一是位置的专用性（Site Specificity），也就是地理位置具有不可移动性，如果试图通过移动地理位置来实现某种交易，则完全不可能。这种位置越固定，价值损失越大，也就体现为一种专用性。二是人力资本的专用性（Human Asset Specificity）。一些特殊的专业技术职位只有拥有特殊知识技能和信息的劳动者才能胜任，而这些拥有特殊知识技能和信息的劳动者一旦离开这种职位，也会导致人力资本价值的巨大损失，这就使人力资本具有了专用性。三是物质资产的专用性（Physical Asset Specificity），也就是物质资产，如机器设备，在物理性能上具有专门的适用性，除了规定的某种用途外，别无他用。四是定制资产（Dedicated Asset）。为了特定买方的需要而特别生产的产品称为定制资产。定制资产的专用性在于它本来就是量身定制的，因而除了为特定的买方服务以外，没有其他用途。例如，印有个人名字的钢笔、打上公司标志的衣服或其他用品、为特定单位题写的名称等，都表明其专属于某一服务对象。而卖方之所以愿意进行这种“定制投资”，可能是为了巩固与买方的合约关系，或者就是根据买方的订单而生产的。

威廉姆森（1985）认为，鉴于有限理性、机会主义和不确定性的存在，资产的专用性在交易费用经济学中的地位十分重要。

那么，资产的专用性如何妨碍了市场交易，增加了交易费用呢？在资产专用性存在的情况下，交易双方可能具有不同的议价能力。因此，资产的专用性越强，资产的拥有者越要花大代价去保护这种资产的价值，由此其费用也就越高。这是因为，资产的专用性程度不同意味着在市场交换时面临的选择也不同。具有完全专用性的资产由于不可能挪作他用，因而一旦该种用途无法实现，其价值就会下降到零。而与之相对的通用性资产，由于有多种用途，因而一旦某种用途无法实现，可以方便地转作其他用途。这样一来，具有多种用途的通用性资产在市场交易中就会比具有单一用途的专用性资产处于更为有利的地位。专用性资产由于没有竞争，在议价过程中很容易出现“要挟”（hold up）行为，而通用性资产由于有多种选择而限制了这种“要挟”行为。

比如，假定一个企业生产汽车发动机、一个企业组装汽车，生产发动机的企业除了将发动机卖给组装企业以外没有其他用途，也没有其他市场，这意味着生产发动机的企业具有专用性。在竞争条件下，这两个企业在投产之前处于完全平等的地位，但一旦生产发动机的企业投产，它就处于某种不利地位。如果组装汽车的企业还有其他的发动机供应来源，生产发动机的企业就会严重依赖组装汽车的企业，结果，生产发动机的企业在交易中就可能被“要挟”。组装汽车的企业可能借口市场需求发生变化而压低发动机的进货价格，或者要求生产发动机的企业提供更高质量商品。如果生产发动机的企业不答应，它就可以停止购买相“要挟”！

但生产发动机的企业可能会估计到这种情况，事先采取一些预防措施，如签订价格固定的长期合约，规定出现争议后由第三方仲裁，或者进行某种专项投资等。这些预防措施都要消耗一定的资源，因而也就成为一种交易费用。假如这种交易费用足够大，生产发动机的企业就不会投资生产发动机。如此一来，在没有其他供货来源的情况下，组装汽车的企业就只有自己生产发动机了，于是，两个企业为了降低交易费用而合并为一个企业。可以看出，这一理论解释了为什么在有些条件下上下游企业会一体化。

又如，关于企业员工的培训问题也存在类似的障碍。如果某种工作需要特殊技能，而这种特殊技能除了从事这种工作以外没有其他用途，但这种特殊技能需要支付高昂的培训费用才能获得，那么，如果企业支付了这种培训费用，员工在获得了这种特殊技能后就可能“要挟”企业：如果企业不付给他高工资，他就跳槽。如果员工支付培训费用，企业也可能“要挟”员工：如果员工要求高工资，企业可以不雇佣他，这样员工支付的高额培训费用就可能得不到补偿。这两种情况表明，如果没有某种合约或制度安排来解决这种“要挟”问题，谁也不会支付培训费用。企业和员工都可能估计到这种情况，因而会采取某种安排来解决这一交易的障碍，如他们可以签订如下协议：企业和员工各负担一部分培训费用，同时员工在获得技能后也增加一些工资。

总之，由资产的专用性引起的交易障碍，一般可以通过某种方式予以解决。这些方式都是有代价的，交易费用在其中起着重要作用。而在不能解决资产的专用性问题时，市场交易将会停止。

所谓不确定性，就是指人们对未来会发生什么以及如何变化没有准确的把握。这种不确定性首先是因为不完全信息和有限理性。由于不完全信息和有限理性，人们不可能预料到未来的一切，因而未来是不确定的。例如，对于外部环境变量，人们是不能控制的，也不知道它会如何变化。即使对于经济系统内人的行为，人们也无法控制。这就意味着人们在进行决策时面对许多无法掌控的变量，这些变量随机游走，使世界扑朔迷离、变幻莫测，不确定性也就由此而生。

不确定性的范围是广泛的，既包括可以预期到的意外事件，也包括一方有信息而另一方缺乏信息的那种不确定性。但即使是预期到的意外事件，要进行预期并在合约中提出解决办法也是有成本的。而那些没有预期到的意外事件既然连想象都不可能，解决起来也就更为困难。尤其是在资产的专用性存在时，不确定性的出现更加剧了交易的困难。这都意味着要签订一个完全的合约以应对所有可能出现的意外事件，代价将十分高昂。因而，在不确定性越大的时候，交易费用也就越高。为了降低交易中的不确定性，人们设计了各种制度安排，但即便如此，不确定性的影响也不可能完全消除。

所谓交易的频率，是指交易发生的次数。如果交易双方经常进行交易，也就是交易频率较高，那么，双方就可能产生信任或者变得轻车熟路，就会想办法建立一个一般性的治理结构，以降低交易费用。但若交易是很少发生的，那么，双方就不容易产生信任，也没有必要建立一个一般性的治理结构，因此交易费用就可能高得多。这时要降低交易费用，就需要建立一种专业化的治理结构，而这种专业化的治理结构一般需要更高的成本。由此，在较小的市场或交易不频繁的市场，我们可以看到各种各样的专门的治理结构，如婚姻的交易费用就比日常用品的交易费用高得多，因为对个人来说，结婚并不是经常进行的，许多人一辈子只会结一次婚。为了解决婚姻交易中可能出现的各种问题，中间人（如媒婆）、公证（办酒席）、保证书（结婚证书）都身处其中，这就形成了一整套专业化的治理结构。这种专业化的治理结构对于解决婚姻中的信息沟通、违约、欺骗、机会主义行为及各种不确定性问题，具有重要作用。但在一般日常用品的交易中，这些问题并不重要，因此专业化的治理结构并不存在。

概言之，交易费用根植于人的特质与交易的特性。

2.3 交易费用的重要性

近年来，经济学家认识到专业化和分工并不是免费的午餐，其中涉及大量的交易费用。在这些交易费用中，有些是可以估算的，另一些交易费用是无法估算的。那么就可以估算的交易费用来说，其总量到底有多大呢？本节将对这一问题进行一些讨论。由于交易费用分为三种类型，我们分别来看一看每种类型到底有多少。

(1) 市场交易费用

消费者要购买一种产品或服务，首先要花时间和精力来获得关于产品质量的信息。因此，他必须寻求物有所值的供给。类似产品，甚至同类产品，其价格差别也常常非常大，其中原因何在？为什么即使消费者知道某些产品的价格差别极大，他们也常常不花时间和精力来寻找价格最低的商品呢？原因就在于，消费者要得到价格最低的商品，需要付出相应的搜寻成本。如果搜寻成本足够高，那么，就可能抵消低价带来的好处，由此获得最低价格的商品就不合算了。如果情况不是这样，那么，我们就不会看到同类商品有不同的价格。因此，价格差别的存在实际上度量了消费者自己的交易活动成本。因为如果不存在搜寻成本，消费者都会购买最便宜的商品，那么，价格差别就会消失。从这个意义上说，理性的消费者必须考虑搜寻成本的大小来决定是否进行搜寻活动，以最低的搜寻成本，获得尽可能低的价格。

搜寻成本的高低是相对的，对于昂贵物品的购买，如房产，消费者可能愿意花更高的成本进行搜寻，他们甚至会聘请顾问，如不动产经纪人、律师和金融顾问等。这些专业人士提供“交易服务”，消费者向这些专家支付的费用出现在国民收入账户中，因此可以间接地推知其大小。但对于服装、日用品等的购买，消费者可能直接就近解决，而花较多的时间进行搜寻可能是不合算的。这种交易产生的费用包括消费者的交通费用、时间和讨价还价所用的精力。这些交易费用有时微不足道且不易估算。

对市场的供给方来说，交易费用表现为推销成本中扣除运输成本的部分。推销成本用生产成本与最终消费者支付的价格之差来衡量。德国1959年的数据表明，对于116种非食品类商品组来说，平均推销成本是最终消费价格的49%，其中要扣除3.7%的平均运输成本和7%的平均流转税，因此，供给方的市场交易费用达到最终消费价格的38.3%。不过，这一数据只是代表没有加权的各个部分的平均数（弗鲁博顿和芮切特，2000）。这就说明市场交易费用十分高昂。

就中国的情况来说，市场交易费用可能更高，有许多产品的生产成本可能只占最终价格的10%，这意味着交易费用可能达到售价的90%。例如，若干年前，每500克食盐的生产成本不到1角钱，但消费者购买时要支付接近1元钱的价格，这其中的差额就是交易费用。医药的交易费用更是高得出奇，一些药品的生产成本不到1元，到了医院或药店，售价可能达到8~12元。为了降低药价，我国从1999年开始实行药品招标制度，但效果并不显著。

❖专栏2-5

广东知名药企故意抬高药价，套现用于贿赂，价格虚高超50%

2022年8月9日，国家医保局官方微信公众号发布文章，通报了对广州白云山天心制药股份有限公司、广州白云山医药集团股份有限公司白云山制药总厂、广州白云山敬修堂药业股份有限公司等3家企业药品虚高定价、套取资金进行专项调查的有关情况。

经查，天心制药等3家药品生产企业与下游50多家药品代理商相互串通，在原料药采购环节增加指定的"经销商"，3家企业再高价从"经销商"手里采购原料药，提价数倍至十数倍，以此种方式套现资金，部分资金用于行贿医务人员或特定关系人，开展药品违规促销。通报指出，剔除现行价格中用于实施贿赂等虚高部分，药品平均降幅达50%以上。

套现方式曝光

国家医保局通报，2017年至2021年5月，天心制药等3家药品生产企业为规避"两票制"政策和监管，与下游50多家药品代理商相互串通，对注射用头孢硫脒等87种药品采取用虚高价格采购原料药的方式套现，并向下游药品代理商转移资金。其套现的主要操作方式是：药品生产企业与药品代理商签订合作协议，在原料药采购环节增加指定的"经销商"，由"经销商"按正常价格购进原料药，提价数倍至十数倍再销售给药品生产企业。

药品生产企业以"原料药涨价、生产成本高"的名义，将原料药的虚高价格进一步传导至出厂和投标挂网价格。原料药"经销商"受药品代理商实际控制，将低买高卖原料药获得的差价收入套现，转移至药品代理商，供其实施医药商业贿赂。

以注射用头孢硫脒为例，白云山制药（制剂厂）和白云山化学制药厂（原料厂）属于同一集团，但制剂厂需要的头孢硫脒原料药不直接从本集团的原料厂采购，而是额外设置套现流程，由代理商控制的原料药"经销商"转手，低买高卖给制剂厂并套现。制剂厂以原料药成本高掩护注射用头孢硫脒的虚高价格，使得药品生产流通环节表面上符合"两票制"等政策规定，逃避监管。

目前，天心制药等3家企业按要求在全国范围内对涉案的注射用头孢硫脒等87种药品进行价格整改，剔除现行价格中用于实施贿赂等虚高部分，平均降幅达50%以上，部分品规被停止采购。通报指出，广东省责令天心制药等3家企业以及关联的其他企业全面整改营销模式，停止相关违规操作。此外，对其中涉嫌违纪、违法、犯罪的人员，有关部门正在依纪依法查处。

据报道，白云山制药总厂是白云山分公司，天心制药及敬修堂则是白云山直接控股的子公司。股价方面，白云山股价低位震荡，截至2022年8月9日收盘跌0.97%。

被多省移出采购名单

据媒体报道，2022年6月，白云山的部分品种在多个省份接连被取消药品挂网资格，除了阿莫西林系列、注射用头孢呋辛钠等，还有"伟哥"枸橼酸西地那非片。

例如，山西省药械集中招标采购中心6月14日发布公告显示："依企业申请"，对白云山旗下的3家企业撤销89个药品品规在平台挂网采购资格，并强调，该3家企业产品撤销挂网后两年内不接受该产品再次挂网。

山西省的公告显示，此次撤网系敬修堂、白云山制药总厂与天心制药自行申请，涉及的药品品规包括枸橼酸西地那非片、头孢呋辛酯片、注射用头孢呋辛钠、清热消炎宁胶囊等89个药品品规。

安徽省的公告措辞显得更加强硬，其公告称，根据国家医保局的要求，对白云山相关药品进行撤网及价格整改，其中，敬修堂、白云山制药总厂与天心制药的阿莫西林、头孢呋辛酯等229个药品品规在列。

此外，贵州省的相关公告称，根据白云山申报，对相关药品进行降价或撤网，白云山制药总厂、天心制药的枸橼酸西地那非片、头孢呋辛酯片、注射用头孢呋辛钠等33个药品品规在撤网之列，阿莫西林、哌拉西林钠等43个药品品规被要求降价。

山东省相关公告则显示，白云山药品撤网原因为药品停产及重复产品。

资料来源 张兰．广东知名药企故意抬高药价，套现用于贿赂，价格虚高超50%？[EB/OL]．[2022-08-10]．https：//baijiahao.baidu.com/s?id=1740738194468268997&wfr=spider&for=pc.

在上述案例中，没有提到药厂的生产成本，只谈到销售环节的问题，因而，真正的交易费用是多少，我们并不知道，但从中也可以看出，我国交易费用大多是制度费用。由于制度设计不合理或执行存在偏差，市场交易费用在一些领域尤其高昂。显然，要真正估计我国的市场交易费用并不容易。

（2）经理交易费用

经理交易费用可以用经常成本或间接费用（Overhand Costs）作为估计的基础。经常成本既包括生产成本，如折旧、维修、用水和保险成本等，也包括内部交易费用。据专家估计，经常成本占总成本或总附加值的比重自20世纪以来有相当大的增加。在美国，这种成本达到35%~60%。但我们还不知道交易费用在经常成本中所占的比例。假如交易费用占其中的50%，那么，企业内交易费用就达到18%~30%（包括企业的推销成本）。因此，与生产有关的交易费用占到总成本的10%~20%。研究与开发成本虽然在不同企业和行业极为不同，但大致占到10%~15%，在知识与信息技术迅速进步的当今世界，这一比例肯定要高得多。因此，与生产有关的经理交易费用大致是总成本的20%~35%。此外，假定生产者每单位产品的利润是销售价格的20%（扣除了内部市场交易费用以后），每单位产品的市场交易费用是最终消费价格的40%，那么，经理交易费用和市场交易费用总共占到最终消费价格的50%~57%（弗鲁博顿和芮切特，2000）。这一比例还会随着生产与交易活动的日益复杂而增加。

一些交易费用采取了"沉淀成本"或"专用性投资"的形式，这也是需要考虑的。

上面的论述只考虑了一个生产阶段的交易费用，实际上，生产过程一般有几个阶段。如果假定，每增加一个生产阶段，交易费用就增加10%，那么，总交易费用就不会低于最终消费价格的60%~67%。

但是，还有许多经理交易费用无法估算，如经理决策失误的费用可能经常发生，但由于程度不同而无法加总，而是以企业的投资损失或呆账，以及企业亏损的形式出现。在现代社会，一旦经济下行或者遭遇重大的外部冲击，大量中小企业破产倒闭，由此形成的成本也无法计算。

那么，一个经济的总体交易费用是否也可以估计呢？在瓦利斯（Wallis）和诺斯（1988）所做的一项研究中，他们估计了美国经济整体的交易费用，结果是，1970年，美国经济整体的交易费用占到GNP的46.66%~54.71%。他们的这种估计还没有考虑政府增加到GNP中的价值是百分之百的交易费用！他们还估计了交易费用在经济发展中的变化情况，发现交易费用占GNP的比重从1870年到1970年上升了1倍，即从占GNP的26.09%上升到54.71%。这个结果令人惊异。他们认为，其中的原因在于交易费用的相对增加是获得专业化与分工利益的必要部分，因而随着专业化与分工的向前推进，交易费用必然相应增加。

“首先，在19世纪后半期，随着市场的扩大和组织的增长，详细说明合约条件和执行合约的成本变得更为重要。当经济日益专业和城市化时，越来越多的交换发生在没有长期关系的个人之间，这就是非个人的交换……理性的消费者进行更多的搜寻和信息收集活动（包括通过中间人购买信息，如交易服务），因为他们对从谁那里购买商品知道得越来越少了……其次是生产和运输方面的技术进步对交易服务的影响。新的资本密集型方法通常是产出水平越高利润越大（因为成本越低）……（更大的企业组织）有利于协调投入和产出关系，以及监管生产和分配中涉及的大量合约……最后是运用政治体系来重构产权的成本递减……（这种变化的后果是委托代理链条的进一步延长）这用政府执行部门代替了决策能力……（并且）给经济的其他部分造成了交易费用。”（瓦利斯和诺斯，1988）

根据这种发现，瓦利斯和诺斯批评了现在的国民收入核算体系。他们认为，现在的一般做法是把交易费用当成无关的东西，因此需要改变。国民产品应该分为三个基本种类，其重点是生产、运输和交易领域的活动。只有按这种方式来分类，我们才能更好地统计和理解经济增长。

总的来说，交易费用的应用已超出了制度经济学的范围，它广泛地应用于会计和统计各个方面。交易费用现在已吸引了宏观经济理论家、经济史学家、会计师和其他人日益增加的注意力，因为交易费用在总成本和GNP中的比例稳步上升，因此，值得对交易费用进行专门分析。

当然，瓦利斯和诺斯的研究也意味着，要想极小化绝对或相对交易费用，在经济上并不是一个合理的目标，因为如果交易费用是随着分工的深化和组织的增长而来的，那么，随着经济的发展，交易费用将会增加。合理的目标是，组织同样一次交易的费用随着制度质量的改善而下降。根据这种理解，西方发达国家将比不发达国家具有更高的交易费用；现代市场经济比传统的自然经济具有更高的交易费用；总体交易费用在GNP中所占的比例随着时间的延伸而不断提高，因为技术革命与经济发展不断推动着分工更为深化，交换更为复杂。然而，组织同样交易的费用是随着时间的延伸而下降的。因此，在判断一个经济实体的制度质量（效率）方面，真正重要的是总的经济结果，而不是交易费用的大小。

（3）政治交易费用

政治交易费用也很重要，但政治交易费用更加难以估计。比如制定和实施一项法律的成本到底有多大？一些人只看到直接成本，也就是立法过程中和实施过程中所消耗的资源，没有看到其中涉及的间接成本。但即便是直接成本，也包括有形和无形两部分。有形的部分可以计算，而无形的部分就无法计算。至于制定和实施法律的间接成本，那就更加无法估计了。

还有就是公共选择的成本。比如每一次政府选举，不仅要进行很多的宣传与广告活动，还要进行大量的规划与设计。这里不仅包括大量的货币支出，还包括巨额的实物和精神消耗。要想准确地估算一次选举的全部交易费用几乎是不可能的。如果不是通过选举来更换领导人，而是通过战争、政变等流血方式更换领导人，成本就更高了，而且更加难以估计。进一步说，一项特定社会法律，不论是新的还是旧的，其成本不仅包括与法律有关的直接政府支出，还包括该项法律引起的社会成本，如由于损害了自由交换而导致的资源损失。至于政府行政管理和教育，也是如此，这种成本同样无法准确估计。

然而，尽管难以估计，但政治交易费用确实存在，并且数额巨大。我们可以通过一些重要的现象来观察政治交易费用的大小。例如，社会动荡、军事政变、内战与国家之间的战争，不仅导致经济衰退，而且造成大量的财富毁灭与人员伤亡。我们还可以通过GDP增长率与民众福利水平改善程度的比较，间接判断出政治交易费用的大小。

另外，政治交易费用的存在也可以解释一些重要的现象。奥尔森（Olson，1965）认为，压力集团的建立与运行也存在成本，这种成本是政治交易费用的一种。这种成本是一个集团内成员数量的增函数，即成员数量越多，集团的建立与运行成本越高，反之则越低，但人均成本不变或不会减少很多。他还认为，由于每个集团成员得到的利益随着集团的规模而递减，因此，集团越大，越不可能提供最优的公共物品的供应。这就是说，集团越小，组织成本越低，每个成员获得的利益越大；而集团越大，组织成本越高，每个成员获得的利益越小。由此，大集团往往松散无用，而小集团常常紧凑有力。这导致了运用交易费用方法而得到的一个结论：小的利益集团总是掌握着不成比例的大权力！

也有学者看到，在其他条件不变时，交易费用水平取决于个人的行为。如果人们相互信任，则监督费用会非常低，产权会得到尊重，冲突可以很好地得到解决，“那么，社会道德、自信、信任和制度框架似乎就融合在一起了。公共教育支出、动员公民的费用可以被看成导致较小‘摩擦’（交易费用）的主要诱因，且会提高经济的生产率”（弗鲁博顿和芮切特，2000）。相应地，在一个缺乏诚信的社会里，人们总是担心被骗，处处设防，结果交易费用往往非常高。可以想象，在一个制度设计不合理、制度质量不高的社会，人们的行为会发生扭曲，交易费用亦会非常高。

到目前为止，虽然交易费用的概念并没有完全统一，并且有滥用的倾向，但除了交易费用的度量方法以外，交易费用经济学已臻于完善。有些人认为，研究交易费用是徒劳无益的，因为我们不可能度量交易费用。张五常则认为，这个观点是错误的。从根本上来说，度量涉及排列顺序，只要我们能够判断某种交易费用在A状态下低于在B状态下，交易费用就被度量了。例如，办理同样1笔贷款，在美国可能需要1小时的时间，在中国可能需要1周的时间，在其他发展中国家可能需要1个月甚至1年的时间，交易费用的大小就一清二楚了。

2.4　交易费用的理论模型

交易费用既然如此重要，那么，是否可以像新古典经济学那样，建立规范的数理模型，对交易费用进行更深入的分析呢？一些新制度经济学家认为是可以的。他们主要讨论了两个问题：一是人们怎样才能建立交易费用模型以提供一个制度框架？二是人们怎样才能把组织当做一个节约交易费用的工具来分析或至少是描述？第二个问题是威廉姆森在《资本主义经济制度》中重点讨论的，这是制度分析的中心。新制度经济学的其他主要代表人物也进行了分析。

相对而言，新制度经济学家对第一个问题的研究各不相同。一些人试图通过简单地扩大新古典经济学模型来回答，如Foley（1970）在标准的完全竞争模型中加入了“交易”活动。这种拓展可以解释商品的生产者价格与最终消费价格之间的差额和存款利率与贷款利率之间的差额，但这种方法忽视了交易费用和决策者的信息状况之间的联系，这使交易费用只代表了一组可以简单地加入新古典经济学模型的关系或约束条件。由于在交易费用为正、有限理性的情况下，决策者会处于各种不同的状态，因而信息成为一种有成本的东西，每个人只有有限的能力获得和加工信息，结果就是每个人对经济体系所提供的选择只具有有限的知识，而且个人之间的知识禀赋也极不相同，由此，按照这种新条件定义的总体均衡将完全不同于正统的新古典经济学模型。这样，通过这种扩展而得到的结果并不总是令人满意的。下面，我们简明扼要地概括一下这种把交易当做一种活动（Transactions as Activities）的分析模型（弗鲁博顿和芮切特，2000）。

设想用一种商品（如小麦）交换货币的情况。在交换中涉及两个人：生产者和消费者。小麦的交换当然存在交易费用，这种交易费用以小麦计算。设生产者每出售1千克小麦只得到相当于0.9千克小麦的货币，因而真实的交易费用为0.1千克小麦或小麦价值的10%。与新古典经济学中的生产活动类似，交易活动可用“交易函数”来表示：

$Y_c=F(Y_p)$

在这里，下标p代表生产者承诺交付的小麦数量，c代表消费者承诺接受的小麦数量。交易费用函数的几何图形类似于生产函数，如图2-1所示。

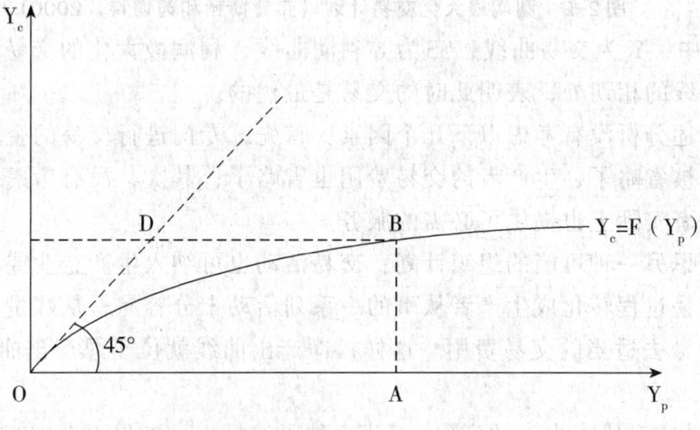

图2-1　交易曲线（弗鲁博顿和芮切特，2000）

在图2-1中，D为45度线上的一点，OA为生产者出售的小麦数量，相当于交易“投入”，AB表示消费者购买的小麦数量，即交易“产出”。BD代表交易费用，即Y_p-Y_c，因此，如果交易费用为正的话，交易曲线一定位于45度线的下方。交易曲线的斜率代表交易过程的边际生产力，随着交易量的增加，交易过程的边际生产力下降。

现在，假定交易活动由一个特殊的交易企业（商业企业）接手，这个企业按P_p的价格从生产者那里购买小麦，然后以P_c的价格出售给消费者，交易企业的目标是在交易函数约束下使利润（R）极大化：

$$\text{Max } R=P_c\cdot Y_c-P_p\cdot Y_p$$

$$\text{s.t.} Y_c=F(Y_p)$$

交易企业利润极大化的必要条件是：

$$dY_c/dY_p=P_p/P_c$$

由此有：

$$dY_c/dY_p<1$$

交易企业均衡时有：

$P_p/P_c<1$ 或 $P_p<P_c$

因此，消费者为购买小麦而支付的数量大于生产者出售小麦所得到的数量，二者之差就是交易费用。如果交易活动的规模报酬递减，那么，交易企业就有最优规模（如图2-2所示）。

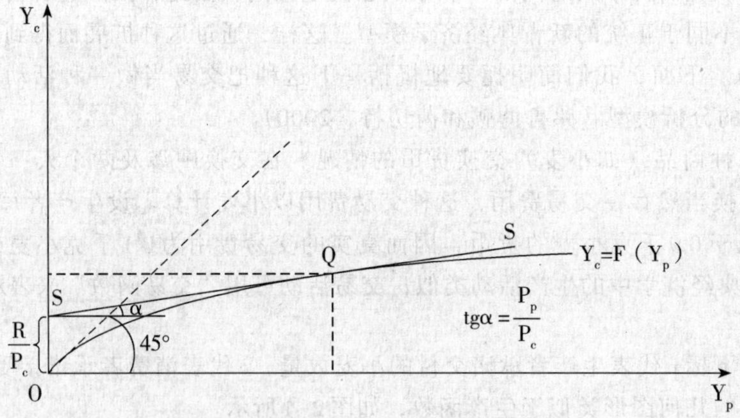

图2-2 利润最大化交易计划（弗鲁博顿和芮切特，2000）

在图2-2中，Y_c为交易曲线，SS为等利润曲线，利润极大化的交易计划Q位于交易曲线与等利润曲线的相切处，表明此时的交易是最优的。

但是，上述分析没有考虑以下几个因素：首先，专门进行交易的企业向生产者购买小麦的交易费用被省略了，生产者的交易费用也省略了；其次，没有考虑“未付酬的”消费者活动，消费者实际上也提供了必需的服务。

现在来考虑另一种可能的组织计划：交易活动也可纳入生产企业或消费者家庭的范畴之内。要把交易过程转化成生产者从事的一系列活动十分容易，从数量来说，这可以从企业的总生产中减去适当的交易费用。这样，净产出曲线就位于总产出曲线之下，如图2-3所示。

在图2-3中，Y代表小麦的产出，Z代表种子的投入。如果不考虑交易费用，则生产投

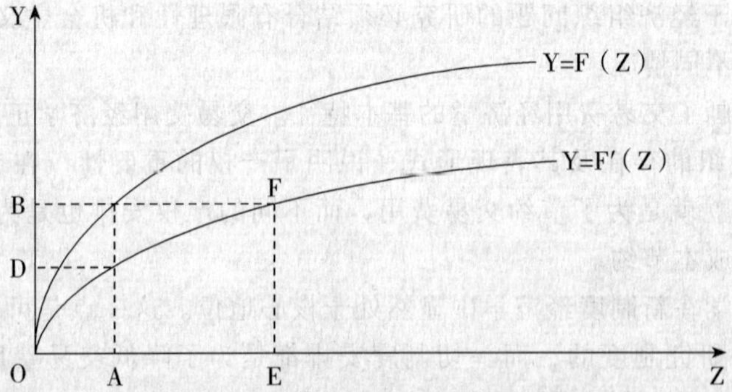

图2-3　总产出曲线与净产出曲线（弗鲁博顿和芮切特，2000）

入OA将得到OB的产出。这是传统的生产函数所作的推理。如果考虑交易费用，则生产者如只投入OA的种子，就无法达到OB的产出，因为在扣除交易费用后只剩下OD的产出。要生产OB的产出，现在需要投入OE的种子。AE之间的距离就度量了交易费用。

在极端情况下，高昂的交易费用可能使任何交易都不会发生，如果小麦的交易费用加上生产成本太高，消费者就不会购买小麦了。这就是市场失灵的情况。除了现货市场以外，还需要运用组织安排（Organizational Arrangements），如私人企业或政府组织，组织方面的问题也很重要。

从这种分析中，我们可以得出这样的结论：如果要促进一国的经济发展，必须注意开发生产和组织技术（Production and Organizational Techniques）。使交易费用增加的立法，即使不直接产生费用，也会抵消建立在技术进步基础上的生产力提高，并且实际上会降低经济的总体生产力。另外，降低交易费用的立法即使在技术不变的情况下，也会提高总体生产力。因此，经济停滞不前主要不是因为技术方面的原因，而是由于制度不当造成的。制度性的政策（Institutional Policy）可以降低交易费用，或者减少劳动需求与资本运用的制度障碍，它比数量性的政策（Quantitative Policy）更有效，成本也更低。如1948年联邦德国的通货与经济改革，以及美国20世纪80年代解除管制与减税，就是典型的例子（弗鲁博顿和芮切特，2000）。东欧的经济转型也是这样的例子。

总体来看，交易活动代表一种类型的生产过程，它能够像建立常规生产过程模型那样建立相应的模型。不过，这种做法是否正确还存在争论。

2.5　交易费用的理论意义

根据威廉姆森（1985）的概括，交易费用经济学提出了以下一些命题：

第一，交易是基本的分析单位。

第二，任何能够直接或间接地作为合约问题提出的问题，都可以从交易费用节约的意义上进行考察。

第三，通过给交易规定不同的治理结构，可以实现交易费用的节约。

第四，交易费用经济学尽管有时候也运用边际分析，但它主要还是对不同的制度选择进行制度性评估，其中的一些制度选择是：市场合约关系处于一个极端，集中的等级组织处于另一个极端，企业和市场的混合形式则处于二者中间。

第五，任何关于经济组织问题的研究必须结合有限理性和机会主义行为的不同组合，连同资产专用性的不同情况。

这五个命题刻画了交易费用经济学的基本特征。交易费用经济学正是立足于这五个命题，解释了经济组织的存在及其表现形式，说明了产权的重要性。在交易费用经济学看来，经济组织的建立就是为了节约交易费用，而不同的产权安排也是为了节约交易费用，二者是不同层面的成本节约。

交易费用经济学在新制度经济学中显然处于核心地位。这一点是可以理解的，因为新制度经济学既然是研究制度的，而一切制度安排都是为了降低交易费用，正如张五常所说，如果交易费用为零，制度是不需要的，或者所有的制度都是一样的，因此，制度分析立足于交易费用，新制度经济学将自己的理论建立在交易费用理论的基础之上。

新制度经济学的奠基人科斯用交易费用来解释企业的存在和外部性问题，在他看来，如果使用市场机制没有代价（即不存在交易费用），企业这种组织形式原本是不必存在的。在科斯以后，企业被看成一个降低交易费用的治理结构，而不是被看成一个将投入转化为产出的生产函数。科斯（1937）还用交易费用解释了企业的规模问题，他说：企业将扩张到在企业内部组织额外交易与在公开市场上进行同样交易，或者在与另一个企业组织进行交易的成本相等时为止，因为如果不是这样的话，市场将会代替企业。在1960年的《社会成本问题》中，科斯更明确地说明了交易费用在外部性和资源配置中的重大作用，表明如果交易费用为零，权利的归属并不重要。

同样，德姆塞茨（1968）认为，如果交易费用为零，那么是用垄断组织（一个企业）还是用竞争市场（大量企业）来供给商品，是无关紧要的，因为只要存在完全信息，资源配置总是最优的。

自科斯以后，经济学家都把市场失灵的原因归结为交易费用。阿罗认为，市场失灵并不是绝对的，最好从更广义或交易费用的角度来理解市场失灵，正是交易费用在一般情况下妨碍了市场的形成，在一些特例中甚至完全阻止了市场的形成。识别不同背景和不同资源配置体制下的交易费用应该是公共产品研究计划中的主要内容，也是一般资源配置理论的主要内容。这就是说，所谓的市场失灵，只是因为交易费用太高才阻碍了交换。同时，并不是所有的市场失灵都是真的“市场失灵”，比如许多形式的风险承担就不存在市场，但也被看成市场失灵，这就不对了。另外，矫正市场失灵是可能的，通过集体行动或政府行动都可以达到。

交易费用和市场失灵之间的关系也是威廉姆森感兴趣的问题。他在1971年的文章中认为，市场失灵只是在有限意义上才可以称为“失灵”，因为通过内部组织代表外部交换是可以降低交易费用的。通过水平一体化来内部化交易就是这方面的一个例子。由此，他分析了企业的三种不同选择：一次性合约、一系列短期合约和垂直一体化。他分析的焦点是合约的不完全性和机会主义行为问题。他认为，一体化的优势在于调和了各种利益矛盾，使得决策过程变得有效率。这是威廉姆森交易费用经济学的最初思想。

沿着同样的思路，张五常用交易费用来解释合约的选择。他说：“每一个交易都涉及一个合约……为什么选择的合约形式不同呢？什么决定了合约的选择呢？”他认为是交易费用。由于在不同的条件下进行交易有不同的交易费用，因而为了降低交易费用，人们选择了不同的合约形式。他用交易费用来解释各种合约的选择，例如，在农业中是采用固定租还是分成租，在工业中是采取计时工资还是计件工资，都要考虑交易费用。同时，企业和市场都可以看成不同交易费用下的合约选择结果。

阿尔钦（1969）把交易费用等同于信息费用或度量成本。他认为，获得和加工潜在交易机会的信息是有成本的，并且在不同的情形下不同，因此，必须回答两个重要的问题：一是更有效地提供所需信息的手段是什么？二是在信息存在成本的情况下，人们会使用哪些替代性的安排来节约搜寻成本？他把价格的稳定看成降低市场调节成本的一种办法，此外，存货是节约信息成本的另一种办法。虽然存货看起来是资源过剩或闲置，但它也是节约资源的手段。1972年，阿尔钦和德姆塞茨用度量成本（交易费用的一种形式）来解释团队生产问题和产权的重要性。他们认为，经济组织的一个功能就是有效地度量各种要素的生产率，并据此支付报酬，能否节省这种度量成本是经济组织能够生存下来的关键，因为如果一个经济组织的度量成本太高，那么，这一组织就无法很好地度量成员的贡献并据此支付报酬，该组织就会因为成员的偷懒行为而变得无效率，当这种无效率达到一定程度时，该组织就无法存在下去了。根据他们的这种思想，詹森和麦克林（Jensen and Meckling，1976）提出了代理成本问题。代理成本是另外一种形式的交易费用。

诺思用交易费用来解释历史上制度的演变和国家的兴衰。在他看来，西方世界在现代工业文明中率先兴起，主要原因在于它们建立了有效率的经济制度，成功地降低了交易费用。例如，保险制度、公司制度、专利制度等，都通过提供激励或者分散风险，降低了交易费用，促使企业家的创业精神与现代经济增长。奥尔逊说明了组织成本，解释了特殊利益集团（主要是小团体）为什么掌握了不成比例的大权力。他认为，原因就在于小团体的组织成本——另一种类型的交易费用——较低，而每个成员获得的收益较高；而团体越大，组织成本越高，每个成员获得的利益也就越小。

综上所述，交易费用是新制度经济学解释制度存在和制度效率的关键概念，在新制度经济学中具有举足轻重的意义。交易费用经济学是新制度经济学的理论生长点，新制度经济学的主要理论可以看成交易费用理论的自然延伸。在下面关于其他理论的介绍中，我们可以进一步看到交易费用的作用。

本章小结

交易费用又译为交易成本，是新制度经济学的核心概念，也是新制度经济学的理论生长点。狭义的交易费用是指利用市场价格机制的费用，包括进行信息搜寻、谈判、签订合约和履行合约等的费用；广义的交易费用可定义为经济体系运行或制度运作的费用。从内容来看，交易费用可分为市场交易费用、经理交易费用和政治交易费用三种。交易费用存在的原因在于，进行交易的个人具有有限理性和机会主义行为两大特点。同时，资产的专用性、不确定性的程度和交易频率也是影响交易费用存在的重要因素。在某些交易中，交易费用可能微不足道，但在另一些交易中，交易费用可能高不可攀，以致交易无法发生。从总体来看，根据诺斯等人的估计，1970年，美国经济整体的交易费用占到GNP的46.66%~54.71%，且从1870年到1970年上升了1倍，这还不包括政治交易费用在内。交易费用如此之大，说明研究交易费用非常必要。在理论上，我们同样可以根据新古典经济学的方法，建立规范的交易费用数理模型。在新制度经济学中，交易费用概念处于核心地位，是许多新制度经济学家分析制度问题的最重要工具。

基本概念

交易　经济交易　政治交易　市场交易费用　经理交易费用　政治交易费用　有限理性　机会主义　资产的专用性　不确定性　要挟　交易曲线

复习思考题

1. 什么是交易？康芒斯的交易分为哪几种类型？
2. 什么是交易费用？交易费用包括哪些类型？
3. 为什么存在交易费用？为什么资产的专用性越强，交易费用越高？
4. 如何估算交易费用的大小？
5. 交易费用经济学在新制度经济学中的地位如何？
6. 如何理解改革就是降低交易费用的过程？
7. 中国现阶段如何降低交易费用？

主要参考文献

[1] WILLIAMSON. The Economic Institutions of Capitalism [M]. New York: Free Press, 1985.

[2] MATTHEWS. The Economics of Institutions and the Sources of Growth [J]. Economic Journal, 1986,96 (12).

[3] WALLIS, NORTH. Measuring the Transaction Sector in the American Economy, 1870-1970 [M] //ENGERMAN, GALLMAN. Long-term Factors in American Economic Growth.Chicago and London: University of Chicago Press, 1988: 95-61.

[4] 康芒斯. 制度经济学 [M]. 于树生，译. 北京：商务印书馆，1967.

[5] 弗鲁博顿，芮切特. 新制度经济学——一个交易费用分析范式 [M]. 姜建强，罗长远，译. 上海：上海三联书店，上海人民出版社，2006.

[6] 张五常. 经济解释——张五常经济论文选 [M]. 北京：商务印书馆，2000.

[7] OLON.The Logic of Collective Action: Public Goods and the Theory Groups [M]. Cambridge: Harvard University Press , 1965.

[8] FOLEY. Economic Equilibrium with Costly Marketing [J]. Journal of Economic Theory , 1970 (2).

[9] MÉNARD, SHIRLEY. Handbook of New Institutional Economics [M]. Berlin: Springer-Verlag, 2008.

第3章
产权经济学

学习目标

1. 掌握产权的基本概念与分类
2. 理解产权在经济生活中的重要作用
3. 了解产权制度的起源和演进
4. 了解产权制度不完善的影响
5. 认识产权流转和保护的重要性

"有恒产者有恒心！"这是中国古代关于财产权重要性的论述。新制度经济学的一个重要观点是：产权极其重要！在诸多经济制度中，产权制度或财产权制度是最基本也是最核心的制度，因而关于产权的理论在新制度经济学中也占有特殊地位。产权理论主要讨论产权是怎么产生的，产权的功能是什么，产权对资源配置有何作用，如何建立有效的产权制度等。本章将依次介绍新制度经济学关于产权的定义、产权的起源、产权的功能，以及产权的流转与保护等方面的理论观点。

3.1 产权的基本概念

3.1.1 产权的定义

在文献中，关于产权（Property Rights）一词有三种不同的含义：一是狭义的产权概念，这是欧洲大陆民法（Continental Civil Law）意义上的产权，起源于罗马法。这种产权概念主要是与物体或有形的东西相关，其特点是能够由所有者排他性使用，且其权利能够清晰地界定。这种产权意味着所有者可以容易地控制产权对象的使用，并排斥他人使用。无形的东西不容易控制，也不容易排斥他人使用，因而不属于它考虑的范围。然而，弥漫的空气、流动的河水、游动的鱼类、奔跑的野兽等，虽然也看得见、摸得着，但凭人力不太容易控制，因而不可能有使用上的排他权。当然，随着技术手段的进步，这些东西也逐渐变得可以控制。这表明，欧洲大陆民法中的产权概念有一定的局限性。二是广义的产权概念，这是盎格鲁-美洲普通法（Anglo-American Common Law）意义上的产权，它不仅包括有形的物体，还包括无形的权利，如专利权、版权和合约权利。这就进一步把产权概念从有形的物质扩展到无形的思想。随着科学技术和知识经济的发展，这种扩展不仅必要，而且意义重大。三是更广义的产权概念，这是一种法律上没有纳入但是由社会习俗、文化传统等认可的权利，如个人进行衣着打扮，或者结交朋友的权利，以及礼尚往来的权利等。这就把产权的概念扩展到更广泛的范围。

可以看出，前二者是法律意义上的产权概念，后者则是一种约定俗成。前二者的区别在于，罗马法的所有权包括各种权利（使用权、占有权、收入权或转让权），所有者可以把其中的一些权利转让给其他人而仍然保留所有权，但在盎格鲁-美洲财产法中，没有这种所有权的概念，有的只是各种法定权益的组合：一个人只要拥有绝对处置权（Fee Simple Absolute），就拥有最大可能的法定权益组合；当他把其中的一些法定权益转让给其他人时，一部分权益就消失了。

现代产权经济学使用的产权概念主要立足于普通法，但比普通法要宽泛一些。自20世纪70年代以来，经济学家们更感兴趣的是签订合约的权利（菲吕博腾（即Furubotn，在与芮切特合作的著述中中译名为“弗鲁博顿”）和配杰威齐（Pejovich），1970，1972；威廉姆森，1971，1975；詹森和麦克林，1976；Goldberg，1976），并把所有权的最终落实看成签约权。由于在现代市场经济中，许多活动是通过合约来组织或完成的，经济组织本身也可以理解成合约形式的选择，因而合约权利非常重要。一种资源如果具有自由签约权，那么可以看成具有比较完整的产权。由于签约权决定了资源的使用与转让，因而签约权在资源配置中具有重要作用。

产权的另一种分类是把产权分为绝对产权和相对产权。绝对产权既包括所有有形物体的产权，也包括版权和专利权等无形的权利。相对产权则是指所有者只能对一个或多个确定的人行使的权利，如债权人对债务人行使的权利；销售关系，以及法律上的强制义务，就是相对产权。所以，绝对产权主要是指与有形物质或非物质资产有关的所有权。之所以产权是绝对的，是因为拥有者可以在法律限制的范围内任意处置其资产。绝对产权讨论的主要问题是如何界定和执行产权才能达到最有效率的结果。相对产权是由合约关系产生的一些权利，相对产权所要解决的根本问题是如何通过合约选择来防止机会主义行为与信息不对称。

上面这些产权概念主要立足于法律和习俗，因而是人们通常理解的产权。经济学家从经济资源配置的角度对产权的定义提出了一些不同的看法，因而，了解经济学家的产权定义是必要的。

像其他许多概念一样，关于什么是产权，经济学家有多种定义。例如，菲吕博腾和配杰威齐（1972）在《产权与经济理论：近期文献的一个综述》一文中总结了产权经济学的一些文献，提出了产权的定义：“产权不是指人与物之间的关系，而是指由物的存在及关于它们使用所引起的人们之间相互认可的行为关系……它是一系列用来确定每个人相对稀缺资源使用时的地位的经济与社会关系。产权安排确定了每个人相应于物时的行为规范，每个人都必须遵守他与其他人之间的相互关系，或承担不遵守这种关系的成本。”他们的这一定义似乎有点抽象，但也表明：产权是一种行为规范和经济权利。在产权里面，所有权又是最重要的，而所有权包括三个方面的内容：资产的使用权、资产的收益权和资产的处置权。

在《牛津法律大辞典》中，产权被明确为财产所有权，并得到进一步细分：产权“是指存在于任何客体之中或之上的完全权利，它包括占有权、使用权、出借权、转让权、用尽权、消费权和其他与财产有关的权利”。这一定义将产权的内容具体化了，但是对于产权的本质作用与功能没有任何说明。

当代产权经济学的主要代表人物之一阿尔钦在《新帕尔格雷夫经济学大辞典》一书中给出的定义相当权威：产权是授予特别个人某种权威的办法，利用这种权威，可从不被禁止的作用方式中，选择任意一种对特定物品的使用方式。之所以强调“不被禁止的”，是因为他认为产权总是有限的，人们获得一种权利，从来不是没有任何限制的。在阿尔钦看来，“拥有土地”通常意味着有权去耕种（或不耕种）土地、开发土地和出售土地这些权利等，但没有权利向过路人掷土块、改变河道或强迫某人来购买。人们拥有的只是社会承认的行动权利（阿尔钦和德姆塞茨，1973）。这就揭示了产权的功能与实质。

另一学者德姆塞茨（1967）认为：“产权是一种社会契约，其重要性就在于事实上它们能帮助一个人形成他与其他人进行交易时的合理预期……产权规定了个人如何受益和受害，以及因而谁应该向谁付钱以调整人们的行为……其基本功能是使外部性内部化。”他的这种定义与他提出的产权起源理论有关，主要强调了产权的作用与功能。

哈特（Hart）和格罗斯曼（Grossman）将产权定义为剩余索取权（Residual Claimant）。他们认为，契约是不完全的，控制权可以分为特定控制权（Specific Rights of Control）和剩余控制权（Residual Rights of Control）。企业的产权就是企业契约的剩余控制权（哈特和格罗斯曼，1986）。这种剩余控制权是一个多维变量，包括现金流权、董事会权、投票权、清算权等。这些控制权是可以独立分配的，而且每种控制权的分配都可以呈现出状态依存性。这种定义与他们的不完全合约理论有关，道出了企业所有权安排的实质，但缺乏一般性。

如果我们继续列举，这个单子还可以更长。归纳各个学者的观点，关于产权，我们实际上强调三点：

第一，产权是一种经济权利。

第二，它包括多方面的内容，是一个权利束，因而在英文中“产权”一词多用复数，其中既有使用权，也有处置权，还有收益权和转让权。如果细分的话，还可以列举更多的权利。

第三，它的作用是规范人与人之间的关系，并且只有在人与人的社会关系中才能发挥作用。

3.1.2 产权的内容

产权包括多方面的内容，但在经济分析中和法律中并不一样。让我们先来看一看有关的法律规定。在法律中，产权主要是指所有权，在所有权中又包括其他多种权利。

（1）所有权（Ownership）

根据罗马法，所有权的主要因素是：使用物体的权利、从中取得收入的权利、处分权利。完全的所有权包括所有这三种权利。因此，一个完全的所有者可以无限地使用他拥有的物体，只要他的行为与其他法律或第三方的权利不冲突。

（2）所有权的分割

完全的所有权可以分开来行使，如使用权可以出租给其他人，收入权也可以转让给其他人。在大陆法和普通法中，对所有权的分割是不同的。在普通法中，出租土地或其他有形物体被认为是财产法的一部分，它不是一个合同；而在大陆法中，它是一个合同，承租者并没有获得任何真实的权利。

（3）非物质权利或知识产权的所有权

这主要是指版权、商标、商业秘密、专利权等。在普通法中，这些权利被认为是知识产权；而在大陆法中，则被称为非物质权利。二者都与物质权利相对应，其权利不容易度量或监督。因此，这种权利的保护是近代才有的事情：英国于1710年开展了版权法运动，随后法国于1791年和1793年、普鲁士于1837年、美国于1787年颁布了相应的法律。

（4）人自身的财产：人权

人权并不属于任何法律意义上的产权，但对制度经济学家来说，人权也可以用产权分析法来分析，并且人的自决权或签约权对经济效率的影响也是很明显的，比如奴隶与自由民就有不同的工作激励。同样，在中央计划经济与市场经济中，劳动者对于其自身的劳动力不仅有不同的权利，而且也有不同的工作激励。

❖专栏3-1

中国农村土地产权

土地产权是指有关土地财产的一切权利的总和。土地产权包括一系列各具特色的权利，它们可以分散拥有，当聚合在一起时代表一个“权利束”，包括土地所有权及与其相联系的和相对独立的各种权利，如土地所有权、土地使用权、土地租赁权、土地抵押权、土地继承权、地役权等。

土地所有权是在国家法律的保护下，土地所有者在法律规定的范围内自由使用和处理其土地的权利。土地所有权包含三层含义：其一，土地所有者可以自由使用和处理其所有的土地并有权获得收益；其二，得到法律的确认和保护；其三，权利在法律范围内行使，即权利受法律的限制。《中华人民共和国宪法》和《中华人民共和国土地管理法》规定，我国的土地所有制为社会主义土地公有制，包括社会主义全民所有制和社会主义劳动群众集体所有制两种形式。据有关资料，在我国现有耕地面积中，属于国家所有的占6%，属于集体所有的占94%；在现有森林面积中，70%以上属于国家所有，20%多属于集体所有。农村和城市郊区的土地，除由法律规定属于国家所有的以外，属于集体所有；宅基地和自留地、自留山，属于农民集体所有。矿藏、水流、森林、山岭、草原、荒地、滩涂等自然资源，都属于国家所有，即全民所有；由法律规定属于集体所有的森林和山岭、草原、荒地、滩涂除外。《中华人民共和国土地管理法》还规定，国家为了公共利益的需要，可以依法对集体所有的土地实行征用。任何单位和个人进行建设，需要使用土地的，必须依法申请使用国有土地；但是，兴办乡镇企业和村民建设住宅经依法批准使用本集体经济组织农民集体所有的土地的，或者乡（镇）村公共设施和公益事业建设经依法批准使用农民集体所有的土地的除外。农村土地产权制度虽然规定了农村土地归农民集体所有，但是国家有权强制转移这种所有权。这种所有权的转移是单向的，补偿标准是由国家规定的。所以，农民集体所拥有的这种土地所有权不具有“排斥其他一切人，只服从自己一个人的意志”这种所有权所必需的特征。

土地使用权是依法对一定土地加以利用并取得收益的权利，是土地使用制度的法律体现形式。土地使用权是与土地所有权有关的财产物权，可以买卖、继承、租赁和抵押。土地使用权的设定必须依法律而成立，任何人无论以何种方式取得土地使用权都必须得到法律的认可，否则为非法占用他人土地。土地使用权的取得分有偿和无偿两种形式。通过竞争的方式获得农村土地承包经营权，一般是有偿的土地使用权；通过家庭承包方式获得集体经济组织的土地使用权通常是无偿的。同时，土地使用权的设定是有期限的，如《中华人民共和国土地管理法》规定，农村耕地集体组织内部家庭承包经营的承包期是30年。党的十七届三中全会通过的《中共中央关于推进农村改革发展若干重大问题的决定》明确了农村土地承包关系长久不变，土地使用权的转让活动在承包期内进行。国有土地和农民集体所有的土地可以依法确定给单位或者个人使用。农民集体所有的土地依法属于村农民集体所有，由村集体经济组织或者村民委员会经营、管理。为稳定和完善以家庭承包经营为基础、统分结合的双层经营体制，赋予农民长期而有保障的土地使用权，国家实行农村土地承包经营制度。土地承包采取农村集体经济组织内部的家庭承包方式，不宜采取家庭承包方式的荒山、荒沟、荒丘、荒滩等农村土地，可以采取招标、拍卖、公开协商等方式承包。依据上述法律，我国现有农村土地使用权主要在农民手里，农民以户为单位，通过与农村集体经济组织或村民委员会签订承包合同获得土地的使用权。《中华人民共和国农村土地承包法》规定了土地使用权的流转，国家保护承包方依法、自愿、有偿流转土地经营权，保护土地经营权人的合法权益，任何组织和个人不得侵犯。承包方享有下列权利：（1）依法享有承包地使用、收益的权利，有权自主组织生产经营和处置产品；（2）依法互换、转让土地承包经营权；（3）依法流转土地经营权；（4）承包地被依法征收、征用、占用的，有权依法获得相应的补偿；（5）法律、行政法规规定的其他权利。土地承包经营权流转的主体是承包方。承包方有权依法自主决定土地承包经营权是否流转和流转的方式。土地承包经营权流转的转包费、租金、转让费等，应当由当事人双方协商确定。流转的收益归承包方所有，任何组织和个人不得擅自截留、扣缴。土地承包经营权采取转包、出租、互换、转让或者其他方式流转，当事人双方应当签订书面合同。采取转让方式流转的，应当经发包方同意；采取转包、出租、互换或者其他方式流转的，应当报发包方备案。农业用地使用权流转受到一定的约束。

关于土地他项权，规定如下：

第一，土地抵押权。土地抵押权是土地受押人对于土地抵押人不转移占有并继续使用收益而提供担保的土地，在债务不能履行时可用土地的拍卖价款优先受偿的担保物权。土地受押人称为土地抵押权人。《中华人民共和国民法典》规定抵押人依法承包并经发包方同意抵押的荒山、荒沟、荒滩等地的土地使用权可以抵押。《中华人民共和国农村土地承包法》规定，通过招标、拍卖、公开协商等方式承包农村土地，经依法登记取得土地承包经营权证或者林权证等证书的，其土地承包经营权可以依法采取转让、出租、入股、抵押或者其他方式流转。我国农村土地抵押权的标的是土地使用权，而不是土地所有权。目前我国可用于抵押的农村土地使用权主要包括国有土地使用权和承包的“四荒”使用权。

第二，土地租赁权。土地租赁权是指土地所有权人或土地使用权人通过契约将土地占有权、狭义的土地使用权和部分收益权转让给他人。这时，该他人就成为土地租赁权人，即承租人。土地租赁权人具有土地的占有权和使用权、续租权、优先购买权、对地产受让人的对抗权（即土地使用权买卖不能破租，未到期的租赁行为仍然有效）。土地租赁权人不拥有对土地的部分处分权，承租人对土地的使用条件是依土地出租人的意志而规定的。在一般情况下，土地租赁权人未经出租人同意不能将自己承租的土地再以任何方式转移出去。土地租赁人为取得土地租赁权就必须向出租方缴纳地租，无论出租方是土地所有者还是土地使用者。土地租赁依租赁契约而成立，因此出租方和承租方之间必须签订租赁合同。租赁合同不得违背国家的法律、法规。我国法律没有规定土地可以无期限租赁，而只规定实行有期限租赁。目前在农村，土地转包实为一种有期限的土地租赁，出租方是土地承包者，即集体土地使用权人，其除收取承租人缴纳的地租外，还履行自己与集体的承包合同。农村土地租赁不得改变用途。《中华人民共和国土地管理法》规定，农民集体所有的土地的使用权不得出让、转让或者出租用于非农业建设，但是，符合土地利用总体规划并依法取得建设用地的企业，因破产、兼并等情形致使土地使用权依法发生转移的除外。

第三，地役权制度。土地所有权人（包括土地使用权人）为了利用自己的土地而有限地利用他人土地的权利就是地役权。地役权一般涉及两个地块，且这两块土地分属于两个所有权人，其中一块土地向另一块土地提供服务。地役权包括建筑支持权、采光权、眺望权、取水权。地役权主要权可以由于弃权、解除、失效和某些其他原因而消灭。《中华人民共和国民法典》规定，设立地役权，当事人应当采取书面形式订立地役合同。土地上已设立土地承包经营权、建设用地使用权、宅基地使用权等权利的，未经用益物权人同意，土地所有权人不得设立地役权。

第四，地上权制度。地上权是在他人土地上设定其使用土地的权利。地上权人的权利是占有土地，在建造建筑物、工作物等情况下，有土地使用权。地上权可以处分，如让与他人、作为抵押权标的物等。地上权人的主要义务是向土地所有人支付地租。目前与农村土地发生地上权关系的主要是电力部门。《中华人民共和国电力法》规定的电力设施维持权，即在他人土地上架设、使用和维护输电线路和变电设施，并排除土地所有人、使用人实施任何可能危及电力设施安全的建筑、种植、堆放等行为的权利，即具有地上权的性质。

第五，土地发展权。土地发展权是发展土地的权利，具体来说，土地发展权就是变更土地使用性质之权，如农地变更为城市建设用地。土地发展权是随着土地利用方式的多样性及相应土地收益的巨大差异性而出现的。我国农村的土地发展权归国家所有。

资料来源 佚名. 土地产权［EB/OL］.［2017-12-18］. https://baike.baidu.com/item/%E5%9C%9F%E5%9C%B0%E4%BA%A7%E6%9D%83/1510191? fr=aladdin.

值得注意的是，许多学者把产权等同于所有权。华人经济学家张五常（1995）提出了另一个独到的产权定义。在他看来，产权就是使用资源的权利，这种权利比法律的定义要宽。具体来说，产权包括三个方面的权利：

一是资源的使用权，这是个人根据法律规定使用资源的权利，包括资源的物质转形，甚至损坏资源的权利。资源的使用权如果受到限制，其价值就会下降。例如，如果一块土地不准建房子，土地的价值就会下降。如果你买了一辆汽车，但如果政府不准你上路行驶（如新加坡），汽车的价值就会下降。

二是收入权，包括从资产的使用中取得收入以及和其他人签订合约取得收入的权利。收入权是产权的关键，没有收入权，或被剥夺了收入权，拥有资源的价值也就消失了。

三是转让权，就是将资源转让给其他人的权利，转让可以是出租，也可以是出售。转让权是保证资源获得最大价值的前提，也是资源获得最优配置的前提。如果没有转让权，资源可能无法配置到价值最大的用途上。

在这个定义中，产权不包括所有权。张五常认为，所有权只有法律上的意义，在经济上并不重要，因为资源的使用与处分可以在没有所有权的情况下实现。他举的例子是，中国香港的土地和中国内地农村20世纪70年代末期以来的经济改革，都是在土地公有制的情况下达到高效使用的。在张五常看来，转让权极其重要，因为只有转让，资源才能找到价值最大的用途，市场也才能存在，价格机制也才能起作用。当然，其他学者不一定同意这一观点，因为大多数学者都把所有权包括在产权里面，或者认为产权的实质就是所有权。在本书作者看来，张五常的产权定义对于理解中国经济改革具有重要的启发性，或者说，他提出这一定义就是为了解释中国经济改革。中国经济改革过程其实就是各种经济权利不断重新界定的过程，在这里，主要不是所有权被重新界定或转让，而是使用权、收益权，以及经营权的重新界定与转让。例如，国有企业改革一开始就是围绕着使用权与收益权的重新界定而展开的。20世纪80年代的"放权让利""利改税"和后来的"承包制"以及转换经营机制，90年代以后的现代企业制度建设，都是试图在不触动所有权的前提下进行体制改革，其间当然也穿插着国有企业所有权的转让，但主要还是扩大企业的资源使用权与收益权，使企业业绩更好地与企业管理者和员工的报酬挂钩。20世纪90年代末期"抓大放小"，国有企业从竞争性领域退出，虽然涉及中小国有企业所有权的改革，但大中型国有企业仍然是经营权与收益权的改革。2003年国资委成立，明确了国有资产的管理者，对于国有企业的重整与发展起了重要作用。可见，产权不包括所有权这一定义对于理解中国经济改革具有重要意义。实际上，从一般意义上说，所有权的实质是获得收益，如果资源的所有者仅限于获得收益，而把使用权与转让权让渡出去，同时与资源者的使用分享收益，那么，所有权可以对资源的使用不起作用。例如，一套房屋不论所有者是谁（国家也好，企业也罢，甚至个人也行），只要房屋的使用者交了租金，取得了房屋的产权（使用权、收益权与转让权），那么，房屋的配置效率总是最优的，因为房屋的产权所有者总是会想办法发挥房屋的最大效用。在这个意义上，所有权并不对资源的配置发挥作用。因此，产权制度的核心是使用权、收益权与转让权的合理界定和有效执行。

3.1.3　产权的执行（或保护）

产权不仅要求对上述权利作出明确界定，即明确这些权利归谁所有，更重要的是产权的执行，即排除其他人拥有上述权利。专有所有权要求度量、界定资产和执行所有权。在其他条件不变时，专有所有权的价值取决于执行这些权利的成本，即排斥他人的成本。产权的执行通常由国家或个人进行。由国家来执行产权可以提升所有权的价值，并成为市场交换的基石，因为国家是一种"暴力"机构，执行产权具有更低的成本和更为广泛的意义。在国家不能执行产权的地方，交易费用可能很高，甚至高到使交易减少，直至阻碍交易的地步。在完全不能执行产权的地方，财产的价值可能下降到零。在一些情况下，即使由国家保护和执行产权，交易费用也可能高到使交易受到阻碍。如果不存在国家的保护和执行，私人也可能建立一套产权制度，并进行保护和执行活动，如帮派的存在就起到了这样的作用。

❖专栏3-2

深圳“共有产权房”来了,“人才房”即将成为历史

2023年7月3日，深圳正式发布《深圳市共有产权住房管理办法》(下称“《办法》”)。《办法》明确，共有产权住房的价格按市场价5折确定。购房人产权份额原则上不低于50%。

《办法》自2023年8月1日起施行，之后不再安排建设安居型商品房和人才住房。这就意味着，原本能够取得完全产权的保障性住房——安居型商品房、可售型人才住房将成为历史，采取封闭流转的共有产权住房将登上舞台。所谓共有产权住房，是指政府提供政策支持，主要采用市场化方式建设筹集，限定套型面积、销售价格、使用和处分权利等，面向符合条件的居民供应，实行政府与购房人按份共有产权的住房。

深圳共有产权住房采取轮候、抽签、摇号等方式组织选房。配售建筑面积的标准是：3人以下（含3人）家庭或者单身居民为65平方米左右，4人以上（含4人）家庭为85平方米左右。2023年3月，《深圳市规划和自然资源局宝安管理局关于公布珈誉时尚花园项目总平面图的通告》发布，正式宣布第一个共有产权住房的诞生。为了解决大城市住房突出问题，实现“居者有其屋”的宏伟目标，深圳在2018年提出：到2035年，深圳将新增170万平方米住房供应量，60%以上为保障性住房。

2022年11月，深圳首批可售型人才房面世，与新政的共有产权住房不同的是：可售型人才房售价约为同片区商品房的6折，签订买卖合同满10年后，可申请取得住房完全产权；而新政的共有产权住房未来售价约为同片区商品房的5折，采取封闭流转，在签订买卖合同满5年后，只能面向符合条件的对象转让产权份额或者申请收购，无法取得完全产权。

广东省城规院住房政策研究中心首席研究员李宇嘉表示，共有产权住房的门槛更低，更强调封闭流转，也就是说，政府和购房人实施产权共有，个人部分产权可以转让，但只能在符合共有产权申购条件的人群中流转，褪去原有人才房的资产属性。深圳对住房保障体系的调整主要是为了向国家政策靠齐。深圳的人才房和安居型商品房属于深圳自己设定的保障性住房，和国家层面推出的共有产权住房的模式有所差别。

2021年6月发布的《国务院办公厅关于加强保障性租赁住房的意见》明确了国家层面住房保障体系的顶层设计，提出“加快完善以公租房、保障性租赁住房、共有产权住房为主体的住房保障体系”。

《办法》实施后，深圳的住房保障体系将由当前公共租赁住房、人才住房、安居型商品房三种类型为主，转为以公共租赁住房、保障性租赁住房、共有产权住房三种类型为主。为了加快完善以公共租赁住房、保障性租赁住房、共有产权住房为主体的住房保障体系，同日，深圳还发布了《深圳市公共租赁住房管理办法》《深圳市保障性租赁住房管理办法》《深圳市保障性住房规划建设管理办法》三个新规，对公共租赁住房、保障性租赁住房这两类住房的保障对象、申请条件、供应分配方式、租售价格标准等进行了规范。

深圳之所以取消人才房和安居房，李宇嘉认为，国家的住房保障体系顺应新时期经济转型和包容性发展对于住房保障的新诉求，需要更加重视保障普惠性。“包括深圳在内的热点城市，长期以来其住房保障体系更多的是保障人才，目的还是促进本地经济增长和产业转型。在高房价的背景下，这样的做法没有任何问题，但是仅仅保障人才的住房需求，存在一定的功利性，与国家新时期的保障体系存在较大的错位，也会导致新市民和年轻人的住房困难程度增加。”

事实上，早在深圳之前，共有产权住房在北京、上海、杭州等城市已有试点，只是因为不同城市的流通条件不同，受欢迎的程度也不同。毕竟，商品的价值在于流通，不能转为商品房，也就意味着没有了套利空间。

资料来源 戈振伟．5折，深圳“共有产权房”来了，“人才房”即将成为历史［EB/OL］.（2023-07-04）[2023-09-18]. https://baijiahao.baidu.com/s?id=1770452703310132784&wfr=spider&for=pc.

3.1.4 产权制度的种类

迄今为止，人类社会经历的产权制度可以分为四类：一是私有产权；二是国有产权；三是社区产权；四是共有产权。

私有产权就是将资源或财产的权利界定给个人，由个人拥有资源或财产的法定权利，其他人不得侵犯。这种产权制度从奴隶社会以来就一直存在，更成为现代市场经济的基石，因为根据新制度经济学家的看法，产权的清楚界定是市场交换的本质前提；价格是市场经济条件下资源配置的工具，但市场价格只有在私有产权下才能合理地形成，而市场价格提供了使用资源的机会成本，成为引导资源进行最优配置的信号；私有产权也是交易费用最低、经济效率最高的产权制度。由此，在现代发达市场经济国家中，大多数资源和财产都被界定为私有产权。

国有产权就是将资源或财产的权利界定给国家，由国家拥有资源或财产的法定权利。这种产权制度自国家产生以来就一直存在，但是，由于国家可能由不同的人控制，故在不同类型的国家里，国有产权具有不同的特点。例如，在民主国家，国有产权有点类似于共有产权，由国家内的全体人民共同所有；而在专制国家，国有产权又有点类似于私有产权，实际上由专制者个人所有。

社区产权就是由某个社区（或社团）拥有财产的权利，排除外人使用，并调控内部人使用。这种产权制度产生于原始社会，后来以不同的形式存在于不同的社会，如现代农村的集体所有制和所谓的俱乐部产权。

共有产权就是资源或财产属于所有人共同所有，实际上就是没有人拥有产权，如空气、公海、太空等。下面我们将说明，共有产权的存在可能是由于产权的界定和执行成本高不可攀，因而界定和执行并不合算。共有产权的结果是资源浪费，所以，除非在特殊情况下，否则是不会存在共有产权的。

上述几种形式的产权可能同时存在。例如，在西方发达国家，大多数公司是私有的，铁路是国营的，海洋渔场是共有的，此外，一些俱乐部的产权是社团的。不过，在现代市场经济中，私有产权占据了绝大部分。现代产权经济学还表明，不同的产权形式会导致不同的交易费用，因而会导致不同的经济效率。

3.1.5 产权的弱化和分割

需要注意的是，不论是私有产权还是国有产权，其权利总是有限的。例如，我们有权利养狗，但没有权利让狗咬人或乱跑；我们可以拥有武器，但不可以用武器随意伤人；医药公司可以卖任何种类的药品，但并不意味着医药公司可以卖危及人们健康的假药。这表明，人们拥有一块土地，就可以决定土地的使用和转让，甚至可以损坏这块土地，但人们不能禁止他人观看这块土地，也不能阻止其他人从这块土地上空飞过，或者对着这块土地制造噪声。这就是说，产权在任何时候都不是绝对的，都会受到政府法规、非正式的社会规则，以及通行的伦理道德的限制。人们实际上只拥有土地的一部分权利。

当国家对专有权进行一些限制时，人们习惯上把这种限制称为产权的弱化。当个人使用资源的权利、获得收入的权利和交换的权利被限制时，产权就被弱化了。当然，作出伤害他人的行为受到限制并不是产权的弱化，如限制个人驾车的速度就是弱化了使用权，限制某个人驾车就使拥有汽车变得毫无价值，但限制酒后驾车或者驾车者撞人，就不是产权的弱化。这实际上意味着，一种具有外部性的行为被限制，并不是产权的弱化；而没有外部性的行为被国家以某种原因限制，才是产权的弱化。国家总是在一个产权被弱化的社会里保护产权的。

产权也常常被分割为几个方面。以土地为例，土地产权可以分割为几种不同的权利，不同的人可以同时拥有某块土地的不同权利，如A可能有权利在上面种粮食，B可能有权利从上面走过，C可能有权利向上面倒废物，D可能有权利从上空飞过，E可能有权利对它造成震动（阿尔钦，1972）。这些权利只要明确界定，都可以交易。在现实世界中，所有的交易实际上只获得了资源某些方面的权利。

如专栏3-1所述，在中国，农村土地因为承包制改革而产生了多种权利。在这里，所有权属于集体或国家，而使用权属于农民家庭。与此相关的还有土地租赁权、土地抵押权、土地继承权、地役权、土地发展权等。这些权利只要被明确界定，都可以单独或一起交易。

3.2 产权的起源

对于私有产权是如何起源的问题，在新制度经济学中有两种稍微不同的观点：一是哈丁等人的公地的悲剧模型提出的效率论，他们认为在缺乏私有产权的情况下，稀缺的资源会被过度使用，因此确立私有产权是必要的；二是德姆塞茨和昂贝克（Umbeck）从不同的案例出发提出的强权占有论，他们认为当一种无主资源的价值突然上升后，人们就会本能地凭借强权占有更多的资源，于是形成一种与暴力有关的产权分配。这两种观点有时又不是截然对立的，因而埃格森（1990）将它们都纳入天真产权理论的范畴。

3.2.1 天真产权理论

在一些学者看来，产权是人们利用有利可图的交易机会而自发演进的结果。

例如，李贝卡（Libecap，1989）曾经指出：“（我们可以）将制度或治理结构的设计看做节省交易费用以及为新的交易活动提供便利的最大化决策过程。市场力量被认为会侵蚀那些没能很好地适应经济中新机会的产权制度。如果现存的产权结构限制或阻碍了人们对相对价格或技术变化的反应，潜在的利润没有被人获取，那么，就会使人们有动机去采用更为合适的产权制度。”这就是说，如果存在有利可图的机会，人们就会想办法利用它，利用的结果是产生了产权；反之，如果出现了这种机会而没有被利用，或者说没有出现新的产权安排，一定是由于交易费用的约束（埃格森，1990）。

在这种演进论中又有两种观点：一种观点认为，产权是随时间并经由传统自发产生的(Sugden，1989)；另一种观点认为，产权是市场力量将经济从无效率向有效率推进中形成的，即新产权的出现是在人们希望对新的外部经济或不经济的影响作出反应时发生的（德姆塞茨，1967）。

根据前一种观点，产权的起源并非一种政府行为，而是一种社会现象，是一种自发秩序的形成。当然，政府在其中起着重要作用，因为在长期内，是政府不断地对财产法进行明晰和规范。这种观点强调，人们在社会实践中逐步认识到合作可以增进他们的利益，于是达成一种协议并形成一种传统。而传统一旦形成，就会得到传承。Sugden（1989）指出："要认识到所有这些问题的重要性，考虑一下任何事实上对有价值资源的产权进行分配的问题。假设传统已经很好地建立起来了，那么每个人都有坚定的预期——一种基于经验归纳而来的预期——其他人会遵循这种传统。给定这种预期，每个人都认为遵循这种传统对他们是有利的。给定一个人遵循这种传统，他不仅期望与他交往的人需要的也正是这种传统，而且他还希望他们也同样如此行事。此外，任何一个人至少在某些情形中受益于这种传统，那么他很可能会将任何对这种传统的破坏视为一种对自身的间接威胁。"可以看出，这种观点认为，自发形成的传统造成了产权制度，而且传统一旦形成就会被固定化。这就不能很好地解释产权为什么随着经济条件的变化而变化，但它很好地说明了产权制度一旦建立为什么很难改变。

至于后一种观点，它主要强调经济力量在产权形成和演进中的作用。德姆塞茨列举了许多美国印第安人土地产权发展的例子。他（1967）从历史和地理的角度指出，土地产权的发展与商业皮毛贸易的增长之间有着紧密的联系："在皮毛贸易产生之前，狩猎主要是为了获取食物……显然外部性是存在的。狩猎可以自由地进行，且无须考虑狩猎对其他狩猎者所带来的影响。但这种外部性如此微不足道，以至于任何人都不会将它们考虑在内。不存在任何类似土地私有权的东西。"然而，随着贸易的增长，皮毛的商业价值日益突出，因而印第安人的狩猎量越来越大，每个人都想获得更多的皮毛，冲突随之增加。于是，人们不得不划分各自的狩猎范围，产权也就由此而生。因此，德姆塞茨指出："当内部化的收益变得大于内部化的成本时，产权就发展起来，以将外部性内部化。内部化的增加主要源于经济价值的变化，这种变化产生于新技术的发展和新市场的开拓，旧的产权难以与此适应。对这种判断确切的解释要求考虑社会偏好私有制的原因。有些社会中私有制没有得到充分的发展，而国有制则得到相当程度的发展。但在社会状态给定的情况下，随着新技术的发展和相对价格的变化，作为反应，就会出现新的私有产权或国有产权。"德姆塞茨进一步解释，从历史事实来看，加拿大西南部平原没有发展起类似的产权安排，是因为平原上的动物缺少商业价值，同时平原上的动物主要是食草动物，它们习惯在开阔地带漫游，防止它们进入相邻地区要花费较高的代价（即执行成本较高），由此使确立私人狩猎边界的价值下降。而西北部森林地区的动物商业价值较高，而且森林里的动物习惯在相对狭小的区域内活动，使限制狩猎的内部化成本大大降低，因而在这些区域形成了家庭狩猎的财产所有权："家庭狩猎区域分成几个部分，家庭每年在不同地区轮流捕猎，而在中心留下一块地作为蓄留动物的场所，除非正常区域内动物短缺，否则是不能到那里去捕猎的。"

阿尔钦（1978）也提出了类似的观点。在他看来，权利的界定和判明不是无代价的，为了节省这种代价，对于价值较小的物品，一般界定得不太清晰。例如，水是一种价值较低的物品，对它的产权的规定就比较宽泛，要详细规定代价很高；而对价值很大的物品，产权的界定和判明就合算了："如果对于某一物品的权利的价值上升了，就像近几十年间淡水的权利价值上升一样，那么，权利的规定、确认和安排的费用就变得更合算了。一般来说，与规定产权的费用比较而言的财货的潜在权利价值越高，这种权利的规定、确认和安排就越清晰。"

这种产权起源理论被埃格森（1990）称为天真产权理论，因为这种理论没有考虑社会和政治制度，只是根据排除他人的成本和收益，以及在产权共享时建立内部治理结构的成本来说明产权的存在与否。

天真产权理论除了德姆塞茨关于产权起源的讨论以外，还包括其他一些学者根据德姆塞茨的研究所作的拓展分析。例如，Mcmanus（1972）指出，在德姆塞茨所举的例子中，产权安排并没有对海狸的数量提供有效的长期保护，因为在皮毛贸易以后，尽管建立了排他性的产权，但海狸的数量是急剧下降的，而不像德姆塞茨所说的那样，产权建立以后海狸的数量稳定下来，甚至还能增加。此外，Mcmanus发现，皮毛贸易以后，技术和相对价格并没有变化，按照德姆塞茨的说法，这时就应该回到共有产权，而事实上却没有。那么，产权的建立为什么没有保护海狸的数量呢？Mcmanus（1972）的回答是：原因在于产权的结构！加拿大东部的印第安人捕猎者被分成许多小帮，帮中的每个成员都有权不让其他人在自己的领地上为了贸易而打猎，但无权阻止他人为了消费而打猎。这就是说，打猎用于直接消费的权利是共有的，而打猎用于贸易的权利是专有的。由于印第安人生活在一个不确定的世界里，常常面临着饥饿的威胁，因而消费权共有是一种制度化的保险形式。对专有权的这种限制造成的后果是：不负责任、懒惰和海狸数量的减少。

安德森和希尔（1975）通过纳入排除成本进一步拓展了天真产权理论。他们考察了19世纪后半期美国西部大平原上土地、水和牲畜使用中排他权的演进过程。他们发现，排他的成本和收益决定了排他活动的进行程度："邻近土地犯罪率的上升意味着上锁、发抢劫警报和饲养看门狗的收益提高……除了犯罪率以外，损失概率也受到人口密度、文化和伦理观念的，以及现有的'游戏规则'和制度结构的影响。"按照他们的分析，产权的建立与执行程度完全取决于私人成本和收益的比较。

诺斯和托马斯用天真产权理论来概括史前时期产权制度的一般变化。他们发现，在史前时期，推动产权制度变化的主要力量是人口压力。当植物和动物相对丰富时，建立这些资源的专有权的成本要超过潜在收益，因而自然资源处于共有状态。随着人口的增长，竞争随之加剧，狩猎的报酬递减。尽管农业建立和执行专有权的成本更高，但后来定居农业还是变得比狩猎更有吸引力。第一个从事定居农业的社区是建立在土地财产社区专有的基础之上的。大约在1万年前发生了经济革命，而定居农业从兴起到罗马帝国时期形成顶峰，大约用了8 000年左右。同其他动物相比，人类在地球上居住了100万年以上，这意味着定居农业发展以前的时间占了人类存在时间的99.3%。对此，诺斯和托马斯（1977）指出："第一次经济革命不是一场革命，因为它只是将人类的主要经济活动从狩猎和采集转向了定居农业。说它是一场经济革命是因为这种转变创造了大多数人变革的激励。变革激励起源于两种制度的不同产权安排。在资源共有产权存在时，几乎没有激励获得更好的技术和进行学习。相比而言，专有产权为改善效率和生产率提供了直接的激励。更为根本的是，为获得更多的知识和新技术提供了激励。正是这种激励的变化使得人类在最近1万年时间内进步神速……"

费尔德（1986）则强调了排除成本，并增加了另一种成本：内部治理成本。内部治理成本是在专有产权被共享时产生的。因此，在他的模型中，有三种成本概念：一是新古典经济学的生产成本；二是内部治理成本；三是排除成本。他特别强调专有的程度，他想说明到底是什么力量使得产权制度发展成不同的形式。他认为，在一个社区内，专有程度可以极为不同，既可以是所有人共享一种资源，也可以是单个人拥有一种资源专有权，还可以是少数人共享一种资源。但专有程度不同，各种成本也相对不同。只要资源是共享的，就会出现内部治理成本。因为要减少资源共享时过度使用所引起的租值消散，就要采取某种集体行动，这种集体行动的成本就是内部治理成本。而要减少内部治理成本，就要细分财产，提高专有的程度。但当专有的程度提高时，要防止外人侵占产权，又会产生排除成本。因此，一种资源到底是由某人专有还是由所有人共享，取决于内部治理成本与排除成本的比较，均衡时内部治理成本与排除成本在边际上相等。

可以看出，费尔德只说明了产权专有的程度，但没有说明产权为什么有时候界定得很精确、有时候界定得很模糊。波斯纳等人指出，当一种资源的价值提高时，产权将被界定得更为精确。李贝卡用美国内华达采矿区康斯脱克小屋的产权演进检验了这一假说。他发现，在1859年发现矿藏以前，这一地区是无人居住的，不存在什么产权制度。但是，矿藏的发现使人们蜂拥而至，到19世纪70年代中期，康斯脱克小屋出产的金银产量已占到美国金银总产量的50%左右。在这一过程中，《美国采矿法》逐步形成并完善起来，19世纪50年代还是不成文的规则，到19世纪末已有了规定详尽的法律条文，并有法庭判决。他（1978）由此得出结论：私有采矿法并不是自动演进的，而是受经济力量推动的。在演进过程中，拥有最大矿山的所有者通过游说活动，使产权在法律上得到更清楚的界定。最初，权利结构是不完整的，而新矿山的发现加剧了人们对土地的争夺，采矿者们要求更多的专有权，这就使《美国采矿法》越来越具体化了。

在产权建立过程中，政治谈判也非常重要。在这一过程中，申请产权的个人、政治家和法官都从各自的利益出发，参与了产权的谈判和签约。李贝卡（1989）指出："对产权进行约定的主要动机是公地情况下造成的总量损失。减少这种损失以获得收益的预期使个人进行谈判，去建立或修改产权以限制进入，从而控制资源的使用。"以《美国采矿法》为例，私人采矿者为了获得更多的权利而要求界定矿山的产权，政治家为了寻求政治支持而迎合私有采矿者的要求，法官根据多数人的要求进行判决。但最终能否成功地建立一种产权制度，则取决于多种因素："就分配问题进行政治谈判的强度以及产权变革的成功可能性受到以下因素的影响：（1）来自制度变迁的总预期收益的大小；（2）有关谈判各方的数目和异质性；（3）既有的和计划中的分配安排；（4）信息问题。"（李贝卡，1989）在这些因素中，如果有一个因素出现问题，产权的建立过程就可能受阻。根据这些因素来分析，《美国采矿法》之所以取得成功，主要有以下几个原因：一是矿石存量足够大，因而使界定产权的预期收益很大；二是矿山位于以前无人居住的地区，不存在既得利益者，因而谈判相对容易；三是由于每个采矿者的数量较小，且在种族、文化、技术、预期等方面类似，因而很容易达成一致。因此，李贝卡（1989）指出："采矿权能够迅速建立，是因为各签约方之间就个人申请的价值和界定不存在严重的信息不对称……矿石是静止的，采矿露营所采取的方式是根据价值预期来对允许的申请规模进行调整。在这种近似于实验室的情形下，阻碍产权协议的分配问题并没有产生。权利很快地被建立起来了，且为了降低不确定性和促进经济增长不断地进行调整。结果是政客之间就采矿的法律达成了共识，且采矿露营规则和国家采矿权已经成为修订的《联邦土地法》的一部分。”然而，这些条件并不总是满足的，因而在其他一些例子中，专有权的建立非常困难。

昂贝克（1978，1981）研究了美国加利福尼亚淘金热过程中产权的建立情况（也参见埃格森，1990）。1848年加利福尼亚发现金矿，同年美国和墨西哥签订和平协议，将该地区的非私有土地转让给美国政府，当时的美国军事领导人随即废除了墨西哥法律，但没有颁布新法律。金矿的发现使该地区的人口在3年内迅速增加到25万人。但直到1866年，联邦政府都没有建立关于采矿土地的产权。但是，淘金者们自己建立了执行成本相对低廉的、稳定的专有权制度，从而避免了混乱和无限制进入的问题。昂贝克建立了一个模型，将淘金者的权利要求内生化了，并解释了是什么机制或力量使得淘金者们相互尊重他人的产权。他的基本命题是：潜在的暴力限制了一切形式的配给，达成的协议必须是使每个人的财富与他通过暴力而获得的财富相同。该模型假定不存在社会规则，每个人对其他人在采矿与暴力两方面的生产率具有完全信息。该模型中有两种类型的劳动：一是用于将其他人从土地上赶走，即暴力活动；二是用于采矿。如果两个具有相同暴力潜力的人竞争一块边际土地，那么，将更多劳动用于暴力的人将获得这块土地。在这种情况下，一个人是将劳动用于暴力还是用于采矿，取决于成本和收益的比较。用于暴力的劳动的机会成本是由用于采矿的劳动的边际产品价值决定的。一个人拥有土地的面积越大，其采矿劳动的边际产品价值越高，而没有土地的采矿者的采矿劳动的边际产品价值相对较低，由此进行暴力活动的机会成本也就相对低。因此，土地少的采矿者更倾向于进行暴力活动以获得更多的土地。在这种假定下，随着土地规模的扩大，进行暴力活动的倾向下降。因此，人们在进行了成本和收益的比较以后，将土地划分成均匀的面积，分配给每个采矿者，成功地消除了进行暴力活动的激励。

3.2.2 专有权为什么没有出现

尽管存在有利可图的机会，但有时候人们并没有建立相应的产权制度去利用这些机会，以获得利润。同时，在历史的长河中，“增长比停滞更为罕见这一事实表明，‘有效率’的产权在历史中并不常见”（诺斯，1981）。古今中外，我们到处都可以看到一些无效率的产权制度，那么，人们为什么不努力去改进这些制度，以获得更大的收益呢？对此，新制度经济学从成本和收益的角度进行了解释。

根据一些学者的看法，这可能是由于其中涉及的界定成本和执行成本——主要是谈判成本和签约成本——太高，使人们认为界定和执行产权的潜在成本超过了潜在的收益，界定和执行变得无利可图。在这种情况下，一些资源可能一直处于公共领域。比如，在大多数社区，使用一些稀缺的和重要的资源会受到某种形式的专有权的限制，但也有一些很重要的资源完全或部分地处于公共领域，海洋渔业资源就是一个众所周知的例子。资源处于公共领域或大家都可以自由使用，一般有三个原因：第一，排除成本高；第二，在减少资源共享时，内部治理成本高；第三，国家由于公平的原因而允许人们自由使用。

以美国渔业为例，在19世纪，海洋渔场一般为美国政府所有，它让所有居民共用，美国联邦政府和州政府都废除了渔业的私人所有权，法官也不允许任何个人或团体控制渔业。这显然是美国政府为了公平的原因，同时也是因为内部治理成本太高（约翰逊(Johnson）和李贝卡，1982）。

在有些国家，近海渔业建立了专有权，并且由国家来执行这种产权，比如日本。其原因就在于日本的渔民合作社很好地解决了内部治理成本问题。

海洋渔业实行共有产权，也可能是因为排除成本太高，比如，一些鱼类在海洋内不断游动，其活动领域穿越众多国家。如果实行私人所有权，单个渔民显然没有办法执行其专有权，因为他无法排除其他人捕鱼。

归纳起来，在渔业资源中之所以没有实行比较完整的私人专有权，而导致租值消散，原因可能有三个方面：一是内部治理成本非常高，使得由一部分人共享专有权不太可能；二是因为政府为了公平的原因而让大家自由进入，实行资源共享；三是渔民本身可能各不相同，不支持任何私人所有权。这就使得渔业资源只能通过政府来进行调控。

但政府调控由于缺乏相关的知识和经验也导致了资源浪费。20世纪70年代以后，经济学家开始认识到，由政府进行调控涉及各种执行成本，只有进行制度创新才能降低这种执行成本。以20世纪初期美国石油开采为例，当时，地面的产权被政府界定为不同的企业所有，相关企业通过投标可以获得20公顷土地的使用权，但地下的油田连在一起，因而大家竞相开采。这就不仅使开采成本上升，而且使开采出来的石油因为来不及运输而挥发，或者发生火灾，由此造成巨大损失。这时，如果把整个油田交由一个单位来开采，经济效率将会上升。然而，事先很难估计石油的价值阻碍了私人协商，因而地下石油的私有产权没有办法建立（维金斯（Steven N.Wiggins）和李贝卡，1985）。

概言之，根据新制度经济学家的分析，私有产权之所以无法建立，是因为其中可能存在各种各样的交易费用，使产权的界定或执行存在障碍，导致产权界定和执行的成本超过了收益。一旦这些障碍被消除，我们将可以看到，理性的个人会想办法建立专有权制度，以充分挖掘资源的收益。

3.2.3　产权的利益集团理论与寻租理论

天真产权理论隐含地假定，政府可以创造一个一般的产权框架，使个人可以利用分工和市场交换而实现社区净财富的最大化。在交易费用很高时，政府还可以直接把产权分配给个人，或者重新界定产权的结构，但实际上，我们发现，国家并没有起到这种作用。埃格森（1990）举了三个例子来说明这一点。

第一个例子是上面提到的美国石油工业。在石油开采中，最经济的办法是一个油田由一个企业来开采，但当私人之间的协商失败时，政府并没有想办法降低协商成本。政府只是限制石油的产量，实行产量配额。这就有利于高成本的开采商和小企业。1963年，高成本的开采商所占的配额达到石油总产量的44%。得克萨斯和俄克拉荷马两个州都没有想办法使油田由一个企业来经营。而在怀俄明州，由于油田位于联邦政府所有的土地上，联邦政府就设计了一种产权结构，来鼓励油田由一个企业开采。

第二个例子是挪威的农业。挪威的农业得到政府的大量补贴，而且政府还通过限制进口来保护农业，尽管农业的生产成本大大高于世界市场价格。只要有可能，就要求消费者购买挪威自己生产的苹果。与此同时，挪威政府还采取措施限制企业的规模，以保护高成本的小型企业，而限制低成本的大规模生产企业。

第三个例子是秘鲁。秘鲁的例子就更令人奇怪了。在秘鲁，政府调控无所不在，而这些调控显然并没有促进经济增长和发展。例如，秘鲁政府规定了很高的准入门槛，使人们进入许多行业都需要付出很高的代价。据估计，一个秘鲁人要得到国家的批准建立一个服装厂，需要花费289天的时间，甚至要支付高于官方规定10倍的贿赂。在首都利马，要想从政府手里购买一块土地进行房地产开发，要经过200个环节的批准程序，最少要花7年时间。政府这种无处不在的调控导致非正规部门兴起，这些非正规部门打法律的“擦边球”，或者游离于法律管制之外。据估计，秘鲁有一半的人口在非正规部门就业。但非正规部门的交易费用很高，因为所有权不确定，并且由私人来执行，经营单位非常小，以躲避政府的各种打击与调控。由此，大规模的投资活动就不可能进行。而合法的正规部门往往受到政府的严厉管制，成本亦非常之高。秘鲁发生的这些情况在其他发展中国家也可以看到，这些国家有一个共同的特点，就是经济都停滞不前。

上面三个例子都与天真产权理论相矛盾，因为在建立专有权明显可以改进效率的情况下，经济力量为什么没有推动产权制度的建立呢？人们提出了利益集团理论，以解释其中的原因。

利益集团理论将基本的社会和政治制度视为既定的，在这种前提下，根据各个利益集团之间的相互作用解释了各个行业的产权结构。根据这种解释，一种有利于狭隘的小集团而不利于整个社会的产权安排可能因为交易费用、“搭便车”和不对称信息等问题而存在。一个联系紧密的小利益集团往往有能力影响选民代表，因为小集团组织成本低，获得信息容易，调整产权使每个成员获得的收益相对较大。而大的利益集团则相反，其组织成本高，获得信息不容易，调整产权使每个成员获得的收益相对较小。因而小集团的成员往往比大集团的成员更有激励进行调整产权的活动，由此，小集团往往掌握着不成比例的大权力！

以国际贸易中的保护主义为例，贸易保护政策往往有利于生产者而不利于消费者，但由于生产者往往是一些大型企业，或者是由它们组织的协会，它们有能力游说政府制定有利于它们的政策。而受害的消费者虽然人数众多，但他们不容易组织起来，信息也往往不充分，还有很多人想“搭便车”，因而无法使政府制定有利于自己的政策。

在上述例子中，显然，小利益集团起了重要作用。比如，挪威的农业保护政策和政府补贴在很大程度上就是由农民组成的少数人利益集团促成的；在美国的石油开采中，也是由于少数高成本的开采商的存在而导致了无效率的产权结构。

与利益集团理论有关的是寻租理论。克鲁格、塔洛克、托利森和布坎南等人是这一理论的代表。这一理论认为，政府官员的寻租活动是导致政府管制以及无效率产权制度存在的原因所在，也是阻碍有效率产权制度形成的根源。在这种情况下，虽然从整个社会来说会出现无效率的情况，但可能更利于政府官员的寻租活动，并使政府官员的租金最大化。

寻租理论有两条主线：一条是关于寻租活动引起社会福利损失的理论与经验估算。在贸易保护、垄断等活动中，特殊利益集团得到好处，而给社会造成的福利损失巨大。如何进行准确的估计是一个需要研究的问题，目前已提出了一些估计方法。另一条是从个人和集团寻租活动的实际行为中导出可检验的理论。这包括寻租的定义、寻租与利益集团的关系、国家在其中的作用等。这一研究表明，只有在压力集团弱小时，国家才能建立起与天真产权理论相一致的产权制度。而当压力集团强大时，产权结构往往有利于少数利益集团。

3.3　产权的重要性

上述分析实际上间接地提到了产权的重要性。关于产权重要性的讨论早就开始了，从古希腊的亚里士多德到英国古典经济学家，都有关于产权如何重要的讨论。中国古代也有“有恒产者有恒心”的论述。但是，系统的产权理论是从20世纪60年代开始的。科斯、阿尔钦、德姆塞茨、卡塞尔等人从不同的角度研究了产权问题，他们指出，个人决策者面临着不同的替代性制度安排，不同的安排意味着使用资源的不同权利（弗鲁博顿和芮切特，2000）。不同的权利安排当然意味着不同的经济效率。

以科斯为例，他在1959年的《联邦通信委员会》一文中强调了产权清晰界定的作用。在他看来，外部性及其引起的政府干预完全是因为产权没有得到清楚界定的结果。在产权没有界定的情况下，就无法形成市场，“权利的界定是市场交易的本质前提”。没有市场，价格机制就无法发挥作用，外部性也就不能避免。1960年，在《社会成本问题》一文中，科斯进一步阐释了这一思想，得出了影响颇大的“科斯定理”：在交易费用为零时，权利的初始界定与资源配置的最终结果无关。从表面来看，科斯定理说明了产权界定是不重要的，但实际上，科斯强调了产权界定的极端重要性。其关键在于假设的前提条件：产权界定不重要只是在交易费用为零时才如此，一旦交易费用大于零，产权界定就变得至关重要！为此，科斯考察了正交易费用的情况。“一旦考虑进行市场交易的成本，那么显然只有这种调整后的产值增长多于它所带来的成本时，权利的调整才能进行……在这种情况下，合法权利的初始界定会对经济制度的运行效率产生影响。一种权利的调整会比其他安排产生更多的产值。但除非这是法律制度确认的权利调整，否则通过转移和合并权利达到同样后果的市场费用如此之高，以至于最佳的权利配置以及由此带来的更高的产值也许永远也不会实现。”（科斯，1960）这就是说，在交易费用大于零的世界里，权利的界定非常重要。只有把权利界定给价值更大的一方，才可以保证资源使用的最大价值。

❖专栏3-3

分享经济需以法律矫正“制度外部性”

分享经济是指利用互联网等现代信息技术，以使用权分享为主要特征，整合海量、分散化资源，满足多样化需求的经济活动总和。有报道称，2016年我国分享经济市场交易额约为34 520亿元，比上年增长103%；共有6亿人参与，比上年增加1亿人。

不过，分享经济的问题不少。一篇题为“共享单车，真是一面很好的国民照妖镜”的文章在网上疯传，从国民素质的视角描述了包括共享单车在内的分享经济发展的种种“乱象”，其实法律等问题更多。从制度经济学、经济法与民法的视角来看，分享经济种种“乱象”的根源并不是国民素质低下，而是产权中所有权与使用权分离所带来的“制度外部性”，即特殊形式的产权分离所带来的控制权弱化，进而导致经济主体（厂商或个人）的经济活动对他人或社会造成正面或负面的非市场化影响。而法律、法规是矫正“制度外部性”的最根本性举措。

“外部性”是经济学一个非常重要的概念，分享经济作为一种新形式的经济活动，至少存在两种“外部性”：一种是基于技术创新的“科技外部性”，这里面包括商业模式创新所带来的网络聚集效应，目前主要是增强就业灵活性、盘活闲散资源等能使社会或他人受益的正外部性，如顺风车、共享单车绿色环保出行。当然，这也有冲击出租车等负外部性，但总体来看是激活和丰富了社会公共服务。另一种是产权变化所带来的“制度外部性”，共享经济主要是以产权中的“使用权共享”为特征，弱化了产权中的“所有权”，这必然导致盗窃破坏、单车上树等“控制权”缺失所带来的一系列问题。

分享经济基于信息而降低了市场交易费用，增强了分散雇佣等就业灵活性，并扩大了单车等市场需求，是经济新动能的重要组成部分；盘活了闲散的社会资源，避免了传统经济模式的浪费问题；直接或间接为政府提供了社会公共服务，如共享单车等。这些“科技外部性”增加了社会总福利，因而，分享经济虽然有不少问题，但也不能简单地加以限制，而是要保护和规范，甚至是激励。我国将备受争议的“专车”合法化，成为全世界极少数将其进行合法化的国家之一。“科技外部性”更多是以激励（征税或免税、补贴等）、引导等市场化行为予以矫正。

分享经济也有明显的缺陷。例如，消费者权益保护和责任分配不足，劳动者权利保护以及安全监管不足；平台公司收取巨额押金，侵犯了公共利益，也损害了金融秩序；供需双方和平台公司存在违约违法、侵权等所带来的法律风险如何分担等。这些都是产权制度变迁所带来的“制度外部性”，无法简单地靠经济激励或惩戒等市场化行为来矫正，必须求助法律、制度的帮助。

纠正分享经济的“制度外部性”，必须基于其产权中所有权与使用权分离的特点，而且这种分离不同于传统租赁等，具有强流动性、不易控制等特殊性，需要从法律、制度层面对供需双方、平台公司、社会利益相关者的行为加以规范，并对失序行为予以有效规制。例如，如何明晰把共享单车锁起来“独享”的侵权责任，乱停乱放带来的行政处罚如何承担责任，数十亿元的押金安全问题如何规避等。

法律是市场经济最为重要的“导航仪”，分享经济的发展也不例外。“制度外部性”实质上就是社会责任与权利的不对称，更是一种公共管理和公共政策的短缺。只有弥补责任与权利不对称的“外部性”，分享经济才能为全社会“共享”，才能实现社会利益最大化。

尤其值得一提的是，“法律”（制度）也分优劣，只有好的“法律”（制度）才能带来社会合意的结果。共享经济的“法律”（制度）供给必须基于“公共品”的理念，基于“良法善治”的理念，切实体现在“服务”和“支持”上面，而不是简单地“规制”，避免制度将分享经济的无穷活力僵化、“管死”。

资料来源　盘和林．分享经济需以法律矫正“制度外部性”[EB/OL]．(2017-03-09) [2023-09-18]．https：//cj.sina.com.cn/article/detail/1980481147/182967.

另一个产权经济学的代表人物阿尔钦（1972）得出了与科斯定理相同的结论。在他看来，在经济世界里，由于资源是稀缺的，因而就存在如何将稀缺资源进行合理配置的问题。这意味着资源在各种用途之间存在冲突。这种冲突是通过竞争来解决的，因为当每个人都想得到更多的资源时，他们之间的竞争就不可避免。一旦开始进行竞争，就存在输赢的问题。也就是说，一定要决定谁是赢者、谁是输家。而产权就是一种限制竞争的规则。给定一组产权约束，就会出现决定竞争赢输的标准。当产权发生变化时，竞争赢输的标准亦随之改变。相应地，如果标准改变了，竞争的结果也就会改变。这表明，产权制度在经济社会中起着基础作用。他比较了私有制与公有制，发现在不同所有制下，人们承担的成本和收益不同，因而行为也就不同。因此，在经济世界，产权作为基本的游戏规则，具有非常重要的作用：改变了产权约束，也就改变了经济系统。

张五常（1999）进一步发挥了上述思想。在他看来，产权不仅是竞争的规则，而且可以用来解释人的行为。在不同的产权规则下，人们有不同的行为；或者说，人的不同行为可以由不同的游戏规则本身来解释。

以买房子为例，如果一个人要买一套房子，无论在哪儿购买，只要他出得起钱，都可以买得到。地产商也不会因为他是男人、她是女人，就给出不同的价格。在这里，游戏规则很简单：出价高者得。但在计划经济条件下，一个人要想得到房子，不是看他/她可以出多少钱，而是看他/她的资历级别有多高、工龄有多长。结果，现在是最有钱的人住最好的房子，而在计划经济条件下，却是年龄最大和职位最高的人住最好的房子。这也就意味着不同的游戏规则，或者产权创造了不同的激励。现在要住好房子，必须会赚钱，不管是努力工作还是投机取巧，只要能赚到钱，都可以用钱来买房子。但在计划经济条件下，一个人就是赚了钱也没有用，况且也没有多少可以赚钱的机会，人们得熬年头，积资历，往上爬。由此可见，游戏规则不同，人的行为就不同。有一则笑话，墨西哥在进行土地改革时，根据孩子的数量来分配土地，结果导致墨西哥人口剧增。

如果游戏规则改变了，人的行为就会改变，收入分配的形式就会改变，资源的分配也会改变，最后，经济发展的速度也会改变。

张五常认为，在经济社会，基本的游戏规则是产权。而产权实际上是指约束人的行为的游戏规则，或者说产权安排决定了基本的游戏规则。因此，如果人们改变了产权的规则，也就改变了整个经济系统。由于不同的游戏规则带来的结果是不同的，因而选择何种产权制度就至关重要。现代产权经济学得出了一个惊人的结论：只有私有产权，才可以利用价格机制来配置资源，才能以最低的成本配置资源。当然，除私有产权导致的价格机制以外，还有其他的分配资源方式，不过，这些方式都会导致资源的浪费。比如，如果有人有一块高档手表要出让，出让的方法有很多种，但不同的方法引起的成本是不同的。第一种方法：明天早晨谁来得最早，谁就可以得到这块表。那么很多人就会在外面排队，甚至晚上睡在走廊里，因此会浪费很多时间并使排队的人们遭受很多痛苦。于是，人们就会权衡得到表的价值与所付出的代价，然后作出决定。但是，他们所付出的代价虽然是他们得到手表所必需的，但没有创造出任何价值，这对社会来说就是一种浪费。第二种方法：把这块表送给最漂亮的女孩。那么想得到这块表的女孩就会费尽心机来打扮。同样，费尽心机打扮虽然是得到表的必要条件，但对社会来说并没有什么用处。第三种方法：把这块表卖给出价最高的人，只有愿意而且能够出最高价的人才能得到这块表。这时人们只要赚够钱而不用作其他无谓的牺牲就可以拥有这块表了。由此可见，出让手表的方法不同，出让的代价也就不同，人们的行为也不同。

游戏规则决定行为的另一个例子是，在美国阿拉斯加淘金热时有一个规则，谁来得最早，谁就可以在那儿挖金，结果人们花大量的时间去训练他们的狗，以便跑得更快。这对社会来说就是一种浪费。同样，在我国的计划经济时期，分配紧俏物资主要靠权力，因而人们会花很多精力去走后门、打通关节。这些公关行为本身是不创造任何社会价值的。如果用价格机制来分配这些物资，这些浪费是不会产生的。

当然，用价格机制来分配产品，本身也会有一些成本。人们必须找到正确的价格进行交易，这是非常不容易的，因为往往需要大量的交易才能发现一个正确的价格。这里存在着估价的困难，也可能出现交易由一方控制的情况，但总的来说，只要交易是在自愿基础上进行的，发现价格的成本在许多时候比其他分配资源方式的成本小，而且价格机制的作用不只是分配产品，还具有传递信号与激励的功能。

在德姆塞茨看来，产权的一个重要作用是解决外部性问题："成本和收益变为外部性必需的一个条件是，在（内部）当事人之间，产权的交易费用必须超过内部化收益。""内部化这些效应涉及一个过程，通常是产权的变化，使得所有互动的人们（在更大程度上）承受这些有害或有益的效应。"相反，如果产权受到限制，内部化的过程就不会发生。"在任何一个事例中，内部化所需要的是所有权，其中包括出售的权利。正是对产权调整的禁止和对确立可进一步交换的所有权的禁止，阻碍了外部成本和收益的内部化"（德姆塞茨，1967）。例如，在负外部性的例子中，相互影响的双方通过产权转让，成为一个所有者或共同体，负外部性也就消失了。

波斯纳（1972）认为，在有限理性和交易费用为正的情况下，产权十分重要。为此，他提出了产权的三个标准：第一个标准是产权的界定标准，就是任何一种资源都要界定所有者。"显然，在理想条件下，所有的资源都应该由某个或某些人拥有，除非资源太丰富，每个人都可以随意消费而不会影响其他人。"第二个标准是产权的排他性，也就是产权所有者对资源应该拥有一种排他性的权利。第三个标准是产权的可转让性，也就是产权的所有者可以自由地转让其对资源的权利。这三个标准与有限理性假设一起，可以保证个人通过占有行为努力去最大化他的财产，从而增加国民财富。"想象一下这样一个社会，所有产权都被废除了。一个农夫种植玉米，但玉米由他的邻居收割和出售。如果是这样的话，将不会有人耕种土地。个人财产的法律保护对于激励有效率地使用资源具有重要的经济作用。若可转让性可以保证，当农夫的技术水平很差时，生产力更高的某个人将会给出一个稍高于农夫自己所能赚到的价格来购买土地。如此，就会诱使技术水平差的农夫出售土地给一个技术水平较高的农夫。"

菲吕博腾和配杰威齐（2000）进一步强调了私有产权及其转让在市场经济中的作用。"应该比较清楚的是，私产的自由转让在市场经济中起着基础性作用。经济中阻碍交换的条件一般具有降低效率的结果。私产为所有权提供激励效应，并为竞争提供了必备的控制效应——也就是说，促进经济成功的胡萝卜和大棒组合。"

如果认为市场及市场竞争对经济发展具有重要作用的话，那么产权的界定就极其重要。"如果不存在可分与可转让的产权，那么，市场就不可能存在。如果没有分散性的权利和责任，那么，就不可能存在竞争性的行为，无论是真实的还是被刺激的，都是不存在的。"（Nutter，1968）

归纳起来，产权作为基本的游戏规则，不仅规范着人的行为，也具有重要的经济功能，所以，产权制度对经济资源的配置和使用具有至关重要的作用。

3.4 租值消散理论

上述关于产权重要性的分析也可以概括成另一种理论，这种理论叫做租值消散理论。租值消散理论的大意是说，本来有价值的资源或财产，由于其产权安排方面的原因，其价值（或租金）下降，乃至完全消失。租值消散的思想最早隐含在美国经济学家奈特的著作中，后来经过其他人的努力，现在已成为比较系统的理论。

3.4.1 共有资源的租值消散现象

假若一种资源没有所有者，那么，就存在所谓的共有资源问题。1920年，英国经济学家、福利经济学的奠基者庇古在《福利经济学》一书中首先提出了两条道路的例子。他发现，在通往同一目的地的两条道路中，优良的道路总是过分拥挤，这就使在优良道路上驾车的成本大大提高。当拥挤达到一定程度后，优良道路和较劣道路对驾车者来说就没有差别了。这就意味着优良道路高于较劣道路的价值完全消失了。这时，如果政府进行干预，将一部分车辆从优良道路移到较劣道路，社会总福利将会增加。

1954年，加拿大经济学家戈登在前人研究的基础上，进一步分析了海洋渔场的例子。他发现，海洋渔场由于对所有渔民开放，导致渔民的过度进入和捕捞，结果使渔业的总产量下降，进而使海洋渔场的价值下降。

类似的例子还有很多。德姆塞茨在1967年发表的《建立产权的理论》一文中发现18世纪初加拿大东部印第安人对海狸的捕杀，导致海狸的数量大幅减少。1963年，博腾利（Bottomley）发表了《土地公有对的黎波里资源配置的影响》一文，观察到另一种租值消散。他发现，的黎波里草原的气候和土壤都适合种植价值甚高的银杏树，但由于草原是公共财产，没有人种植银杏树，而是把草原改作了价值更低的牧场，于是土地应有的租值就大幅度下降了。1968年，哈丁在《科学》杂志上发表《公地的悲剧》一文，考察了公共牧场的租值消散问题。他发现，如果一块牧地属于公共土地，则村民的过度放牧会使牧地的价值下降，直至消失。

1974年，张五常和巴泽尔观察到另一种租值消散现象，这是一种与政府管制有关的租值消散，即如果政府对分配产品或资源的价格机制进行干预，使价格机制分配资源或产品的作用受阻，人们一定会寻找其他机制取而代之，但其他机制或多或少都有一些成本，这些成本就代表了租值的消散。

以张五常的《价格管制理论》为例，在该文中，他考察了第二次世界大战后中国香港的租金管制问题。他发现，如果政府对租金进行管制，就会造成非专有收入，即无主收入。非专有收入的存在刺激了房主与租客对非专有收入的争夺，双方都想获得其中的更大份额，结果是形成了瓜分非专有收入的新的合约安排。形成新的合约安排是一个竞争过程，其中涉及多项成本支出，这种成本支出就是一种租值消散，因为如果没有租金管制，这种重新安排合约的竞争过程不会存在，多项成本支出也不会发生。

巴泽尔在《按等候分配的理论》一文中分析了类似的租值消散。他指出，当价格机制受到这种或那种限制时，其他机制就会取而代之。排队等候就是其中的一种替代机制。排队虽然花费了时间，但不会创造任何价值，因而也是一种租值消散。以排队分配为例，如果价格机制自由地发挥作用，排队就不会发生，也就没有时间的浪费了。

1980年，李贝卡和约翰逊观察到纳瓦霍（Navajo）保留地的过度放牧现象。由于一些政府条例和部落规定，每个家庭都得到了小块土地的使用权。这就妨碍了土地的整合和规模经济，结果，每个家庭用栅栏将小块土地圈起来，使土地价值受到侵蚀，净收入下降，由此导致许多人离开传统的牧羊业，接受工资工作或靠社会福利维生。而这些条例本来是为了保护他们的游牧文化而设计的。

1984年，李贝卡和约翰逊考察了20世纪初美国石油开采中的租值消散问题。他们发现，尽管地面的土地已界定为私有财产，但地下的石油并没有界定所有者。由于每个石油开采商只获得了地面上20公顷土地的石油开采权，而地下的油田是连在一起的，于是每个开发商都拼命开采，以便获得更多的石油。结果，出现了油井钻得过多、开采的石油因为来不及处理就存放在露天里、开采速度过快而来不及恢复等一系列现象。这些现象使石油开采的成本大为上升，形成租值消散。据估计，1910年，加利福尼亚由于石油存放在露天里而引起的火灾和挥发所造成的损失就达到该州石油生产的5%~11%；1914年，美国采矿局估计石油过度开采造成的损失达500万美元，而当时美国的总产值只有21 400万美元（维金斯和李贝卡，1984）。

与此类似的例子还有很多，比如野生动物的灭绝等。这说明，租值消散在现实世界中是非常普遍的现象。

3.4.2 社区公共所有权问题

德姆塞茨（1967）分析了社区共有权存在的问题，也就是通常所说的社区公地问题。所谓社区共有权，是指社区所有成员共同行使的权利。例如，在社区公地上进行农业耕种和狩猎的权利，通常采取社区共有权的形式。社区共有权意味着国家或私人不能干涉任何个人行使权利。以土地为例，假若土地是社区共有的，那么，社区内的每个人都有权利在上面狩猎、耕种、采集或采矿。那么，这种权利的分配会造成什么问题呢？

由于每个人在公地上行使权利可以使自己获得收益，但不承担由此造成的成本，或者这种成本最终是由大家平均分担的，那么，人们就可能在土地上过度耕种或狩猎，由此造成土地肥力下降或猎物存量减少。这时，如果他们能够进行协商，使耕种和狩猎活动限制在适度的范围之内，显然资源会得到保护，大家的收益都会增加。

然而，德姆塞茨认为："达成这种协议的成本不会是零……要使很多人达成一个相互满意的协议是十分困难的，因为每个不合作者都有权按自己喜欢的强度在土地上作业，因此谈判费用将很高。"退一步说，即使达成了这种协议，"我们仍然必须考虑执行这项协议的费用也会是很高的"。"在达成这样的协议之后，没有人会私人拥有在土地上作业的权利，所有的人都能在土地上作业，但必须在商定的较短的时间内进行。由于在这种体制下要让当前的使用者承担后代人充分预期的收益和成本是不可能的，从而谈判费用甚至会进一步增加。"因此，由于协商成本和执行成本的存在，社区公地的过度使用成为必然现象。德姆塞茨由此得出结论："土地所有权的例子使我们直接面对共有财产的巨大缺陷。个人活动对邻居和后代的影响并没有得到充分的考虑。共有财产导致了巨大的外部性。一个共有产权的所有者的全部活动成本不是直接由他来承担的，而且其他人付给他一笔合适报酬的意愿也不会轻易使他注意到这些成本。共有财产排除了'为使用财产而付费'的体系，且谈判和维护权利的高昂费用又使‘付他报酬让他不使用财产’的体系失去了效力。”

几年以后，德姆塞茨和阿尔钦（1973）更清楚地表述了共有权的问题：“共有权的困难在于它无助于精确衡量任何人使用资源所带来的成本。拥有共有权利的人们会倾向于以全然不顾行为后果的方式去实现这些权利，例如打猎的成本。如果动物不是过剩的，这就会导致动物存量的耗竭。只有当对某人有利时，这种成本才会被计算进去……在一种共有权利体系下，任何人停止打猎对自己无益而对他人有益……因此，每个人都会趋向于更多地打猎，这使得动物存量减少得更快。”

那么，这种困境有没有解决办法呢？办法当然有。一个办法就是将公地分配给个人，使所有权私有化。在个人拥有土地之后，由于每个人完全承担他自己活动的成本与收益，因而外部性问题得到解决。“作为结果的土地私人所有权将使很多同共有权相联系的外部费用内部化。因为在现在，由于具有排斥他人的权力，一个所有者通常可以预期得到通过节制捕猎动物和增加土壤肥力所带来的回报。将收益和成本集中到所有者身上能够创造更有效使用资源的动力。”“私人所有权的发展保证了所有者经济使用那些他拥有排他性权利的资源，许多的内部化就是以这种方式完成的。”（德姆塞茨，1967）在土地实行私人所有权以后，虽然一个人的活动还是有可能对他人造成外部性，但这时个人与个人之间就外部性进行协商，其谈判成本将会下降，这就可以使大多数外部性以很低的费用而内部化。

奥斯特罗姆的自主自治理论提出了另一种解决思路。针对公共资源治理问题，传统的集体行动理论认为“公地的悲剧”“囚徒困境”“集体行动困境”是难以避免的。经济学家提出的解决方案不是市场的私有化就是政府的国有化。对此，奥斯特罗姆认为，在政府与市场之外其实还存在第三条道路，即公共资源的共享者们可通过“自组织”有效地自主治理，因而，在“公有”和“私有”之间存在一种治理模式，也就是公共资源自主组织和自主治理。她认为人们通过相互交流和博弈，常常能够找到解决“公地悲剧”的制度安排，能够使所有人在面对“搭便车”、规避责任或者其他机会主义行为诱惑时取得持久的共同利益。此外，这类制度安排既不需要像有些经济学家所主张的那样进行政府管制，也不需要把共同资源私有化。这就需要分级制裁，更有效地监督执行权利的使用。

3.4.3　产权的界定与执行成本

德姆塞茨的解决办法间接地说明了租值消散发生的原因，那么，租值消散这种显而易见的无效率现象究竟是怎么发生的呢？一些经济学家也进行了探讨。奈特认为，优良道路之所以堵塞，是因为它不是私有财产，要是优良道路是私营的话，业主会收费而使部分车辆改用较劣道路。换言之，如果优良道路是私有财产，业主就可以收租，租金就成为使用道路的价格，这一价格就可以对道路的使用起调节作用。但优良道路不是私有财产，而是公共财产，价格就不复存在，使用者不付代价，过度使用就成为必然。这就是说，在奈特看来，租值之所以会消散，是因为不存在私有产权。如果优良道路被界定为私有财产，则私人所有者将根据道路的质量制定通行的价格，理性的消费者就会根据价格决定走哪一条路。由此，车的流量在优良道路和较劣道路之间会自动得到调节。如果此时还存在拥挤，一定是拥挤的道路定价过低。奈特在《社会成本问题理解中的一些谬误》一文中指出：“在私人占有和开发道路的情况下，事情的发展就将十分不同。事实上，所有权的社会功能正是在于防止好路的这种过度使用。”这表明，产权界定不清是租值消散的根本原因。

如果明确界定了产权，也就不需要庇古税来矫正所谓的外部性了。

奈特的这种分析很有代表性，后来的许多学者大多沿袭了这种分析，例如，1968年哈丁关于公地悲剧所作的解释就是如此。

可以看出，这种解释立足于特定的产权安排，实际上是把共有产权安排看成租值消散的主要原因。在这种解释看来，共有财产是一种无主资源，由于任何人都可以使用而同时不能排斥其他人使用，其结果必然是资源的滥用，使资源的应有价值下降；或者由于过度竞争而导致需要花费资源而得到使用的机会。反之，如果一种资源是有主的，所有者就会利用其专有权排斥他人使用，就可以避免资源的过度使用，也可以避免为了获得使用机会而产生的无谓竞争。在这种情况下，追求极大化的所有者会根据边际成本等于边际收益的原则合理地使用资源，使租值达到极大化。这一观点在张五常的《共有产权》一文中表达得很清楚，他（2014）指出，公共财产“由于没有排他性使用权，人人争相使用某项共有财产，会把其租金的价值或净利值降为零。这是因为，如果没有人对该共有财产的价值（即租金）拥有排他性权利，那么，人们的相互竞争使用所导致的结果是：每一个竞争使用者所获得的，只不过是利用该共有财产所需的他自己的资源的可选择的收益。换言之，在互相竞争的情况下，由于没有人享有特别的优势，不具有排他性权利所有者的‘奖金’，将会被必须用来赢得这种奖金的其他资源的成本所消散或吸收。因而，所赢得的‘奖金’的净值等于零”。

然而，这并不是租值消散的全部原因，因为租值消散不一定要有过度使用才会发生。针对1963年博腾利所提出的例子，张五常认为，公地不种植价值更高的树木而畜牧的直接原因并不是土地是公共财产，而是因为植树无法保护，其监督成本很高，但牲畜晚上可以赶回家，其监督成本较低。这种公共产权安排导致的产品选择可能会减少总产值，也可能增加总产值。如果减少了总产值，则说明在竞争使用之前租值就已开始消散。也就是说，即使在私有产权的条件下，如果监督成本太高，也会导致产品选择的变化，从而形成租值消散。正如将海洋界定为私有财产，其高昂的执行成本同样会导致租值消散一样。这是从监督成本（或执行成本）来解释租值消散的理由。

此外，租值消散还有一个原因，就是政府管制。按照巴泽尔和张五常的分析，政府管制是对价格机制的干扰。而价格机制受到干扰必然会导致其他资源分配方式出现，以取代价格机制的资源分配功能，这种取代本身又可能成为租值消散的条件，因为其他分配资源的方式不是免费的，其中必然涉及一些成本，这些成本其实就是一种租值消散。

张五常以二战后中国香港的租金管制为例，具体说明了租值消散的过程。在他看来，租金管制是价格管制中的一种，其重要后果是与其他价格管制一样，造成了一种非专有收入，而当事各方对非专有收入的争夺会导致资源的消耗，这种消耗就代表着租值消散。例如，假定一套房屋的市场租金为每月100元，现在政府管制，强行将其降为每月60元。那么，房主损失的40元租金归谁所有呢？从表面来看，好像是租客得到了，因为租客一旦取得房屋的居住权，他就有权只交60元的租金，由此他就得到了40元的减租好处。但仔细分析一下就可以发现，在租客取得房屋的居住权以前，实际上谁也没有这40元租金的专有权，这40元的租金就成为一种非专有收入。一方面，房主在出租房屋时须根据政府法令收取每月60元的租金，他得不到这40元的租金；另一方面，租客其实也可能得不到这40元的减租好处，因为如果房主可以驱赶租客，就可以将房屋空置，或者房主将房屋改为货仓、改建成工厂等。同时，如果房主有权把房屋空置，租客之间的竞争也可能使房主得到一笔隐性租金，比如租客为了得到租借权，可能会给房主送礼，或交付一笔一次性的“钥匙费”，或者以高价购买房主的旧家具等。在所有这些情况下，这40元租金在扣除交易费用以后，就按一定的比例在房主和租客之间分配。另外，房主还可以通过降低房屋的供给成本来减少租金的损失，比如房屋应该维修而不维修，应该提供家具而不提供，或者使其他居住条件变得更为恶劣等。此时租金虽然降低了，但租客得到的是质量更差的供给。

张五常认为，要使这40元租金成为专有收入，必须加上一些限制条件，比如，规定房主在任何情况下都不能驱赶租客，禁止任何形式的小费，明确规定双方维修房屋的责任，授予租客和房主一样的专有使用权等；或者将相当于40元租金的房屋面积授予租客，或者将整个面积折成股份，将其中40%的股份分给租客等。在加上这些限制条件以后，因政府管制而减少的40元租金就成为租客的专有收入。而一旦管制转移的收入明确地、专有地授予一方时，价格管制就只会改变租借双方的收入分配，而不会影响资源配置，因为这时没有非专有收入可供争夺，双方的行为将不会发生变化。这就像在土地永佃制下，由于佃农和地主之间对收入权利已作了明确划分，只要佃农交纳了货币地租，那么不论发生了何种程度的通货膨胀，也不论法律将货币地租降低到何种程度，都不会改变佃农使用土地的效率，改变的只是佃农和地主之间的收入分配。

正是由于政府在管制租金时没有加上这些限制条件，管制租金和市场租金之间的差价才成为非专有收入。由于合约双方都是极大化者，故双方都会努力争取获得这40元中的更大部分。从房主的角度来说，如果其他用途能取得较大收益的话，他会想办法将房屋转作其他用途，以使收益减少得最少。如果不能转作他用，他还可以通过降低租借成本来减少损失，或者通过其他办法来规避管制。与此相对应，租客则力求以最小的代价取得房屋的居住权。只要租客的出价在扣除交易费用以后低于没有管制时的租金，高于租金管制下房主在其他选择下的收益，双方就存在协商的余地，就可以通过谈判达成分配非专有收入的协议。这一过程就是租金管制导致的资源再配置过程。由于这一过程是有成本的，故这一过程本身就代表着租值的消散。

因此，价格管制之所以会造成租值消散，关键在于价格管制一般都没有把想转移的收入的专有权明确地授予要转移的另一方，由此形成了非专有收入，导致交易双方对这种非专有收入的争夺。常见的情况是，在价格管制下，排队、拉关系、设计配给制度、黑市交易等消耗了大量的资源，但这种消耗并没有创造出相应的价值，这就表示租值在一定程度上消散了，经济效率由此出现损失。

可以看出，这一解释与上述公共财产的解释有异曲同工之处，租值消散还是由于资源或财产的权利没有明确界定所有者，而留在了公共领域。

另外，除了政府管制导致权利留在公共领域以外，我们还可以观察到许多权利留在公共领域的现象。至于为什么一些权利留在公共领域，有时是因为传统习惯，更多的是由于交易费用的存在。比如，海洋的游鱼、天空的飞鸟、地下的石油、地上的走兽等资源，要么权利不容易界定，要么界定以后执行成本高不可攀，或者人们一直习惯于共同所有，故留在公共领域是最佳选择。安德森、派德和苏蒂伦发现，在第二次世界大战以后，美国政府为了执行对领海的权利，每年单是花在渔业法执行上的费用就达到100万美元左右，另外的交易费用（包括行政管理成本、资料收集和研究成本）达到200万美元左右，而以经济租形式存在的渔业潜在收益每年只有200万~500万美元。这种得不偿失使美国放弃执行领海权，领海因而成为公海。

在政府价格管制的场合，租值消散是因为政府价格管制缺乏详细的条款，没有明确地把要转移的收入专有地授予另一方，这可能是决策者没有意识到这一点，或者是制定详细的条款成本太高，结果使得政策意图与实际效果相差甚远，甚至完全相反。

那么，在租值消散的情况下，租值消散的程度如何呢？租值是否一定会消散到零呢？根据许多学者的分析，租值似乎会消散到零。例如，在关于公地和海洋渔场的分析中，学者们都认为过度使用将会使这些资源的租值下降到零。然而，在现实生活中，租值完全消散到零的情况并不多见，原因在于政府或社区为了避免租值消散，也许会对公共财产进行一些干预。例如，制定公共财产使用的限制条件，或对捕鱼人数进行限制，或颁布法令禁止捕杀野生动物等。在这些条件下，当然存在一些执行成本或监督成本，但是，公共财产的租值不会消散到零。因此，我们可以观察到，在世界各国都存在一些政府行为，试图通过政府干预规范公共财产和资源的使用，其目的就是减少租值消散。

在没有政府干预的时候，租值是否一定会下降到零呢？对此，张五常提出了一个独到的问题：租值消散既然代表一种经济浪费，因为如果没有租值消散，这个世界会更好，那么，人们为什么不努力减少租值消散，以增进社会的福利呢？显然，减少租值消散是一种帕累托改进。他的回答是，人们实际上总是在努力使租值消散极小化，但是由于一些约束条件的限制而不能完全消除，故我们看到的租值消散总是约束条件下的极小化。在《价格管理理论》一文中，他讨论了使租值消散极小化的具体途径。他认为，租值消散的极小化可以通过寻找生产的替代办法，或者使用资源的替代办法，从而使价值下降得最少来实现，也可以通过形成另外的合约安排使交易费用增加得最少来实现。以租金管制为例，当政府干预将市场租金从每月100元降为60元时，房主会想办法使其损失降到最低，如果他自己使用房屋的价值大于60元，他会自己使用；如果改作其他用途，如转作货仓或商用房的价值大于60元，他会改作他用。当这些用途的价值都小于60元时，他会按先来后到的办法以每月60元的租金出租。这时租客之间的竞争使房主有可能对租客进行选择，通过其他的安排来使租金减少得最小。比如，房主可以按市价将房子卖给租客，也可以要求租客支付一笔小费，或者以高价向租客出售或出租家具，或者不提供应该提供的家具及维修服务等。这些替代办法虽然还是会导致一些租值消散，但无疑已使租值的消散达到极小化。在这些替代办法下，40元的租金在扣除交易费用后在双方之间进行分配。当然，如果形成另外安排的交易费用大于可分配的租金，另外的安排就不会产生。

由此可以得出结论：在大多数权利没有明确界定的情况下，由于当事人都是极大化的，资源或财产的租值虽然会消散，但不会消散到零，其消散的程度取决于当事人面临的选择程度和形成新的合约安排的交易费用。

3.5 转让权的意义

转让权就是产权的交易或流转的权利。在当代产权经济学家看来，产权的转让是极其重要的，因为转让权保证了产权的流动性，由此市场机制可以发挥作用。产权转让不仅可以实现资源的最优配置，而且可以分散风险，并防范道德风险。这意味着产权的转让权对于市场机制的作用必不可少，或者说是市场机制存在及发挥作用的前提。

1959年，科斯在《联邦通信委员会》一文中指出，权利的明确界定和足够低的交易费用是市场交易存在的本质前提。1960年，科斯在《社会成本问题》一文中进一步证明，如果产权被明确界定，并且所有的交易费用为零，则不论谁拥有产权，资源的使用将完全一样。这就是"科斯定理"，这一观点实际上认为，如果产权被明确界定和交易，则资源的使用将总是达到约束条件下的最优化。在这里，关键是产权能够转让，因而只要界定了产权，产权的转让就能够使资源流向价值最大的用途，由此就可以保证资源配置的最优化。

1965年，当代产权经济学的主要代表人物之一阿尔钦在《产权的一些经济原理》一文中认为，财产的转让权可以起到发挥比较优势和分散风险的作用。他（1977）指出："如果所有权是可转让的，则所有权的专业化将得到收益。如果人们想要增加财富的话，他们就会把所有权集中在他们认为具有比较优势的那些领域。"阿尔钦在1972年《生产、信息成本与经济组织》一文中间接地谈到了退出权的作用。他认为，在股份公司的产权安排下，股份的流动性保证了股东的退出权。如果经理有道德风险的话，股东们可以用脚投票，可以通过股份的转让来限制经理的行为。反之，如果没有股份的流动性，股东们不能退出，经理的道德风险也就无法控制，公司的效率就将下降（阿尔钦和德姆塞茨，1972，转引自阿尔钦，1977）。

德姆塞茨（1967）在谈到股份转让的作用时也提到了类似的思想："为进一步减轻管理决策对股东的影响，即在这种所有权形式下将外部性的影响最小化，要求法律上对权利作出进一步的修正。与合伙法不同，股东可以出售他的股票而不必事先征得其他股东的同意，也不必解散公司。因此，股东与管理者的选择不一致，股东很容易退出。这种'紧急出口'极为重要，它曾促使有组织的证券交易的兴起。证券交换和管理者竞争带来管理者和股东间的和谐增长，有助于使与公司所有权结构相关联的外部效应最小化。"

当代法律经济学的代表人物之一波斯纳（1972）曾经指出："转让性保证了，如果一个农民经营不善，那么其他生产率更高的农民就会向他的土地开出一个稍高于他自己经营时所得到的收益的价格。这样，经营不善的农民就会被诱导到将土地卖给更善于经营的农民。"

1969年，张五常在其博士论文《佃农理论》中认为："假定没有市场上竞争性交易中可能存在的信息问题，资源就会寻找到能带来最高价值的所有者。因此，市场上对所有权的竞争和所有权的可转让性执行了两种合约的功能：第一，竞争汇集了所有潜在所有者的知识，即关于不同合约安排与资源运用的知识，资源的可转让性则保证了将会利用最有价值的知识。第二，潜在的合约参与者之间的竞争，以及资源所有者有能力转让其资源使用权，降低了执行合约条款的成本。"1974年，张五常在《价格管制》一文中认为："一种物品如果其最有价值的用途受到限制，或其转让性被法律以某种方式限制，其价值就将下降。"后来，张五常进一步加以引申，得出了土地转让权极其重要的结论。他甚至认为，日本明治维新之所以成功，就是因为"明治维新将以往已有私人使用权的土地加上自由转让权……有了这个转让权，土地与劳力资产的使用就来了一次大调动，向增加收益之途迈进，举国就欣欣向荣"（张五常，1987）。

弗鲁博顿和芮切特（2000）在《制度和经济理论：新制度经济学的贡献》一书中总结说："私有财产的自由转让在市场经济中起着基础作用。在市场经济中，阻碍交换往往会导致降低效率的一般结果。"

以上这些论述从不同角度论证了资源流动或转让的重要性。新制度经济学表明，资源的转让不仅可以分散风险和防止道德风险，更重要的是，转让是资源定价和有效配置的本质前提。一种资源只有通过转让，才能从价值低的用途转移到价值高的用途，由此才有可能获得最大的价值。此外，一种资源只有通过转让，才会形成价格，而资源也只有在价格的引导下才能实现最优配置；反之，缺少了转让权，资源配置将被固化，价格无从形成，市场机制配置资源的功能也就无法发挥。

中国的经济发展过程从一个侧面证明了资源流动或转让的重要性。中国经济奇迹的一个重要因素是大量廉价劳动力从农村流向城市，这种劳动力的流动导致了劳动力城乡重新配置，不仅解决了农村剩余劳动力的出路问题，也提供了城市大工业发展所需要的人力资源与市场，由此释放出巨额的人口红利。现阶段讨论的土地确权与流转问题同样是土地资源获得有效配置的前提条件。可以预期，中国农地的合理流转必将成为现代农业发展的重要推动力量。

3.6 产权保护的价值

产权不仅需要明确地界定所有者，而且需要保证所有者的权利不受侵犯，这就是产权的保护问题。保护问题也称执行问题，就是使所有者的权利能够顺利实现，使所有者能够享受到拥有产权的各种利益。在很多经济学家看来，产权的保护也极其重要。例如，在波斯纳看来，产权的保护具有重要的经济含义，因为如果一个人的产权得不到保护，他工作的成果由别人获得，那他就没有工作的激励，因此，"个人财产的法律保护对于激励有效率地使用资源具有重要的经济作用"（波斯纳，1972）。德国著名经济学家欧根也强调宪政国家在制定合适的、鼓励竞争的法律过程中，不仅要保障私人财产，而且要保障私人所有者之间的竞争。"生产方式的手段的私人所有制是竞争秩序的必备条件，反过来，不允许私人所有制造成对经济或社会资源的滥用，也是竞争秩序的必备条件。"

设想一下，如果产权不能得到保护，那么，产权的界定也就没有必要，因为此时人们至多拥有名义上的产权。从这个意义上说，产权制度发挥作用的前提在于产权的有效执行（保护）。

那么，产权能否得到有效执行呢？这就要看执行的成本。如果产权的执行成本太高，即使产权的界定清晰，也达不到应有的效果。只有执行成本足够低，产权才有可能得到有效的执行。

产权的执行一般有两种办法：一是自我执行或自我保护；二是由国家执行或国家保护。

所谓自我执行，就是由所有者本身保护自己的产权，这种情况不仅发生在国家没有产生以前，而且在现代社会也大量存在。例如，为自己的门装一把锁，将自己的土地用栅栏圈起来，把自己的汽车开进车库，将自己的钱藏匿起来，都是自我保护的例子。在现代工商业和娱乐业中，都充满了自我保护的例子。例如，许多公司都有自己的保安，许多娱乐场所都养有自己的“打手”。他们都试图保护自己的利益不受侵犯。

在商业交易中，有一种合约叫自我执行的合约。这种合约本身具有一种自我保护的机制，使合约能够得到自动执行，其实也是对合约者利益的一种保护。自我执行的合约一般具有激励相容的属性，使得签约者只有执行合约才能实现自己的最大利益。

自我执行可以在国家不存在或者力所不及的地方提供一种保护机制，这种保护机制对于保护产权虽然具有重要的作用，但往往成本很高，因而，在国家产生以后，自我执行又体现为国家执行的一种补充。例如，一家餐馆对于捣乱者和吃霸王餐者，可以有很多种办法对付：它可以叫警察，也可以自行处理。但叫警察需要时间，往往警察还没有赶到，捣乱者已逃之夭夭；或者警察虽然及时赶到，但吃霸王餐者并没有支付能力；如果警察和吃霸王餐者勾结起来，情况就更复杂了。不论发生哪种情况，餐馆的损失是必然的。但如果餐馆本身有一批保安及时制止捣乱者和吃霸王餐者，餐馆的损失是可以减少的，甚至可以完全消除。问题是如果没有国家的法律规定——吃霸王餐是违法行为，那么，保安的自我执行可能遇到更大的阻力，执行成本将会相应上升。

当然，如果没有国家的保护，人们会寻找其他执行成本最低的办法来保护自己的产权。张五常引用的博腾利的例子表明，人们总会寻求成本最低的方式来保护自己的产权，因而在草原上可以种树也可以放牧的情况下，由于种树的保护成本太高，人们宁愿选择收益更低的放牧活动，以降低保护成本，虽然这种方式会降低资源的使用价值。

在很多场合，让所有者自己保护自身的权利非常困难，并且成本高昂，因此，洛克和休谟都认为保护产权是政府的最终目的。亚当·斯密也提到政府的作用问题，其中内含着产权的保护。从一般意义上来说，政府通过国家机器来保护产权，不仅更为有力，而且可以降低保护的成本，因为政府保护产权具有规模经济效应。

政府保护产权也具有天然的优势。正如第1章讨论制度的产生时所说，如果没有国家，没有警察，没有法院，那么，每个人或每个家庭都会建立一套武力保护系统，以保护自己的产权，但这样做从社会的角度来说成本高不可攀。政府作为一个中心机构，通过向每个家庭提供保护，以交换税收，可以实现保护上的规模经济效应。政府作为一个威权机构，可以大幅度地降低执行成本。因此，政府的保护可以提升所有权的价值。正是在这个意义上，一些学者认为，如果离开了产权的建立和保护，我们就无法理解国家的产生和存在（诺斯，1981）。

就我国而言，产权的保护也是与时俱进的。我国1954年宪法就有关于公民的合法财产和财产继承权的保护性条款。1982年宪法第13条规定：“国家保护公民的合法收入、储蓄、房屋和其他合法财产的所有权。”2004年宪法修正案更明确表明：“公民合法的私有财产不受侵犯，国家依照法律规定保护公民的私有财产权和继承权；国家为了公共利益的需要，可以依照法律规定对公民的私有财产实行征收或征用并给予补偿。”2007年的物权法明确规定对公有财产和私有财产给予平等保护。至此，通过物权法、民法通则、合同法、[①]专利法、商标法、著作权法、证券法、公司法等一系列法律，我国逐步建立了涉及物权、债权、股权、知识产权等私有财产的法律保护体系。

反过来，如果产权得不到保护，会造成什么后果呢？一种结局是，每个人都试图建立

① 《中华人民共和国民法典》自2021年1月1日起施行，物权法、民法通则、合同法同时废止。

自己的保护系统，结果，整个社会的交易费用将高不可攀；另一种结局是，每个人都试图通过不劳而获的方式（偷盗或抢劫）攫取别人的劳动成果，结果社会的生产将遭到极大的破坏。最后，人们都没有生产的积极性，因为生产的成果得不到保护。在现代社会，一个国家如果不能有效地保护私有财产，那么，资本外流以寻找安全场所，几乎是不可避免的现象。

❖专栏3-4

“拉大旗唬人”背后的无奈

记者朋友在采访中发现了一个非常有趣的现象：许多餐馆开业的时候，门口挂满了政府机关祝贺的条幅。记者采访餐馆老板，询问为什么“拉大旗作虎皮”？餐馆老板一脸的无奈——如果不用政府机关唬唬人，周围的小混混就会三天两头来捣乱，一盘花生米就可以围着桌子坐上一整天。

过去我们总是义正词严地批评经营者不懂法律法规，丢尽了政府机关的脸面。现在看来，不是经营者胆大包天，而是他们满腹辛酸。

如果执法机关的工作人员不是坐在办公室里，而是在餐馆经营者求救时随叫随到，相信许多餐馆经营者不会出此下策。

过去人们经常把政府官员与经营者比作猫和老鼠，现在我们强调科学发展观，强调政府官员与经营者之间是服务与被服务的关系。在我看来，这似乎从一个极端走向了另一个极端。只要经营者恪守本分，合法经营，那么即使突击检查，也不应该受到政府官员的责难；如果政府官员随时出现在现场，及时发现情况，并且依法办案，相信街头的小混混也不敢作乱。现在，政府官员坐在办公室里，经营者却在是非漩涡之中。为了减少经营上的麻烦，干脆把那些坐在办公室里的政府官员挂到墙上，让他们扮演钟馗的角色。这是独具特色的生存之道。

当然，作为一名法学工作者，发出这样的感慨似乎有些不妥。无论如何，经营者的行为都涉嫌违反法律规定。可是，当经营者遇到麻烦，呼天抢地，找不到政府官员时，我们应该让他怎么办？

过去我们总是习惯把矛头对准有不法行为的人，以至于一些经营者动辄得咎。现在我们应该反躬自问，如果执法机关工作人员提供良好的法律服务，那么，经营者还会打肿脸充胖子吗？

传统的立法观念强调政府权力的重要性，主张为民作主；现代的立法观念强化公民的权利，强调一切权力属于人民。如果当地不法分子到餐馆捣乱，执法人员必须及时出面解决争端。如果执法人员尸位素餐，给经营者造成损失，那么，承担责任的应该是执法人员。

当那些执法人员高高在上、义正词严地批评餐馆经营者的时候，当那些貌似悲天悯人的学者对餐馆经营者的不法行为口诛笔伐的时候，我们是否应该问一声：假如这样的事情发生在你们身上，你们该怎么办？

资料来源　佚名.“拉大旗唬人”背后的无奈[N].武汉晚报，2009-08-17.

本章小结

产权是指一种经济权利，包括多方面的内容。它是一个权利束，其中既有使用权，也有处置权，还有收益权和转让权。产权的作用是规范人与人之间的关系，并且只有在人与人的社会关系中才能发挥作用。迄今为止，人类社会经历的产权制度可以分为四类：一是私有产权；二是国有产权；三是社区产权；四是共有产权。私有产权就是将资源或财产的权利界定给个人，由个人拥有资源或财产的法定权利，其他人不得侵犯。这种产权制度从奴隶社会以来就一直存在，更是现代市场经济的基石。国有产权就是将资源或财产的权利界定给国家，由国家代表人民拥有资源或财产的法定权利。这种产权制度自国家产生以来就一直存在，但在不同类型的国家里，国有产权具有不同的特点。社区产权就是由某个社区（或社团）拥有财产权利，排除外人使用，并调控内部人使用。共有产权就是资源或财产属于所有人共同所有，实际上就是没有人拥有产权，如空气、公海、太空等。上述几种形式的产权可以同时存在。比如，在西方发达国家，海洋渔场是共有的，大多数公司是私有的，铁路是国有的，此外，一些俱乐部的产权是社团的。在天真产权理论看来，产权是人们利用有利可图的交易机会而自发演进的结果，但在利益集团理论看来，各个利益集团之间的相互作用决定了各个行业的产权结构，因此，一种有利于狭隘的小集团而不利于整个社会的无效产权安排可能因为交易费用、“搭便车”和不对称信息等问题而存在。与此相关的是寻租理论，这一理论认为，政府官员的寻租活动是导致政府管制以及无效率的产权制度存在的原因，也是阻碍有效率产权制度形成的根源。由于产权决定一个经济社会的基本游戏规则，因而，不同的产权形式会导致不同的交易费用，并由此导致不同的经济效率。当产权界定不清，或者执行不力，或者缺乏转让权时，财产或资源的价值就不能达到最大化，就会出现租值消散现象。

基本概念

产权　所有权　转让权　收入权　绝对产权　相对产权　私有产权　社区产权　国有产权　共有产权　租值消散　剩余索取权　特定控制权　剩余控制权　公地悲剧　排除成本　内部治理成本　执行成本　专有权　退出权

复习思考题

1. 什么是产权？产权包括哪几个方面的内容？产权是如何产生的？
2. 如何理解产权在经济社会中的关键作用？
3. 什么是租值消散？租值为什么会出现消散？如何防止租值的消散？
4. 产权为什么需要流转？
5. 为什么要保护产权？如何保护产权？
6. 中国的产权改革如何促进了经济发展？
7. 如何通过产权改革完善中国的基本经济制度？

主要参考文献

[1] ALCHIAN, DEMSETZ. The Property Rights Paradigm [J]. The Journal of Economic History, 1973, 3 (33).

[2] LIBECAP. Distributional Issues in Contracting for Property Rights [J]. Journal of Institutional and Theoretical Economics, 1989 (145).

[3] JOHNSON. GARY D. et al. Contracting Problems and Regulation: The Case of the Fishery [J]. American Economic Review, 1982, 72 (5).

[4] SUGDEN. Spontaneous Order [J]. Journal of Economic Perspectives, 1989, 3 (4).

[5] EGGERTSSON. Economic Behavior and Institutions [M]. Cambridge: Cambridge University Press, 1990.

[6] DEMSETZ. Toward a Theory of Property Rights [J]. American Economic Review, 1967, 57 (2).

[7] 科斯，等. 财产权利与制度变迁 [M]. 刘守英，等译. 上海：上海三联书店，1991.

[8] FURUBOTN, RICHTER. The Economics of Property Rights [M]. Cambridge: Ballinger, 1974.

[9] 弗鲁博顿，芮切特. 新制度经济学——一个交易费用分析范式 [M]. 姜建强，罗长远，译. 上海：上海三联书店，上海人民出版社，2006.

[10] MCMANUS. An Economic Analysis of Indian Behavior in the North American Fur Trade [J]. Journal of Economic History, 1972, 32 (1).

[11] ANDERSON, HILL. The Evolution of Property Rights: A Study of the American West [J]. Journal of Law and Economics, 1975, 18 (1).

[12] NORTH, THOMAS. The First Economic Revolution [J]. Economic History Review, 1977, 30 (2).

[13] POSNER, EHRLICH. An Economic Analysis of Legal Rule Making [J]. Journal of Legal Studies, 1974, 3 (1).

[14] POSNER. The Economic Analysis of Law [M]. Boston and Toronto: Little Brown, 1972.

[15] HART, GROSSMAN. The Costs and Benefits of Ownership: A Theory of Vertical and Lateral Integration [J]. Journal of Political Economy, 1986, 94 (4).

[16] 巴泽尔. 产权的经济分析 [M]. 费方域，段毅才，译. 上海：上海三联书店，上海人民出版社，1997.

[17] NUTTER. Markets without Property: A Grand Illusion [M] //BEADLES, DEWRY, Jr. Money, the Market, and the State. Athens: University of Georgia Press, 1968.

[19] 张五常. 再论中国 [M]. 7版. 香港：香港信报有限公司，1995.

[20] 张五常. 经济解释——张五常经济论文选 [M]. 北京：商务印书馆，2000.

第4章
合约经济学

学习目标

1. 掌握合约的基本概念及合约理论研究的主要问题
2. 熟悉当代三种主要的合约理论
3. 了解完全合约与不完全合约理论的异同

布坎南曾经指出，经济学与其说是关于选择的科学，不如说是关于合约的科学。这句话道出了合约在经济学中的重要性。合约之所以很重要，是因为市场经济本身是一种交换经济，而交换是通过合约来实现的。在市场经济中，生产与消费，以及资源配置的第一步，是商品或服务的交换。实际上，几乎所有的资源配置活动都是通过合约来组织的。然而，在新古典经济学中，人们只在埃奇沃思箱形图中看到了关于合约问题的讨论，并且这种讨论极其简单而抽象，根本无法解释现实中与合约有关的问题。例如，合约到底是如何签订的？人们为什么在进行不同的交换时会选择不同的合约形式？选择不同的合约对行为有什么不同影响？如果有人违背合约的条款，应该如何处理？

简单地说，合约经济学是围绕合约面临的问题而展开的，这些问题包括：理性的经济人愿意签订什么样的合约？他们愿意进行哪种类型的交易？合约的内容与结构如何设定？如果有人不遵守合约的条款，应该如何赔偿？不同类型的合约有什么不同？保险合约会规定交易的条件随着风险的程度和交易双方的风险类型及信息状态而变化吗？其他类型的合约，如雇佣合约是否也是如此？巧妙的合约设计可以给交易双方提供恰当的激励，以更好地促进合作和解决利益冲突。例如，在劳动雇佣合约中加入晋升和延期支付条款，可以更好地激励和留住员工；在保险合约中加入投保人的责任，可以更好地实现风险分担和激励相容。

20世纪四五十年代，经济学家阿罗和德布鲁、冯·诺伊曼和摩根斯坦研究了不确定条件下的交换问题，提出了交易双方通过不同形式的合约选择分担风险的问题。到了20世纪六七十年代，经济学家们在合约的范围内研究了私人信息和隐藏行动问题，提出了设计激励相容合约和“讲真话”机制解决交易中的信息不对称问题。20世纪八九十年代，经济学家们又转向了长期合约或动态合约问题，提出了合约协商、关系性合约和不完全合约的概念，分析了所有权与控制权问题。

现在，合约经济学的理论大厦已基本落成，本章将依次介绍当代合约经济学的主要内容。

4.1 合约的概念与类型

“合约”一词原本为法律用语。在法律中，合约一词有五种不同的说法（弗鲁博顿和芮切特，2000）：

第一是指商业中的协议，与其是否具有法律后果无关；

第二是指“具有法律后果的事实协议”；

第三是指“许诺的……法律效力”；

第四是指“包含协议的文本（通常被假定为具有法律后果）”；

第五是指“一种法律行为，通常包含意愿的两种申明”。

从这五种说法来看，法律中的“合约”一词所包含的内容在经济学家看来有些含糊，不过，合约的关键内容还是比较清楚的：合约是交易双方作出的一种约定或承诺。

在经济学中，合约一般是指双边合约。这种双边合约是一种协议，指交易双方就交易的条款在协商后达成的一致意见，其中合约各方保证就双方认为充分的或等价的对象按协商的条件进行交易。这种协议一般是文字性的，当然也有口头的，内容包括以什么对价或条件进行交易、交易对象的数量和质量、交易的时间和地点，以及如果一方违约应承担什么责任、出现纠纷应如何解决等内容。从实质上看，合约可以理解为一种承诺。经济学家认为，这种承诺之所以重要，是因为经济交易往往建立在承诺的基础之上。

交易可能立即发生，也可能在合约达成以后过一段时间才能完成，或者随着时间的推进不断地要求履行合约。前者相对简单，因为双方一手交钱、一手交货，交易双方不存在对另一方作出承诺的问题，因而也不存在如何执行承诺的问题；后者则相对复杂，因为其中涉及承诺及其执行问题。由于信息不对称、机会主义行为和资产专用性的存在，执行成本往往很高。如果执行成本太高，交易就可能有障碍，就需要特别的制度安排，故新制度经济学特别关注后一种交易。在后一种交易中，合约的达成使双方作出了一种承诺，作出什么样的承诺以及能否遵守承诺，取决于相应的制度安排。

从法律上看，合约就是一种可执行的承诺。在经济学中，如果存在完全信息，交易费用为零，那么合约的签订和执行均不存在任何问题，这种合约称为完全合约。但在现实生活中，合约往往是不完全的，因为合约双方可能并不知道将来会发生什么意外事件，有些事情即使发生了也无法由第三方证实，同时不可能把所有可能发生的事件都写进合约。因此，在新制度经济学中，人们主要关注不完全合约的签订和执行问题。

在不完全合约下，交易双方发现，如果能够在某种安排下进行合作，解决交易过程中可能出现的问题，对双方都是有利的，这时就出现了所谓的“关系性合约”。

所谓“关系性合约”，是指交易双方通过建立一种长期的信任关系，通过协商解决交易中存在的问题。这种合约包含很强的人格化因素，是长期性的，因为可以预期双方在长期的持续关系中可能出现许多问题，而一旦出现问题就可以通过合作和其他补偿性方法来解决。在分销、许可证、合资和雇佣关系，或者婚姻关系中都可以发现这种关系性合约的作用，因为在这些关系中，双方的交易活动是长期且重复发生的，合约是不完全的，因而人们倾向于从总体的角度来考虑收益与成本，建立一种合作信任的关系。

这样，如果对合约进行分类，我们就可以看到从古典合约到关系性合约的不同类型。

古典合约处于一个极端，关系性合约处于另一个极端。前者将交易的所有问题都表达得清楚明白，交易严格按事先签订的合约执行；后者没有或不能把交易的所有问题都表达清楚，在交易的过程中出现问题随时通过协商解决。因此，如果说古典合约要依靠法律来执行，那么，关系性合约则依靠内部工具或习俗来执行，是一种“自我履行”的合约。

从实际情况看，虽然古典合约在某些情况下也存在，但大多数合约是关系性合约，虽然双方关系的程度是不同的。这是因为，在有限理性、机会主义行为和资产专用性存在的现实世界中，签订和执行古典合约的成本极高，而关系性合约可以降低合约的签订和执行成本。下面我们以几种代表性合约安排为例，说明合约签订和执行中可能面临的问题。

4.1.1　销售合约

销售合约就是出售某种资产、物质产品或服务时签订的合约。这种合约解决的是产权的永久性转让问题。也就是说，通过销售合约，交易标的物的产权永久性地从一方转移到另一方：卖者交付产品或者服务得到售价，买者支付价格带走产品。除非产品在随后出现卖者应承担责任的问题，否则二者永不相干。

这种合约面临的问题是签约前和签约后都可能存在机会主义行为。签约前的机会主义行为主要是由信息不对称引起的，而签约后的机会主义行为主要是由资产的专用性造成的。

在签约以前，信息是不对称的：卖者对商品的信息知道得比买者多。这样，卖者可能强调对其有利的信息，而隐瞒对其不利的信息，以便能够卖一个好价钱，或者获得有利的转让条件；而买者就处于信息劣势，为了防止受骗和卖方的机会主义行为，买者只有在卖者作出了某种保证或发出了某种信号之后才会同卖者进行交易：“所有的信号机制都包含着自我选择……要让一个信号有效，低质量产品的卖者进行模仿必须是无利可图的……产品的担保能够告诉消费者有关产品的信息，因为担保的预期成本是与产品的耐用性负相关的。”（斯彭斯（Spence），1976）这种信息不对称导致成本，其中主要是度量成本和分类成本：“当一个买者买到一个低质量的产品时，他无法确定这是因为他的运气不好，还是因为被人欺骗。重复购买……可以降低这种问题的程度，但不能根除这种问题。因此卖者可以逃脱欺骗的罪责，故在最大化假设下，欺骗将不可避免地发生。在竞争条件下，价格会因为欺骗的存在而调整。然而，欺骗本身还不是最重要的成本，用于欺骗和为了防止欺骗而消耗的资源才是更重要的成本。”（巴泽尔，1985）

在签约以后，机会主义行为的主要表现是由于资产专用性而出现“要挟”问题。资产专用性较强的一方的准租金可能被部分或全部侵占。为了防止这种侵占，资产专用性较强的一方可能在交易前采取某种措施予以防范。这也是产生交易费用的原因。

4.1.2　出租合约

由于产权是可以分割的，因此所有者可以把不同的权利分别转让。出租合约一般是指所有者在保留所有权的同时，将资源的使用权租借给其他人使用。典型的例子是房屋和土地的出租。从某种意义上讲，劳动力的雇佣也是一种出租，由于其特殊性质，我们将在雇佣合约中专门介绍。

房屋出租就是把房屋的使用权出租给其他人使用而保留所有权，土地出租则是把土地的使用权出租给农民或其他使用者而保留所有权。在这两种情况下，所有者都获得了租金。出租的价格可能是固定的（如固定租金），也可能是根据使用情况而波动的（如分成租）。

出租合约也面临着机会主义行为。在签约以前，信息不对称的存在使承租人处于不利地位，但土地和房屋属于可以很好观察与监测的实物资产，因而这种信息不对称引起的机会主义行为相对比较轻微。在签约以后，由于双方在一定程度上被“锁定”（或“套牢”），因而道德风险问题以及由此而产生的资产使用的监督问题将会出现，此时就需要特别的合约安排来解决。

4.1.3 雇佣合约

雇佣合约大多是一种服务合约，也就是一方按另一方的要求提供某种服务，另一方支付相应的报酬。劳动力与企业、医生与病人、律师与客户之间的关系就是一种雇佣关系，他们之间的合约就是雇佣合约。这种合约的特征是，雇主有权威或权利在合约规定的范围内指挥或命令雇员工作，这时就出现了威廉姆森所说的等级关系或“科层交易”。在这种等级关系中，指令的权利对雇主来说是重要的，因为雇佣合约是不完全的，在签订合约时，除了规定服务的大致范围和内容以外，不可能对服务中出现的所有问题都作出详细规定，因而在服务具体发生时，雇主就需要根据情况的变化不断地调整对雇员的要求。因此，如果说销售合约或出租合约涉及对非人力资源的控制，那么雇佣合约则涉及对人力资源的控制。

以企业雇佣工人为例，企业在雇佣工人时可能规定了工人的工作范围和工作报酬，但没有规定工作的具体内容和具体程序，所以当工人进入企业开始工作时，许多具体的问题就产生了。企业只有对工人进行监督与管理，才能使工人的工作符合自己的要求；否则，工人的偷懒和不负责任可能使企业蒙受效率损失。另外，企业也可能利用雇主的权威压榨工人，比如增加工作任务，延长工作时间，提高工作强度等。而工人为了保护自己的利益，也可能组织起来，要求增加工资。政府也可能进行干预，以规范企业的行为，保护劳动者的权益。这说明雇佣合约的签订和执行特别复杂。

❖专栏 4-1

企业劳动合同范本

我国劳动法明确规定，建立劳动关系应当订立劳动合同。这表明劳动合同是确立劳动关系的普遍性法律形式。

甲方（用人单位）名称：

地址：

性质：

法定代表人（委托代表人）：

乙方（劳动者）姓名：

性别：

出生年月：

家庭住址：

居民身份证号码：

为确立劳动关系，保护用人单位和劳动者的合法权益，根据《中华人民共和国劳动法》和《中华人民共和国劳动合同法》的有关规定，经甲乙双方协商一致，同意订立本合同。

一、劳动合同期限。双方约定按下列第____款确定劳动合同期限：

（一）本合同为无固定期限的劳动合同。合同期从____年____月____日至合同中法定解除或终止合同的条件出现时止。

（二）本合同自____年____月____日至____年____月____日止。期限为____个月。其中试用期____个月，从____年____月____日至____年____月____日止。合同期满自行终止劳动关系。如甲方生产工作需要，经双方协商可以续订劳动合同（续订合同时不再实行试用期）。

（三）本合同是以完成一定工作任务为期限的劳动合同。合同从____年____月____日至____年____月____日止。

二、工作内容。甲方安排乙方在________________岗位（工种）上工作。乙方应完成该岗位（工种）所承担的各项工作内容。如生产工作需要，甲方可以调换乙方的工作岗位。

三、工作时间和休假。

（一）乙方的工作时间，依其工作性质按下列第一或第二款确定：

1.实行标准时工作制，每周工作五天，每天工作八小时。

2.实行不定时工作制，乙方上下班时间根据工作需要和甲方的安排而定。甲方采用集中工作、集中轮休、集中休息等适当方式，确保职工的休息休假权利和生产工作任务的完成。

（二）乙方按甲方的内部制度规定，享有休假和福利待遇。

四、劳动报酬。甲方应当每月至少一次以货币形式支付乙方工资，不得克扣或者无故拖欠乙方的工资。乙方在法定工作时间内提供了正常劳动，甲方向乙方支付的工资不得低于当地最低工资标准。

（一）甲方承诺每月____日前为工资发放日。

（二）经甲乙双方协商一致，乙方的工资报酬按下列第____款确定：

1.乙方试用期间的工资为同岗位的80%。

2.乙方的工资报酬按照甲方依法制定的规章制度中内部工资分配办法确定，按岗按绩效取酬。

3.甲方实行计件工资的岗位，按甲方依法制定的内部工资分配办法执行。

4.甲方实行工资承包的岗位，乙方的工资按照甲方用人部门的承包协议执行。

五、劳动纪律。甲方根据国家的法律、法规的有关规定制订劳动纪律和规章制度，乙方自觉遵守甲方的劳动纪律和规章制度，服从甲方管理。

六、劳动保护、劳动条件及职业危害防护。甲乙双方都必须严格执行国家有关工作时间、生产安全、劳动保护、卫生健康等规定。甲方应为乙方提供符合规定的劳动保护设施、劳动保护用品及其他必要的职业危害防护措施。乙方应严格遵守各项安全操作规程。

七、劳动合同的终止、解除、续订和变更。

（一）有下列情形之一的，合同即行废止：

1.劳动合同期满的。

2.已完成一定的工作任务。

3.与职工约定的终止条件出现的。

4.在合同期内职工达到法定退休年龄办理退休手续的。

5.劳动者死亡或者被人民法院宣告死亡和失踪的。

6.公司被吊销营业执照，责令关闭、撤销或者用人单位决定提前解散的。

7.公司被依法宣告破产的。

8.法律、行政法规规定的其他情形。

（二）本合同经甲乙双方协商一致，可以解除。

（三）乙方有下列情形之一的，甲方可以解除劳动合同：

1.在试用期间被证明不符合录用条件的。

2.经常迟到、早退和有旷工行为的。

3.故意违反操作规程，给公司生产设备和生产安全造成重大损失的。

4.严重失职，徇私舞弊，或以岗位便利谋取私利，对公司形象和利益造成影响和损失的。

5.偷盗公司财物或涉毒、赌博被查处的。

6.行凶打架，或以暴力伤害他人的。

7.请人代工的。

8.在岗员工兼任第二职业或从事经营活动为自己创收谋利的。

9.以弄虚作假手段建立劳动关系的。

10.被依法追究刑事责任的。

（四）有下列情形之一的，甲方可以解除本合同，但应当提前30日以书面形式通知乙方：

1.乙方患病或者非因工负伤，医疗期满后，不能从事原工作也不能从事由甲方另行安排的工作的。

2.乙方不能胜任工作，经过培训或者调整工作岗位，仍不能胜任或不接受岗位调整的。

3.本合同订立时所依据的客观情况发生重大变化，致使本合同无法履行，经甲乙双方协商不能就变更劳动合同达成协议的。

（五）甲方濒临破产进行法定整顿期间，或者生产经营发生严重困难，确需裁员的，可依法定程序裁员，裁减人员自裁员之日起，其劳动合同自行终止。

（六）乙方有下列情形之一且不符合第七条第（三）款条件的，甲方不得解除劳动合同：

1.患职业病或者因工负伤并被确认丧失或者部分丧失劳动能力的。

2.患病或者负伤，在规定的医疗期内的。

3.女员工在孕期、产期、哺乳期内的。

4.在本单位连续工作满15年，且距法定退休年龄不足5年的（员工本人要求解除的除外）。

5.从事接触职业病危害作业的劳动者未进行离岗前职业健康检查或者疑似职业病人在诊断或者医学观察期间的。

6.法律、行政法规规定的其他情形。

（七）乙方解除劳动合同，应当提前30日以书面形式通知甲方。

（八）有下列情形之一的，乙方可随时通知甲方解除劳动合同：

1.在试用期内（提前3日通知用人公司，可以解除劳动合同）。

2.公司以暴力、威胁或者非法限制人身自由的手段强迫劳动的。

3.公司未按劳动合同约定支付劳动报酬或者提供劳动条件的。

4.未依法为劳动者缴纳社会保险费的。

5.用人单位的规章制度违反法律、法规的规定，损害劳动者权益的。

（九）乙方在劳动合同期满后，经用人部门或用人单位考核合格，由用人部门或用人单位向公司人事部门申报审批，可以续订劳动合同。

（十）经甲乙双方协商一致，本合同可以解除，但必须提前30日通知对方。

八、社会保险和福利。

（一）甲乙双方依法参加社会保险，按期足额缴纳养老保险、失业保险、医疗保险、工伤保险、生育保险。乙方个人缴纳部分，由甲方在其工资中代为扣缴。

（二）乙方的公休假、婚丧假，女工孕、产期待遇以及解除和终止劳动合同时的经济补偿金等，均按有关法律、法规、规章、政策以及甲方依法制定的规定执行。

（三）乙方患职业病或者因工负伤及因工或因病死亡应享受的待遇均按有关法律、法规、政策的规定执行。

（四）乙方患病住院或因工负伤医疗期的待遇按国家政策的有关规定执行。

九、违反劳动合同的责任。

（一）由于当事人乙方的过错，造成合同不能履行的，由有过错的乙方承担违约责任；如属双方过错，根据实际情况，由双方分别承担各自应负的违约责任。

（二）当事人由于不可抗拒的原因不能履行合同的，应及时向对方通报不能履行或者需要延期履行、部分履行的理由，在取得有关证明后，允许延期履行、部分履行或者不履行，并可根据情况部分或者全部免予承担责任。

（三）由于工作或生产的需要，甲方负责对乙方进行岗位或者专业技术培训的，当乙方违反培训协议时，按培训协议条款执行。

（四）在涉及公司秘密和关键技术的核心岗位的员工解除劳动关系后2年内不得从事与公司相同职业的工作，公司2年内以本地最低工资按月支付保密费。如果乙方在保密期内给公司造成损失，公司将按《中华人民共和国劳动合同法》追究连带赔偿责任。

十、双方约定的其他事项。

（一）甲方应将企业规章制度明确告知乙方。

（二）本合同未尽事宜，通过甲乙双方协商解决。

（三）本合同依法订立后，对双方具有约束力，甲乙双方必须严格履行。

（四）本合同一式二份，甲乙双方各执一份。

（五）双方协商签订的培训协议作为本合同书的附件，具有同等约束效力。

十一、因乙方擅自离职，致使公司重要文书和法律文书无法当面送达时，按地址、

邮编、收信人送达。 甲方：签章 法定代表人（委托代理人）： 乙方：签章 签订日期：____年____月____日 签证机关（盖章）： 签证员（签字或盖章）： 合同鉴证日期：____年____月____日

在劳动市场上，签约前后都可能存在机会主义行为。在签约前，工人对自己的能力比企业了解得多，他可能隐瞒对自己不利的信息，误导企业给出对自己有利的雇佣条件，这可能导致逆向选择问题。解决这个问题的办法是信号发送和信息甄别。在签约后，由于信息不对称和资产专用性的存在，道德风险和"要挟"的问题就产生了，因而监督成为必要的。在监督成本太高的地方，激励就成为另外一种选择，于是效率工资之类的安排就出现了，各种分成安排也出现了。在雇佣合约中，执行问题特别严重，"锁定"效应十分明显，因而相关的制度安排也特别复杂。

4.1.4 贷款合约

贷款合约就是将资源（主要是货币）的控制权出租给别人，以换取收益。从表面来看，贷款合约与出租合约类似，都是所有者把资源的使用权转让给他人使用。但二者实际上有所不同：出租者让出的是资源的使用权，保留了资源的所有权，使用完毕之后，资源完璧归赵；而贷款者则让出了资源的所有权利，只保留了获得等值资源及其相应报酬的权利，借款者在获得贷款以后可以任意处置得到的货币，到期归还的不是原来的货币，而是等值的另一笔货币或其他等价物。这种特殊性使得贷款者不必担心货币本身被损毁。

在贷款合约中，签约前后也存在机会主义行为。在签约前，由于信息不对称，贷款者并不完全了解借款者的信用状况和项目的风险与收益。此时，需要金融中介机构提供资质评估服务，也需要特殊的制度安排来解决信息不对称引起的逆向选择问题。当然，贷款者与客户建立长期的业务关系，有助于解决其中的信息不对称问题，但不能完全消除。在签约后，资产专用性和信息不对称在一定程度上存在，由于贷款人对借款人的监督费用很高，因而道德风险可能特别严重。为了解决这一问题，在许多情况下，抵押与担保可能必不可少。

4.1.5 婚姻合约

严格地说，婚姻合约不同于上述任何一种合约，甚至一般人不认为这是一种交易关系，而是一个社会学问题。但从放弃和获得权利的角度来看，婚姻关系符合经济学中的交易概念，因而可以用经济学的合约理论来分析。婚姻双方决定结婚，实际上是给对方一种承诺，同时获得了对方的"专有权"。这种承诺是如此沉重，往往需要用一生的努力来兑现，除非在中途解除婚约。但一方作出承诺的同时也意味着另一方作出了同样的承诺，否则就是对婚姻的背叛。这样做的收益是对方对自己生活照顾的责任和义务，各自都获得了两性结合的效用，同时也付出了对另一方负责的成本。婚姻合约还有一个特点是期限超长，这就是说，除非中途取消，否则婚姻合约会一直存续到任何一方生命的终结，因而它是典型的长期合约。在中途取消婚姻合约时，双方会根据履行合约的情况来分割财产，并确定是否赔偿。

显然，在婚姻合约中，信息是不对称的，机会主义行为也特别严重。在签约前，双方的信息是不对称的，一方需要花费大量的时间和金钱来了解另一方，以免娶错人或嫁错郎。在这里，中间人的服务，如旧社会的媒婆、现在的婚介机构，可能必不可少。在婚姻合约缔结以后，信息不对称导致监督成本很高，因而机会主义行为可能发生。例如，一方可能背着另一方与他人暗通款曲，或者对另一方不承担照顾生活的责任和义务，这就造成了严重的道德风险。由此，除了法律工具以外，传统或内部工具就特别重要，它们可以保证婚姻合约的执行。

综上所述，各类交易在一定程度上都存在信息不对称和资产专用性问题，在有限理性和机会主义行为的前提下，市场只有采取不同的合约安排，才能解决逆向选择与道德风险问题。合约经济学就是要研究采用何种合约安排，才能更好地解决交易中存在的无效率问题，以更好进行合作。

4.2　合约经济学的主要理论

合约经济学旨在说明交易中采取的合约形式为何不同，各种合约选择存在的经济理由是什么，以及如何降低合约的签订成本和执行成本等问题。到目前为止，根据所包括的内容不同，合约经济学已发展出三种不同的理论：代理理论、自我履行协议理论和关系性合约理论。

4.2.1　代理理论

所谓代理理论，就是对委托代理关系中存在的合约问题进行讨论，说明如何降低委托代理成本。委托代理关系就是委托人根据合约给代理人规定工作任务，让代理人代表委托人完成某种工作或某项任务。为了保证代理人完成工作任务，委托人同时把某些决策权也交给代理人。

在委托代理关系中，信息是不对称的。委托人由于监督成本很高而不能观察到代理人的一些行动，或者由于知识的限制而不能判断或知晓代理人活动的一些内容。另外，委托人和代理人的目标不一致，因而代理人可能滥用委托人交给他的决策权，谋取自己的利益而损害委托人的利益。这就导致了道德风险问题。这种道德风险问题在现实中大量存在。例如，医生和病人、律师和客户、经理和股东、佃农和地主、官员和百姓、保险公司和投保人等之间，都存在一种委托代理关系，都可能产生隐藏行动的道德风险或隐藏信息（或知识）的道德风险，还可能造成逆向选择问题。在这里，经济学要回答的问题是：一旦出现道德风险或逆向选择问题，应该如何解决才能达到有效率状态呢？这里以企业的委托代理关系造成的所有权和控制权相分离问题为例，说明经济学家是如何思考这一问题的。

詹森、麦克林和法玛等经济学家对所有权与控制权分离问题进行了讨论，提出了代理费用的概念："委托人通过为代理人提供适当的激励，以及通过承担为约束代理人越轨活动而付出的监督费用，可以限制对其利益的偏离行为。此外，在某些情形中，为了确保代理人不采取某种危及委托人的行动，或者若代理人采取这样的行动，能保证委托人得到补偿，可以由代理人支付一笔费用（保证金）……在大多数代理关系中，委托人和代理人将分别承担正的监督费用和保证费用（非金钱方面的和金钱方面的）。代理人的决策与那些使委托人福利最大化的决策之间会存在某些偏差。”（詹森和麦克林，1976）

在这一概念下，他们对代理费用的定义包括三个方面的内容：委托人的监督费用、代理人的保证支出和剩余损失。这三部分构成了所有权与控制权分离的费用，这是一种特殊的交易费用。

由于管理者的偏好、风险回避程度，以及监督、担保活动的费用在不同的状态下是不同的，因而代理费用在不同的企业是不同的。“代理费用还取决于考核管理者（即代理人）的绩效并对之进行评价的费用，以及设计和执行具体行为规则或政策的费用。若管理者在企业中并无兴趣控制企业，代理费用还取决于经理市场。”（詹森和麦克林，1976）对于经济学家来说，问题是如何降低这种代理费用。

要降低这种代理费用，就要考虑企业这种合约的特性。法玛和詹森（1983）认为企业的决策方式非常重要。决策过程涉及四个基本步骤：第一是提议，即提出资源利用和合约重组的建议；第二是批准，即对需要执行的提议进行选择；第三是执行已批准的决策；第四是监督，即对决策者的绩效进行考核并支付相应的报酬。其中，前两个步骤称为决策管理，后两个步骤称为决策控制，因而企业这种合约的关键问题就是决策管理、决策控制和剩余风险分担这三种不同的功能在代理人和委托人之间如何进行分配，以实现最优的经济效率。具体来说，就是这三个功能是集中在一个代理人手中还是分散在不同的人手中才是最优的。一般认为，如果最优的企业组织并不复杂，将决策管理、决策控制和剩余风险分担置于一个或几个代理人手中是较好的，例如，独资企业和合作企业中的剩余索取权的安排就是这样。“在一些生产规模较小的服务性领域，独资企业、合作企业以及封闭式公司是古典企业家企业的最好例子，在这些企业中，主要的决策者也是主要的风险承担者。”而对于大型的开放式企业，通过分散决策管理和决策控制，将决策管理从风险分担中分离出来是有效的，因为这些企业组织非常复杂，具体知识分散在许多代理人手中，使这些分散的代理人也能进行决策管理就可以降低成本。同时，剩余索取权分散在许多不同的人手中，也可以获得风险分担的收益。另外，当存在诸多剩余索取者时，他们都参与决策控制过程的费用就可能太高，下放决策控制权可以增进效率，因为决策管理和决策控制的分离有助于限制个人决策者攫取剩余索取者的资产。

从他们的这种分析中可以得出两个假说：第一，将剩余风险分担从决策管理中分离出来将导致决策管理从决策控制中分离出来的决策制度；第二，决策管理和决策控制集中在几个代理人手中将使剩余索取权在很大程度上集中在这些代理人手中（法玛和詹森，1983）。

阿尔钦和德姆塞茨（1972）运用产权分析法考察了企业这种合约安排。他们认为，在古典企业中，主要的决策者也是剩余风险承担者。由于不能观察到企业成员对总产出的贡献，因而度量费用的存在使企业成员具有了偷懒的激励，由此监督成为必要的。要提高监督效率，降低监督成本，雇佣一个专业的监督者来对企业成员的行为进行监督是必要的，同时，市场竞争也可以在一定程度上减少企业成员的偷懒。但这两种办法都有缺陷，因为谁来监督监督者是一个问题，市场竞争的监督是非常有限的。解决监督问题的一个更好的办法是让监督者拥有企业的剩余索取权。“如果合作投入的所有者同意监督者可以获得规定数量以上的任何剩余产品……监督者就获得了一种作为监督者不再偷懒的额外激励……为了对成员进行纪律约束以减少偷懒，享有剩余权利的人必须具有修改合约条件或改变个别成员资格的权利。因此，企业成员在试图提高他们的生产率时，不仅向监督者提供了剩余索取权，而且给予了他终止个别成员资格以及改变企业绩效的权利。”根据上述看法，阿尔钦和德姆塞茨认为，古典企业的所有权可以定义为：第一，某个人成为剩余索取者；第二，他监督企业成员的行为；第三，他成为中心签约人，分别与各种要素签订合约；第四，可以改变企业成员的成员资格；第五，他可以出售上述权利。这样的古典企业是一个合约的联结，也是有效率的。因为这种权利结构意味着存在一个所有者——管理者，他在企业决策和日常经营方面负有完全责任。“所有者”拥有完全的收入权、控制权和转让权，“管理者”则对企业的各种要素进行协调、监督和管理，由此达到企业的有效运转。

4.2.2 自我履行协议或隐性合约理论

代理合约是一种法律上可以执行的协议，但由于法律可能存在缺陷，或者相关的信息无法由法院证实，因而在实际生活中还有许多代理关系或其他交换关系并不是采取这种合约形式，而是采用自我履行协议的形式。在这种自我履行协议中，如果一方违反合约的条款，另一方将终止合约，不需要第三方的介入，也不需要政府的干预。一个自我履行协议可以使违约的一次性收益总是小于履约带来的长期收益，因而人们为了长期利益，总是会自动选择履行合约。“合约履行的必要和充分条件是，存在一个足够高于残值生产成本的价格，以至于不履行合约的企业就会失去一系列未来销售的租金贴现值流量，而这大于不履行合约的财富增加。”（克内因和拉弗勒（Klein and Leffler），1981）例如，对于多次重复购买的产品，如果卖方不能保证质量，或者弄虚作假，买方将不再购买，这就是对卖方违约行为的最大惩罚。买方不再购买也就使卖方失去了未来的销售收益，如果这种未来收益大于一次性违约的收益的话，违约就会变得得不偿失，因而卖方为了长期收益，会选择履行合约，提供合格的产品和服务。因此，“善有善报，恶有恶报”的奖惩机制成为这种自我履行协议存在的基础。

与自我履行协议相关的是隐性合约，也就是双方心照不宣地按照常规来处理交易中出现的问题。奥肯（1981）讨论了劳动市场上的隐性合约问题，他发现，企业除了承诺遵守显性雇佣合约中的责任和义务以外，还试图利用各种手段来影响求职者和在职人员的预期，而雇员在很大程度上也依赖“看不见的握手”，而不是“看不见的手”；企业在劳动市场上不仅要与其他企业进行竞争，而且要与过去为建立良好工作预期所付出的努力竞争。因此，在劳动市场上，一些隐性的或非约束性的因素比价格机制具有更大的影响。

自我履行协议的一个问题是均衡时可能有多种结果，有些是有效的均衡，有些是无效的均衡。为了实现有效的均衡，必须解决好协调问题。在企业里，管理者通过激励雇员的诚信创造出解决协调问题的条件，使诚信和交流成为实现合作目标的核心要素。

4.2.3 关系性合约理论

关系性合约虽然不考虑所有的未来偶然性，但它是一种长期性合约安排。在这种合约安排中，过去、现在和预期未来的个人之间的关系非常重要，因此，这种合约在某种程度上是隐性的、非正式的和非约束性的（弗鲁博顿和芮切特，2000）。在这种合约中，自我履行协议有着重要的作用。实际上，大多数关系性合约都将交易寓于一种关系之中，或者说，交易反倒是长期商业联系的一个部分。“合约双方对不确定的未来情况都希望保持灵活而有限的反应，从而限制了可证实条款的范围和精确性，因而合约通常是不完全的且有目的性的。此外，不完全合约常常深深地嵌入一个连续的关系中，各方并不是陌生人；他们大多数的互动发生在合约之外，不需要由法院根据看得见的条款来执行，而是运用合作与威胁、交流与策略这样的特殊平衡机制来进行。”（Hadfield，1990）

例如，威廉姆森分析的劳资关系就是这样的关系性合约。起初，技术不熟练的工人被迫进行企业专用性人力资本的投资，过后，企业越来越依赖拥有这种资本的工人，于是双方因专用性投资而相互依赖，长期的雇佣关系有助于通过协商解决他们双方之间的交易问题。

关系性合约理论与社会学有着明显的联系。例如，感觉和情感在合约安排分析中有着重要的意义，从这一角度看，它包括礼物给予、食物和饮料的交换、爱的表示、拜访等这类并非完全经济意义上的投资活动。这些活动涉及相对少的物质成本投资，但社会资本和企业的品牌资本方面的支出可能非常巨大。

关系性合约的概念是新制度经济学的核心内容之一，因为这一概念较好地揭示了非正式制度降低交易费用的途径。关系性合约可以通过两种方法来分析：一是通过微观经济学的最优化模型来分析，如不完全合约理论；二是通过关系性合约理论来分析。这里我们先看第二种方法是如何分析的。

由于关系性合约假定合约是不完全的，因而“合约外的问题”经常出现。一旦出现这种“合约外的问题”，交易双方即按照约定俗成的规则来解决，因此关系性合约一般不需要法律保护。

那么，在关系性合约下，人们是如何预防机会主义行为的呢？一般认为，非法律形式的制裁方式可以在很大程度上控制机会主义行为，这种方式也就是威廉姆森（1985）所说的“私人裁决”方式。

“私人裁决”方式与集体裁决相对，主要包括自我履行协议、针锋相对策略、私人第三方执行合约、管制、“联姻”等多种形式。

自我履行协议在前面已经讨论过了，它主要是指在多次交易的情况下，交易双方都从长期利益最大化的角度出发，选择遵守协议而不是违背协议，因为从长期来看，违约的一次性短期收益小于诚实守信的多次性长期收益。如果有人违约，另一方可以选择终止以后的交易，使违约的一方失去以后的收益，故个人的最好选择是遵守协议。这种违约后的反应与惩罚机制有点类似于针锋相对策略。

所谓针锋相对策略，是指在重复博弈的情况下存在一种奖惩机制：如果一方在交易中诚实守信，那么另一方就进行奖励；反之，如果一方在交易中违约，另一方就进行惩罚。当双方都采取这样的策略时，双方最好的选择就是合作（也就是遵守协议），因为不合作的收益总是小于成本，而合作的收益总是大于成本。

所谓私人第三方执行合约，就是在发生纠纷时，双方并不是通过法律来解决交易纠纷，而是选择另外的、独立的第三方来解决交易纠纷。这时通过法律来解决可能是无效率的，因为法律解决需要较长的时间和较高的成本，或者双方觉得法律的解决方式“更伤脸面”。这时双方寻找一个公允的第三方充当仲裁者，对合约的履行情况进行评估，对交易中出现的问题进行协调，由此建立起某种有利于合作的机制。

私人管制或政府管制具有关系性合约第三方管理的特征。比如，在公共设施领域，如电力行业，管理者不仅作为供给者的代理人，而且是电力的消费者。他对界定个体电力生产者和使用者之间长期关系的隐性惯例进行监督、执行和设计。

“联姻”或交易方的联合是指交易双方通过纵向一体化或联姻形式来解决交易中存在的问题。这种解决方式可以有效地防止机会主义行为，为个人之间的关系提供很好的法律保护。威廉姆森立足于这个概念讨论了企业之间的一体化问题，指出纵向一体化的有利之处是无须商议、设计或完成企业之间的协议，就可以做到适时调整。当然，纵向一体化也是有限度的，因为管理型交易费用的存在使企业的规模不能无限地扩大。一家大企业和一大堆小企业由于具有不同的产权结构，因而行为也就有所不同。

概括起来，私人裁决方式就是通过私人间的各种安排而不是通过正规的法律途径来解决交易中的纠纷问题，这是关系性合约的一大特点。

关系性合约的另一个问题是组织文化的作用。无论是自我履行协议还是私人第三方裁决，都涉及一点：交易各方能够很快地确认构成违约的要素或标准是什么。这种标准的确认就需要组织文化的作用。组织文化就是建立某些原则或规则，这些原则或规则具有广泛的适用性，可以被各交易方比较容易地进行解释。这些原则或规则可以用来规范人们的行为，并成为关系性合约的基础。克瑞普斯在《公司文化与经济理论》一文中认为，任何一个组织都会选择某些原则作为其运行的基本规则，这些原则可以应用于组织之间的合作，以解决合作过程中存在的障碍，故任何一个组织的关键任务就是“对一般决策规则进行交流，该规则作用于那些具体运用这些规则的人”（1990）。

公司文化不仅有助于解决不完全预见条件下自我履行协议的执行问题，也有助于解决前面提到的在企业中自我履行协议遇到的多重均衡问题，还可以解释企业的规模问题。后者是说，当一个组织的规模扩大时，一方面必须运用越来越多的原则，另一方面同一个原则必须适用于越来越多的现象。前者使得事后判定一份合约是否真正得到应用越来越困难，后者则使单一原则越来越不适用于大量的现象。因此，组织规模的扩大是有限度的。公司文化还有助于对组织内部现有的产权结构作出更完整的界定。这个作用表现在公司文化更清楚地界定了每个人在公司中的权利和义务以及相对应的行为规范，因为人们实际上是按照公司文化（不是完全按照现行法律）的要求来行动和处事的。

有限理性是关系性合约研究中的另一个问题。有限理性在关系性合约中也起着重要的作用，因为在关系性合约中有限理性广泛存在，这是人们需要按照常规来解决各种意外问题的基础。

有限理性和机会主义行为的存在又导致了交易费用，因而交易费用也是关系性合约研究中的重要问题。为了研究交易费用，威廉姆森把交易的特征分为三类：资产（或投资）的专用性、不确定性和交易的频率。他认为，制度中存在相当大的不确定性，因而个人和企业都需要一个适应性的和连续的决策过程。在企业组织商业关系的过程中，资产的专用性和交易的频率是影响选择的主要因素。除了企业这种解决办法以外，法院和市场也是解决纠纷的办法，因而，交易费用经济学需要对不同的治理结构进行评价。

从一般意义上来说，组织的解决办法是通过“私人裁决”的方式实现的。签约各方都是有限理性的，他们通过一个适当的组织工具来对相关事宜进行协商并达成一致，并依据成本最小化的原则来拟定他们之间合约关系的惯例。由于找到一个合适的组织形式非常困难，因而必须建立组织的产权结构，从而为不同的参与者提供有效的激励机制。但是，在这种产权结构的决定过程中，各种安排必须节省交易费用并能保持足够的弹性，从而可以避免由于不适应、争吵、随后的纠纷、保证等所带来的事后成本。由于任何子目标的实现都可能需要与实现其他子目标相冲突的行为，如何协调各个目标就成为一个困难的问题。威廉姆森认为，通过考察各方交易的频率与投资的专用性水平，可以知道更多关于组织和治理结构的内容。根据现有的具体频率和投资结构，可以区分出四种不同的治理结构：市场治理、三边治理、双边治理和统一治理。

市场治理（Market Governance）是针对偶然合约和重复合约的非专用性交易的主要治理安排，它主要依赖运作良好的市场上的非人格化交易。“市场的作用主要在于保护双方不受对方投机之害。如果法律条文能够严格规定有关权利，就无须再费力气去维持这种关系，因为谁也不会把这种关系单独抽出来进行评价。”（威廉姆森，1985）在市场交易中，是否具体确定双方的身份并不重要，商业单位不仅希望现在相互进行交易，而且希望未来还能与其他单位进行交易，而各方在交易中的表现会影响他们的商誉；对违约行为进行法律诉讼，可能会解决一个具体的违约行为，但会影响两个单位以后的交易，因而一般的商业纠纷可能寻求法律以外的解决途径。

三边治理（Trilateral Governance）在交易中是偶然的，在具有混合的或高度专用性的情形中非常理想。这时单独依赖市场并不理想，因为商业伙伴如果变化，会导致大量的成本。通过新古典经济学的合约方式，借助第三方，可以解决纠纷并对合约的履行情况进行评价。

双边治理（Bilateral Governance）的基础是两类交易都需要设计专门的治理结构，又都得到混合型投资及高度专用性投资的支持，因此都属于不断重复的交易。但是两类交易都具有非标准交易的性质，交易关系的连续性也就因此变得更有价值。而交易的重复性又使补偿专用治理结构的成本有了条件（威廉姆森，1985）。在双边治理下，交易各方的自治得到了保证，因而两个独立的组织也不会融为一体。在这种情况下，就需要依赖关系性合约来获得最优解。

统一治理（Unified Governance）实际上就是纵向一体化，它要求两个独立的组织融为一体，以解决交易中存在的纠纷。一体化以后，原本通过市场交易完成的活动变成了企业的内部事务，在一个集中的权威领导下，无须进行任何协商或签约，就可以解决原来需要通过市场交易解决的问题。

从市场治理到统一治理，体现了不同治理结构的变化过程。它表明，随着交易具有越来越强的专用性特征，市场交易的激励机制变得越来越弱，而一体化的激励机制变得越来越强。也就是说，随着人力资本和非人力资本变得越来越专业化于一种用途，它们也越来越容易受到机会主义行为的伤害，因而越来越需要一种特殊的机制提供保护，而一体化就是这种特殊的保护机制。

需要指出的是，现实中存在的治理结构不止以上几种。除了以上四种治理结构以外，还存在各种兼具市场和企业特征的混合性的特殊制度安排，如许可证、出租、代理及其他非标准合约关系。不过，不论采取哪种安排，一般的原则仍然是：投资的专用性越强，所选择的组织结构越偏离市场治理！

4.3 完全合约理论

从另一个角度来看，合约理论可分为完全合约理论与不完全合约理论。所谓完全合约，是指交易双方可以完全预见合约期内所有可能发生的事情，由此将所有交易内容写入合约，并可以完全得到执行。当交易双方对合约条款产生争议时，第三方可以强制执行。所谓不完全合约，是指在有限理性与交易费用存在的现实情况下，交易双方不可能将未来所有可能发生的意外事情写入合约，或者即使可以在合约中涵盖所有的意外事情，合约的条款也不可能得到证实或执行。从表面来看，二者讨论的主题完全不同，但实际上二者讨论的都是委托代理条件下如何解决代理人的道德风险问题，只是解决问题的思路有所不同。总的来看，完全合约理论希望通过最优的合约设计来解决道德风险问题；而不完全合约理论则认为合约是不完全的，只有产权的合理安排才能解决道德风险问题。2016年，奥利弗·哈特和本特·霍尔姆斯特伦因为对最优契约安排的分析为很多领域政策与制度的设计和制定提供了一个智力基础而获得诺贝尔经济学奖，前者的研究主要涉及不完全合约，而后者的研究则主要涉及完全合约。

4.3.1 没有不确定性和隐藏信息或隐藏行动条件下的最优雇佣合约

在劳动市场上，劳动者与其雇主进行交易。劳动者将其劳动时间出售给雇主，换取工资；雇主购买劳动者的劳动时间进行生产，以赚取利润。二者之间如果不存在信息的障碍或不确定性，就都会根据自己的保留效用进行讨价还价，确定交换的条件，即劳动者的工资和其他条款，使双方都达到最优化。合约最后确定的交换条件取决于双方的讨价还价能力。这时，合约的主要决定因素是双方的目标、技术约束和外在选择。当然，合约的执行也是一个问题。如果不存在有力的法律工具或手段执行合约，双方可能得不到交换的全部利益，因为总有一方或双方同时会担心对方违约而不敢进行交易。

4.3.2 不确定条件下的最优合约

完全合约理论认为，一旦引入不确定性，雇佣合约就会变得复杂。由于当事人知道每种结果发生的概率，因而还是可以签订和执行完全合约的。在现实中，一个重要因素是必须至少在一定程度上保证雇员的经济收益，例如，在很多发达国家，至少在一定程度上保证雇员不失业。一个办法是实行失业保险计划。失业保险计划一般由雇员和雇主双方共同负担，但由此产生的经济问题是：由经济周期或某个企业经营不善造成的风险在多大程度上由雇主承担、在多大程度上由雇员承担才是最有效率的呢？一种理论认为，雇主应该承担所有的风险，因为雇主是天生的风险爱好者，如奈特就认为，企业家的主要职能是承担风险。但另一些经济学家认为，风险应该由双方合理分担。阿罗于1953年、德布鲁于1959年分别研究了这一问题。他们假定理性的个人能够完全描述未来可能发生的所有事件，因而合约能够表明雇主和雇员在不同状态下进行的交易。

以保险合约为例，可以用期望效用函数来分析投保人的行为与保险公司的行为。作为期望效用最大化者，双方将在两种状态的边际替代率相等时达到均衡。就雇佣合约而言，不确定条件下的最优合约只有在雇主是风险中性的时候才会导致雇员的完全工作保险。但从总体来看，如果双方都是风险规避型的，最优的办法是雇员和雇主共同分担风险。因此，奈特所说的企业家为工人提供完全工作保险的说法只有在企业家是风险爱好者情况下才是最优的。个人的风险态度与其开始时持有的财富多寡有一定关系。一般认为，个人的绝对风险厌恶随着财富的增加而减少。如果极富有的人是风险中性的，穷人是风险规避的，奈特理论的一个特例就是，少数富有企业家为贫穷的雇员提供近乎完全的工作保险。

显然，完全合约理论意味着，在不确定环境中比在不确定状态下推断存在理性行为和合约的完全执行是更不合理的。实际上，在许多签约过程中，合约双方并不能够完全描述未来可能发生的事件，因而合约必然是不完全的。对合约双方及其执行能力施加的完全理性条件也意味着在面对不确定性时法庭能够很好地解决可能出现的意外问题。另一个假定是，每一方都非常了解另一方的签约意图，因而能够根据对方的意图作出很好的决策。实际上，每个人的意图只有他自己知道，而别人并不知道。这种信息不对称常常造成误解，并导致签约失败。

4.3.3 信息与激励

研究表明，即使在完全合约条件下，雇主也不可能向雇员提供完全的保险。一个原因是，如果雇主也是风险规避型的话，这种保险的价格将会太高；另一个原因是，提供完全保险将使雇员失去激励。根据雇员的工作努力程度支付报酬，使工作保险与工作努力程度挂钩，就可以使雇员更有激励而努力工作。激励问题比较容易理解，但保险与激励之间的交替关系没有被人们很好地理解。那么，究竟应该向雇员提供多少保险才最有利于他们努力工作呢？在工作保险中怎样为雇员提供努力的激励呢？隐藏行动和隐藏信息的模型对这两种类型的激励问题分别进行了分析。

在隐藏信息的模型中，雇主不知道雇员到底有多大能力或者是否喜欢哪种类型的工作；在隐藏行动的模型中，雇主不能观察到雇员的行动（包括做什么工作，是否努力，是否细心等）。前者有时被称为逆向选择模型，后者则被称为道德风险模型。在这两种情况下，都需要提供某种激励，才能达到有效率的结果。当然，逆向选择和道德风险的划分也是相对的，实际上，大多数激励问题既涉及逆向选择问题，也涉及道德风险问题。

隐藏信息条件下的最优合约选择问题作为双边合约进行讨论，这就是信号发送模型和信息甄别模型。前者是指有信息优势的一方通过某种令人可信的方式把信息发送给信息少的一方，即他先提出合约供对方选择，以促成有效率的交易；后者是指信息少的一方先提出合约供对方选择，通过对方的选择进行信息甄别，以达成有效率的交易。

例如，在雇佣合约中，雇员的基本技能、生产率和教育水平是雇员的私人信息，而雇主在不知道这些信息的情况下是无法作出雇佣决策的。要使雇主知道这些信息，就需要雇员提出反映自身信息的合约供雇主选择，或者由雇主提出合约供雇员进行信息甄别。斯彭斯对此作了开拓性的研究，他把教育当做生产率和技能的信号，他假定更能干的雇员接受教育的负效用更低，因而愿意接受更多的教育。如果一个人获得了更高的文凭，就意味着他更能干。雇主在雇佣时只要看求职者的文凭就行了。

在劳动市场上，克服信息不对称的另一种办法是，雇主承诺支付高于市场出清水平的工资，以吸引更好的工人。这可以看做雇主先提出合约供雇员选择，以进行信息甄别。当然，这样做可能导致失业，成为一些经济学家所说的市场无效率。

上述研究的一个基本问题是：在信息不对称条件下，如何签订合约才是有效率的？合约经济学提出的一个解决办法是显示原理，其基本思想是：要决定信息不对称条件下的最优合约，对于信息多的一方拥有的每种类型的信息，只考虑一个合约就够了，但要保证每种类型的人都有激励，只能选择为他量身定制的合约。

举例来说，假定一个雇主面对熟练和非熟练两种类型的雇员，显示原理认为，雇主要分别为这两种类型的雇员设计合约，然后让他们选择，那么每种类型的雇员只选择为他设计的那种合约。也就是说，熟练工人只选择为熟练工人设计的合约，非熟练工人只选择为非熟练工人设计的合约，这就要求达到激励相容。因此，根据显示原理，雇主的最优合约问题可以归结为附加了一个激励相容约束条件的标准合约问题。

需要指出的是，根据显示原理得到的最优合约与完全信息条件下的最优合约相比，可能是无效率的，因为在激励相容约束加入以后，信息不对称条件下的最优合约其实是一种次优合约。这种次优合约无法同时实现配置效率和分配效率，失业的存在和非熟练工人的工资过低就是一种配置效率和分配效率没有实现的表现。

在隐藏行动的模型中，信息不对称发生在签约以后。由于信息不对称，代理人可能出现道德风险问题。例如，在保险中，投保人在购买了保险以后可能不再作出努力防止事故的发生，从而使事故发生的概率上升。而事故发生概率的上升会损害保险公司的利益。为了防止这种道德风险，保险公司必须通过最优合约的设计，激励或约束投保人的行为，比如，让投保人承担部分损失，就可以达到激励相容的效果。在劳动市场上，如果工人的报酬与其绩效无关，工人就不会努力工作。因此，雇主通常会以奖金、计件工资、效率工资、股票期权、解雇等办法，激励和约束工人努力工作。在这方面，如何制定薪酬制度，更好地激励和约束CEO是研究的主题。

这里需要注意霍尔姆斯特伦的“信息原则”。在他（1979）看来，代理人的报酬与业绩挂钩的核心问题是观测到代理人的不同行动实现某一收益的条件概率，这是设计最优报酬合约的关键所在。由于代理人的风险承担与统计推断质量有关，有利于进行推断的任何信息都能发挥作用。在企业经理报酬的例子中，报酬不应该只根据企业的财务指标及股票价格来决定，还应该考虑与股价有关的其他信号，如观测到的成本与需求状况，以及同行业其他公司的股票价格，以过滤掉行业和宏观经济波动的影响。

4.3.4　多边信息不对称条件下的最优合约

上述研究只涉及交易的一方拥有更多信息或隐藏行动的问题，但实际上，交易的各方都可能拥有私人信息或隐藏行动。一旦涉及多边的信息不对称问题，原来的解决办法就不适用了。如果说一方信息不对称条件下的合约设计问题可以归结为如何控制具有私人信息的一方的反应，那么，多边信息不对称条件下的合约设计问题则是如何控制各方相互作用时的策略性行为，即合约设计的主要任务是设计一个具有不完全信息的博弈模型。

以多边具有隐藏信息为例，这种博弈将如何进行呢？要使结果可以很好地被推测出来，一个办法是设计一个合约，使参与各方都只有一个占优策略。但这样一来，每一方都具有占优策略的结果一般都不是有效率的结果。阿罗等人研究了这种情况，表明当参与交易的各方都有自己的偏好和私人信息时，最终的结果可能是无效率的。

拍卖就是多边信息不对称条件下最优合约设计的典型例子。拍卖时，参与竞价的各方对于标的物的估价都有自己的私人信息，随着模型的假定不同，竞价的结果也会有所不同。在独立的私人估价模型中，四种标准的拍卖都可以获得相同的期望收益；在共同价值模型中，由于每个竞价者对于实际上价值相同的标的物具有不同的私人信息，因而一些人的估价会过分乐观，导致投标价格远远高于物品的真实价值，出现“赢者的诅咒”。

贸易是多边信息不对称条件下最优合约设计的另一个例子。在贸易中，各参与方对于交换的物品都具有私人信息。关于单边信息不对称的分析表明，配置效率和侵占信息租金二者之间存在某种交替关系。如果信息少的一方具有讨价还价的能力，那么，信息少的一方就将侵占信息多的一方的信息租金，由此损害配置效率；如果信息多的一方具有讨价还价的能力并提出合约，那么，交易的结果总是有效率的。因此，要实现帕累托最优，办法很简单：在单边信息不对称条件下，将讨价还价的能力赋予信息多的一方。但在实际中，一方面，很难识别谁拥有较多的信息；另一方面，合约各方都有一定的私人信息。在这种多边信息不对称的条件下，贸易的配置效率如何随着讨价还价能力的变化而变化，就成为一个问题。简单的分析表明，只要各方参与贸易，有效的结果总是可以达到的。

在多边具有隐藏行动的条件下，情况又将如何呢？在企业和其他组织中，多边拥有隐藏行动是常见的。因此，关于多边道德风险的合约研究主要是讨论企业和其他经济组织的内部结构。阿尔钦和德姆塞茨、詹森和麦克林等人对企业内的道德风险问题进行了研究。他们认为，企业成员都存在隐藏行动的道德风险问题，因此，企业所有者或经理面临的一个任务就是监督企业成员，使其采取有效率的行动。阿尔钦和德姆塞茨的答案是：要解决企业成员的偷懒问题，市场监督必不可少，但经理具有剩余索取权，获得监督的收益更为重要；同时还需要加强企业文化建设。詹森和麦克林则提出了优化所有权结构的建议。

4.3.5 多任务、团队激励与职业生涯

在经典的道德风险模型中，代理人的行动任务是一维的，因而只要观察和检测该任务的完成情况就可以了。但在实际生活中，代理人的行动任务往往是多维的、复杂的，涉及各种类型，其中一些并不容易观察和检测。例如，政府官员的工作任务可能既包括地方经济增长，也包括地方社会稳定；教师的工作任务既包括教学，也包括科研，以及社会工作。企业的最终目标虽然是利润最大化，但为了完成这一目标，经理的工作也要分为很多类型，其中一些是短期性，另外一些是长期性的。因此，如果只对容易检测的工作支付报酬，就可能使代理人把过多的精力放在这些容易检测的活动上。正如我们在中国经济增长中看到的，GDP增长在一段时间内几乎成了地方官员追求的唯一目标，结果就是社会目标与环境问题被忽略了。为了解决这一问题，就需要采用包含多维行动与多维结果的综合模型。霍尔姆斯特伦和米尔格罗姆设计了一个多任务委托代理模型（1991）。他们的模型表明，在代理人多任务的假设下，如果代理人的一些任务或工作结果不容易被检测，为了防止代理人忽视这些任务，那么，总体上的弱激励策略是最优选择。这就意味着，在多任务的复杂情形中，委托人要鼓励代理人在多种行为之间保持平衡，在决定报酬时，忽略某些与业绩有关的信息反而可能是最优策略。

此外，有些活动需要多位代理人协同努力。在多位代理人合作完成某项工作时，就遇

到了阿尔钦和德姆塞茨所说的“团队生产”问题。此时如何防止一些代理人偷懒就成为一个重要问题。霍尔姆斯特伦（1982）的研究表明，如果代理人的报酬中包含对联合产出的分成，那么产出将总是缺乏效率的。为了制造激励，就需要加入一个第三方——预算突破者（Budget Breaker）。在绩效不佳时，这个突破者会把团队的产品拿走，从而制造激励。由此可以解释剩余索取者对企业拥有的外部所有权，以及企业为什么需要寻求外部融资来突破预算约束。

即使在固定薪酬合约下，注重未来发展的代理人也会努力工作，这就有助于解决道德风险问题。霍尔姆斯特伦提出了一个职业发展模型来解释这种情况。在该模型中，代理人当前的绩效取决于其努力和能力两个方面，并且都是不可观测的。当前的绩效出色更可能是由于代理人的能力较强，使他不仅对现在的委托人，而且对其他雇主也更有吸引力。在这种情况下，对代理人的竞争导致他未来的薪酬取决于当前绩效的承诺具有充分的可信度，因此，即使合约中没有明确的绩效激励计划，代理人依然有动力作出高水平的业绩。这表明，对于有着强烈职业发展意愿的年轻代理人，直接的绩效激励合约或许没有必要，甚至是有害的。因此，企业并不提供长期合约，每个时期的薪酬根据员工的预期产出来决定。显然，这一模型不仅可以用来分析企业经理的行为，也可以用来分析专业人员和政府官员的行为。

4.3.6　长期激励合约问题

上述讨论局限于静态的或一次性的合约设计问题，实际上，许多合约是长期性或不断重复的动态合约。从理论上说，如果合约方在最初的协商阶段可以承诺一个综合的长期合约，那么，分析最优的多期合约不需要作什么变化。研究表明，如果可以作出充分的承诺，长期的动态合约实际上可以归结为略微复杂一点的静态合约。这表明，对于隐藏信息下的动态合约而言，只要充分承诺，显示原理依然适用。

然而，如果允许合约方根据情况的变化不断地进行协商，那么，分析的结果就将有所改变。更重要的是，原来的激励约束就要被更严厉的再协商耐力约束（Renegotiation Proofness Constraints）所代替。与长期合约有关的大量问题也就由此产生。比如，私人信息如何随着时间的推移而不断地被揭示出来？在约束条件下达到有效率的合约结果如何因为双方不断的相互作用而受到影响？再协商可能性的存在如何限制了整个长期合约的效率？

要回答这些问题，必须对长期合约进行更仔细的研究。我们先讨论隐藏信息条件下的长期合约问题。

在隐藏信息条件下，长期合约存在两个公认的问题：一是如果信息多的一方的类型并没有随着时间的流逝而改变，会造成什么问题？二是如果每一个时期都有一些新的类型出现，应如何处理？前者提出的新的理论问题是如何了解和逐渐减少信息多的一方的信息优势；后者从理论上来说更接近静态合约问题，也就是说，时期内与时期间保险的交替关系或配置效率将会如何。

就雇佣合约而言，了解信息多的一方是什么类型具有重要意义。由于生产率和机会成本是劳动者的私人信息，而雇主只知道他面对的雇员是什么类型的概率，却不知道他面对的雇员具体是什么类型。在静态合约下，雇主会设计一系列雇佣合约，使他在侵占租金和实现配置效率二者之间保持最优的交替关系。那么，为熟练工人设计的合约将会规定低水平的就业，这当然是无效率的；而为非熟练工人设计的合约将使他们获得相对于其他机会的信息租金。

例如，考虑在每个时期现场签约的两次重复关系，如果在第一个时期，非熟练工人选择了专为自己设计的合约，那么，就等于把他自己的类型告诉了雇主。到了第二个时期，雇主由于已知道了雇员的其他机会，因此将不会给非熟练工人留下任何信息租金。这样，除非雇主答应不这样做；否则，非熟练工人是不愿意显示他的类型的。因此，在合约关系的最初阶段，我们可以看到更多的类型是混在一起的。

这种承诺问题在许多不同的背景下都存在，因而具有一般性。例如，在传统计划经济时期，经常会出现"鞭打快牛"的"棘轮效应"，干得好的企业下一年要达到的目标被定得更高，结果在以后的工作中，大家都会有所保留。只有对综合性的长期合约作出充分承诺，上述问题才会消失。但是，如果合约方只签订长期合约而不能承诺在将来即使遇到帕累托改进的机会也不再进行协商，充分承诺也是不可行的。因此，在雇佣关系中，当合约为熟练工人规定的劳动供给处于无效率的低水平时，合约方总是希望重新协商长期合约，以达到最优状态。一旦熟练工人的高技能被显示出来，重新协商合约以达到高水平的劳动供给就是有利的。但是，如果这种重新协商是可以预期的，那么，非熟练工人就会冒充熟练工人。因此，从总体上来说，含有最优化的再协商耐力约束合约在最初阶段将会较少地区别对待关于类型的问题，关于雇员类型的隐藏信息将会逐渐地显示给雇主。

从这种分析中得到的一个总体结论是：当信息多的一方的类型被固定时，持续的合约关系不会有什么额外的好处，合约方至多希望重复签订最优的静态合约。与此相对应，如果信息多的一方的类型不断地随着时间的流逝而改变，那么，重复这种合约关系就有巨大的利益。如果雇员的生产率可以随着时间的流逝而随机地改变，那么，雇员隐藏自己的类型而作为一种不可观察的收入冲击就比较合理。同样，把合约问题看成不可观察的收入冲击下的保险问题也是合理的。

关于隐藏行动的长期合约问题也可以作类似的分析。研究表明，在雇员隐藏行动的条件下，最优的长期雇佣合约将使雇员在初期消费更多。如果雇员可以自由地选择在第一个时期储蓄多少，那么，他就会选择进行比长期激励合约下最优水平更高的储蓄。因此，雇主通过诱使雇员在初期消费更多，可以使雇员在随后的时期内保持"饥渴"状态，从而不必提高报酬水平就可以保持同样的激励。

具体来说，在关于隐藏行动的长期合约分析中，长期关系具有不同的效应，其中包括两种重要的收益，也包括一个重要的损失。第一个积极效应是：长期关系使雇员变得更少地回避风险，因为他们可以更好地进行"自我保险"，通过跨期借贷更好地抵消某一时期的收入下降。第二个潜在的积极效应是：雇主通过不断地观察雇员的产出，可以更好地知道雇员的行动选择。

然而，有一个消极效应抵消了这两个积极效应。巨大的灵活性使雇员可以对动态激励作出反应，他可以不努力追求好的绩效，也可以在一个时期努力工作以弥补另一个时期的不努力工作。霍尔姆斯特伦和米尔格罗姆（1987）通过研究雇员这种随着情况的变化而操控自己工作努力程度的能力，得到了一个关于长期最优激励合约形式的见解，即长期合约表面看来非常复杂，因为其中涉及的因素太多，其实可以非常简单！人们可能会认为，由于雇主和雇员的关系是长期的，雇佣合约会随着这种长期性而变得复杂，故根据激励理论，在任何实际的构架中，最优的合约会复杂无比。这就降低了激励理论的适用性。然而，霍尔姆斯特伦和米尔格罗姆认为，虽然随着关系的延续，雇员行动的集合会相应地扩大，但限制最优合约形式的激励约束的集合也变得越来越大，使激励相容的长期合约在最后的累积产出中采取了简单的线性形式。简言之，在长期关系中，最优的长期合约获得了简单的形式。这种看法与实际的雇佣合约是一致的，在一些关于偏好和技术的假设下，其在理论上也是成立的。

在一般条件下可以得到的另一个重要的简化是：最优长期激励合约的激励效应可以通过一系列短期合约复制出来。这一点对于评估CEO的长期报酬合约特别有意义。一个普通的做法是，让CEO行使他们的期权，先卖掉股票，然后再向他们提供期权，以提供连续不断的激励。一些人认为这种做法是无效率的，但这种做法与这里所说的用一系列短期合约来复制长期合约的效率的观点是一致的。

在实践中，显性的长期雇佣合约可能也采取了简单的形式，因为在一个长期雇佣关系中，通过将显性激励和隐性激励结合起来，也可以达到有效率的结果。用文字表达的显性合约似乎是简单的，但更为精妙的隐性激励相伴其后。隐性激励包括多种形式，如提高声誉、职业关怀、非正式报酬等。在实际中，许多长期雇佣关系并不详细说明雇主和雇员的职责，而是受隐性规则和激励的支配。显性合约签订得不完全可能还是节省合约起草成本的一种方式。

4.4　不完全合约理论

在委托代理理论和隐性劳动雇佣合约理论中，假定合约的订立是一劳永逸的，合约的执行阶段也不会有什么问题，从这个意义上说，签约者事先知道所有可能出现的情况，因而合约是完全的。但是，由于交易费用的存在，合约可能是不完全的。上述关于长期合约的分析实际上已经表明许多合约具有不完全性。合约的不完全性在于，合约并没有明确地说明和处理所有可能出现的意外事件，而是让许多决策和交易留待以后决定。对这种不完全合约进行研究的理论称为不完全合约理论。

简单地说，不完全合约理论要回答的问题是：当一些决策和交易留待以后决定时，在需要做决定的时候，到底由谁来做？这就涉及所有权、控制权、相机抉择、权威和决策规则等问题。因此，分析不完全合约的问题需要研究方法的根本改变。从激励方面来说，如果在完全合约中主要强调货币收入的激励作用，那么，在不完全合约中则主要强调控制权和所有权保护的激励效应。换言之，在不完全合约分析中，人们主要关注的是货币报酬以外的其他制度因素的激励作用。从这个角度来看，不完全合约提供了研究经济制度和经济组织的有力工具。

4.4.1　不完全合约理论的提出

不完全合约理论又称为GHM模型，或称为所有权-控制权模型，因为这一理论是由格罗斯曼和哈特（1986）、哈特和莫尔（1990）等人共同创立的，国内学者一般称之为不完全合约理论或不完全契约理论。该理论以合约的不完全性为研究起点，以财产权或（剩余）控制权的最佳配置为研究目的。GHM模型直接承继科斯、威廉姆森等人开创的交易费用理论，并对其进行了批判性发展。其中，1986年的模型主要解决了资产一体化问题，1990年的模型发展成为一个资产所有权一般模型。

1937年，新制度经济学的领军人物科斯发表了《企业的本质》一文，立足于“交易费用”思想，建立了现代企业理论。此后，一些经济学家进行了深化与拓展研究，提出了企业合约理论，认为企业是一系列合约的联结。企业合约理论又分为团队理论、委托代理理论、交易费用理论、间接定价理论、不完全合约理论等几个分支。GHM模型属于交易费用和不完全合约理论的一个重要分支。

科斯的企业理论提出了新古典经济学忽视的一个问题：如果市场机制可以完成资源的配置，那么企业为什么存在？科斯的答案是，由于市场运行是有成本的，即存在所谓的“交易费用”，因而通过在一个组织（企业）内用“权威”来配置资源，可以节约交易费用，于是企业产生了。但企业本身也存在交易费用，如经理决策失误的费用、员工的监督费用等。因此，到底是运用企业还是运用市场来组织交易就取决于成本的比较。具体来说，当企业组织交易的成本大于市场组织同样交易的成本时，由市场来完成交易是合算的；而当市场组织交易的成本大于企业组织同样交易的成本时，由企业来完成交易是合算的。在边界上，企业与市场组织交易的成本相等。

阿尔钦和德姆塞茨的团队理论认为，企业是一种团队生产。团队生产就是一个中心签约人（企业家）通过合约将各种生产要素组织在一起进行生产。之所以采取团队生产的形式而不是直接采取市场的形式组织生产，是因为团队生产具有更高的生产力，即几种要素联合起来比它们各自单干可以有更高的产出，但团队生产也造成了一个问题，那就是度量单个成员的产出是有成本的。由于不能准确地度量每个成员的产出，因而团队成员都具有偷懒的激励，由此监督成员的工作、减少偷懒造成的损失也就成为必要。解决这个问题的办法是让经理享有剩余索取权。

威廉姆森等人引入了三个关键假定——有限理性、机会主义、资产专用性，进一步发展了交易费用理论。威廉姆森用“要挟”来解释科斯的交易费用来源，合约一方利用他方已经投入专用性投资而处于“套牢”状态进行“要挟”，以获得最大的利益。解决这一问题的办法是实行“一体化”，即交易双方合并为一个企业。因此，在威廉姆森的概念里，企业是为了解决资产专用性问题而产生的。

委托代理理论又称合约理论，其基础是信息不对称。在两权分离的前提下，由于存在委托人的“隐藏行动”和代理人的“隐藏信息”导致的机会主义行为和道德风险问题，需要设计事前的“最适激励”机制，即事前设计一种完全合约来解决风险分担和有效激励的两难问题。经典的委托代理理论是研究合约、企业理论及公司治理理论的主流，因为它对许多现象有很强的解释力。

不完全合约理论认为，由于人们的有限理性、信息的不完全性及交易的不确定性，明晰所有特定权利的成本过高，拟定完全合约是不可能的，因而合约必然是不完全的。

哈特从三个方面解释了合约的不完全性：“第一，在复杂的、十分不可预测的世界中，人们很难想得太远，并为可能发生的各种情况都作出计划。第二，即使能够作出单个计划，缔约各方也很难就这些计划达成协议，因为他们很难找到一种共同的语言来描述各种情况和行为。对于这些，过去的经验也提供不了多大帮助。第三，即使各方可以对将来进行计划和协商，他们也很难用下面这样的方式将计划写下来：在出现纠纷的时候，外部权威，比如法院，能够明确这些计划是什么意思并强制加以执行。”

哈特认为，不完全合约的存在产生了重要影响。在不完全合约下，所有权就不能像传统产权理论那样以资产来界定了，因为在合约中，可预见、可实施的权利对资源配置并不重要，重要的是那些合约中没有提及的资产的控制权，即剩余控制权。因此，对一项资产的所有者而言，关键的是对该资产剩余控制权的拥有。据此，哈特等人将所有权定义为拥有剩余控制权或事后的控制决策权。在哈特等人看来，当契约不完全时，将剩余控制权配置给投资决策相对重要的一方是有效率的。

格罗斯曼、哈特和莫尔等进一步指出，剩余控制权直接来源于对物质资产的所有权，因而，剩余控制权天然地归非人力资本所有。在合约不完全的环境中，物质资产所有权是权利的基础，而且对物质资产所有权的拥有将导致对人力资本所有者的控制，因此企业也就由它所拥有或控制的非人力资本所规定。

非人力资本所有者即股东，拥有公司的剩余控制权或者所有权，因而，也就掌握了公司治理的主控权。股东既是公司治理的主体，也是公司治理的受益者。

现实经济中充满了不确定性。人们不可能预测到所有未来将要发生的事情，并在合约中对交易各方在各种可能情况下的责权利作出明确界定，而且这样做的交易费用将相当高。GHM模型认为，当由于明晰所有特殊权利的成本过高而使合约不能完全时，所有权就具有了重要意义。

他们先区分了特定权利和剩余权利，即剩余索取权和剩余控制权。特定权利是指在合约中明确规定的权利，剩余权利是指在合约中没有明确规定的权利。不完全合约理论的主要观点是：企业与市场的区别不是由剩余索取权的分布决定的，而是由剩余控制权的分布决定的。市场意味着剩余控制权在交易双方是对称分布的，而企业意味着剩余控制权的非对称分布。当两个经济行为主体建立一种交易关系时，财产被用来创造收入，而在合约中列出所有关于财产的特殊权利费用极高时，最合适的做法就是一方将另一方兼并，即一方把另一方的剩余权利都购买过去。但是，“剩余权利对购买方来说是一种收益，对另一方是一种损失，这就不可避免地造成激励机制的扭曲。因此，一种有效率的剩余权利的配置必须是购买者激励上所获得的收益能够充分弥补出售者激励上的损失”。投资行为最重要的一方应当取得剩余权利的所有权。与此同时，哈特等人还认为在合约不完全的情况下，物质资产所有权是权利的基础，对物质资产所有权的拥有将导致对人力资本所有者的控制。此外，哈特还将剩余控制权等同于企业的所有权，“拥有剩余控制权实际已被作为所有权的定义”。

4.4.2　不完全合约理论的主要内容

不完全合约理论的第一个规范模型是西蒙建立的，他讨论了雇佣关系的一个重要方面：雇主与雇员之间的权威关系。可以看到，在实际生活中，大多数雇佣合约都是非常空泛地规定了雇员的责任，而许多细节内容留待以后雇主在具体安排雇员的工作任务时决定。简言之，雇佣合约是一种极不完全的合约，通过这种合约，雇员实际上将自己置于雇主的权威之下。因此，雇佣合约是一种不同于现货市场上流行的协商模式的交易模式。正是在这个意义上，西蒙、科斯和威廉姆森都把雇佣关系看成一种不同于市场交换的治理结构。西蒙把市场交易和雇佣关系的选择看成比较两种长期合约的问题。前者为销售合约，严格地按合约规定提供服务；后者为雇佣合约，只规定服务的一个大致范围，具体内容留待服务提供时决定。因此，当买者不确定在服务提供时他具体需要什么样的服务，以及卖者对于买者要求提供的各种服务没有差异时，签订雇佣合约是最好的。

通过引入事前的关系专用性投资与事后的再协商，以及雇主的命令等因素，可以将上述分析作进一步拓展，因为关系专用性投资的存在会导致现货市场的交易模式发生变化。1986年，格罗斯曼和哈特立足于剩余控制权建立了所有权理论，这种理论把企业定义为一个共同所有者拥有的资产集合，这个共同所有者拥有控制资产使用的剩余权利。而所有权实际上是为了防止以后交易各方的"要挟"行为，因为它为事前进行关系专用性投资提供了很强的激励。也就是说，资产的所有者在将来进行不完全合约中没有规定的交易时具有讨价还价的能力，他可以把资产在将来卖给需要的人，由此来保护他事前作出的关系专用性投资。

在上述思想的基础上，格罗斯曼和哈特提出了一体化的成本和收益理论以及企业的边界理论。在他们看来，一体化的优势在于新的一体化企业的所有者讨价还价能力提高了，这将激励他进行更多的投资。一体化的缺陷在于，先前的所有者失去了所有者的地位，其讨价还价的能力被削弱了，因而其投资会更少。格罗斯曼和哈特根据这些成本和收益的相对大小来决定什么时候进行一体化是最优的、什么时候不进行一体化是最优的，后来，哈特和莫尔作了进一步拓展，形成了GHM模型。

GHM模型是两个代理人模型，该模型分两步进行：先假设一个完全信息的情况，然后在此基础上引出不完全合约的情况。

(1) 完全信息、完全合约

完全合约就是在完全信息条件下，合约双方确定一个合约商品的价格，关系专用性投资者根据这个价格确定利润最大化的投资水平。设有两家企业A和B。其中，A生产中间产品，出售给B；B从A购买中间产品生产最终产品在市场上出售。在T_0期，B投资i，如果能与A交易，则在T_1期产生的总收益为R（i）；由于这种投资属于A的关系专用性投资，即只对B的交易伙伴A有用，因此该投资成为沉没成本。根据投资效率递减原理，有$R>0$，$R'>0$，$R''<0$。再假设A的生产成本为零，则总收益最大化的一阶条件为：

$$\max R(i)-i$$

令$d[R(i)-i]/di=0$，得：

$$R'(i)=1$$

设满足上面条件的最优投资水平为i^*，合约产品的市场价格为p。当投资$i=i^*$时，以均衡价格p^*成交，才能保证交易双方都获得正利润。由于信息和合约是完全的，事前规定合约产品价格为p。设A的利润为r_1，B的利润为r_2，则$r_1=p$，$r_2=R(i)-i-p$。如果B的投资决策是按利润最大化原则作出的，则$r_2=R(i)-i^*-p$。

可见，在投资水平既定的条件下，$i=i^*$，双方的利润都取决于合约产品的价格p。如果这个价格是在T_0期通过合约确定的，在其他条件不变的情况下，关系专用性投资水平会达到最优，预期双方都能获取正利润，交易会在T_1期发生，或者说，合约会得到执行。

问题是可能存在下面的难题：

难题一，B在T_0期作出了关系专用性投资，且形成沉没成本。在生产中间产品的企业不存在竞争的条件下，即只有A，根据假设，因为A没有成本，也就是A没有进行关系专用性投资，因此A的谈判力增强，并以此“要挟”停止执行合约（将产品出售给B），B只好与A重新谈判议价。价格水平的高低取决于双方的谈判力。由于A的谈判力占绝对上风，价格p会升至等于全部利润。换言之，$r_1=p=R(i)-i^*$，$r_2=0$。B的利润为零，在T_1期不会有交易发生。进而言之，由于信息是完全的，B会预料到这一切情况。在B预期利润为零的情况下，在T_0期B根本就不会投资，因为他预期他的成本无法收回。

难题二，情况恰好相反。假设中间产品市场存在竞争，除了A之外，还有许多生产者，此时B就会以不与A交易相“要挟”而提高自己的谈判力，直至使价格降到零，B获得全部利润，A获得零利润，即$r_1=p=0$，$r_2=R(i)-i^*-0=R(i)-i^*$。由于A获得零利润，而且它能预期到这点，因而它不会生产任何中间产品，因而在T_1期也不会与B有交易发生。B预期到在T_1期不会有交易发生，也不会在T_0期进行投资。

难题三，在A存在竞争者的情况下，由于产品质量的事后不可验证性，B可能以A的产品质量不符合要求为由，拒绝执行合约；或者在B存在竞争者的前提下，A提供了不符合要求的产品，B拒绝接收，导致合约不能履行。

这个极端的假设例子说明了这样几个问题：

①即使在完全信息条件下，也不可能签订一份保证合约双方都执行的完全合约。这是与合约理论或者叫委托代理理论完全不同的一点。后者建立在信息不对称的前提之上，认为由于存在委托人的“隐藏行动”和代理人的“隐藏信息”问题，由于委托人和代理人之间的信息不对称、对待风险的态度不同，因此需要事前设计一个完全合约来解决激励问题。

②上面的模型揭示出，一个完全合约是不可能存在的，因为存在事后的讨价还价，需要随着时间的推移而不断修订或重新商定的合约是不完全合约。

③不能事前签订一份完全合约，是因为存在专用性投资导致的机会主义行为性质的“要挟”问题。

（2）完全信息、不完全合约

上面的分析实际上从完全信息引出了不完全合约。现在我们进一步假定，如果生产中间产品的A在谈判力增强的情况下，中间产品的价格不至于高到占有全部的利润，而是让B也有利润，从而让游戏能够继续进行。现在的问题是：A生产的中间产品能满足B的要求吗？靠什么机制来保证A的产品质量呢？能否在事前签订一份合约，详细规定产品的质量来解决这一问题呢？答案是否定的。因为事前不可能对合约产品的质量作出完全规定，存在不可预知的事情。价格只能通过事后重新谈判解决。退一步讲，假定合约产品的质量和投资水平在事前是可以预见和可观察的，但是它不可为第三方，比如法院所证实，在机会主义行为和道德风险存在的前提下，加上信息完全为合约双方所知晓，上述一切也都在双方的预期之中，因此，仍然不可能有交易发生。总之，合约的不完全性是肯定的、不可避免的。

在上述合约不完全性假定下继续上面模型的博弈分析。在上述分析中，由于在极端情况下合约的其中一方利润为零，因而不可能有投资，也不可能有交易发生，但是，博弈并没有结束。

现在假设在T_1期根据具体情况重新谈判，以决定合约产品的价格和事后收益R（i），

A和B的利润为r_1和r_2。由前面的分析可知，没有交易发生对合约双方都是损失，因此，双方都会进行投资，在事后谈判时其中一方会作出适当的让步。首期投资由于是关系专用性投资而成为沉没成本，如果卖方采取机会主义行为停止交易，买方只能以极高的价格成交。若停止交易，卖方也是零利润。在卖方作出让步的情况下，只要保证买方有正利润，在T_1期就有可能进行交易。至于事后交易的利润r_1和r_2各自的大小，则取决于双方的谈判力。如果双方都从事关系专用性投资，且都存在竞争者，博弈的结果就会是“事后双边垄断”。也就是说，双方谈判力相等，对利润分配的结果就是“对半”（50∶50）分成。因此，价格$p=R(i)/2$。买方B的利润为：

$r_2=R(i)-i-p=R(i)/2-i$

很明显，r_2取决于i。买方B为了实现利润最大化，在事前（T_0期）决定其投资水平。其最大化的一阶条件为：

$\text{Max}\ [R(i)/2-i]$

令$d[R(i)/2-i]/di=0$，得：

$R'(i)=2$

设满足这个条件的投资为i_0，它比假定$R''<0$时的最优投资i^*要少。由于$R>0$和$R'>0$时投资太少，因此没有效率。无效率还将出现在分配决策不是50∶50的情况下，如果卖方获得正利润的话。从这里得出的一个结论是：即使事后谈判议价，且其中一方作出让步，让交易能够进行，仍然存在“专用性投资不足”的问题。专用性投资不足导致整个市场效率低下，并减少总收益及交易双方各自的利润。我们可以用一个简单的图形来直观地表示存在事后议价时投资不足的情况，如图4-1所示。

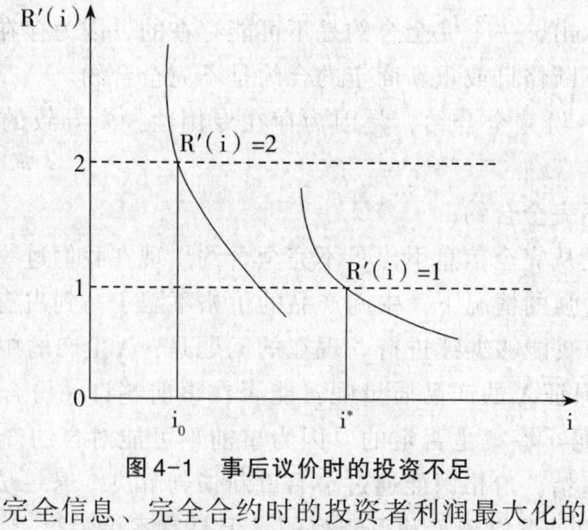

图4-1 事后议价时的投资不足

在图4-1中，i^*是完全信息、完全合约时的投资者利润最大化的专用性投资水平，i_0为合约不完全、存在事后议价时投资者利润最大化的专用性投资水平。i^*位于横轴的右边，即$i_0<i^*$，表示在不完全合约条件下专用性投资不足。

（3）对不完全合约模型的进一步分析

如何解决合约不完全性引起的事前投资不足和市场效率损失呢？

如果考虑将A和B“一体化”，即买者和卖者合并，问题就解决了。由于事后议价导致的投资不足表现为合约产品的价格不能满足$p=p^*$的条件，因此，合并的具体方式可以是买者将卖者买入，即B付给A的所有者相当于p^*的价格收购兼并A，然后以固定工资雇佣

A的所有者，让A成为B的一个专门生产中间产品的部门。这样，B就可以通过直接监督A的关系专用性投资，避免投资水平和产品质量不可证实、不能向第三方（比如法院）提出证据和“要挟”等问题，因为B作为企业的所有者，可以随时解雇A而雇佣其他人从事中间产品的生产。在被解雇的“威胁”下，A会按照B的要求投资和生产，企业合并解决了事前投资无效的难题。如果A、B双方都进行关系专用性投资，且在重要性上是无差别的，或者A的关系专用性投资更重要，则反过来，由A收购B，也可以获得同样的结果。

接下来的问题是：究竟用什么标准来判断应该由谁来收购谁？或者说，谁来当合并后企业的老板？在前面的收购中，谁当老板的问题似乎得到了解决，那就是谁是收购者谁就是老板。但“为什么他是老板”的问题没有得到回答。前面我们假设A、B都进行人力资本投资（假设关系专用性投资都是人力资本投资），同时又都拥有资产，这实际上涉及选择什么样的所有权结构问题。

GHM模型主要讨论了三种主要的所有权结构：

①非合并型，A和B分别拥有自己的物质资产；

②一类合并，A拥有全部物质资产；

③二类合并，B拥有全部物质资产。

其中，②和③是两种不同的一体化形式，即两种不同的合并类型，或者说是两种不同类型的所有权结构。比较两种合并形式下哪种形式带来的专用性投资更重要，进而带来的总收益最大，就可以确定哪种合并类型的所有权结构更为有效。分析的逻辑是：如果B的人力资本投资是最重要的，则一类合并是最优的所有权结构；如果A的人力资本投资是最重要的，则二类合并的所有权结构是最优的。原因在于互补资产应为一人所有才有效率，因为这样就可以避免“要挟”带来的效率损失。人力资本所有者不能成为企业的所有者，是因为合并交易中的签约双方被认为是人力资本与物质资本的混合体。由于禁止奴隶制，人力资本所有权是不可转让的，因而被购入的只有物质资本，只有它能被置于合并所有权之下。由于人力资本与非人力资本结合形成企业，离开企业后，人力资本原有的价值遭到破坏，因而人力资本受到“威胁”，所以非人力资本所有者可以控制人力资本，这就是“权威”的来源所在。

既然双方都既拥有人力资本和物质资本，在B收购A（或A收购B）后，B（或者A）成为企业所有者，A（或者B）为什么不能是所有者呢？人力资本是有不同类型的，具有决策权的人力资本比技术性的人力资本更重要。一般而言，高层管理者的人力资本对企业价值的创造更重要；如果把所有权赋予雇员，虽然他们也有人力资本，但对企业价值的提高不会有多大作用。如果双方的人力资本不是关系专用性的（互补的），或者物质资本属于竞争性的，合并的费用可能大于市场交易费用，则不合并的所有权结构是最佳的。

上面的模型主要讨论了纵向一体化，即合并的问题，这个理论也可以用来说明企业的起源和边界。在模型中，如果A和B是两个企业，则是合并；如果把A和B看成两个小商品生产者，则“合并”的过程就是企业的起源。在1990年的文章中，哈特和莫尔把上述模型发展为一个有多个代理人的资产所有权一般模型。但这个一般模型并没有改变两人模型的基本假设和结论，只是对两人模型的扩展。

虽然GHM模型对于我们理解所有权的特殊作用作出了重要贡献，但它也受到许多经济学家的批评和质疑。

(4) 理论方面的质疑

从理论方面来说，人们的质疑有三点：

第一，对“不完全合约”命题的批判。这一批判又包括两个方面：其一，这一命题似乎不是从模型中得出的结论，而是直接提出的。其二，不完全合约理论在逻辑上有自相矛盾的地方。根据不完全合约理论，由于物质资本所有者没有受到合约的完全保护，因而获取了剩余控制权；其他合约成员的合约是完全的。合约成员的收益最终是由分配来完成的，控制权必然影响收益分配的决定和格局，作出有利于控制者的决定。这个“事后的”结果说明，其他合约成员并未得到合约的完全保护。换言之，其他合约是不完全的，只有物质资本所有者的合约是完全的，因为其他成员自愿放弃对剩余控制权的争夺本身可看成一个“合约”。物质资本所有者因此得到了合约的完全保护。

第二，对企业只是物质资本集合的观点的批判。首先，GHM模型忽视了雇员在企业中的地位。物质资本不但不是权威的唯一来源，而且不是最重要的来源，也不是推动专用性投资的最有效力量。其次，物质资本所有权也不是激励专用性投资的有效手段，相反，它可能降低专用性投资激励。物质资本所有者之所以获取了更大部分剩余控制权，是因为他以其专用性投资作为退出“要挟”，但是，专业化使其失去外部机会，所以也降低了其“要挟”能力。一个非所有者没有这样的机会成本，因而更有投资激励。

第三，剩余控制权与所有权的关系方面的问题。其一，二者关系颠倒。GHM模型将剩余控制权定义为企业所有权，在逻辑上是倒因为果。这是因为所有者有了所有权，才有了对重大问题的决策权，即所谓的剩余控制权；而不是相反，先有了剩余控制权，然后才有了所有权，符合谁控制了企业谁就拥有了企业的逻辑。内部人控制企业，是不是企业就归内部人所有了呢？其二，混淆了企业所有权与财产所有权。GHM模型对所有权的定义将重点放在对财产的控制上，而不是对行为的支配上。其三，过于强调剩余控制权的重要性无助于对所有权理论的理解。GHM模型揭示了剩余收入索取权也是至关重要的，以及这种权利与控制权之间存在紧密的联系。在GHM模型中，加强投资激励的实质是对剩余分配的预期，即合约双方据此讨价还价而建立的收入权。

(5) 经验事实的挑战

在经验证据方面，GHM模型的主要观点与观察到的现象并不相符。

一是外部签约人拥有所有权无效率的结论与股份制企业、合资企业等事实发生矛盾。GHM模型阐明了何种所有权结构是有效的，重要而不可或缺的代理人拥有资产，联合所有权相对无效率。个人股东、互助基金很少采取什么重要行动，却拥有企业。大部分所有权集中在少数股东手里，而他们并不是企业价值创造不可或缺的。有的代理人没有控制权但作出重要投资决策。另外，GHM模型“物质资本至上”与公司高层管理者实际控制企业的事实互相矛盾。

二是不能解释没有物质资本的企业。“物质资本所有者拥有企业”的命题不能解释没有物质资本的企业。例如，如果一个企业家创建了一个复印店，他使用公司机构来保护自己做生意的权利、顾客信息，采用一种正确的方式选择商店位置、机器和顾客等。但是，他可能不拥有任何物质资本的所有权，因为复印机也许是从另一个公司租用的，而房地产也可能是租借的。

(6) GHM模型的发展

GHM模型的发展主要分两个方向进行：一是将不完全合约理论的应用范围从产权理论、企业边界理论扩展到组织理论、融资理论、公司治理结构理论等领域；二是放弃一些假设前提，对原模型进行扩展，使其更一般化。

哈特在研究不完全合约理论的后期放弃了一些不现实的假设，他研究了管理者与投资者之间的最佳控制权安排问题及相关的公司治理理论和最佳融资合约，并从中发展出“状态依存”（State Contingent）控制权理论，得出了一些与原模型不完全一样的结论。哈特把控制权与现金流权等分开，认为管理行为（如私利、努力程度等）是不可转让的，控制权是可转让的。在企业经营状况比较好时，控制权由股东或经理行使；当企业经营不善，面临清算、破产时，控制权由债权人行使；在企业完全靠内部融资时，控制权可能由员工行使。这是建立在企业融资结构或资本结构由债券和股权按一定比例构成的基础上的。

4.4.3　合约分析的拓展

除了所有权与控制权分析以外，不完全合约理论还可以用来讨论双边合约与多边交换的问题。例如，在雇佣关系中，一方面，雇主与雇员签订双边合约；另一方面，每个签订双边合约的雇员都要同其他雇员一起工作，而雇主还要同供应商、银行等其他机构或个人签订一系列合约，以获得劳动力以外的其他资源。在这种多边合约环境中签订不完全的双边合约，可能存在很大的外部性问题，由此，均衡的结果可能是无效率的。

那么，如何达到有效率的结果呢？经济学家认为，这要看双边合约是专一的还是非专一的。也就是说，要看雇员是只同一个雇主签订一个专一合约，还是同几个雇主签订几个非全日制工作的合约。有趣的是，大多数雇佣合约是专一的，而其他合约则不是专一的。例如，在健康保险中，投保人一般会买几种类型的保险；在贷款业务中，债务人也可以同时向几家银行借钱。为什么有的合约是专一的，有的合约不是专一的？其中可能涉及外部性问题。直觉上，当外部性很大且专一合约容易执行时，人们会签订专一合约。但不论专一合约是否被执行，在双边合约的博弈中，得到的一般是无效率的结果，因为双边合约本身并不足以将影响各方的外部性内部化。这是研究一个代理人与多个委托人之间签订多个双边激励合约时的中心思想。

由于存在外部性，人们关心的问题就是双边合约博弈是否存在一个定义良好的均衡结果。早期的文献认为不存在均衡，罗斯蔡尔德和斯蒂格里斯（M.Rothschild and J.Stiglitz，1976）认为，在投保人对于自身的事故概率具有私人信息的情况下，如果两个保险公司竞相同一个或几个投保人签订专一保险合约，则定义良好的均衡结果将不会存在，原因在于每个保险公司都有激励对其他保险公司提供的合约作出反应，此时，一个保险公司可以通过合约设计吸引低风险的投保人以获得利润，而把高风险的投保人留给竞争对手。

此外，经济学家还研究了双垄断背景下合约的策略性价值，以及产品市场竞争对代理问题严重程度的影响等问题。

本章小结

各类交易在一定程度上存在信息不对称和资产专用性问题，在有限理性和机会主义行为的前提下，市场只有采取不同的合约安排，才能解决逆向选择与道德风险问题。合约经济学就是研究采用何种合约安排，才能更好地解决交易中存在的无效率问题。合约理论旨在说明交易中采取的合约形式为何不同、各种合约选择的经济理由是什么，以及如何降低合约的签订成本和执行成本等。

现代合约理论已发展出三种不同的理论：代理理论、自我履行协议理论和关系性合约理论。所谓代理理论，就是对委托代理关系中存在的合约问题进行讨论，说明如何降低委托代理成本。一个自我履行的协议可以使违约的一次性收益总是小于履约带来的长期收益，因而人们为了长期利益，总是自动选择履行合约。与此相关的是隐性合约，也就是双方心照不宣地按照常规来处理交易中出现的问题。关系性合约是一种长期性合约安排，在这种合约安排中，过去、现在和预期未来的个人之间的关系非常重要，因此，这种合约在某种程度上是隐性的、非正式的和非约束性的。在这种合约中，自我履行协议有着重要的作用。从另一个角度来看，合约也可以分为完全合约和不完全合约两种。所谓完全合约，就是假定合约的订立是一劳永逸的，合约的执行也不存在任何问题，故签约者事先知道所有可能会出现的情况，即使存在不确定性，也可以根据期望效用极大化原则设计最优的合约安排。但是，由于交易费用的存在，合约可能是不完全的。合约的不完全性在于合约并没有明确地说明和处理所有可能出现的意外事件，而是让许多决策和交易留待以后决定。对这种不完全合约进行研究的理论称为不完全合约理论。如果说在完全合约中主要强调货币收入的激励作用，那么，在不完全合约中则主要强调控制权和所有权保护的激励效应。换言之，在不完全合约分析中，我们主要关注货币报酬以外的其他制度因素的激励作用。

基本概念

私人信息　隐藏行动　激励相容　信息不对称　道德风险　逆向选择　隐性合约　关系性合约　完全合约　不完全合约　销售合约　出租合约　贷款合约　雇佣合约　决策管理　决策控制　私人裁决　市场治理　三边治理　双边治理　统一治理　锁定　剩余控制权　剩余索取权

复习思考题

1. 什么是合约？合约分哪几种类型，包括哪些内容？
2. 什么是关系性合约？关系性合约存在的原因及面临的主要问题是什么？
3. 什么是完全合约？完全合约研究的主要问题是什么？
4. 合约为什么是不完全的？研究不完全合约为什么需要方法的转变？
5. 在不完全合约中，权利的分配为何重要？如何分配才有效率？
6. 从合约分析来看，国有企业应该如何改革？

主要参考文献

[1] BOLTON, DEWATRIPONT.Contract Theory [M]. Massachusetts: The MIT Press,

2004.

［2］ SPENCE. Information Aspects of Market Structure：An Introduction ［J］. Quarterly Journal of Economics，1976（90）.

［3］ BARZEL. Transaction Costs：Are They Just Costs? ［J］. Journal of Institutional and Theoretical Economics，1985（141）.

［4］ 弗鲁博顿，芮切特．新制度经济学——一个交易费用分析范式［M］．姜建强，罗长远，译．上海：上海三联书店，上海人民出版社，2006.

［5］ JENSEN，MECKLING. Theory of the Firm：Managerial Behavior，Agency Costs and Ownership Structure ［J］. Journal of Financial Economics，1976（3）.

［6］ FAMA，JENSEN. Separation of Ownership and Control ［J］. Journal of Law and Economics，1983（26）.

［7］ ALCHIAN，DEMSETZ. Production，Information Costs，and Economic Organization ［J］. The American Economic Review，1972（62）.

［8］ KLEIN，LEFFLER. The Role of Market Forces in Assuring Contractual Performance ［J］. Journal of Political Economy，1981（89）.

［9］ OKUN. Prices and Quantities：A Macroeconomic Analysis ［M］. Oxford：Blackwell，1981.

［10］ HADFIELD. Problematic Relations：Franchising and the Law of Incomplete Contracts ［J］. Stanford Law Review，1990（42）.

［11］ KREPS. Corporate Culture and Economic Theory ［M］//ALT，SHEPSLE. Perspective on Positive Political Economy. Cambridge：Cambridge University Press，1990：57-89.

［12］ WILLIAMSON. The Economic Institutions of Capitalism ［M］. New York：Free Press，1985.

［13］ HOLMSTROM. Moral Hazard and Observability ［J］. Bell Journal of Economics，1979（10）.

［14］ HOLMSTROM. Moral Hazard in Teams ［J］. Bell Journal of Economics，1982（13）.

［15］ HOLMSTROM，MILGROM. Aggregation and Linearity in the Provision of Intertemporal Incentives ［J］. Econometrica，1987（55）.

［16］ HOLMSTROM，MILGROM. Multitask Principal-Agent Analysis：Incentive Contracts，Asset Ownership，and Job Design ［J］. Journal of Law，1991（7）.

［17］ HART，MOORE. Property Rights and the Nature of the Firm ［J］. Journal of Political Economy，1990（98）.

［18］ ROTHSCHILD，STIGLITZ. Equilibrium in Competitive Insurance Markets：An Essay on the Economics of Imperfect Information ［J］. Quarterly Journal of Economics，1976（80）.

第5章
经济组织理论

学习目标

1. 掌握经济组织的基本概念与主要问题
2. 了解研究经济组织的基本方法
3. 了解产品市场和劳动市场为解决度量问题而采取的各种安排
4. 理解现代工业经济中存在各种企业形式的背后逻辑

由于没有交易费用的概念，新古典经济学不能也没有解释经济组织存在的原因和存在的不同形式，更没有说明经济组织如何随着时间的推移而不断地演进。这就使企业这类组织成为一个“黑箱”。新制度经济学认为，为了降低交易费用，人们选择了不同的经济组织形式来进行不同的经济活动，因而各种经济组织都是人们在不同情况下为了降低交易费用而进行选择的结果。循着降低交易费用、利用规模经济优势与风险分担的思路，我们不仅可以解释经济生活中存在的各种各样的合约选择，也可以解释各种经济组织形式，而且可以说明历史上一些组织的演进过程。在本章中，我们的讨论从经济组织的三种不同思路开始，说明新制度经济学经济组织理论的主要特点；然后依次讨论产品市场和劳动市场为了降低度量成本而选择不同的组织形式；最后解释农业中存在的各种合约安排以及工业中各种相互竞争企业形式的背后逻辑。

5.1 经济组织的概念与基本问题

组织在生活中无处不在，从某种意义上说，我们每个人都生活在不同的组织之中。那么，什么是组织？组织的主要问题是什么？如何才能保持组织的效率呢？这些问题是我们研究组织时必须回答的。

所谓组织，就是“有意识地加以协调的两个或两个以上的人的活动或努力系统”（斯密德，2004）。这就是说，组织是一个社会性的单元，一个组织至少包括两名社会成员，否则就不能成为组织。另外，组织成员要受到一种有意识的协调。与此相对应，非组织成员往往受无意识的协调。例如，人们可以根据某种共同习惯或某种价值观念采取行动。一个例子是，火灾发生后，邻近的人会自愿地加入救火行列，这就是一种无组织的行动。这种行动之所以发生，完全是因为他们在道德上觉得应该在别人遭遇灾难时施以援手。但如果是救火队来救火，就是一种有组织的行为了。

组织也可以定义为“为了一些共同的利益而联系在一起，以实现目标的个人群体”

（诺斯，1990）。按照这种定义，一个组织具有某种共同目标，但并不是所有具有相同目标的人都形成一个组织。例如，根据性别、宗教、年龄、职业等特征，一个人应该属于某一集团，但具有这些特征的人可能组成组织，也可能不组成组织（斯密德，2004）。

组织也可以被定义为一种关系网络。"在经济意义上，我们把组织看成一个个体之间（或多或少）的关系网络，其目的是规范组织中成员的交易（包括信息交易）。"（弗鲁博顿和芮切特，2000）

在《新制度经济学手册》中，组织被理解为一种不同的治理结构模式，包括三层意思：第一，市场、企业和各种形式的经济联合体，人们开发它们是为了促进交易；第二，为组织活动提供架构的合约安排；第三，构成各种所选择的制度安排之基础的行为特质（Ménard and Shirley，2008）。这显然是一种广义的组织概念。

更一般地，组织一般被理解为追求共同目标的结构化群体。在这个意义上，企业、市场和国家都是组织的具体形式。

经济组织是组织的一个重要部分。所谓经济组织，就是根据一定的经济目标而集中各种资源的一种安排。例如，各种各样的企业、千差万别的市场，都是经济组织。经济组织的特征是为某种经济目标而将不同的资源所有者集中在一起。但是，"如果仅仅将资源归集在一起，但财产所有者保留完全独立的处置权，不服从任何指令，那么即使所有的资源所有者都具有一种共同利益，也不可能构成一个组织。例如，一场足球赛聚集起来的观众，都抱着观赏的目的而来，但他们并不构成一个组织"（柯武刚、史漫飞，2000）。

因此，组织意味着某种权威，也意味着组织的参与者为了获得某种利益而放弃一些权利。由此，协调问题和激励问题就成为组织成败与效率高低的重要决定因素。其他一些问题是：经济组织为什么会采取不同的形式？为什么一种类型的组织会优于另一种类型的组织？

新制度经济学用交易费用理论来回答这些问题。由于存在不确定性、度量问题和执行问题，人们选择不同的合约形式来组织生产或交易，因而形成了不同的组织。在不同的组织里，为了降低协调成本，人们采取了不同的治理结构。当外界环境发生改变时，人们发现采用新的组织形式可以降低成本或增加收益，于是一种组织就向另一种组织演变。

例如，地主和佃农之间可以选择工资合约、固定租合约、分成合约，还可以选择混合合约。具体选择什么合约，取决于当时的条件。当然，由于存在交易费用，选择不同的合约将带来不同的资源配置条件、不同的财富分配结果和不同的物质资产贬值率。在竞争性市场达到均衡时，如果同时存在几种类型的合约，那么，我们可以断定各种合约都可以使人们从等值的投入中获得等值的净收益，但资源配置和资产的贬值结果可能不一样（埃格森，1990）。这就是说，同时存在几种类型的合约并不一定是无效率的，因为人们是可以在不同的合约之间进行选择的，在竞争条件下，没有人会选择收益较低的合约。人们之所以会选择不同的合约，是因为在不同条件下可以用不同的方法降低交易费用，并满足人们的不同偏好。这样，我们也可以推导出，当环境条件发生改变时，为更好地满足人们的需求，一定会有新的合约形式出现，这种新的合约形式的出现就意味着组织的变化。

5.2 研究组织问题的不同方法

根据威廉姆森（1990）的说法，研究经济组织有三种不同的视角：产权理论、代理理论/机制设计和交易费用理论。这三种思路都立足于合约选择理论。在此以前，新古典经济学是用非合约思路研究经济组织问题的。研究组织问题的理论可以用图5-1来表示。

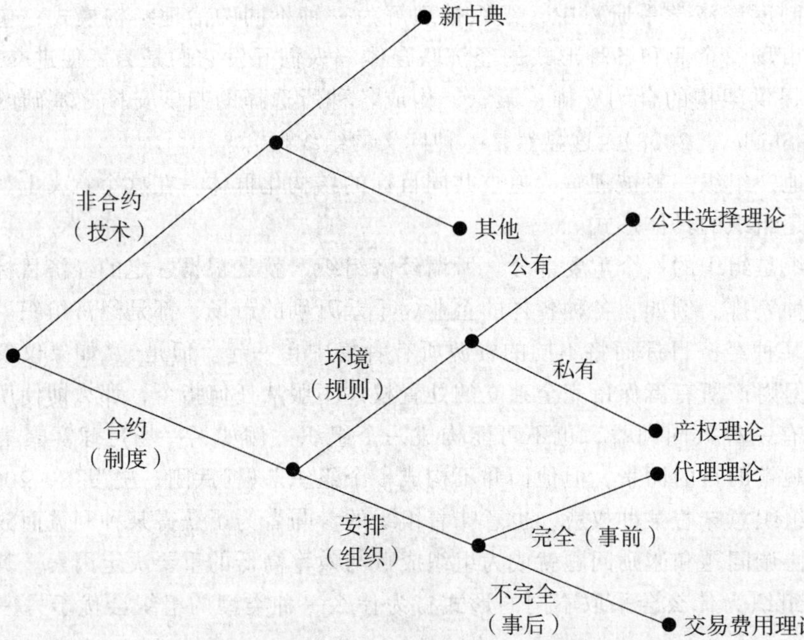

图5-1 经济组织理论（威廉姆森，1990）

从图5-1中可以看出，研究经济组织的方法可分为合约方法与非合约方法。非合约方法主要是新古典经济学的技术方法，而合约方法主要是新制度经济学的产权理论、代理理论和交易费用理论。

一直到1960年，经济学中流行的都是新古典经济学的非合约方法。这种方法主要从生产函数（即技术）的角度来研究企业。这种方法有三个假定：第一，企业的边界是既定的，主要由规模经济和范围经济决定；第二，产权是定义良好的；第三，所有的冲突都可以由法院有效地且无代价地解决。这就暗含着所有的合约都是有效的。在这种假定下，企业像个人一样，按照边际等式进行活动，以实现最优化。这种企业理论主要考虑企业的产量和使用的投入量如何决定，以及如何实现利润最大化的问题，因而没有很好地解释下列与企业有关的问题：第一，主要是什么因素决定了企业的存在，决定了企业按自己的需要生产而不是购买一种产品或服务？第二，官僚成本从何而生？为什么？第三，什么因素决定了企业的规模？第四，什么时候竞争自然垄断的特许权？什么时候又不竞争这种特许权？第五，债务和股权在治理结构上有何不同？为什么？第六，什么因素导致了企业实行合伙制而不是公司制？第七，什么因素构成了资本主义企业和社会主义企业最显著的不同？显然，对这些问题的研究需要引进交易费用与合约的观点。

新制度经济学从合约的角度来研究经济组织问题，其中又分为两个分支：一是制度环境论；二是制度安排论。

制度环境论认为存在一整套根本的政治、社会和法律规则，这些规则确立了生产、交换和分配的基础，如关于选举、产权和合约权利的规则就是这样的。由此，制度环境论主要关心如何建立公共和私人部门的游戏规则，对前者的讨论产生了公共选择理论，对后者的讨论造就了产权理论。

制度安排论强调决定经济单位之间竞争与合作方式的一系列制度安排，它主要关心组织的细节，如事前的激励（代理理论）和事后的治理（交易费用理论）问题。其中，代理理论认为合约是完全的，因而合约的重点是如何订好事前的协议；交易费用理论则认为合约是不完全的，因而事后进行治理是必要的。

需要强调的是，虽然在上述分类中，交易费用理论只是研究组织理论的一种思路，但实际上，交易费用理论在新制度经济学的组织理论中起着中心作用，因为不论是产权理论还是代理理论，都是以交易费用的存在为前提的。当然，这些理论的着重点是各不相同的。

例如，产权理论的中心观点是“界定好产权”，因为只有界定好了产权，才能形成市场，随后市场才能把资源分配到价值最高的用途上。

交易费用经济学则认为，产权能否被很好地界定，以及界定以后能否得到有效的执行，都存在问题。有问题的产权会导致非市场组织的存在，比如企业，非市场组织的存在在某种意义上就是为了解决市场所不能解决的问题。

交易费用经济学特别关心合约关系的治理问题，合约关系的治理可以通过市场的形式，也可以通过科层组织的形式，还可以通过超级形式。但交易费用经济学不认为法庭可以有效地、低成本地、随时随地维持公正，因而它认为合约的执行主要应该依靠私人。由此，如果产权理论在研究经济组织时强调了事后的治理结构，那么，交易费用经济学则强调了不同治理结构在合约执行中控制交易费用的相对优势，并且认为，只有那些能够更好地控制交易费用的经济组织，才能在市场竞争中生存下来。

代理理论和交易费用经济学一样，将产权视为既定的。在这种条件下，它考察了合约各方如何在一定的规则下签订合约。这种理论认为，合约各方签约时把关注的重点放在事前的激励协议中；它还认为代理人比委托人更倾向于风险规避，由此讨论了激励强度和有效的风险分担之间的交替关系。

交易费用经济学认为，由于存在有限理性，一种合约不论多么复杂，都不可能是完全的，因而事前就不可能很好地解决合约的所有问题，如果把合约的重点放在事前就是本末倒置，实际上，合约的重点应该放在事后的治理结构上。因此，代理理论和交易费用理论分歧的关键所在是：合约的重点到底是事前的激励协议还是事后的治理结构。

与代理理论考察激励强度和风险分担之间的交替关系不同，交易费用经济学考察激励强度与双边报酬获得性之间的交替关系。具体来说，如果一些交易从激励强度来说特别有益，另一些交易则要求报酬的更高获得性，如果这二者存在交替关系，而且如果要处理好这种交替关系，治理结构要有所不同，那么，交易与治理结构如何组合就有重要的经济影响。大致说来，交易费用经济学认为，随着资产专用性程度的上升，市场（这种组织具有更高的激励强度）将向科层组织（这种组织具有更高的报酬获得性）转变。超级组织形式，如特许权、规制、各种长期合约等，可以理解成这样一种治理结构：激励强度和获得性达到很好的协调。代理理论就没有作出这种区分。

上述关于组织理论的不同研究思路对于我们理解现实中的经济组织形式具有重要意义。在现实生活中，我们可以看到各种各样的经济组织形式，组织理论的一个重要内容就是解释这些经济组织为什么存在、形式为什么各不相同。从大的方面来看，市场、企业和国家是三种不同的经济组织形式。从小的方面来看，市场也有不同的形式，企业更是存在各种相互竞争的结构。在接下来的三章中，我们将分别研究新制度经济学的市场理论、企业理论和国家理论。在这里我们先讨论新制度经济学解释经济组织的一般原则，并将这些原则用于解释工业和农业中的一些具体现象与史实。由于这些原则与合约的选择有关，因而研究组织的一个重要内容是不同组织的合约特性及存在基础。

新制度经济学解释一种经济组织的存在理由时，一般运用三条原则：第一，运作原则(Working Rule)，低成本的组织往往会代替高成本的组织；第二，当高成本的组织持续存在而重新进行组织可以增加净产品时，就要在没有预期到的边际上寻找隐蔽的利益，这种补偿利益可能包括降低监督成本或增加有关活动的产出；第三，当寻找隐蔽利益或合约限制也无效时，就可以寻找阻碍产权重新安排的政治限制（埃格森，1990）。从这三条原则可以看出，交易费用在其中起了关键作用。当然，其他研究经济组织的方法也不能完全忽视。

5.3 产品市场的度量问题

产品市场作为一种具体的经济组织形式，其主要内容就是进行各种产品（或服务）的交换。要进行交换，首先就要确定价格；而要确定价格，就需要对所交换的产品或服务的各种价值属性进行度量。由于度量成本（交易成本的一种具体形式）的存在，不同的度量方法也就发展起来了，以降低度量成本。在不同情况下，度量问题是不同的，因而运用不同的方法进行度量也就产生了不同的经济组织。阿尔钦和德姆塞茨（1972）看到组织的一个主要问题是如何度量组织内成员的生产力，并认为这是决定一个组织生产力高低的关键因素。“如果经济组织的度量能力很差，报酬与生产力之间只有松散的联系，生产力将较低；但如果经济组织的度量能力很强，生产力就较高。”

“那么，是什么使得度量问题发生困难，从而诱致了那些能节约度量费用的方式呢?”在讨论产品市场的组织时，这个问题把我们引向对各种商品不同质量维度的考察。结果当然是，随着被交换的对象不同，其度量成本也不同。一些商品具有非常复杂且变动不定的质量维度，度量起来就更为困难。当一种商品的价值属性不可能被度量时，交换甚至也不可能进行。因此，产品市场的主要问题就是如何进行直接的度量和定价。

从理论上来说，人们总是在寻找度量成本最低的办法来进行交换。但度量一种商品或服务的质量属性通常比度量其价格具有更高的成本，正是因为如此，在现实世界中，我们可以看到各式各样的市场做法，这些市场做法旨在降低度量成本，使消费者最后付出的价格达到最低。

那么，如何才能降低度量成本，使消费者最终付出的价格达到最低呢？这要根据不同商品所具有的不同质量属性来确定。纳尔逊在其1970年发表的《信息与消费者行为》一文中区别了搜寻商品（Search Goods）与经历商品（Experience Goods）。前者在购买前通过检视就可以确定其质量，后者只有在使用时才能知道其质量。例如，罐装食品是经历商品，服装是搜寻商品。实际上，消费者通过搜寻或使用就可以知道大多数商品的质量，但最好的度量方式还取决于各种度量方法的相对成本。当质量易变时，质量的度量对买者和卖者都是有成本的。在这种情况下，买者和卖者的相对度量成本就是解释各种市场组织的重要因素。下面我们以搜寻商品和经历商品为例说明这一问题。

搜寻商品的特点表明它是更容易被消费者接受和交换的，因为消费者通过自己的肉眼就可以大致判断出产品的质量，然后根据质量来确定价格。在“要么接受，要么离开”的规则下，消费者可以很清楚地与销售者达成交换或不交换的协议。

经历商品的特点表明，消费者在购买时是不知道其质量的，这时要使消费者相信产品的质量就需要某种安排。如果缺乏这种安排，消费者就不敢购买。这时就可能出现“逆向选择”：低质量商品将驱逐高质量商品（埃格森，1990）。

假定商品X的质量存在一个区间：高质量和低质量。高质量商品的生产成本高于低质量商品的生产成本。其边际成本与平均成本如图5-2所示。如果不考虑度量成本，则很容易确定各种商品的均衡价格和产量。

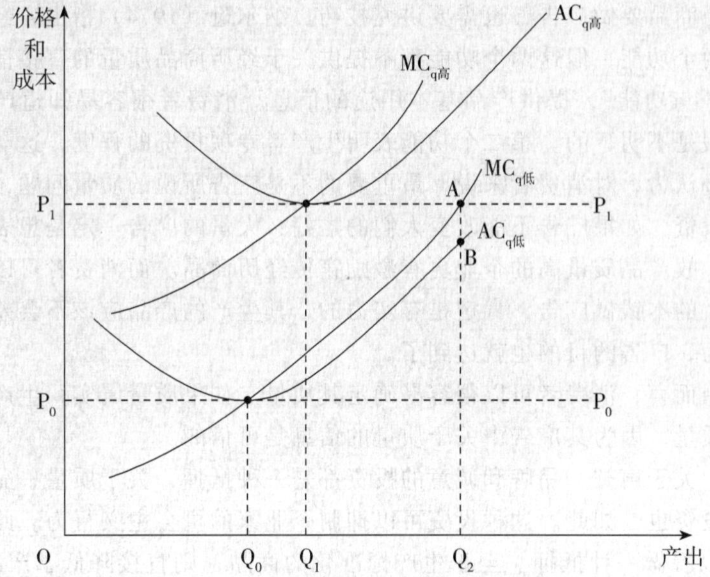

图5-2　经历商品：低质量如何驱逐高质量（埃格森，1990）

在一个自由进入的竞争性行业中，当价格为P_0时，生产低质量商品的代表性企业的均衡产量为Q_0；当价格为P_1时，低质量商品的产量为Q_2。相应地，当价格为P_0时，高质量商品在长期均衡时无法生产。当价格上升到P_1时，高质量商品的产量为Q_1。这种产量和价格是有效率的，因为在均衡时边际成本与价格相等。

然而，如果质量不容易度量，结果就不同于上述新古典经济学的分析了。假若消费者在购买时度量商品质量的成本很高，但在消费时可以无成本地确定质量，同时生产者可以无成本地控制质量，即买卖双方存在信息不对称，就会产生道德风险问题，生产者就可以将低质量的商品当做高质量的商品出售。

假冒生产者的利润极大化产出水平为Q_2，此时有些生产者可能提供高质量商品，以P_1的价格出售；有些生产者可能既生产高质量商品，也生产低质量商品，价格都是P_1；还有些生产者可能不生产高质量商品，只生产低质量商品，每单位价格也是P_1，但这种状况只有短期才存在。消费者不久就会知道产品的真实质量，就会拒绝支付P_1的价格购买X。那些生产低质量商品的生产者由于纯利为Q_2（A-B），因而有降价的空间，他们可以较低的价格继续生产和销售低质量商品，结果就是，高质量商品将从市场上消失。

高质量商品从市场上消失是一种效率损失，这就为生产者和消费者提供了一种减少效率损失的机会，因此，可以设计合约安排和市场做法，以保证高质量商品被生产的激励增强。例如，卖者可以作出某种承诺，也可以作出某种专项投资，使消费者相信他们提供的是高质量商品。这种安排要起作用，买者必须注意到这种承诺，这就意味着消费者度量这种专项投资的成本要低于预期的收益。如果生产者欺骗消费者，用作担保品的资本一定会失去价值，这对生产者来说是得不偿失的。

其实，广告在某种意义上扮演了这种专项投资的作用。广告的目的是建立一种“品牌效应”，它实际上是想告诉消费者：这种产品就是好，可以放心购买！消费者如果相信，他就不用度量了，由此也就节约了度量成本。但如果广告所宣传的质量与实际的质量不相符，消费者就不再相信广告，生产者的广告投资也就白费了。

但是，经历商品要做广告，也需要讲究技巧。纳尔逊（1974）指出，经历商品的广告对买者来说有两个功能，但这两个功能都不提供关于经历商品质量的直接信息。第一个功能是“联系牌子与功能”，提供产品基本用途的信息。消费者很容易知道产品的用途，故在这一点上作假是不明智的。第二个功能表明生产者专项投资的程度，这与经历商品的质量有关。纳尔逊认为，对消费者来说，最重要的不是广告所说的质量问题，而是牌子的宣传和担保品的投资。如果广告不能改变人们的嗜好，大量的广告一定是想表明生产者对质量作出的承诺，故产品质量高的企业更有激励宣传经历商品。而消费者可以这样认为，这个企业花这么大的本钱做广告，肯定是有实力的，其生产的产品应该不会差。如果所有消费者都这么认为，广告的目的也就达到了。

就搜寻商品而言，消费者可以很容易确定其质量。如果质量属实，生产者的广告可以大胆地宣传其质量，因为其广告中关于质量的信息是可信的。

大体上说，关于声誉、品牌和诚意的投资都是一种抵押，关于质量、品牌、生产的人力与物质专项投资也是如此。这种投资可以抑制企业家的机会主义行为。此外，提供保证书或保险也可以看做一种抵押。至于生产标准化的商品，则直接降低了产品的度量成本。这也是现代社会标准化的快餐（如麦当劳）获得迅速发展的重要原因。

市场做法不仅受度量经历商品质量的成本的影响，而且受度量搜寻商品质量的成本的影响。只有那些极小化消费者实际支付价格，包括度量质量成本极小化的市场做法才能生存下来。从理论上说，消费者购买商品的总成本可分为度量成本和生产成本，但从实际来看，这两个概念可能不好区分。在整个生产和分配过程中，都有度量成本的踪迹。例如，生产者为了降低度量成本，可能投资生产标准化产品；一种技术尽管效率很高，但如果生产的产品具有高度量成本，也不会被使用（埃格森，1990）。这就是说，度量成本不仅影响交换，也影响生产。

关于度量成本对市场组织的影响，不能不提一下著名新制度经济学家巴泽尔的看法。巴泽尔（1982，1985）比较详细地说明了度量成本在市场组织中的作用。他认为，当质量可变的产品被交换时，度量成本可能是巨大的。这时生产者需要确定产品的质量等级以定出价格，消费者需要度量产品以证实质量是否属实。这种度量可以在生产、交换和消费的不同阶段进行，但有一点是明确的：度量一定是由能够较容易获得信息，并具有较低的度量成本的一方来进行的，因为在市场竞争过程中，只有极小化度量成本的安排才可能通过竞争的筛选而生存下来。

例如，在异质品的交易中，如苹果，生产者进行度量和分类往往比消费者更有效率，因为卖者在度量中可能享有规模经济。在一个生产者对多个消费者的情况下，生产者可能对每件商品只作一次分类。因此，如果由消费者进行分类就会导致过多的度量。

考虑以下这种避免过多度量的安排：商人把苹果分成几类，每一类根据质量定一个价格，但在每一类中都是质量不等的苹果，因此，一些苹果的价值高于价格，另一些苹果的价值低于价格。消费者的选择受到限制：消费者只能选择哪一类，不能在这一类中再进行挑选。受到限制的消费者之所以愿意接受这种分类安排，是因为这种安排可以向消费者提供最可能达到的最低价格的各种平均质量水平的苹果，在此基础上再作进一步分类所导致的成本将大于其带来的收益。其他市场做法都不能通过市场生存竞争的检验，故这种分类就是最好的。

当然，商品并不总是在密封的情况下出售，单个消费者还是可以发现一些“搭便车”的机会的。例如，当异质商品以单一价格出售时，消费者就可以挑选高价值的商品，抢购或排队购买估价过低的商品，如剧院的座位、饭店的桌子或酒店的房间，它们都是单一价格的，但其质量各异。在极端情况下，分类成本太高或者无限制地分类将使商品不能销售。在另一些情况下，社会的净产量由于限制了消费者的选择而增加（如下一章所讨论的信息扣留）。

度量有时是由消费者进行的，如耐用品。度量是使用的免费副产品，这种“使用保证书”可以降低度量成本，因为“使用保证书”向消费者保证产品的最低质量，以便不在交换时进行度量。相应地，分成合约将度量问题延至交换以后，也是节省度量成本的一种方法。

巴泽尔（1982，1985）由此认为，各种市场做法和社会制度之所以产生，是因为它们抑制了欺骗和“搭便车”行为，使得生产者和消费者在市场交换过程中避免过度度量，从而节省了交易费用，降低了消费者最终付出的价格。

然而，当市场不能度量商品的某种价值属性时，生产者就会偷懒。生产者只追求可度量价值属性的结果就是其他未被度量的价值属性在生产中被忽略，由此出现无效率的现象，专栏5-1较好地说明了这种情况。

❖专栏5-1

食品的味道为何大不如前

现在的西红柿几乎失去了15%的味道，而柑橘失去了10%的维生素C。鸡肉吃起来令人乏味，而羊里脊则像是一泡水。确实，现在食品的硬度比过去大了，而且有更高的卫生检测标准，但是它们需要在厨房中进行更多的处理。专家对畜牧业的疯狂发展、改变蔬菜的基因、温室种植以及使用杀虫剂和抗生素提出了尖锐的批评。

现在的西红柿、土豆、柿子椒、里脊肉和螃蟹等，似乎都发生了一些变化。从美学上讲，它们都变得更好看了，但是它们都失去了其原本的特点，即已经没有过去那种味道了。这些食品虽然好看，但吃起来没有味道，甚至连鼻子也蒙骗不过去。这种说法不是没有依据的。巴伦西亚理工大学农业多样化保护和改良中心已经得出证据，现在西红柿的味道指数（即酸甜度）是2.77，而过去是3.24，损失了近15%；维生素C的含量也下降了，比30年前降低了17毫克；糖的含量也有所降低，从原来的5.29%降到了4.95%。相反，西红柿的硬度比过去大了，从过去的6.86上升到12.10。

据马德里大学营养学教授、味道与健康文件的起草者蒙塔娜·卡马拉说，当蔬菜和水果的产量提高时，其特点即可感结构（气味与味道）就会受到影响。可什么是味道呢？蔬菜和水果有一个酸甜度的含量指数。但如何测量鱼肉的味道呢？这就需要专家通过检测才能知道，就像检测葡萄酒或奶酪一样。

绿色畜牧业发展协会主席伊尔德方索·卡瓦列罗说，现在已经生产出了一种“电子鼻”，它能模仿人类，有32种嗅觉功能。他认为，现在盛行的这种疯狂生产（即产量第一，质量第二）情况将在今后5年或10年发生彻底变化，一切都将根据消费者的要求变化。农业生产者将按照市场需要进行生产，因为现在的市场要求提供更多的健康食品。

蔬菜的问题尤为突出，现在的蔬菜越来越好看，但是味道越来越不如以前。

这里存在一个选择问题：是选择疯狂生产，还是选择传统的（即生物的）生产方式。一种是外观好看、价格高而且硬度大，另外一种是有味道并且保持原有的品质。我们吃的98%的产品几乎都来自疯狂生产。它们的种植方式都会降低产品的味道。

◇耐存放的西红柿。据农业专家豪梅·普罗恩斯说，现在生产的西红柿存放时间相当长，把它们放在冷藏室里一个月都不会发生变化，这是因为它们都含有一种特殊的基因，而过去的西红柿放上3天就会变软。但是后果是怎样的呢？这种西红柿硬度高了，而味道没有了。疯狂生产的另外一种表现是温室种植，这种种植方法控制植物的生长环境，让它们提前或推迟成熟。以西红柿为例，其味道总是不那么完美。

◇远道而来的生菜。30年前，离我们居住的地方几十千米外就可以看到种植的生菜，但是今天的生菜则来自其他大陆。为了让生菜在运输的路上不至于腐烂，生产者都选用了耐存放的转基因种子。另外一种技巧是在成熟期15天之前就采收。这样就可以延长存放期，但是味道会有所损失。绿色生菜或用传统方法种植的生菜比现在我们吃到的生菜口感要好上30%，也就是说，其蛋白质、纤维和矿物质含量都比较高。蔬菜味道的好坏与种植地的远近有很大关系，本地种植的生菜味道就比来自摩洛哥农村的生菜要好很多。

◇柑橘中的维生素C含量少。如果通过化肥或利用一种高产品种强行让一棵植物比正常情况多结果实，那么它从土壤中吸收到的所有养分就会分散到所有的果实之中，因此每个果实中所含的养分水平就会降低。以柑橘为例，据西班牙生物农业协会专家戴维·托马斯说，疯狂种植会使柑橘的维生素含量降低10%。他在研究中还发现，钙和碘的含量将会减少一半，而铁和铜的含量甚至会减少75%。

◇多汁梨子。多年前，一棵梨树只可生产70千克梨；而今天由于使用了化肥，一棵梨树可以生产190千克梨。生态农业专家蒙特塞拉特·埃斯库蒂亚说，混合化肥的使用使得梨树生长加快，不仅能够多产水果，而且能增大水果的体积。这种大梨虽然比正常的梨水分含量大，但是不比小个梨的口感好，因为小个梨中的纤维素、矿物质、维生素和糖分的含量更高。那些生长速度快的蔬菜和那些高产果树结出的果实，由于达不到生产的日期和缺少各种矿物成分，其原有味道都会降低。

◇没有成熟就被采摘下来的柑橘。全欧洲消费的柑橘中有70%是西班牙生产的。今天我们可以在一年中的6个月享受这种水果，而在40年前，只有每年的1月至2月才能在市场上看到它们。这是因为许多果农都在培育早熟和晚熟品种，以便同摩洛哥和以色列供应的品种错开时间。不仅如此，现在有越来越多的无核蜜橘品种上市。但是情况并不令人乐观。专家戴维·托马斯进行的化验表明，在这种果品中，锌的含量已经减少了50%，而这种矿物质对人体的免疫系统是极其重要的。不仅如此，它们的口感也不如以前了，这是因为甜的水果不可能在离开果树之后成熟。由于考虑运输问题，水果在还没有完全成熟之前就被采摘下来，所以摆到餐桌上的水果不会有同样的甜度。

在欧洲，生态果品只占3%；而在西班牙，这种果品的比例仅为0.2%。

再来看看肉类食品。西班牙人所吃的肉类中有50%是猪肉，禽类占25%，其他肉占25%。人均肉类食品年消费量为66千克。

◇高产猪的肉质轻且没有味道。疯狂畜牧业生产出体积大但身体虚弱的猪。牧业主为了防止猪生病，就为它们注射抗生素。这种做法在瑞典和丹麦已被禁止。尽管这种做法不会影响肉的味道，但是长期食用这种肉对人的身体健康是有害的。

◇超大肉鸡。过量和集中投放饲料，可以使鸡加快生长和增加体重。现在的鸡出生后45天就送去宰杀，而过去则要生长3个月。正是因为如此，所以餐桌上的鸡肉口味降低，因为这些鸡还没有到成熟期。

◇鸡蛋蛋黄少。现在的鸡蛋蛋清多、蛋黄少，而且由于在饲料中添加了色素，所以蛋黄变得更黄。在疯狂养殖中，有的鸡每天能下两个蛋。

除了上述产品，还有许多食品也不同程度地存在这样或那样的问题，这不能不引起人们的注意。因此，人们在选择食品时，需要更加讲究科学。

资料来源　佚名．食品的味道为何大不如前［EB/OL］．(2006-11-10)［2017-12-18］．http://www.bokee.net/bloggermodule/blog_viewblog.do? id=372385.

5.4　劳动市场的度量问题

土地和资本的使用可以不受其所有者的控制，因而在按照合约将它们出租给使用者以后，使用者只要不损害其再转让时的价值，就可以根据自己的要求自由调整其使用方式和强度。但劳动这种要素非常特殊，劳动服务的所有者与其人力资本是不可分的。劳动的使用要受其所有者的控制，哪怕是出租以后仍是如此。这就意味着劳动市场的组织问题可能更为复杂。应该承认，所有市场都存在偷懒、道德风险和机会主义行为，但这些问题在劳动市场上尤其严重（埃格森，1990)，其原因在于劳动的使用权被转让时，劳动的所有者控制了劳动的使用，劳动成果的度量也往往更为困难。

从工人的角度来看，雇佣合同应包括多方面的内容，不仅应包括劳动的价格（即工资的形式与多少)，而且包括工作条件、工作地点和其他因素。追求最大化的个人同时决定劳动供给、商品与闲暇的消费和工作条件。另外，劳动的供给也包括多方面的内容，如工作时间、工作强度和工作努力的程度。问题是这些内容在交换时大多是看不到的，即使在交换以后，像工作努力的程度和工作的质量这类东西仍然受劳动者的控制，还有许多内容仍然无法通过简单的检验加以确定，但雇佣双方在交换时又必须先签订雇佣合约，然后按照合约在生产过程中逐步履行。这些都表明，劳动市场合约是一种典型不完全合约，劳动的度量成本和执行成本非常高。

❖专栏5-2

企业员工业绩考核范本

企业员工的绩效考核是调整人事政策、激励措施的依据，能促进上下级的沟通，是潜能开发和教育培训的依据。

一、考核目的

1.作为晋级、解雇和调整岗位的依据，着重在能力、能力发挥和工作表现上进行考核。

2.作为确定绩效工资的依据。

3.作为潜能开发和教育培训的依据。

4.作为调整人事政策、激励措施的依据，促进上下级的沟通。

二、考核原则

1.公司正式聘用员工均应进行考核，不同级别员工考核要求和重点不同。

2.考核的依据是公司的各项制度、员工的岗位描述及工作目标，同时考核必须公开、透明、人人平等、一视同仁。

3.制定的考核方案要有可操作性，是客观的、可靠的和公平的，不能掺入考评人个人好恶。

4.提倡考核结果用不同方式与被评者见面，使之诚心接受，并允许其申诉或解释。

三、考核内容及方式

1.工作任务考核（按月）。

2.综合能力考核（由考评小组每季度进行一次）。

3.考勤及奖惩情况（由行政部按照《公司内部管理条例》进行考核）。

四、考核人与考核指标

1.成立公司考评小组，对员工进行全面考核和评价。

2.自我鉴定，员工对自己进行评价并写出个人小结。

3.考核指标，即员工当月工作计划、任务，考勤及《公司内部管理条例》中的奖惩办法。

五、考核结果的反馈

考核结果应与本人见面，将考核结果中的优缺点告诉被评人，鼓励其发扬优点、改正缺点、再创佳绩。

六、员工绩效考核说明

（一）填写程序

1.每月2日前，员工编写当月工作计划，经部门直接上级审核后报行政部。

2.工作绩效考核表每月28日由行政部发放到部门，由本人填写，经部门直接上级审核后于次月2日前交至行政部。

3.工作计划编写分日常工作类5项、阶段工作类5项及其他类等，其他类属领导临时交办的工作任务。

4.工作计划完成情况分完成、进行中、未进行（阶段性工作）三档，月末由本人根据实际选项打分，并在个人评价栏内给自己评分。

5.工作计划未进行、进行中（阶段性工作）项需在计划完成情况栏内用文字说明原因。

（二）计分说明

1.工作绩效考核表总分90分，日常工作类5项每项8分占40分，阶段工作类5项每项10分占50分，其他类每项附加分8分，意见与建议如被公司采纳附加分10分。其中，个人评分、职能部门评分、直接上级评分所占工作绩效考核得分比例分别是30%、30%、40%。（个人评分突破90分者，个人评分无效，按直接上级评分减10分计算；职能部门评分从两方面考评：成本意识、职业规范；分别由财务部和行政部考评。）

2.综合绩效考核由考评小组每季度进行一次，员工每季度填写一份“员工考核表”和一份“员工互评表”，具体时间由行政部另行通知。“员工考核表”由被考核员工和考评小组填写，“员工互评表”由员工以无记名方式填写后投入公司投票箱。其中，自我考评、员工互评、考评小组考评所占综合绩效考核得分比例分别是30%、30%、40%。

3.工作绩效考核季度得分为3个月的平均分，占季度绩效考核得分的60%；综合绩效考核得分占季度绩效考核得分的40%。季度最终绩效考核得分为二者之和。

4.评分标准：优为85分以上，良为84~80分，合格为79~75分，一般为74~65分，不合格为64（含）分以下。

（三）季度绩效工资内容

季度绩效工资=绩效考核奖+绩效季度奖

1.绩效考核奖由三部分组成：（1）员工季度预留岗位工资10%的考核风险金；（2）员工第13个月月工资的1/4；（3）公司拿出该岗位10%的年岗位工资的1/4作为激励。员工季度考核为优秀的，发放全额绩效考核奖；考核为合格的，只发第（1）项和第（2）项；考核不合格者，不发绩效考核奖。

2.绩效季度奖是总经理根据员工在公司的整体表现，参考员工的考核情况在季度末以红包形式发放的。

（四）增减分类别

1.考勤计分：当月事假1天扣2分，以此类推。季度内事假累计3天扣绩效工资1%，累计5天扣绩效工资3%。

2.培训计分：参加培训一次加1分，缺勤一次扣2分，以此类推。季度内缺勤培训累计2次扣绩效工资1%，累计4次扣绩效工资3%。

3.没有按期编写当月工作计划和填报工作绩效考核表，每逾期一天扣1分，以此类推。

4.季度内考核为合格的员工，其季度内个别月份考评为优秀的，每评为优秀一次加绩效工资2%，以此类推；其季度内个别月份考评为不合格的，每不合格一次减绩效工资4%，以此类推。

5.奖惩计分：（1）季度内嘉奖一次加绩效工资2%，记功一次加绩效工资4%，记大功一次加绩效工资6%；（2）季度内警告一次减绩效工资2%，记过一次减绩效工资4%，记大过一次减绩效工资6%。

5.4.1 工资形式的多样化

那么，市场到底是如何解决劳动的度量问题和执行问题的呢？在市场经济中，人们实际上是通过各种各样的制度安排来解决劳动的度量问题的。由于劳动的度量存在极高的成本，因而事前的激励和事后的治理都不能忽略。从事前来说，规定劳动的用工条件和报酬形式，在有些情况下甚至是报酬的具体数量，是劳动合同的必要内容。但是，事后的监督与劳动成果的度量，以及根据劳动的实际贡献发放报酬也显得非常重要。劳动市场正是根据这两个方面的合理平衡而实现有效运行的。在现实中，我们可以看到，与其他要素（资本和土地）不同，劳动报酬的具体形式多种多样，计时工资、计件工资、固定工资、浮动工资、奖金、销售提成、利润提成、股票期权等都是劳动（包括管理工作）报酬的形式。这主要根源于其他要素的贡献取决于使用者的运用效率，在竞争条件下可以很容易地形成一般的报酬标准；而劳动的贡献则在很大程度上取决于劳动所有者自身的控制，劳动者在不同的条件下发挥的作用是不同的，因而需要不同的报酬形式才能诱使其按照雇佣者的要求行事。

由于生产过程使用的劳动既包括简单劳动也包括复杂劳动，既包括同质劳动也包括异质劳动，其种类和内容可谓千差万别，故为了能够比较准确地度量，必须使用不同的方法。比如，对于工人，一般按工作时间、取得的业绩或其他指标来付报酬，有计件工资、计时工资；办公室人员取得固定工资；销售人员根据销售量或销售收入或利润来提成；对于研究开发人员，其奖金根据申请的专利、开发的新产品，或者根据整个研发小组对公司总利润的贡献来确定；各种专业人员（如教师、律师、医生等）是固定工资加上业绩报酬；公务员一般取得固定工资；而执行经理的报酬更复杂一些，除了采取普通员工的那些报酬形式外，更多地表现为一些实物，如专用餐厅和洗手间、公司专车（机）、各种俱乐部和协会的会员资格、公司股票和股票期权、退休后还可以做顾问等。

因此，报酬既可以采取现金形式，也可以采取非现金形式。非现金形式如提高雇员的购买力，提高员工工作的舒适度，其作用也同增加报酬一样。非现金形式的例子有：企业将自己生产的产品打折卖给职工，公司让职工低价购买自己的普通股，或者直接把一部分股份送给职工；企业还可以向职工提供医疗保险、人寿保险、伤残保险，公车、电脑、各种会员等福利。报酬也可能没有立即兑现，而是采取提高基本工资、晋升等形式。在这种情况下，当前业绩的报酬变成了以后的收入。

这些报酬形式看起来五花八门，实质都是为了以较低的交易费用度量人力资源的贡献，并最大限度地调动人力资源的工作积极性。如果不从这一角度来解释，我们就不能理解报酬制度为什么要采取这么多种形式。

第一是简单劳动者。简单劳动者一般是指那些体力劳动者，如工厂的工人、农场的农民等。简单劳动者的劳动成果直接体现在劳动产品上，故对劳动产品的数量直接进行计算就可以确定劳动者的报酬。当劳动者提供的产品类型比较稳定，并且可以计算时，采取计件工资是最合理的。计件工资就是按劳动者提供的产品件数支付报酬的一种报酬形式。由于这种工资度量的是劳动者生产的产品本身，故将业绩贡献与报酬直接联系起来了。在计件工资下，劳动者的每一分努力都通过产品的件数而得到了报酬，劳动者不具有偷懒的激励，或者说，至少会以不同的方式偷懒，如在质量不易确定的情况下降低产品的质量等。

计件工资的优点是度量贡献的标准简单明确，劳动者多劳多得，有利于劳动者发挥其潜能，调动其工作积极性和创造性。同时，用计件来评价业绩的方法相对客观，较少被人为操控、左右或偏袒。计件工资的局限性在于：第一，在有些情况下，计件容易被操控。如田间除草，有的田间的草长得多，有的田间的草长得少，若以除草的面积计酬，就可能使业绩失真（当然这时计时可能也不可取）。第二，计件工资使大量的随机因素影响工人的收入，如机器发生故障、原料供应不足、材料质量低劣等都将影响工人的工资。第三，适合单个人的计件工资在传统的生产线上并不能有效地提供激励，因为在传统的生产线上，一个人不能单独增加产出，他的产出依赖其他人，一个人加快速度是没有用的。第四，只对产出付酬，会鼓励工人忽视其他有价值的活动，如计件工人往往不注意产品的质量，而只注重可度量的数量；他们不会去帮助其他工人，也不关心原材料是否被合理地利用，除非使用原材料要付费；除非他们使用自己拥有的设备，否则也不会妥善地维护和运用设备。产品质量可以抽查，但这样做是有成本的，所以，即使在单个工人的产量可以很好地度量的地方，许多工种也采取基薪加计件工资的做法，这二者会根据情况的变化而适时调整。激励强度原则表明，从额外努力中得到的额外利润越高，计件工资也应该越高。工人一般希望计件标准定得低一些，并夸大工作的困难，以得到更多的好处。即使计件工资的标准已经规定清楚了，工人也可能不努力工作，因为担心经理会提高标准。采取计件工资的另一个困难是，当新产品引进或设备更新后，计件标准必须变化，这时，制定新的、合理的计件标准可能要花费很高的成本，故计件工资一般适合已成熟且工艺相对稳定的工种。而那些不断更新、式样不规则、质量难以检测的产品，是不太适合实行计件工资的。

在不适合实行计件工资的地方，计时工资就成了另一个选择。所谓计时工资，就是按劳动者工作的小时数来支付报酬。劳动者工作的小时数并不是劳动者贡献的直接表现，而是一种代表物（Proxy），它表示劳动者工作的时间长度，却并不直接表示劳动者贡献的产出量。假若劳动者在劳动时间内都是同等程度地努力工作，那么，工作的小时数越多，劳动者的产出贡献就越大；但假若劳动者并不是努力地工作，那么，工作时间的长短就与产出量的多少没有直接关系。显然，这种工资制度之所以被采用，一定是因为不能用统一的标准直接度量劳动的产品，比如，劳动的内容在不断地变换，产出的类型千差万别。典型的例子是办公室的职员，他们每天要处理大量不同的事务，工作的内容在不断地变换。如果对每一种工作都进行度量，并分别支付报酬，其成本一定高不可攀。试问：接待一位来访客人应支付多少报酬？接听一次电话又应支付多少报酬？故这时最好是对其代表物进行度量，而最简单的代表物就是工作时间。因此，计时工资就是通过对工作时间的度量来度量劳动的贡献，并对工作时间长的职员支付更多的报酬，或者在统一的报酬制度下规定职员的工作时间。但是，通过度量工作时间来支付报酬，意味着劳动者只要保证工作时间就足够了，至于在工作时间内是否努力工作则不重要，故在计时工资下劳动者偷懒（Shirking）或“磨洋工”的动机非常强烈。为了防止偷懒，管理者必须进行监督，否则计时工资就会由于偷懒而变得无效率。因此，计时工资一方面降低了直接度量劳动贡献的成本，另一方面又造成了监督成本。当度量成本的降低超过了监督成本的增加时，计时工资就成为合理的选择；当监督成本的提高超过了度量成本的降低时，计时工资将被放弃。

总体来看，由于这两种工资制度都各有缺陷，因而对于简单劳动者有时交叉使用这两种工资形式，有时则加上其他报酬形式。前者的例子是在人民公社时期，生产队对农民的考核有时是计时的，有时是计件的，如田间除草一般是计时的，积肥和插秧一般是计件的(积肥按重量，插秧按面积计算报酬)。后者的例子则是各种形式的奖励。此外，计时工资和计件工资都可能存在现金或非现金奖励，目的是激励劳动者更加努力地工作或提高产出的质量。对计时工资下表现良好的员工进行奖励，目的是减少偷懒，以降低监督成本；而对计件工资下的员工进行奖励，则是为了提高设备的利用效率，降低固定成本，或者是为了提高产品质量。故计件工资、计时工资和奖励就成了简单劳动者报酬的基本形式，它们以较低的成本度量了劳动者的贡献，并提供了适当的激励。

第二是推销员。推销员一般是以佣金（Commission）的形式取得报酬。推销员的工作就是推销产品，其工作业绩直接体现在推销的产品数量上。这决定了推销员的报酬采用计时工资不太适合：一则可以对推销的产品数量直接进行度量，而不必寻找代表物来进行度量；二则推销员的工作一般不在公司内进行，而是要四处奔波游说，如果实行计时工资，则对其活动进行监督的成本就高不可攀。另外，推销员的工作也不能实行简单的计件工资，因为推销员推销的产品一般有多种且在不断变换，要确定每一种产品的计件标准，成本太高。比如，房产推销员在推销房屋时常常发现，不同位置、不同楼层、不同面积和不同设计的房屋推销起来需要不同程度的努力，若按推销的面积或成交金额实行计件工资，就不能如实地反映推销员的工作业绩。较好的办法是按销售量计酬，但销售量依然不是一个确切的业绩指标，所以，推销员的报酬一般是较低的基本工资加上较高的佣金（或业绩提成）和随情况而变化的奖金，其中佣金是主要部分。销售额越大，佣金也就越多，这就激励他们努力推销。这种报酬形式的计酬标准是只看结果，不看过程。这种报酬形式从本质上来说也是一种计件工资（这在保险推销中更明显，保险推销员的报酬是直接按推销的保险份数计算的）。由于推销员的努力程度和运气在推销额中都起着重要的作用，故佣金制同计件工资一样，雇员的收入不完全随工作努力程度的变化而变化，也随着各种影响销售量的随机因素的变化而变化。这样，对于风险回避型推销员来说，佣金必须定得更高才能起到激励作用。从应用范围来说，销售佣金只适合风险相对低的商品销售，如零售商品、批发杂货，或标准的工业品与原材料。风险较高且不常见的物品，如建核电站的亿万元合同，根据销售量来提成就会使雇员的收入变得极不确定。在这种情况下，可行的办法是寻找特别能承受风险的推销员或者只付基本工资，用其他方法来提供激励。

佣金制的一个困难是，它使销售员忽视对企业有好处的其他工作，如推销工作或许是企业收集顾客需求和竞争对手信息的主要来源，但在佣金制下，推销员是不会主动收集这些信息的。一个解决办法是对收集的信息额外付钱，但这种信息费是很难定价的。同样的问题是如果要“教育”顾客或提供售后服务，推销员为了增加以后的销售额，可能会在这方面作出一定的努力。但如果推销的产品更新很快，或者售后服务极为重要，佣金制就不能提供足够的激励了。佣金制的最后一个重要问题是针对不同的商品销售制定不同的佣金率是一项极其复杂的工作，其中可能涉及较高的成本。故佣金制并不总是推销工作的最好报酬形式，更不是唯一的报酬形式，它的采用与否完全取决于各种成本的比较。

第三是各类专业人员。像教师、医生、律师这类专业人员，既不能实行计件工资，也不能实行计时工资，因为他们的产出“件数”因不同质而无法加总，或者根本就没有“件数”的概念；他们的工作时间无法确定，或者根本就没有时间的概念。比如医生的工作，

还有一个不利之处是股票期权不适合超高风险的行业和夕阳产业。在超高风险的行业，企业投资失败的概率非常大。当投资失败时，企业家的股票期权将变得一文不值。这就意味着企业家的劳动并没有得到相应的报酬。而投资一旦成功，股票价格的飙升将给企业家带来超额报酬。在这两种情况下，企业家的报酬都与其努力程度脱节。在夕阳产业，由于投资者对其前景是看淡的，故其股票价格往往有低估的倾向。当企业家持有这种产业的股票期权时，他往往得不到应有的报酬或者没有相应的激励。

最后，值得一提的是效率工资问题。有时劳动者的高报酬也被看成一种效率工资。从新制度经济学的角度来看，当一种产品或服务的价格处于市场竞争水平之上时，可能是为了降低交易后的执行成本。效率工资使劳动者或经理的报酬高于市场竞争水平，原因在于劳动的监督成本很高。要减少劳动者的偷懒行为，一个办法是提高劳动者的偷懒成本。高工资实际上提高了劳动者偷懒的成本，使劳动者因为偷懒而被解雇以后无法再找到相应报酬的工作，因而道德风险和机会主义行为也就减少了。

劳动的度量异常困难是问题的一个方面，另一个方面是在不同的报酬制度下，劳动者的行为是不一样的，也就是说，劳动者的报酬制度具有很强的激励作用，劳动者的不同行为可以用报酬制度的差异来解释。例如，在计件工资下，劳动者追求的是件数；在计时工资下，劳动者考虑的是工作时间；在佣金制下，劳动者追求的是销售额；在专业人员的薪酬制度下，劳动者追求的是专业等级；在企业家的报酬制度下，企业家会根据不同的报酬标准采取不同的行动。这些都说明，劳动者可以根据不同的报酬标准来调控自己的劳动供给行为。这正是劳动要素与其他要素的重要不同之处。我们可以推断，报酬制度对经济效率具有重要含义。当一种报酬制度能够根据工作的特点来准确地度量劳动贡献，使劳动者的劳动符合雇主的要求时，这种报酬制度就将达到很高的效率；而当一种报酬制度不能准确地度量劳动者的贡献，或者只度量了雇主所需要的部分贡献时，这种报酬制度就会导致部分效率的损失。在前述的计时工资下，劳动者的偷懒行为和由此引起的监督成本就构成了效率损失。显然，与报酬制度有关的交易费用除了上述度量成本以外，还包括这种效率损失的成本。这就意味着一种报酬制度的效率损失越大，其相关的交易费用越大；反之，其交易费用越小。

与报酬制度有关的另一种交易费用是所谓的制度形成成本。劳动者的报酬究竟采取什么形式，以及报酬多寡，取决于交易双方的力量对比和利益的角逐。例如，在工厂里，工人的工资采取什么形式，以及在计时工资下每小时工资的数量为多少，在计件工资下每件产品的酬劳是多少，在一定程度上取决于劳资的力量对比。这种报酬标准的确立过程是有成本的。另一个更明显的例子是，企业家的报酬究竟采取什么形式，往往由股东与经理之间的利益斗争来决定。在现代社会，经理作为企业的实际控制者，在斗争中处于更强势的地位，因而经理的报酬制度往往采取了更有利于经理的形式。这就可以解释在当代美国，近几十年来，经理报酬的提高速度往往超过了一般工人工资的提高速度和经济的增长速度，以至于即使在金融危机的袭击下，各个公司的经营业绩非常糟糕，但经理们仍然为自己发放高薪。

❖专栏5-3

银行“打工人”年薪揭晓：员工向上、高管向下

2022年上市银行的年报披露已经收官，银行从业者的薪酬也得以揭晓。一直以来，银行工作都是“高薪”“稳定”的象征。2022年，各家银行高管和员工的薪酬变化如何？

中新经纬通过同花顺iFinD数据发现，相较于2021年，A股42家上市银行中，2022年半数银行的员工薪酬上涨，超九成银行员工人均薪酬超过30万元。其中，最高的是中信银行，人均薪酬超60万元；最低的是西安银行，人均薪酬为27万元。

此外，上市银行披露2022年管理层年度薪酬总额（部分人员最终报酬仍在确认过程中，其余部分待确认后银行再行披露），有22家银行较2021年有所下降，其中最高的一家降幅达55.85%。

30万~40万元占比较高

整体来看，全国性股份制银行和城商行的员工人均薪酬较高。42家A股上市银行中，2022年人均薪酬前10家有6家为全国性股份制银行、4家为城商行。

从2022年人均薪酬的范围来看，60万元以上的有1家，50万~60万元的有8家，40万~50万元（不包括）的有14家，30万~40万元（不包括）的有17家，低于30万元的有2家，详见表5-1。

表5-1 **全国性股份制银行和城商行的员工人均薪酬**

公司简称	2022年人均薪酬（万元）	2021年人均薪酬（万元）	变动比例
中信银行	62.32	58.06	7.34%
南京银行	58.55	62.78	−6.74%
招商银行	56.46	56.65	−0.34%
浙商银行	54.73	53.11	3.05%
兴业银行	54.69	55.47	−1.41%
杭州银行	52.83	54.98	−3.91%
宁波银行	50.47	52.12	−3.17%
民生银行	50.24	51.49	−2.43%
平安银行	50.18	53.35	−5.94%
上海银行	49.01	48.29	1.49%
沪农商行	48.19	51.13	−5.75%
光大银行	47.01	48.24	−2.55%
北京银行	46.62	46.16	1.00%
浦发银行	44.98	45.28	−0.66%
无锡银行	44.70	42.88	4.24%
江苏银行	44.54	54.10	−17.67%
苏州银行	44.05	42.93	2.61%

续表

公司简称	2022年人均薪酬（万元）	2021年人均薪酬（万元）	变动比例
成都银行	43.63	39.06	11.70%
苏农银行	43.61	41.57	4.91%
交通银行	42.85	40.75	5.15%
重庆银行	42.17	39.02	8.07%
长沙银行	41.51	41.60	-0.22%
青岛银行	40.49	41.59	-2.64%
贵阳银行	39.02	38.49	1.38%
华夏银行	38.64	39.59	-2.40%
紫金银行	37.92	35.10	8.03%
张家港行	37.53	37.02	1.38%
郑州银行	37.10	38.27	-3.06%
江阴银行	36.95	36.89	0.16%
渝农商行	36.22	40.23	-9.97%
建设银行	35.99	33.72	6.73%
兰州银行	35.58	35.09	1.40%
邮储银行	35.02	33.30	5.17%
齐鲁银行	34.85	35.23	-1.08%
厦门银行	34.80	36.79	-5.41%
青农商行	34.20	35.67	-4.12%
工商银行	33.56	32.10	4.55%
中国银行	33.54	32.45	3.36%
瑞丰银行	33.30	30.32	9.83%
农业银行	32.63	30.45	7.16%
常熟银行	29.16	29.29	-0.44%
西安银行	27.81	31.03	-10.38%

注：以上数据来源于同花顺iFinD。

具体来看，中信银行以62.32万元的人均薪酬居2022年上市银行人均薪酬榜首，且涨幅较大，相较2021年增长7.34%。南京银行、招商银行分别为人均薪酬榜的第二、三位，2022年人均薪酬分别为58.55万元和56.46万元。

国有行2022年人均薪酬大多在30万~40万元之间。其中，交通银行人均薪酬最高，2022年达42.85万元；其次是建设银行、邮储银行，均超过35万元，分别为35.99万元、35.02万元；工商银行、中国银行、农业银行，分别为33.56万元、33.54万元、32.63万元。

人均薪酬最低的为西安银行，2022年该行人均薪酬为27.81万元。常熟银行2022年人均薪酬也低于30万元，为29.16万元，较2021年下降0.44%。

从变动幅度看，42家银行中，有21家人均薪酬较上年上升。涨幅最大的是成都银行，2022年该行人均薪酬为43.63万元，较2021年的39.06万元，上升了11.70%。其次是瑞丰银行，2022年人均薪酬为33.30万元，较2021年上升了9.83%。重庆银行和紫金银行2022年人均薪酬分别为42.17万元和37.92万元，涨幅均超过8%。

在21家人均薪酬下降的银行中，江苏银行人均薪酬降幅最大，2022年人均薪酬为44.54万元，较2021年的54.10万元下降了17.67%。西安银行的人均薪酬降幅也超10%，2022年较2021年下降10.38%。

超半数银行高管薪酬下跌

银行高管薪酬也一直被业界关注。根据同花顺iFinD数据，42家A股上市银行中，有22家银行2022年管理层年度薪酬总额较2021年下降。需要说明的是，部分董监高最终报酬仍在确认过程中，其余部分待确认后银行再行披露，最终报酬总额或与目前已披露数据有较大差距。

从目前已披露的数据看，2022年度银行管理层报酬总额前十的银行中，4家为股份制银行、6家为城商行。最高的三家为民生银行、招商银行和南京银行，分别为5 676.92万元、3 824.86万元和3 406.53万元，但均较2021年出现下滑，降幅分别为4.53%、2.59%和3.56%。2022年度管理层年度薪酬总额最低的三家为长沙银行、渝农商行和重庆银行，分别为288.21万元、513.23万元和711.20万元。详见表5-2。

表5-2 **银行管理层报酬**

公司简称	2022年度报酬（万元）	2021年度报酬（万元）	变动比例
民生银行	5 676.92	5 946.55	−4.53%
招商银行	3 824.86	3 926.40	−2.59%
南京银行	3 406.53	3 532.34	−3.56%
平安银行	3 104.89	3 368.54	−7.83%
中信银行	2 942.00	2 565.00	14.70%
江苏银行	2 933.00	2 502.00	17.23%
宁波银行	2 883.60	2 673.80	7.85%
杭州银行	2 779.13	2 622.56	5.97%

续表

公司简称	2022年度报酬（万元）	2021年度报酬（万元）	变动比例
苏州银行	2 732.14	2 738.79	-0.24%
郑州银行	2 561.66	2 586.19	-0.95%
光大银行	2 442.67	2 888.70	-15.44%
无锡银行	2 191.58	2 600.22	-15.72%
浦发银行	2 061.49	2 174.42	-5.19%
北京银行	2 060.23	2 006.48	2.68%
厦门银行	1 950.22	1 874.71	4.03%
沪农商行	1 907.56	1 897.36	0.54%
青岛银行	1 872.12	1 831.66	2.21%
上海银行	1 847.04	1 884.10	-1.97%
西安银行	1 812.07	2 063.04	-12.17%
兴业银行	1 795.94	1 442.65	24.49%
浙商银行	1 795.46	4 066.96	-55.85%
交通银行	1 731.11	1 524.97	13.52%
建设银行	1 730.00	1 535.16	12.69%
华夏银行	1 720.27	1 687.54	1.94%
齐鲁银行	1 667.39	2 088.94	-20.18%
常熟银行	1 613.06	1 419.15	13.66%
兰州银行	1 547.59	1 446.86	6.96%
张家港行	1 451.88	1 385.30	4.81%
青农商行	1 432.07	1 537.27	-6.84%
工商银行	1 429.42	1 415.77	0.96%
贵阳银行	1 364.00	1 097.85	24.24%
中国银行	1 354.47	1 323.04	2.38%
成都银行	1 283.20	1 245.60	3.02%
瑞丰银行	1 270.90	1 580.11	-19.57%
江阴银行	1 212.75	1 136.56	6.70%

续表

公司简称	2022年度报酬（万元）	2021年度报酬（万元）	变动比例
农业银行	1 184.02	1 193.69	−0.81%
紫金银行	1 095.89	1 739.51	−37.00%
苏农银行	1 043.57	1 509.84	−30.88%
邮储银行	1 005.10	1 041.49	−3.49%
重庆银行	711.20	738.40	−3.68%
渝农商行	513.23	645.91	−20.54%
长沙银行	288.21	309.54	−6.89%

注：（1）部分银行披露数据项为“关键管理人员薪酬”。（2）部分董事、监事、高级管理人员最终税前报酬仍在确认过程中，确认后再行披露。

以上数据来源于同花顺iFinD。

具体来看，2022年国有行管理层年度薪酬总额整体有所上涨，仅邮储银行和农业银行的管理层年度薪酬总额下降，分别同比降低3.49%和0.81%。交通银行、建设银行、中国银行、工商银行分别同比增长13.52%、12.69%、2.38%和0.96%。比如，交通银行董事长任德奇从2021年的82.93万元调整至90.39万元，上涨了7.46万元；农业银行、工商银行、建设银行、中国银行董事长薪酬分别上涨了4.89万元、4.78万元、4.75万元、4.62万元。

股份行的管理层薪酬总额虽整体较高，但9家A股上市股份行中，7家均较上一年出现下降，仅兴业银行和中信银行分别较2021年上涨了24.49%和14.70%。降幅最大的是浙商银行，2022年度管理层薪酬总额为1 795.46万元，较上年下降了55.85%；光大银行、平安银行等都有不同程度的下降。如平安银行2022年年报披露，行长胡跃飞的税前薪酬为336.71万元，较2021年披露的387. 95万元下降了51.24万元；光大银行2022年年报披露，副行长曲亮的税前薪酬为236.78万元，较2021年的268.83万元下降了32.05万元。

中新经纬还发现，部分银行出现了管理层年度薪酬总额上升，但员工人均薪酬下降的情况。如江苏银行2022年管理层年度薪酬总额同比上涨了17.23%，但员工人均薪酬下降了17.67%，厦门银行2022年管理层年度薪酬总额同比上涨了4.03%，但员工人均薪酬下降了5.41%。也有部分银行的员工人均薪酬上升，管理层薪酬总额下降，如浙商银行、上海银行、无锡银行、邮储银行等。

金融业收入分配改革进行时

2022年7月，财政部金融司发布《财政部关于进一步加强国有金融企业财务管理的通知》（下称《通知》）要求，金融企业应当主动优化内部收入分配结构，充分发挥工资薪酬的正向激励作用，有效落实总部职工平均工资增幅原则上应低于本企业在岗职工平均工资增幅，中高级管理岗位人员平均工资增幅原则上不高于本企业在岗职工平均工资增幅的政策要求。

《通知》提到，金融企业应当合理控制岗位分配级差，充分调动一线员工、基层员工的积极性，有效平衡好领导班子、中层干部和基层员工的收入分配关系，对于总部职工平均工资明显高于本企业在岗职工平均工资的，其年度工资总额要进一步加大向一线员工、基层员工倾斜力度。

中信银行在年报中表示："要不断优化以价值创造为核心的薪酬分配机制，完善内部收入分配结构，加大薪酬资源向一线员工、基层员工倾斜。"

兴业银行董事长吕家进在该行2022年业绩说明会上表示："在薪酬分配上，我们现在主要是落实财政部提出的两个'不高于'。同时，我们也在考虑要把薪酬向经营一线、科技一线等领域进行倾斜，鼓励创新，鼓励多劳多得，增强我们基层队伍的稳定性。"

此外，《通知》还要求，要建立健全薪酬分配递延支付和追责追薪机制。绩效薪酬追索扣回规定适用于已离职或退休人员。

2023年3月24日，中国银保监会发布的《银行业保险业健全公司治理三年行动取得明显成效》中表示，截至目前，95%以上机构已制定并实施了绩效薪酬延期支付和追索扣回制度。特别是在一些高风险机构，相关制度为追究违规高管责任、挽回资产损失发挥了重要作用。例如，山西5家城商行合并重组期间，对61名高管和关键岗位人员追索扣回绩效薪酬3 359万元。

河南泽槿律师事务所主任付建在接受中新经纬采访时表示，建立薪酬延期支付和追索扣回机制能够充分发挥绩效薪酬在公司治理和风险管控中的引导作用，平衡岗位责任和收益；有利于相关岗位人员勤勉负责，遵守法律法规，认真开展业务，促进银行等金融行业机构管理水平的提高。对于整个行业而言，此举有利于提高内部管理水平，促进稳健经营和可持续发展。

多家银行在2022年年报中披露，已制定并实施了绩效薪酬延期支付和追索扣回制度，还公布了一些"反向讨薪"的数据。招商银行年报称，2022年该行对2 876名员工执行绩效薪酬追索扣回，追索扣回绩效薪酬总金额5 824万元，折合人均约2万元。江西银行则披露了绩效薪酬追索扣回的具体事由，该行主要对不良资产形成负有责任的人员按不良责任本金大小进行认定，并追索扣回相应的绩效薪酬。

对于接下来金融机构的收入分配改革工作，付建表示，多家银行将高管薪酬与长期绩效挂钩，并有一定降薪，体现了对金融机构薪酬机制中级差不均进行调整的态度。付建认为，下一步金融机构将在政策引导下，做好岗位职责、工作绩效与岗位收入相协调的工作，并在收入分配上向一线员工、基层员工继续倾斜，做好金融机构收入分配的均衡工作。

资料来源　魏薇．银行"打工人"年薪揭晓：员工向上、高管向下？[EB/OL]．[2023-05-11]．https://baijiahao.baidu.com/s?id=1765588995553783491&wfr=spider&for=pc.

5.4.2　劳动度量方式的转变：奴隶制的消亡问题

随着经济活动内容的改变，度量的方式也应该改变，这就导致了经济组织的变化。我们以奴隶制为例，说明劳动市场组织的度量问题所引起的制度变革。奴隶制因为奴隶劳动的度量问题而自然而然地寿终正寝，这一解释为我们揭开了经济史上的一桩不解之谜。

根据科斯定理，如果不存在交易费用和法律方面的障碍，任何资源的所有者都会将资源运用到价值最大的地方。那么，人力资源的所有者即劳动者是不是也遵循这一原则呢？如果一个集团的成员对另一个集团的成员具有完全的产权（如奴隶制），这种安排在长期内是稳定的吗？奴隶会不会购买他们的人力资本产权呢？（埃格森，1990）

基本的经济推理表明，从长期来看，奴隶制在经济上是没有生命力的，理由如下：拥有一个奴隶的经济价值即奴隶的市场价格，是用奴隶生产量的现值减去维持该奴隶的成本（即生产性消费）来衡量的。由于奴隶只得到自己边际产品的一部分，他就比自由人的工作激励更低，因此，如果可以通过市场交换赎回自己的自由，奴隶肯定愿意通过努力工作来支付其身价，为自己赎身。在赎身以后，奴隶不仅可以获得自由，而且可以通过自己的努力提高生活水平，因为他的工作激励更强，生产力也就更高。另外，从奴隶主的角度看，由于他已经获得了拥有奴隶的全部收益，因而，奴隶为自己赎身并没有给他造成任何经济损失，因而解放奴隶是一种帕累托改进。

但这种分析暗含着三个假定：（1）高昂的代理成本使奴隶采取机会主义行为，将工作努力控制在一定限度之内，因而奴隶劳动的效率比自由人劳动的效率低；（2）高昂的签约成本，如执行成本，并没有妨碍奴隶就他们的自由问题进行协商，奴隶和奴隶主可以像其他市场交易者一样平等地谈判；（3）奴隶解放以后可以找到报酬直接取决于工作努力程度的工作（埃格森，1990），因而有退出通道。这三个条件缺一不可。让我们考察一下这三个条件是否成立。

首先，我们要考虑这样一种可能性：在奴隶制下，奴隶在奴隶主的强迫下，劳动的时间更长，因而有更高的产量。在这种情况下，奴隶制在经济上具有存在的可能性。但是，这种分析经不起推敲，因为如果奴隶将自由看得更为重要，他也可以像奴隶一样为自己工作，此时他还是可以赎身，只是生产的产量并不比奴隶更多。但他成为自由人的净收益是获得自由的满足感，这显然是一种帕累托改进。这时只有解放奴隶时具有高昂的签约成本才能够在短期内保护奴隶制，但在长期内，市场安排往往会消除签约成本。

此外，这种分析也意味着劳动的监督成本，即劳动合同的执行成本为零，这意味着奴隶不可能在工作中偷懒。奴隶主可以不顾奴隶对工作强度和工作时间的偏好强迫奴隶长时间有效率地劳动，而这也是不可能的。

那么，奴隶制到底是因为什么而在历史上存在了很长时间，甚至在工业化以后仍然在许多地方存在？更重要的是，它是如何消失的呢？经济学家费诺蒂（Fenoaltea）提供了一种可能的解释。

费诺蒂（1984）指出，说奴隶生产无效率是忽略了这样一种可能性：痛苦激励（Pain Incentives）可以激发出更高的生产率。这就是说，奴隶主的鞭子可以激发出奴隶更高的生产率。当肉体直接受到威胁时，可以使奴隶发挥超常的生产力。如果是这样，奴隶就可能比自由人具有更高的生产率，那么，市场交换就无法使奴隶变成一个自由人。奴隶制从长期来看也是一种帕累托均衡。在现实中，我们也看到，雇佣自由劳动者的企业如果工作条件特差，就必须支付更高的工资才能吸引到工人，但雇佣奴隶劳动的企业不必因为条件差而支付更高的工资，结果后者将使前者破产。

然而，恶劣的工作条件并不能使奴隶制在长期内成为帕累托稳态组织，除非由于痛苦激励而使奴隶与自由人的生产率相差悬殊。如果自由人与奴隶的生产率一样高，那么，奴隶就能够并且愿意赎回自由。在这种条件下，奴隶获得自由，但生活水平没有变化。

还有，如果我们假定监督奴隶劳动的成本为零，产权的一定限制就可以使奴隶制在经济上有存在理由。例如，严格禁止解放奴隶就使企业雇佣奴隶劳动获得一种竞争优势，因为雇佣奴隶劳动的成本更低。在这种情况下，即使没有痛苦激励理论，也可以解释奴隶制的存在。

但是，如果监督成本不为零，奴隶制存在的理由就不充分了。监督成本的存在往往降低了奴隶制的相对优势，因为各种各样的代理问题和有关的成本在奴隶制下不是特别严重，就是独一无二。例如，奴隶制至少在下列方面存在高成本：

第一，控制奴隶因为极大化生产力的目的而进行消费的成本。因为奴隶消费不足可能降低生产力，但消费过度也会降低生产力，因此，如何使奴隶适度消费，保持最高的生产力，是奴隶主必须考虑的一个问题。这就产生了监督和度量的成本。一般情况下，这两种成本非常高。

第二，奴隶装病和自残的成本也非常高。奴隶可能为了逃避劳动，或减轻劳动负担而装病和自残。奴隶主要防止这类行为的发生，往往需要支付高昂的成本。

第三，防止奴隶搞破坏的成本。

第四，监督奴隶行为和维持奴隶工作与生活条件的成本，以防止奴隶起义和骚乱。比如，奴隶劳动如果是集中进行的，虽然可能降低监督成本，但增加了他们联合起来进行暴动的风险；如果是分散劳动，又提高了监督成本。同样，如果让他们分散居住，管理成本将上升；而如果让他们集中居住，也增加了他们起义的可能。

奴隶制存在的这些代理问题显然增加了制度运作的成本，降低了奴隶主拥有奴隶的价值。各种监督成本的存在抵消了痛苦激励带来的生产力的提高，而奴隶之间的合作也需要很高的代价，这些都降低了奴隶主拥有奴隶的经济价值。

费诺蒂（1984）认为，奴隶制只有立足于痛苦激励才是一种有生命力的劳动组织形式，而痛苦激励只有在一些生产活动中才具有高的生产力，它可以制造残酷努力（Brute Effort），但也降低了工作质量，因为受折磨的工人是笨拙的、没有想象力的和意志薄弱的。此外，生产技术随着努力和细心程度（Care Intensity）而变化，细心密集型的活动往往是资本密集型的，而努力密集型的活动是土地-自然资源密集型的，结果就是，强迫劳动的比较优势可以在努力密集型和土地密集型的活动中存在，在这些活动中，可以用相对低的成本来组织奴隶工作。

费诺蒂（1984）认为，这些条件存在于农业、采矿、凿石和公共活动等需要高体力，同时使用原始技术的工作中。美国南部的奴隶种植园从事的就是棉花、谷物的种植工作，某一年的粗心大意不会影响下一年的收成。但在古罗马，情况完全不同，奴隶种植园种植的葡萄和橄榄树是细心密集型和资本密集型的。奴隶制在古代自动地消失了，这一点长期以来一直使历史学家迷惑不解和备受折磨。费诺蒂（1984）提供了一个解释，那就是古罗马种植园的生产过程是资本密集型和细心密集型的，在这种情况下，痛苦激励是相对无效率的，因此奴隶制不是一种帕累托稳态组织。

古罗马当时的情况是，由于不存在资本市场，因而奴隶没有办法通过资本市场来筹措自己的赎身费用，也就没有能力同奴隶主签约，通过市场交换解放自己。此外，奴隶获得解放以后面临的经济机会也非常有限，这种退出障碍也降低了奴隶自己解放自己的激励。

再加上打胜仗以后奴隶的供给大量增加，使奴隶的价格非常低廉，奴隶往往进行细心密集型活动。但在这种活动中，这种组织形式没有任何经济优势，奴隶主发现，与其让奴隶在自己的皮鞭下不情愿地工作，还不如把土地租给他们，让他们成为自由人，向他们收取地租。奴隶制在古罗马就这样悄无声息地消失了。

根据以上分析，费诺蒂（1984）对奴隶制的演进作出了下列假设：

第一，奴隶制将在适合痛苦激励的努力密集型活动中首先出现，并在这一部门最后消失。

第二，当奴隶进入细心密集型和资本密集型部门时，就要依赖日常的报酬制度来缓解代理问题，而待遇的严厉程度与活动的细心和资本密集程度是反方向变化的。

第三，奴隶解放与其从事的活动有关，在细心和资本密集程度最高的活动中发生的频率最高。

费诺蒂的上述解释和假说是否正确，还有待历史事实来检验。虽然他引用了大量的史料来证明他的理论，但他也承认，各个社会面临的约束条件不一样，其奴隶制的经历也各不一样。从理论上来说，适当的产权结构几乎可以形成任何形式的强迫劳动。费诺蒂（1984）还举了一个有趣的例子。罗马法对合法的代理关系进行了严格限制，这给需要同佃农签约的大地主造成了困难。但其中有一个漏洞，在罗马法中，奴隶不是人，而是主人的延伸，因此，财产所有者使用奴隶作为其代理人是合法的，这就使奴隶代理人得以监督自由的佃农。换言之，由于产权结构有效地限制了代理权，“在人类的非人（奴隶）中可以看到对人类的个人（企业）的实际替代或法律上的代理人，他们是法律上的非人，但是主人的工具”。

埃格森（1990）最后总结说，当一种组织的代理成本不合理地高于另一种组织时，交易费用理论认为要考察其具体的约束条件和某种未预期的边际上的补偿利益。正如公开公司一样，资本市场和经理市场的竞争限制了其潜在的高额代理成本，而且这种公司形式提供了大规模聚集资本的特殊优势。在这里，奴隶制作为一种生产组织，其严重的抑制问题和度量问题被痛苦激励下的劳动生产力提高的利益所抵消。但当二者不能抵消时，奴隶制的存在也就成了问题。

用现代的例子来解释度量问题如何导致了经济组织的演变或许更恰当。在现代IT产业中，一直存在是资本雇佣劳动还是劳动雇佣资本的争论。在IT企业中，人力资源拥有的知识变得很重要，技术人员成为稀缺的要素，技术创新能力决定了企业的发展，但技术人员的劳动是极难度量的，也难以监督。一个设计人员坐在电脑前面冥思苦想，谁知道他是在思考技术难题还是在思念自己的女友。技术人员的劳动当然可以用商业化后的价值来度量，但许多协同攻关或没有直接商业化的技术，或者需要长期努力才能出现的重大技术创新，就没法用商业价值来衡量了。此外，任何技术研究都存在一定的风险，没有成功的研发是不是就毫无价值？这些情况说明，在IT企业中，没有特定的制度安排，技术人员的努力激励就会不足，其生产力就会下降。阿尔钦和德姆塞茨（1972）认识到让最难监督的要素拥有企业的剩余索取权，可以减少企业因为偷懒而造成的效率损失。根据这种思想，在IT企业中，劳动雇佣资本或由劳动与资本共享企业剩余索取权，形成有效的人力资本产权制度，似乎是经济组织的一种发展趋势。

5.5 农业中的各种合约安排

农业中存在的各种合约形式也是与交易费用有关的。在历史上，自耕农是一种较为普遍的经营形式，这种农业由于农民拥有土地并自己进行耕种，不存在委托代理问题，也没有相应的监督和激励问题。但这种农业规模很小，抗风险的能力较差。一旦土地集中到一定程度，土地所有者没有能力自己耕种全部土地，就需要其他的合约形式来组织农业生产。在各国历史上，固定租合约、工资合约和分成合约（Sharecropping or Share Tenancy）都曾是组织农业生产的形式。

所谓固定租合约，就是地主把土地租给农民，由农民进行耕种，双方事先约定一个固定数量的地租，农民在收获以后交给地主。在固定租合约下，只要不影响土地转租的价值，农民可以自由使用土地。农民由于在交纳了固定数量的地租以后，剩余的产量全部由自己占有，因而能够得到其努力的全部边际产品。这种安排本身是一个激励计划，消除了任何监督农民劳动的必要，由此大幅度降低了监督成本。而如何协商地租的数量，又因为土地租借市场的竞争而得到解决，因而这种安排被认为是一种有效率的组织形式。

工资合约则是由所有者或经营者雇佣农业工人来进行耕种的组织形式。在工资合约下，劳动者为雇主劳动，按照事先协商好的条件获得工资。由于劳动市场竞争的存在，事先协商工资的成本很低，但这种合约需要雇主监督劳动者的劳动，由于雇主可以得到监督的全部收益，因而他有足够的激励提高监督的效率。

分成合约有所不同，长期以来，分成合约被新古典经济学认为是无效率的。因为在分成合约下，全部产量要在佃农与地主之间按事先商定的比例分享，商定分享比例（即分成率）需要成本，同时佃农只得到其努力的边际产品的一部分，因而工作的激励下降。

从风险分担来看，这三种合约有不同的表现。在工资合约下，地主承担了全部经营风险，工人只领取商定的工资；在固定租合约下，佃农承担了全部经营风险，地主只收取固定地租；在分成合约下，佃农与地主按商定的分成比例分享产量，因而他们也分担了经营风险。

在这里，我们先来讨论分成合约存在的理由，然后讨论在欧洲存在了几个世纪的开放田地制（Open-field System）之谜。这一制度从新古典经济学的观点来看涉及不必要的成本，因而也是不可能长期存在的。新制度经济学通过引入交易费用与风险分担，较好地解释了农业生产组织的演变。

5.5.1 分成合约的存在逻辑

分成合约是农业中长期存在的一种组织形式。在这种形式中，地主将土地租给农民耕种，收获以后，地主和农民进行产量分成。在分成合约下，地主也可能提供一些土地以外的其他投入，但也可能是农民负担土地以外的全部投入。

分成合约被经济学家认为是一个无效率组织长期存在的谜点。自亚当·斯密以来的经济学家都认为，分成合约是无效率的，显然比工资合约和固定租合约要差。当代一些经济学家甚至认为农业中存在分成合约是许多第三世界国家经济停滞不前的原因（埃格森，1990）。

那么，分成租（即分成合约）为什么是无效率的呢？经济学家一般用图5-3来说明。

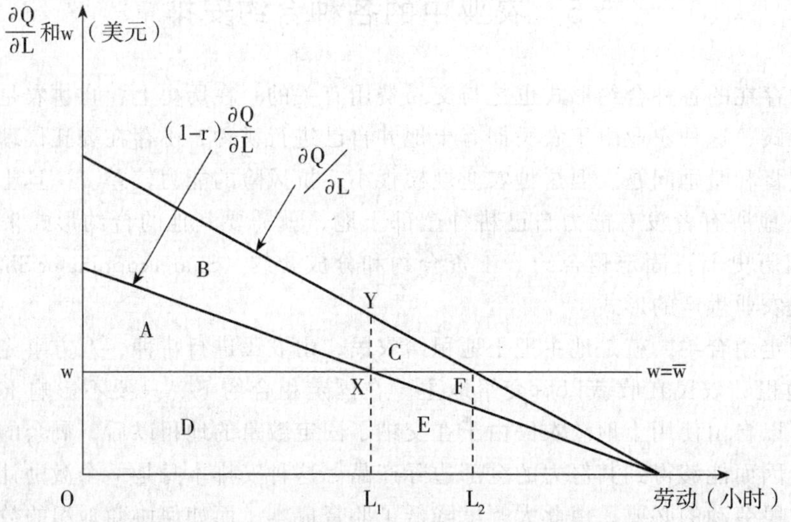

图5-3 分成租的无效率（埃格森，1990）

在图5-3中，纵轴代表工资和边际产品，横轴代表劳动使用量。劳动市场的竞争性工资为w，劳动的边际产品线为əQ/əL。让我们先看一看按照新古典经济学的分析，用不同的合约方法组织生产所得到的结果有何不同。

在固定租合约下，农民按照边际相等原则，会将自己的劳动使用量调整到L_2的水平，此时得到的边际产量正好等于劳动市场的竞争性工资水平w。如果劳动使用量低于或高于这一水平，边际产量就不等于w。农民就可能通过增加或减少劳动使用量而增加收益。故在L_2，劳动的使用处于均衡状态，此时劳动者得到的工资为D+E+F，而地主得到的地租为A+B+C。

如果土地所有者或大农场的经营者用工资合约来雇佣劳动者，则均衡时劳动的使用量也是L_2，因为这时所有者的边际成本（W̄）等于边际收益əQ/əL。这时地主得到的租金是A+B+C，劳动者得到的工资总额是D+E+F。所不同的是，在工资合约下，土地所有者承担经营风险，劳动的监督成本很高，但可以组织大规模的生产而利用农业中的规模经济。而在固定租合约下，佃农自己承担经营风险，劳动的监督成本很低，但农业中的规模经济效应可能就无法发挥。因此，工资合约和固定租合约虽然可能适合不同的经济环境，但二者的效率没有高下之分。

然而，如果地主把土地租给佃农，收取分成租r，那么结果就将十分不同。在分成合约下，佃农得到的边际产品为（1-r）əQ/Lə。最优化的佃农将使其成本与收益在边际上相等，也就是使劳动的边际收益（1-r）əQ/əL等于劳动市场竞争性工资，即佃农的边际机会成本，因为如果他不在分成合约下工作，在其他地方也能获得w。这时，均衡的劳动使用量为L_1，相应地，产量减少了C+E+F。需要注意的是，佃农在L_1的边际产品大于边际成本，二者的差额就是XY。这表明分成租违反了新古典经济学的边际成本等于边际收益的效率标准，对社会造成净损失C。还要注意的是，地主的租金在分成租下也下降了，在自行耕种或工资合约下，其租金是A+B+C，而在分成租下是B。佃农在分成租下得到A+D，但如果他是工资劳动者，则只得到D。

概言之，分成合约减少了劳动使用量和农业生产量，使工资和地租都下降了，因而是无效率的。

但情况果真如此吗？1968年，张五常在《私有产权与分成租佃》一文中指出："无论从理论上来说，还是从经验上来说，这种无效率的观点都是一种错觉。在私有产权条件下，无论是地主自己耕种土地、雇佣农民耕种土地，还是按一个固定的地租把土地出租给他人耕种，或地主与佃农分享实际的产出，这些方式所暗含的资源配置都是相同的。"这就是说，只要存在私有产权，工资合约、固定租合约和分成合约不存在效率孰高孰低的问题，因为在人们可以自由选择的情况下，没有谁会选择效率较低的合约形式。

张五常认为，上述分析在长期内并不是一种均衡的结果。地主不会选择具有较低租金的合约，同样，分成的佃农获得比工资劳动者更高的收入也不是劳动市场的均衡情况。当然，分成的佃农获得的收入也不会比工资劳动者低，否则他会成为工资劳动者。分成者有激励租借更多的土地，直到边际产品为零为止，因为额外的土地不需要支付代价，却可以得到（1-r）$\partial Q/\partial H$，这里的H代表佃农获得的土地数量。但地主为了获得更多的租金，也不会把所有土地租给一个农民耕种，只有当农民的土地少到影响农民的收入时，为了防止农民弃租，他才会降低分成率r。因此，劳动量L、每个佃农租种的土地数量H和分成率r是同时决定的。

张五常认为，通过内生化合约的结构就可以化解分成租无效率之谜。为此，他内生化了下列几个变量：租金率r、每个佃农得到的土地数量H、佃农提供的劳动量L。在均衡出现时，地主和佃农的收入在分成租下与工资合约下是相同的。这个结果是在交易费用为零的情况下得出的，也可以借助图5-3说明。假定土地的均衡数量H已被决定，可用合约规定佃农的责任是投入L_2的劳动，地主的租金也进行调整，直到A=F为止。在这一点上，佃农的收益为D+E+F，地主获得的份额也等于工资合约下的份额。在零交易费用假定下，分成租并不是非理性的和无效率的，但证明各种合约得到的结果相同，并没有解释为什么一种合约优于另一种合约。合约理论必须考虑交易费用。张五常（1968）指出："合约安排的选择是这样进行的：在交易费用约束条件下，使得自风险分散的收益极大化。"

先考虑风险问题。土地收益由于气候这类外生因素的变化而变化，这是风险和不确定性的主要原因。合约安排不能消除随机的外生因素引起的产出波动，但可以转移这种风险。在工资合约下，地主承担了产出波动的风险；而在固定租合约下，佃农承担了产出波动的风险；分成合约则是二者分担风险。

佃农对风险的态度取决于他的贫困程度，合约的选择受个人风险回避程度的影响。非常穷的农民可能完全不能承担风险。假如农民的平均收入接近其生存水平，产量的减少就会危及其生存。处于这种状态下的佃农就会避免固定租合约，而更喜欢工资合约。

在张五常的基础上，后来的学者作了进一步拓展。1973年，希格斯（Higgs）提出了一个模型，说明农业中风险水平的变化怎样影响合约形式的相对重要性。他假定地主和佃农风险回避的程度不同，推导出风险水平与租约形式的确切关系。例如，当佃农比地主更倾向于风险回避时，分成租出现的可能性更大，即风险水平与分成租出现的频率之间存在直接关联。

但是，在同一个合约中，通过将工资与固定租结合起来，也能达到分散风险的目的。这就是说，为了分散风险，分成合约并不是唯一的选择。1974年，斯蒂格里茨在《分成租赁中的激励与风险分担》一文中认为，混合合约能够提供纯分成合约所提供的任何一种风险分担，因此，仅仅用风险还不能完全解释分成租的存在。

也有人认为，要使佃农的劳动时间达到L_2而不是L_1，执行成本可能非常之高，因而张五常的上述解释是不现实的。例如，1979年，洛卡斯（Lucas）在《分成、监督与激励：对马歇尔式的资源错误配置的再评价》一文中认为，工资合约也牵涉执行成本，但是，通过假定雇佣的劳动更多时，监督的边际成本递增，土地在几种合约形式之间配置的均衡条件就可以得到确定。简言之，交易费用是解释农业中存在各种合约安排的关键变量。

可以看出，新制度经济学关于分成合约的研究揭示了农业生产组织的背后逻辑：交易费用、风险分担和利用规模经济是农业合约采取不同形式的基本决定因素。

5.5.2 关于农业中混合合约的经验研究

埃格森概括了一些学者关于当代美国农业中存在的各种混合合约的经验研究成果(1990)。从实践来看，农业中合约的结构既复杂也多变，甚至在同一个农场里也可以看到几种不同形式的合约，在美国这一点就非常明显。美国普查局从1880年起就开始调查农业中存在的不同合约形式。艾斯顿和希格斯在概括了调研结果后不得不承认，相对于实践中存在的丰富多彩的合约形式，人们在详细推测合约一般结构方面的能力还十分有限，只能说在推测混合合约在不同时间和地区之间的边际变化方面已经取得了一些进展。最成功的解释变量是代表签约成本的那些代表物。对农业中合约结构的细节进行理论推导和经验检验太过复杂，也难以控制，其中涉及以下五个方面的难点：

第一，最优合约将考虑风险的分担。风险分担的公式取决于签约双方相对的风险回避，风险随着种植的谷物、使用的技术、地理区位、土壤的类型和投入与产出市场而变化的程度。这意味着风险本身变动不定，签约双方对风险的态度也各不相同，要得出一个确切的结论非常不易。

第二，最优合约取决于劳动投入所有者的经营能力、他对人力资本和物质资本的所有权，而这些因素又常常受制于金融约束因素，因而不太容易确定。

第三，土地的所有者必须考虑耕种者在谷物成熟前终止合约的可能性，例如，在收割季节，劳动需求很大，各种合约都可以把工人束缚在土地上，但用什么形式，在不同的情况下可能有所不同。

第四，土地供给者既通过获得大量的净收入极大化财富，也通过保护其资源，避免由于粗心大意而造成收入下降。也就是说，土地所有者既想达到土地的收入最大化，也想维持土地资产本身的价值不下降，这二者可能很难达到合理的平衡。

第五，如果其他资产，如役畜、肥料、种子和农业机械由地主提供，就需要更多的监督。但当许多不同类型的资产需要监督时，监督也存在规模经济。例如，当地主既监督其土地的使用也监督其他物质资产的使用时，同时再监督劳动投入的边际成本可能很低。

要很好地解决以上五个方面的难点非常困难，这就使我们无法确定具体的合约选择形式。但一些学者还是研究了其中一种变量或一些变量的改变如何对混合合约产生影响。例如，艾斯顿和希格斯列出了关于合约结构进行边际调整假说的各种检验。例如，土地价值与工资合约出现的频率（相对于分成合约）之间存在明显的正向关系，土地价值与分成合约出现的频率（相对于固定租合约）之间存在明显的正向关系。这就是说，土地价值越高，越有可能采取工资合约进行耕种。根据艾斯顿和希格斯的解释，其中的原因在于，有价值的土地已经进行了强度很高的监督，再监督劳动的成本就相对低廉。这时，要求对劳动进行相对高强度监督的合约形式就比较有利，工资合约就需要对劳动进行高强度监督，因此，地主用工资合约组织耕种就避免了分成合约所带来的问题。与此相反，当大部分工作由劳动来完成时，固定租合约就是有利的了（埃格森，1990）。因为我们可以预期，这时对劳动进行监督需要更高的成本，而固定租合约就减少了监督劳动的必要性。

5.5.3 开放田地制之谜

与分成合约一样，长期以来，欧洲中世纪存在的开放田地制一直令经济史学家困惑不解，原因在于这一制度的成本高昂。这表现为，在实行开放田地制的村庄，每个家庭耕种的土地分散成几小块，由此带来了一些不必要的成本，如果将土地进行整合，比如，每个家庭占有一块较大的土地，效率应该更高。

这种制度的特点是，开放田地制村庄是一种集体组织形式，其基本决策单位是家庭。每个农民家庭耕种不设栅栏的、小而分散的土地，每块土地的面积小于1公顷。村庄为家庭制定了一套详细的管理办法，比如，在每年收获以后，每家的土地要集中起来，由村民们共同放牧。

长期以来，经济学家把这种组织形式看成高成本的制度（埃格森，1990）。例如，1972年，麦克库洛斯基（McCloskey）在《开放田地的栅栏：其对18世纪英国农业效率影响之研究的前言》一文中指出："每个人分散占有许多小块土地，其直接成本是从一块到另一块土地要花费时间，一个人的懒惰或恶意很容易传递给邻居，造成对经营的抑制作用。此外，土地分散意味着在农闲时共同放牧，结果是土地的过度使用和动物疾病的传播。而这又必然带来的后果是，共同放牧意味着每个人要服从关于什么时候放牧要让位于种植作物，以及应该种植什么类型的作物的共同决定。"

麦克库洛斯基虽然后来也指出过度放牧受到集体的调控，从一块土地到另一块土地长距离行走并没有浪费时间等，但他的基本结论还是对于狭隘的耕作目的来说，开放田地制确实是无效率的。在英格兰，典型的开放田地制一直到19世纪初期才消失，而其在欧洲大陆更是一直延续到20世纪。在许多第三世界国家，土地的分散化至今非常普遍，许多发展经济学家甚至把这当做贫困的一个重要原因。

那么，人们为什么没有将土地合理整合，以提高资源使用的效率呢？经济学家一直试图给予解释。这里列出有代表性的三位学者——麦克库洛斯基、达尔曼（Dahlman）和费诺蒂——的解释，他们提供了三种不同的答案。可以发现，他们的答案都明确地或暗含地立足于交易费用。他们三个人都认为，土地分散化一直存在的原因并不是重新安排土地产权的交易费用太高，因为交易费用尽管在短期内可能很高，但在长期内不是障碍。几个世纪以来，如果激励足够大的话，村民们应该有机会整合他们的土地，哪怕是一系列微小的整合也足以改变这一制度。因此，村民们为什么一直使用成本高昂的组织形式，牺牲农业产出，必须从某些补偿利益中寻找原因。

麦克库洛斯基的答案是：土地分散化是一种应对风险的行为。也就是说，土地分散是村民对付歉收的办法。村民在不同位置耕种小块土地类似于证券组合中的投资分散化。设想一下，村民每年的收成只够他们维持生存，如果生产过分集中在一大块土地上，一旦某种作物或某块土地歉收，对村民家庭将是一场灾难。

然而，将土地分散就可以避免歉收的风险吗？除非不同的土地有不同的自然条件，这样，分散耕种土地才可以避免风险。那么，在一个村庄范围内，自然条件（尤其是气候条件）的差异真的有那么大吗？麦克库洛斯基对英国实行开放田地制的村庄进行了研究，他（1986）发现情况确实如此："典型的英国开放田地制村庄大约有两平方英里的面积，但在这一范围内，种植的作物差异甚大，这就使得拥有分散的小块土地可以起到分散风险的作用。例如，英国冰雹的平均宽度只有2~300码，受损的面积也就这么大一块。"

因此，土地分散经营的农民虽然比土地整合经营的农民获得较低的平均收入，但分散化也降低了收入的方差，故土地分散化对风险回避的农民来说还是通过牺牲产量增加了确定性，进而改善了福利。

不过，这种分析有一个问题：农民难道就找不到其他的保险方法，非得用土地分散这种办法来保险吗？土地分散化只稳定了单个农民家庭的产量和消费，却没有稳定整个村庄的产量和消费。没有分散化、不牺牲产量而通过储藏和不同村庄之间的贸易，也可以达到稳定的效果。但他发现，这样做的成本都高于分散化。农民并不是不知道储藏，而是储藏的成本高不可攀。储藏成本只是在现代由于利率下降才变低的。麦克库洛斯基粗略估计，英国农民因为分散土地而损失的产量约为10%，而每年的储藏成本却达到收成的1/3甚至更多。

如果他的分析正确，那么，高成本的英格兰开放田地制村庄的分散化就是成本更高的资本市场和保险市场的替代物。当时的交易费用太过高昂，不是妨碍了这些市场的发展，就是严重地限制了贸易利益（埃格森，1990）。

麦克库洛斯基进一步论证，从16世纪起，技术进步降低了英国农业产出的波动幅度，因而降低了保险需求。农业之外的兼职成为自我保险的另一个办法，这种机会在17和18世纪变得更常见，故开放田地制也就因此消失了。

达尔曼于1980年出版了《开放田地制及其超越：经济制度的产权分析》一书，也用交易费用来解释土地分散化之谜。但在他的分析中，原因不是保险市场的缺乏，而是放牧权的共享。为此，他引入了放牧规模经济的概念。在他看来，如果个人的土地被整合，村民就可能单干，就不可能享受到放牧中的规模经济。但如果土地分散化，村民在小块土地上没有办法放牧，必须加入整个村庄一起放牧，这样就可以享受到放牧的规模经济。

埃格森认为，即使在拥有整合土地的村庄里，单个家庭的讨价还价力量也是弱小的。当农民不加入共同放牧的个人损失大于此行为给其他人造成的损失时，不加入共同放牧的威胁就变得空洞了。如果放牧的规模经济在最后一个村民加入以前就接近于消失，那么这种情况就会出现。当规模经济消失时，让边际农民加入合作的收益就微不足道了。同时，对外部人来说，放牧的成本就高了。因此，达尔曼的解释是否成立还有待考察（埃格森，1990）。

费诺蒂在一系列论文中试图用管理大农场的潜在高额交易费用来解释分散化的原因。他把开放田地制村庄看成将家庭耕作优势与大规模耕作的经济性结合起来的巨大经营单位。这里的关键在于农业中劳动服务市场具有高昂的交易费用。他认为，土地分散化经营是组织农业生产的一种完全有效的方式。如果把整个村庄看成一个经济单位，就可以很好地理解开放田地制的经济逻辑。这个经济单位把家庭农场或农民家庭视为基本的决策单位，成功地降低了监督成本，解决了大农场存在的那些众所周知的问题。这种形式的分散化使它能够在一定程度上依靠自我执行和低成本地监督小组农业工人来提高效率。通过村庄的调控和管理，伴随着共同所有和分散化而来的各种外部性都被内部化了（埃格森，1990）。

在欧洲平原上进行大规模农业耕作的经济性不仅取决于大而多样化的农场迁移劳动力和其他可变投入，而且取决于把它们配置到边际产品最高的地方工作的能力。但这些资源的最优配置随着降雨量、温度的不同，以及其他因素的变化而变幻莫测。费诺蒂认为，开放田地制村庄复制了大地产的优势，每个耕作者分到或大或小的一些土地，每个人得到的土地都包括各种不同的质量，这使单个的农民能够像大地产的经营者那样对可变投入进行相同的边际调整。

综合上述三个人的观点，可以得出这样一个结论：开放田地制只有用交易费用才能解释（埃格森，1990）。需要补充说明的是，1700年英格兰的土地有一半被圈占，而到了19世纪初，几乎所有的土地都被圈占了。从1760年到1820年这60年间，圈地运动达到高峰。他们三个人都认为，无论开放田地制原先的优势有多少，到了圈地运动时，它已不再是英格兰有生命力的经济组织。例如，重新安排土地产权的成本和由于建栅栏而引起的执行成本虽然高昂，但那些支付这些成本的人仍然能够在投资上获得巨大报酬或至少是平均报酬。

根据拿破仑战争造成通货膨胀前的英国物价水平，圈地成本估计约为每公顷2英镑。1700年以后圈占的土地达1 400万公顷，圈地报酬非常高：每公顷2英镑的成本支出，地主每年得到10先令的租金，其报酬率每年达到25%。

然而，栅栏投资的报酬不一定来自产出的增加，正如许多学者所指出的，收益可以通过占有其他人的产权将财富转移给投资者。一个学者曾说，“圈地是赤裸裸的阶级抢劫的例子”。如果财富转移假说是正确的，那么，对利用议会和其他政治制度的抢劫者来说，圈地的成本加上建栅栏及其他执行费用，一定低于其他在社会集团之间转移财富的办法所带来的成本。例如，其他转移财富的方法可能是常规的税收，或者关于财富转移的私人协议，二者都避免了执行圈占土地所造成的无谓损失（Deadweight Loss）。

最后，如果我们认为开放田地制曾经具有相对优势，而到了18世纪初却失去了这种优势，那么，我们就要解释是什么因素摧毁了这一制度。达尔曼和费诺蒂提出的一个解释是，技术变革和扩张的市场给开放田地制村庄的决策过程造成压力。当技术变革时，在很少受教育的农民之间就最优策略达成协议的成本太高了，这使开放田地制处在相对不利的地位，因此，村庄决策被更小的单位决策所代替。这些更小的单位更能随时作出调整（埃格森，1990）。

总之，运用交易费用理论，我们可以很好地解释农业中的各种组织形式及其演变趋势。

5.6　自由放任市场中的企业结构：相互竞争的组织形式

在现代工商业中，我们可以看到各种各样的组织形式，其存在的经济理由又是什么呢？现在我们来分析这一问题。

在自由放任的市场经济中，企业家可以选择组织生产的方式。在现代市场经济中，我们还可以观察到，一个企业家可能注册多家公司，股权层层嵌套，通过不同性质的公司相互持股，以牢牢控制公司控制权、合理避税、逃避监管、防范风险等。根据利润极大化原则，企业家选择的组织一定是使企业能够比竞争者有更高生产力的组织，这样，它们才有机会生存下来。1937年，科斯在《企业的本质》一文中指出，当交易费用为零时，经济组织的均衡规模是不能确定的。他提出的理由是，企业是市场价格机制的替代物，之所以出现这种替代，是因为使用市场机制是有代价的，企业替代市场就降低了交易费用。但是，如果交易费用为零，是采取市场交易还是企业内交易，其实是无关紧要的。显然，如果科斯的说法站得住脚，那么，交易费用就是说明各种经济组织采取不同形式的重要因素。

现代经济组织的各种形式，如个人业主制（Proprietorships）、合伙制（Partnerships）、共同体（Mutuals）、公开公司和封闭公司（Open and Closed Corporations）、非营利组织（Nonprofit Organizations）等，都与各种类型的交易费用有关。当然，政府和法律也会影响经济组织的形式。例如，政府针对不同组织的税收和补贴、有关组织运行的法律规定可能使一些组织形式消失，同时帮助另一些组织发展。

新制度经济学认为，分析组织的最主要因素是成本，各种组织都是在约束条件下使协调成本和执行成本极小化的产物。在自由放任经济中，企业的成本极小化有几个方面的内容（埃格森，1990）：

第一，企业组织必须能够利用大规模经营效应，这样可以降低单位成本，这在新古典经济学中已得到充分的讨论。

第二，进行合作生产时存在的不对称信息、度量成本和个人具有不同的效用函数等，都导致了代理成本，而代理成本又部分地取决于合约安排的结构。例如，生产单位之间的垂直联系常常具有高额的交易费用，但垂直一体化有时可以降低这种成本。

第三，在许多大型组织中，生产过程使企业专有信息在企业内的不同点上积累，信息的这种分散与集中有利于企业将形成和执行决策的权利分配给专业经理，这对于设计有效的监督体系具有重要意义。

第四，收集信息和协调生产的成本随着组织的扩大和复杂化而上升。有时当一个大型组织被分成几个半自治单位时，这些成本是可以降低的。

第五，经济组织经常涉及一些不可投保的风险。风险分担和剩余索取权在组织成员之间的分配会影响激励和经济结果。一些学者甚至认为，规定剩余索取权的合约是理解经济组织的关键。

第六，企业专有人力资本导致广泛而独特的代理问题。企业专有的物质资本往往由大家共同所有，以避免企业专有的准租金被侵占（在第7章企业理论中我们还会详细讨论），否则就会用长期合同来限制潜在侵占者的行为。当然，对人力资本来说，这两个办法的作用都很有限：出售人力资本是非法的，限制人力资本所有者将来选择的许多长期合约也是违反法律的。因此，人力资本的特殊性质导致了人们用特殊正式与非正式合约来降低交易费用。

从埃格森所列举的六个因素来看，它们都与交易费用有直接或间接的关系，因此，解释组织的形式离不开交易费用。下面我们依次考察资本主义经济中普遍存在的六种经济组织形式，解释每种组织形式的相对优势和成本。

①个人业主制。个人业主制是古典企业采取的形式。一个人既是剩余索取者，亦是最终的决策者。所有者和经理合二为一，他承担所有的决策后果，不存在任何共同所有的问题。进一步说，也不存在由于所有权与控制权相分离引起的代理问题，因而不需要任何监督和激励。但其不利之处在于地平线问题（Horizon Problem）和多样化问题（Diversification Problem）。

所谓地平线问题，就是企业所有者只能利用自身的积累进行投资，因而企业的规模很难做大，对于有大规模经济效应的活动来说，个人业主制就力所不逮了。一些投资按市场标准是有利可图的，但所有者可能由于更偏好现在的消费而接受不了。当投资的报酬要等到退休以后才能获得时，地平线问题就更突出了。业主可以通过借钱解决这个问题，但外部投资者对个人业主制企业存在疑虑。此外，个人业主制企业的市场价值取决于所有者的人力资本，故当所有者退休时，企业转卖的价值就低了。当这种情况发生时，业主和外部投资者都没有激励进行长期投资。

多样化问题就是业主必须在企业投入其大部分人力资本和物质财富。根据证券组合理论，个人业主制的风险是巨大的。一旦经营失败，哪怕血本无归，所有者也只能自己独力承担。

总而言之，个人业主制企业的外部融资成本巨大而主要取决于所有者自己的财富，这种组织形式不适合具有大规模经营效应的活动。个人业主制适合细心密集型的小规模活动，在这些活动中，小心监督具有高额回报，由外部人监督的成本特别高，如农业就是如此（埃格森，1990）。

②合伙制。合伙制集中了几个人的资源，因而可以缓解个人业主制遇到的地平线问题，并利用生产中的一些规模经济优势。合伙制也有助于降低分散风险的成本，缓解多样化问题，因为这时企业由几个人所有，每个人只拥有企业的一部分财产。

但是，合伙制带来了共同所有的问题。合伙者一般既是企业的剩余索取者，也是主要的决策者，但结合这两种功能的激励优势随着合伙者人数的增加而递减。虽然合伙者作为一个团队享有其行为的全部财富效应，但每个合伙者只享有其中的1/N。这种状况会导致无效率，因为每个合伙者偷懒的收益会大于成本，由此，每个合伙者必须监督其他的合伙者是否偷懒。随着合伙者人数的增加，这种监督成本也随之上升，当上升到一定程度时，合伙制的优势就消失了。另外，合伙制也产生了决策问题，在势均力敌的几个合伙者中，企业决策究竟由谁说了算？因此，合伙制在一些专业性极强的领域有一定优势，在这些领域，合伙制可能将专业技能与资本结合起来，充分发挥几个合伙者联合起来的资源集成优势，但随着合伙者人数的增加，组织的监督成本与决策成本越来越高，这种资源集成的优势也就逐渐消失了，故合伙制很少成为有大量合伙者的大规模组织。

③封闭公司。在封闭公司中，股东一般是“内部人”（经理）或与所有者和经理有特殊关系的人，如朋友、亲戚等。而在合伙制中，剩余索取权一般仅限于所有者和经理。将股东局限在有关系的人群可以避免代理问题。封闭公司的剩余索取权是有限责任制，这就降低了风险承担的成本，但这种组织并不完全享有让个人专业于风险承担或管理的利益，故当所有者和经理人数增加时，共同所有的问题也会出现。

封闭公司的优势是：它比合伙制在更大程度上缓解甚至完全解决了地平线问题和多样化问题，因而可以很好地利用规模经济优势。但其问题是：封闭公司的股份是不上市的，因为剩余合约限制了股份的转让。当企业不在股票市场上被估价时，通过出售股份而终止所有的交易费用就提高了。这就是说，在封闭公司中，所有者没有退出权，由此在一定程度上被“锁定”。这就可能影响投资决策，抑制了封闭公司所有者进行提升企业市场价值的投资，同时也可能导致决策者的道德风险行为，因为如果所有者有退出权的话，决策者的道德风险是可以受到一定程度的抑制的。因此，法玛和詹森（1985）认为，业主制、合伙制和封闭公司的投资一般并不是根据市场规则进行的。“在小规模生产和服务行业观察到的业主制、合伙制和封闭公司在决策过程中都采取了更直接的办法来控制代理问题。这些组织的剩余索取权都明确地或暗含地限定给决策者。这种限定避免了控制决策者和剩余索取者之间代理问题的成本，但要付出剩余风险承担和投资不足等方面无效率的成本。结果，业主制、合伙制和封闭公司一般都不会遵循市场价值决策规则……当剩余索取权限定给决策者而避免的代理成本超过了放弃投资和剩余风险承担中的无效率而导致的更高成本时，这些组织就在这种无效率的情况下生存下来。”

另外，法玛和詹森（1985）认为，公开公司、金融共同体和非营利组织都可以根据市场价值规则来建立模型。

④公开公司。公开公司是对外公开发行股票，并可以自由转让股票的公司，它们大多是上市公司。当代工业化国家大规模生产中普遍采用这种组织形式。这种组织形式的相对优势在于剩余索取权的结构，这种结构有利于进行大规模有风险的投资。公开公司的普通股对剩余索取权的限定最少，将所有者的效用极大化和企业的市场价值极大化之间的冲突减小到最低限度。当股票在市场上得到无偏估计，并在股票市场上以最小成本被交易时，公司所有者可以用股票换取其他金融索取权，以根据他们是投资还是消费来最好地配置自己的资源。因此，所有者关心的主要是股票的价值。有限责任是降低股票交易费用的关键因素。如果责任是无限的，股份所有者的金融状况就成为转让时考虑的主要因素，并提高了交易费用，而且匿名转让股份就不可能了。正是因为这种有限责任，即使所有权改变了，仍能保证企业的持续存在，“并能使预期的未来结果更完整地资本化为当前的股票价值和经理决策”。

公开公司的另一个优势是股东能够多样化其证券组合，持有多家公司的股票，这样就可以通过资产的分散化而降低了所有者风险承担的成本。这就使公开公司能够进行大规模有风险投资。

公开公司还有一个优势就是专业化。一方面，它使一些人专门承担风险；另一方面，它使另一些人专门进行管理。这两种功能分离以后，高层经理就不再限于愿意承担风险的富人。风险承担的专业化导致了有效率的剩余索取权市场，该市场不断地对企业作出评估，这也就是代理人——经理的业绩评估。同样，决策权和风险承担的分离也导致了约束经理——代理人行为的专业经理市场的出现。

然而，公开公司也有问题，其中一个问题是当企业变得很大以利用规模经济时，协调的成本可能上升，而且外部所有者和内部专业经理之间的关系成为一个新问题。

法玛和詹森认为（1983），所有承担风险和决策两个功能相分离的组织都具有在各个等级、层次上实行分散控制的特征。实际上，在所有业主将权利委托给代理人的地方，都可以看到分散控制体制。在外部所有的情况下，控制应用于组织的各个层次，也应用于等级的最高层。

法玛和詹森（1983）将企业的决策功能分为四个方面：建议的提出、批准、实施和控制。他们把提出和实施加总为决策管理，把批准和控制加总为决策控制。他们认为，决策管理和决策控制这两个功能在所有者专门承担风险的组织中总是分离的。同一个人可能既从事管理，也从事控制，但都在企业内的两个不同领域。

他们提出了一个假说：一个组织的管理委员会结构反映了外部剩余索取者面临的道德风险类型。就公开公司的组织结构来说，经理的机会主义行为在相当大的程度上受到资本市场和专业经理市场的制约，因为如果他管理不善，企业就可能被接管，他可能丢饭碗，他在经理市场上的身价也会下降。因此，公司管理委员会的倾向是强调建议和评估而不是集中于控制经理的违规。在项目评估时，委员会的成员一般是内部和外部专家。

但公开公司越大，企业的协调成本越高。为了降低这种协调成本，公开公司的组织形式亦在不断地演进。20世纪30年代初期以前，美国公司采取了U形组织形式，这种组织形式将企业按功能，如金融、营销、制造等划分成一元结构。当公司规模扩大时，各种控制问题也扩大了，于是人们发明了现代多部门结构——M形公司。M形公司采取半自动运作方式。战略决策管理和控制从经营决策中分离出来，由总部负责。从U形公司向M形公司的转型从1930年左右开始，到1960年左右结束。M形公司结构最早是杜邦公司和通用汽车公司采用的。在这两个公司，剩余索取权的拥有和管理仍然结合在一起。这表明，采取M形公司结构是对企业变得非常大后协调和内部代理问题的成本上升的反应，而不是为了解决内部经理与外部所有者之间日益增加的利益冲突。但M形公司并不是公司组织形式的终点，20世纪80年代以后，协调成本的上升迫使公司的组织形式进一步发生变化，现在我们看到的大多是事业部制了。在互联网产生以后，我们可以预见，公司的组织形式会进一步演变，公司平台化的趋势将不可避免。

⑤金融共同体。金融共同体的顾客也是剩余索取者，这是这种组织的独特之处。例如，共同保险公司的保单持有者、共同基金的股东、共同储蓄银行的储户都具有剩余索取权，这种剩余索取权是随时可以按事先规定的价格赎回的。法玛和詹森（1983）认为，可以赎回的剩余索取权对分散控制来说是相对低成本的机制。这使金融共同体成为一种有活力的组织，剩余索取者撤回资源是部分接管的一种形式，或者是剩余索取者清偿的一种形式。这种退出权使金融共同体的管理者自觉地控制自己的道德风险行为，保持金融共同体的经营效率。

金融共同体是一种有专业经理的组织，这种专业经理在企业是不承担风险的。可赎回索取权可以看成一种低成本的有效控制机制，但要求剩余索取者在撤回资源时可以低成本地清偿组织的资产。根据这一观点，金融共同体的资产绝不能是具有企业特征的资产，其销售绝不能有高额的交易费用。这一要求表明，可赎回的剩余索取权只有成为专门持有的金融资产时才是一种合适的组织形式。

最后，法玛和詹森（1983）认为，由于金融共同体具有相对有效的分散控制机制，剩余索取者为了决策控制而使用经理、董事会的兴趣有限，尤其是在不太复杂的金融共同体中，董事会的作用主要限于监督代理问题，对剩余索取权的赎回几乎没有提供任何保护。例如，内部代理人骗取或完全偷窃金融共同体拥有的资产。

⑥非营利组织。私人非营利组织部分地通过捐赠获得活动资金，为了获得捐赠，它必须专门生产公益品。在非营利组织中，没有剩余索取权。不存在剩余索取权就避免了捐赠

者和剩余索取者之间的代理问题，但捐赠者和决策经理之间的代理问题仍然存在。法玛和詹森（1983）认为，这种代理问题可以用捐赠最多的人在董事会拥有最大发言权的办法来解决。他们（1985）还认为，只要捐赠者持有多样化的投资组合，他们将支持那些具有最高市场价值的投资项目。非营利组织的投资决策按照市场标准也可能是十分有效的。

不过，我们认为，由于非营利组织并不是为了商业目的而存在的，这种组织的发起者可能是为了公益的目的建立组织，因而这种组织的成本和收益，以及管理和运作，应该按照公益活动的性质进行评判。因此，我们不能按商业化的市场标准来考核非营利组织的绩效，而应该按照社会政治甚至伦理标准来说明它的存在理由。由于它不是经济组织，故按照经济标准衡量，非营利组织的低效率就可以理解了。当然，打着非营利组织的幌子，干着谋利的勾当，就不在此列了。

本章小结

组织就是“有意识地加以协调的两个或两个以上的人的活动或努力系统”。它是一个群体，也可以被定义为一种关系网络。企业、市场和国家都是组织的具体形式。经济组织就是根据一定的经济目标而集中各种资源的一种安排。新制度经济学用合约的方法来研究经济组织，具体又分为三种思路：产权理论、代理理论和交易费用理论。其中，交易费用理论是核心。在解释一种经济组织的存在时，新制度经济学一般运用三条原则：第一是运作原则，低成本的组织往往会代替高成本的组织。第二是补偿利益原则，当高成本的组织持续存在，创新组织可以增加净产品时，就要在没有预期到的边际上寻找隐蔽的利益。这种补偿利益可能包括降低监督成本或增加有关活动的产出。第三是政治限制原则，当寻找隐蔽利益或合约限制也无效时，就可以寻找阻碍产权重新安排的政治限制。根据这三条原则，新制度经济学说明了产品市场和劳动市场，以及在农业和工业中存在不同组织形式的背后原因。在产品市场和劳动市场上，为了度量产品的价值和劳动力的贡献而采取了不同的做法，其实质是使度量成本最小化，其中劳动的报酬制度最为复杂，说明劳动的度量非常困难。这种度量的困难也是解释奴隶制在古罗马自然而然地消亡的原因。在农业中，存在固定租合约、工资合约和分成合约等多种合约形式，其原因在于交易费用的降低和风险分担。在自由放任的市场经济中，交易费用也是说明各种工业经济组织采取不同形式的重要因素。现代工业经济组织的各种形式，如个人业主制、合伙制、金融共同体、公开公司和封闭公司、非营利组织等，都与各种类型的交易费用有关，其目标在于既降低交易费用，又能更好地分担风险和利用规模经济效应。因此，分析组织的最主要因素是成本，各种组织都是在约束条件下使协调成本和执行成本极小化的产物。

基本概念

治理结构　激励强度　风险分担　规模经济　度量成本　搜寻商品　经历商品　分成合约　固定租合约　工资合约　混合合约　计时工资　计件工资　固定工资　浮动工资　效率工资　偷懒　痛苦激励　代理成本　个人业主制　合伙制　金融共同体　公开公司　封闭公司　非营利组织

复习思考题

1. 研究经济组织的方法有哪些？
2. 产品市场是如何解决度量问题的？
3. 劳动市场的复杂性何在？劳动报酬多样化的原因是什么？
4. 古罗马的奴隶制是如何消亡的？
5. 分成租是否是无效率的？农业中为什么存在不同的合约安排？
6. 工业中存在各种相互竞争的企业结构的背后原因是什么？
7. 支配组织形式演变的主要因素是什么？
8. 互联网的产生将对公司的组织形式产生哪些影响？
9. 在高质量发展战略下，国有企业应如何创新？

主要参考文献

[1] WILLIAMSON.A Comparison of Alternative Approaches to Economic Organization [J]. Journal of Institutional and Theoretical Economics，1990 (146).

[2] EGGERTSSON. Economic Behavior and Institutions [M]. Cambridge: Cambridge University Press，1990.

[3] NELSON. Information and Consumer Behavior [J]. Journal of Political Economy，1970，78 (2).

[4] NELSON. Advertising as Information [J]. Journal of Political Economy，1974，82 (4).

[5] BARZEL.Measurement Costs and the Organization of Market [J]. Journal of Law and Economics，1982 (25).

[6] FENOALTEA. Slavery and Supervision in Comparative Perspective: A Model [J]. Journal of Economic History，1984，44 (3).

[7] ALCHIAN，DEMSETZ. Production，Information Costs，and Economic Organization [J]. American Economic Review，1972，62 (5).

[8] 张五常. 佃农理论 [M]. 北京：商务印书馆，2000.

[9] HIGGS.Race，Tenure，and Resource Allocation in Southern Agriculture，1910 [J]. Journal of Economic History，1973 (33).

[10] STIGLITZ.Incentives and Risk Sharing in Sharecropping [J]. Review of Economic Studies，1974，41 (2).

[11] LUCAS.Sharing，Monitoring，and Incentives: Marshallian Misallocation Reassessed [J]. Journal of Political Economy，1979，87 (3).

[12] MCCLOSKEY.The Enclosure of Open Fields: Preface to a Study of Its Impact on the Efficiency of English Agriculture in the Eighteenth Century [J]. Journal of Economic History，1972 (32).

[13] DAHLMAN.The Open Field System and Beyond: A Property Rights Analysis of an Economic Institution [M]. Cambridge: Cambridge University Press, 1980.

[14] FAMA, MICHAEL, JENSEN.Agency Problems and Residual Claims [J]. Journal of Law and Economics, 1983 (26).

[15] FAMA.Separation of Ownership and Control [J]. Journal of Law and Economics, 1983 (26).

[16] FAMA.Organizational Forms and Investment Decisions [J]. Journal of Financial Economics, 1985, 14 (1).

[17] 斯密德. 制度与行为经济学 [M]. 刘璨，吴水荣，译.北京：中国人民大学出版社，2004.

[18] 弗鲁博顿，芮切特. 新制度经济学——一个交易费用分析范式 [M]. 姜建强，罗长远，译. 上海：上海三联书店，上海人民出版社，2006.

[19] MÉNARD, SHIRLEY. Handbook of New Institutional Economics [M]. Berlin: Springer-Verlag, 2008.

第6章
市场理论

学习目标

1. 了解新制度经济学关于市场的不同看法
2. 熟悉市场进行合作的方式与原因
3. 掌握价格刚性的形成机理
4. 了解各种市场做法的背后原因
5. 把握市场组织的本质特征

新制度经济学的中心问题是通过个人之间的共同协议而进行经济交易的协调问题。有关的合约被用来解释在一个预见不到的世界中个人之间合作的问题。但是，在不同情况下，合约被不同的“治理结构”、“命令”或“律法”所管理、组织或支配，市场和科层结构是其中的两个极端。因此，新制度经济学面临的问题是如何解释在一些具体条件下，哪一种制度安排（治理结构、命令或律法）是合理的，或者说在经济上是有效率的。企业、市场和国家作为一些具体的制度安排，是新制度经济学需要解释的核心议题。新制度经济学关于企业、市场和国家的理论就是要说明这些组织为什么会存在、它们的本质是什么，以及它们的边界和作用是什么，它们如何通过不同的治理结构导致人们之间的协调与合作等。

本章是关于市场理论的，主要说明市场这种合约安排的特性与中心任务。科斯（1988）曾经批评主流经济学家，尽管他们声称要研究市场的运作，但在他们所建构的现代市场经济理论中，市场本身的作用甚至比企业的作用还要模糊得多。科斯举例子说，在微观经济学教科书中，市场价格的决定被分析了，但市场本身的决定消失了。科斯对主流经济学的市场理论的批评当然是有根据的。在当代微观经济学中，市场组织理论虽然是一个重要内容，但讨论的重点是在不同类型的市场上价格如何被决定（供求原理或均衡价格理论），以及不同的价格水平如何意味着不同的经济效率（垄断与竞争理论）。在微观经济学看来，价格决定于供给和需求；竞争市场是有效率的，因为这种市场决定的价格水平是最低的（价格等于边际成本），均衡时生产成本最低，产量扩大到平均成本的最低点，生产者剩余和消费者剩余的总和达到最大，故竞争均衡就是帕累托最优。相应地，垄断市场是无效率的，因为垄断意味着价格高于边际成本，也意味着产量没有推进到平均成本的最低点，因而垄断会导致社会福利的损失，同时垄断条件下的寻租也会导致社会成本，因此，在垄断条件下还可以实现帕累托改进。此外，微观经济学还认为，价格刚性由于使价格不能对需求或成本的冲击作出即时反应，因而也是无效率的。但是，市场到底由什么决定、各种市场现象的背后逻辑是什么、市场和企业的边界何在、价格刚性为何普遍存在等，这类问题并没有得到说明。新制度经济学通过对市场本身决定的研究，揭示了市场的合作本质，说明了各种市场现象存在的背后逻辑。在新制度经济学看来，市场是一种进行合作的经济组织，它的存在是为了降低交易费用；从市场决定的成本来看，完全竞争市场的建构成本可能高不可攀，因而存在一定程度的不完全可能是一种降低成本的有效途径；价格刚性不是无效率的，恰恰相反，它降低了定价成本，并增强了卖者和买者之间的信任，从而增强了市场的合作功能。由此，新制度经济学对于市场决定及市场现象提出了一种全新的解释。本章将依次介绍这些内容。

6.1 市场的组织特性

如果我们把组织定义为一种合作关系，那么，市场也是一种经济组织，因为市场就是买者与卖者的一种合作，只是与企业这种组织动员资源进行生产所需要的合作不同，市场是为了进行交换而形成的一种合作关系。正是这种合作关系使买者与卖者在交易过程中实现了商品和服务的交换。

买者和卖者的合作之所以必要，是因为交易费用的存在。在零交易费用的世界里，交易者之间可以不存在任何合作（或个人关系），因为即使没有合作，交易过程中所出现的问题也可以无成本地得到解决。但在真实世界里，存在正的交易费用和有限理性，没有一定的合作就不行了。设想一下，即使是在新古典经济学的完全竞争市场，没有合作也会使交易受到阻碍，因为如果大量的交易者相互之间并不熟悉，他们相互猜疑，都担心对方会出现机会主义行为，而且出现机会主义行为以后通过法院或其他第三方进行追究，也有很高的成本，那么，他们就很难做成什么交易；即使做成了交易，事后的机会主义行为也会阻碍交易的继续进行。

显然，要使市场顺利地运转，买者和卖者之间的合作是必不可少的。下面我们将讨论这种合作的具体形式，这里我们只是说明，把市场理解成一种合约安排是必要的，在这种社会安排下，交易不断地重复进行（与个人之间的偶然交易相对）。“在一个交易费用为正的世界里，偶然的交易和通过市场的交易是有区别的，市场是绝大多数潜在市场参与者之间反复交易的社会安排。”（弗鲁博顿和芮切特，2000）市场这种组织由一系列制度规则加上创造和利用这种规则进行交易的人构成。市场的目标是比在没有这种组织来促成互不相识的人之间进行交易时达到更高的效用水平。

观察一下现实中的正式市场，上述关于市场是一种组织的说法可以得到更好的印证。例如，证券交易所是一个正式市场。在这个正式市场里，买卖双方都要遵循一定的规则才能进行交易。以股票为例，股票的卖方（上市公司）必须遵守证券交易所关于信息披露、公司治理等方面的规定，保证不存在虚假陈述或欺骗投资者的行为发生，同时要承诺维护投资者的利益。相应地，股票的买方必须是合格的投资者，遵守证券交易所的股票买卖规则，不得操纵股票的价格等。买卖双方还必须在规定的时间内进行交易，并且一旦出现异常情况必须按证券交易所的指令停止交易。显然，如果没有证券交易所这样一个组织，且不说股票的交易者需要相互搜寻才能找到对方，就是找到对方也不敢贸然进行交易，因为他们无法确定对方会不会出现机会主义行为、会不会欺骗自己。但在证券交易所的框架下，尽管他们互不相识，只要他们共同遵守证券交易所的规则，就使交易有了一种保证，这种保证实际上是一种合约安排。

因此，市场最好被理解成个人之间或有组织的集团之间的有关的合约网络。市场这种组织的目标是有效地组织交换，即促进市场交易（包括生产、转让和信息可信度的保证），以实现分工的利益。有关的合约是受一系列关于搜寻、检验、签约、实施、控制和执行等交易活动的规则制约的，这些规则部分地是在交易过程中通过集体行动、部分地是通过双边行动而形成的。它们决定了与特定市场上的每个交易者的产权分配。多边和双边行动也需要交易双方进行专用性投资和日常开支（包括固定和可变交易费用），这些投资和开支就是建立、维持和改变市场组织的成本。

那么，市场这种组织与其他组织有什么不同呢？如我们在下面两章将看到的，其他组织或多或少都是一个等级结构，如企业和政府，在这种等级结构内，下级要服从上级，因而存在一种权威的、强制性的关系；而市场更多的是建立在平等契约的基础之上，市场的参与者不存在谁服从谁的问题，他们通过自愿协商，确立一些规则，然后共同遵守这种规则。因此，经济代理人在市场交易下比在等级交易（如企业内部交易）下更少地被锁定。从这个意义上来说，竞争在市场组织中比在企业组织中具有更突出的作用。正如威廉姆森（1985）所说的那样，市场与等级结构（或内部组织）的主要区别是：

第一，市场比内部组织有更高的激励，并更有效地限制了官僚主义所造成的扭曲；

第二，市场有时具有加总需求的优势，因而能实现规模经济和范围经济；

第三，内部组织为了提高效率，可以采用不同的治理工具。

由此看来，市场作为一种组织，具有某种优势，因而人们在经济协作中更愿意通过市场来进行合作，除非由于某种原因，利用市场的成本高不可攀；否则，市场总是一个较好的选择。

新制度经济学进一步研究了市场竞争问题，因为市场竞争是市场组织的一个重要特点或优势。市场竞争并不是遵循霍布森的“丛林原则”（弱肉强食），也不是所有人对所有人的战争，而是需要遵循某种规则。竞争像其他任何一种解决冲突的方式一样，只能存在于某种集体设定的限制之内。比如大家都同意进行价格竞争，而不是放火烧掉对方的仓库；大家都可以做广告宣传自己的产品，但是都不得诋毁竞争对手的产品；大家都在相同的时间开始和结束交易（如大型商场）等。但是，尽管有这些规则，仍然可能有人违反规则，因而对市场竞争进行规范是必要的。目前关于市场这种组织的大部分争论仍然是如何调控竞争和保护竞争，以反对垄断。当然，从更深层次上说，竞争和垄断都是“双刃剑”，都需要对其无效率的部分进行规范。

从一般意义上说，市场就是进行搜寻、检验、签约、实施、控制和执行交易活动的组织，这些活动必须通过一些私人或公共的集体行动才能进行。这些公共或私人的集体行动或者是以常规（Conventions）的形式出现，即由“无形的手”来操纵的行为规则；或者是以法令和规章的形式出现，即以“有形的手”描述和实施的正式规则。这些规则的内容及执行与实际应用的程度取决于交易的商品类型、当时的一般情况（尤其是信息状态）、一般的制度环境和社会的伦理规则。根据这些情况的不同，市场组织的发展有以下几种类型：拍卖或顾客市场、经历商品或搜寻商品市场、有组织或无组织的市场。

在第一种类型的市场上，独一无二的卖方要将产品以最高的价格出售给众多买方中的一个，因而必须设置一个特殊的讨价还价机制，以便更好地发现价格，实现帕累托最优，如拍卖行。在第二种类型的市场上，众多的买者和卖者在某个约定的地点见面，通过即时的讨价还价达成交易，如一般的百货商店。在第三种类型的市场上，众多的买者和卖者可能素不相识且并不见面，而是借助一个交易平台进行匿名交易，如证券市场和网上交易。这三种类型市场的进入条件、议价规则和支付办法各不相同，但都体现了组织的合作特征。

市场组织的发展需要交易者之间的合作。要达成这种合作，首先要知道谁是潜在的交易者，因此，潜在交易者的识别非常重要。为了识别潜在交易者，市场的发展可能需要进行一些专项投资，但这种专项投资也可能导致市场参与者或希望搭市场组织便车的局外人的机会主义行为，因此，设置进入壁垒是必要的，这不一定是一种资源浪费。进入壁垒由于通过资质筛选，排除了无效的交易者，因而可能提高交易的效率，为创造或改善市场组织提供足够的激励。

例如，在拍卖市场上，以英式拍卖为例，卖者首先要界定合格买家的条件，然后规定只有符合条件的买家才能进入拍卖现场参与竞价。为了防止有人搅局，合格的买家还需要向卖者提交一笔保证金作为抵押，既表示买家的购买诚意，也是卖者防止买家违约的手段。通过竞价，某个买家中标，这个中标者就要以他最后报出的价格购买标的物。此时如果中标者想悔约，没收保证金就是一种惩罚，同时他还要承担违约的声誉损失。可以想象，如果没有进入壁垒，一些不合格的买家可能混入其中。由于他们没有购买的诚意，在一些条件下可能也没有声誉，因而他们报出最高价格的激励也最大。但当他们报出最高价格而成为最后的中标者时，他们不会真正购买，拍卖由此流产。问题还不止于此，更重要的麻烦在于，通过这次竞价过程，卖者和买家相互接触，有关估价的信息充分暴露，买家有可能串通起来，卖者若想再组织一次成功的拍卖，困难无疑大大增加。因此，设置合理的进入壁垒，防止不合格的买家进入市场，是提高交易效率的手段之一。

潜在交易者之间的合作可以在一系列买者和卖者之间达成。为了更好地用术语来表示，我们可以用“垂直合作”来表示只有卖者参加的合作安排，用“水平合作”来表示只有买者参加的合作安排。但是，垂直合作和水平合作结合起来，即买者和卖者之间的合作，也是可能的。一个例子是证券交易所。证券交易所被瓦尔拉等经济学家用来说明真实生活中的市场组织，并认为它最接近完全市场的概念。但是，理想的完全市场是这样一种市场：互不见面的买者和卖者交换同质的产品。相反，证券交易所是一种严格封闭的市场，其中，交易者的身份识别非常重要。此外，合约的缔结（即协商价格）根据严格的规则来组织，支付条件和交易也是如此。结果，在交易前后或交易期间就没有多少采取机会主义行为的余地。只要出现机会主义行为问题，首先都会由私人仲裁者而不是法庭来解决。显然，在现实生活中，组织一个完全市场是非常复杂且代价高昂的（弗鲁博顿和芮切特，2000）。这就说明，新古典经济学认为完全竞争市场是最有效率的市场只是一种幻觉。

当然，大多数市场都与证券市场或拍卖市场的组织不同。不同市场的组织决定于交易的商品类型。交易费用显然在其中起了重要作用。因此，新制度经济学的交易费用和产权方法可以用来更充分地解释市场的运作。但到目前为止，新制度经济学只说明了市场的某些方面。其中，阿尔钦、巴泽尔和克内因在产权方面分析得更多，而威廉姆森则用交易费用方法分析了生产者之间的垂直合作问题，即分析了中间品市场问题。

从合作只限于交易本身或限于搜寻、检验、定价这种交易活动而不影响一般竞争这个意义上来说，无论是水平合作还是垂直合作都是不完全的。然而，从合作单位停止相互竞争而组成等级制企业的意义上来说，合作却是完全的。例如，在质量竞争中——广告、研究与开发——可以看到以竞争者之间的准协定形式存在的不完全合作，但在价格竞争中就很难看到这种合作。

当然，新制度经济学大大忽略的一个问题是"营销渠道"的选择问题。例如，工业产品既可以通过生产企业本身直接分配给消费者，也可以通过代理人间接地分配给消费者。直接分配组织的例子是工厂直销、建立地区分销店、雇佣流动商人销售。从某种意义上说，辛迪加和特许安排就属于这类。间接组织的分配主要是通过各种中间商或中间机构——批发商或零售商——来完成的。

由合作产生的规模报酬递增可以从正外部效应的意义上来理解。网络的外部性就是市场组织的外部效应例子。许多现代产品，如汽车、电视机、个人计算机等都要求建立服务网络。但从某种意义上来说，这些网络也可以由其他产品的消费者所使用，比如大众汽车修理厂也可以修理福特公司的汽车。明确的水平合作也有助于确立一个通用的标准。

❖专栏6-1

美国新奇士橘农合作社

新奇士（Sunkist）合作社是全美十个最大的购销合作社之一，主营柑橘销售，有100多年的历史。

1893年以前，加利福尼亚的柑橘是由代理商收购和销售的，由此带来的问题是橘农处于被动地位，只能听凭当地代理商摆布。这些商人压低柑橘价格，甚至以寄售的方式将市场风险完全转嫁到橘农身上，结果是代理商拿走了大部分利润，橘农承担了所有的风险，常常面临亏损。为了抵御市场风险，南加利福尼亚的橘农联合起来建立了几个小的柑橘销售协会。1893年4月4日，大约100名杰出的橘农在洛杉矶聚会，并于当年8月29日成立南加利福尼亚水果销售合作社。合作社成立以后，第一件事情就是对柑橘制定分级标准，控制产品质量，为南加利福尼亚60户橘农提供运销服务。在第一个收获季节，合作社共为橘农卖出600万箱柑橘，每箱价格比橘农通过代理商销售高出75美分。后来，随着合作社规模的扩大，其成员发展到5 000户，每年运销1 400万箱柑橘，占加利福尼亚柑橘产量的45%。1905年，南加利福尼亚水果销售合作社更名为加利福尼亚果农销售合作社。1908年，合作社确定商标为"新奇士"。每年水果交易中有600万箱柑橘和100万箱柠檬贴上了"Sunkist"的正规标签。1914—1916年，合作社进入加工领域，生产橘子酱、橘子汁等产品。1952年，合作社又更名为新奇士橘农合作社。第二次世界大战后，新奇士开始扩展海外市场，1966—1967年每年出口柑橘达1 240万箱。目前，合作社的成员有6 500户，他们是来自加利福尼亚州和亚利桑那州的柑橘生产者。同时，新奇士借助品牌优势，在53个国家和地区拥有45个执照持有者，每年销售11亿美元的"新奇士牌"柑橘、橙汁等产品。新奇士品牌价值已超过70亿美元。

新奇士依靠自身力量由小到大、由国内到国外不断发展壮大。尽管新奇士今天已成为一家国际一流的柑橘供应商，但它是一个合作社、一个非营利性的市场合作组织。该组织由柑橘生产者拥有，聘用专门的经理人员，内部组织结构由社员大会、董事会、执行层、员工四个层次组成，市场业务实行专业化经营管理。

资料来源 根据新奇士网站（http：//www.sunkist.com）有关介绍材料编写。

6.2 市场的价格刚性

新制度经济学不只是把市场当做一种组织来研究，它解释了市场的决定，还研究了市场上价格的变动特征。在价格的变动方面，新古典经济学的理论显然也脱离了现实。根据新古典经济学理论，在自由市场上，均衡价格会对需求或成本冲击作出即时的反应，除非政府管制，否则价格不会对需求与供给的变动无动于衷。但在现实中，情况并不是这样的。我们可以观察到，大量商品和服务的价格并不是经常变动，而是呈现出一种刚性特征。例如，卡尔顿（Carlton）指出，没有经济学家试图从经验上解释米尔发现的价格变动频率的U形状态。有趣的是，从18世纪90年代到20世纪20年代，价格变动的频率没有改变多少。实际上，价格刚性现象构成了美国、德国等发达经济体的特征。卡尔顿计算了1957年1月1日到1966年12月31日期间价格刚性的平均长度，发现不同行业的价格刚性程度完全不同。在某些行业，平均价格在一年多的时间没什么变化；而在另一些行业，价格却频繁变动。他还发现，某些市场显然并不只是由价格来清理，而是除了价格以外还通过数量调节来清理（弗鲁博顿和芮切特，2000）。表6-1为不同行业的价格刚性。

表6-1 不同行业的价格刚性（弗鲁博顿和芮切特，2000）

产品类别	价格刚性的平均长度（月）
钢铁	17.9
非铁类金属	7.5
石油	8.3
橡胶轮胎	11.5
纸张	11.8
化工产品	19.2
水泥	17.2
玻璃	13.3
卡车	8.3
三合板	7.5
家用器械	5.9

在表6-1中，价格刚性时间最长的是化工产品，其价格在19.2个月内保持不变，但可以肯定，供给和需求任何一方在这段时间内都可能发生变化，甚至可能发生比较大的变化。价格刚性时间最短的是家用器械，其价格保持不变的时间也有5.9个月。同样，人们也有理由相信，供给和需求在5.9个月内也可能发生很大的变化。

但是，在新古典经济学中，这种价格刚性被忽略了。除了工资刚性以及由政府管制导致的价格刚性以外，新古典经济学并没有看到现实中的大多数价格刚性现象。更重要的是，在新古典经济学中，价格刚性被看成一种无效率的现象，因为价格刚性意味着价格不能对变化的供求关系作出即时的反应，使价格不能成为即时调节资源最优配置的工具。以新古典经济学看到的工资刚性为例，工资向下刚性意味着在劳动市场的需求减少时工资不能下降，由此造成失业这种无效率的现象。

那么，作为资源配置工具的价格为什么不能随着供求关系的变化而变化，以更好地调节资源配置呢？新制度经济学认为，关键在于形成价格的成本。由于发现或形成一种价格是有成本的，在有些情况下，这种成本甚至高不可攀，因而，适当保持价格稳定，是节约成本的一种方式。下面我们还要说明，保持价格不变（即价格刚性）也是实现买者与卖者合作的一种手段。从这些方面来看，价格刚性不一定是无效率的。

既然价格刚性不是无效率的，那么，在价格刚性条件下，市场均衡又是如何实现的呢？上述例子说明，在许多情况下，市场交易并不只是依赖价格，因此，简单的价格清理模型并不适用于大量的市场。西蒙（Simon）正确地指出：工商企业之间实际协商的合约——暂且不考虑消费品——具体内容通常远远超过了价格和数量。关于房屋建筑和机械产品（如发电机或飞机）的合约要非常详细地说明产品的类型，它们在协商和实施中要求大量地交换信息。市场让每个企业同几乎没有什么知识的交易对象做生意这种说法只是一种幻想（弗鲁博顿和芮切特，2000）。

因此，市场组织涉及的东西远远超过价格信息和订立合同。新古典经济学只关注价格的决定，显然不能完整地解释市场交易的过程。

6.3　市场做法的逻辑

在新古典经济学中，完全竞争市场被当做一种理想状态，是最有效率的，因而任何对完全竞争的偏离都是无效率的。按此推论，在现实世界中，由于完全竞争几乎不存在，因而现实世界都是无效率的。在现实世界中，垄断以及过度竞争都是无效率的表现。然而，新制度经济学认为，鉴于存在交易费用和信息问题，偏离完全竞争并不一定是无效率的，而可能是有效率的结果。下面我们以市场交易过程中发生的一些典型市场做法为例，来说明新制度经济学对于这一问题的看法。

为了分析的方便，我们尽可能使用交易者在交易过程中发生的垂直合作和水平合作之间的区别来说明。由于交易过程总体上可分为六种交易活动，这六种交易活动又分为三类：缔约前的交易活动（搜寻、检验）、合约缔结活动（讨价还价和签约）和缔约后的活动（实施、控制和执行），故我们可以分门别类地说明在每一类活动中交易者的合作关系，这种合作关系看起来往往偏离了完全竞争。

6.3.1　缔约前的交易活动

搜寻与检验是为了解决了特定的信息问题。消费者并非无所不知，需要进行搜寻才能发现自己所需要的商品。搜寻作为买者的一种活动，首先是由斯蒂格勒于1961年在《信息经济学》中进行分析的。在他的论述中，搜寻完全是针对一定商品的价格，而不是针对产品质量的。

纳尔逊在1970年将斯蒂格勒的文章拓展到关于产品质量信息的搜寻。关于产品质量的信息不仅能够通过搜寻的方式获得，而且能够以经历的方式获得。“当搜寻太昂贵时，就运用经历。”纳尔逊相应地区别了搜寻商品和经历商品。所谓搜寻商品，就是那些一眼就可以看出质量好坏的产品；而经历商品是指通过消费者使用以后才知道质量好坏的产品。根据他的分类，典型的搜寻商品是照相机、家具等，典型的经历商品是收音机、电视机、电池、汽车和自行车等。

广告作为信息的一种搜寻工具，在搜寻商品中起着重要作用，但个人的检验也很关键。误导性的广告会给做广告者带来成本，这种成本就是声誉损失，使他将来做广告的可信度降低，并且承担不购买的顾客的成本。因此，消费者对关于搜寻商品质量的广告是有一些信任的，但关于经历商品的质量广告，消费者就不一定信任了。对于经历商品的质量，主要是看消费者是否重复购买。因此，消费者不能指望从关于经历商品质量的广告中得到许多直接的信息。消费者得到的是间接信息，消费者知道哪个牌子在做广告，那么，这个牌子如果是经历商品，就一定是高质量的，因为只有高质量的经历商品才能负担得起做广告的成本。

既然经历商品的质量只有在使用时才能知道，那么，消费者通过广告活动本身，而不是广告的宣传内容，就相信经历商品的质量，说明广告活动本身具有某种信号作用。新制度经济学认为，关键在于广告活动本身是一种专项投资，这种专项投资使投资者如果作假，就不能得到专项投资的报酬。因此，在消费者检验比较困难，或检验成本过高的那些场合，广告就相当于一种抵押品，或者是一种承诺，它向消费者发出了一种信号：被宣传的产品是高质量的。由此看来，广告支出在经历商品市场中并不是一种浪费，而是可以看成一种节约资源的方法。

在搜寻商品市场中，消费者本身可以度量或检验产品的质量，但这种度量或检验本身也是有成本的。在经历商品市场中，这种度量成本更高。因此，不论是在经历商品市场还是在搜寻商品市场，能够降低度量或检验成本的办法都是受欢迎的。

❖专栏6-2

一块“老鼠头”引发的“惨案”

2023年6月6日下午，“绝味鸭脖股价下跌”的话题冲上微博热搜第一，本以为是绝味鸭脖出现了什么负面新闻或者业绩变动，但点开之后才发现竟是“飞来横祸”，甚至连绝味鸭脖自己都欲哭无泪，摸不着头脑。

绝味鸭脖——年度最强“背锅侠”

这件事还得从几天前开始说起。2023年6月1日，在江西南昌，网曝某高校学生在学校食堂的饭菜中吃出了一个老鼠头，或者说是一个很像老鼠头的东西。上面两根白刺，就像白森森的老鼠牙，旁边还有胡须状的东西。在告知食堂工作人员后，工作人员表示是鸭肉。

6月2日，对于网上已经传开的这一视频，学校餐饮公司方面表示，已经看到视频了，会去调查核实处理。

6月3日，该学校官方微博发布声明称，当事学生本人在事发当时即邀请同学共同对“异物”进行了比对，确认“异物”为鸭脖，为正常食物。该学生在现场作出书面说明，对视频内容进行了澄清。

6月4日，南昌市市场监督管理局工作人员表示，6月1日当天高新区市场监督管理局已经派人去核实了，还拿去专门的检测机构检验，虽然有些东西的形状看起来很像，但是经过工作人员核实，确实是鸭脖。

不过，即便有学校的官方回应与市场监管部门的双重背书，网友们还是不买账，还发明了一个新词"指鼠为鸭"，一些官方媒体与知名博主也纷纷下场参与到这场舆论声讨中发表自己的看法，热度居高不下。该事件也随之衍生出各种相关话题，将舆论关注度推向顶峰。

看到这里，或许你会问，先不说这到底是不是老鼠头，但这跟绝味鸭脖有什么关系呢？

对啊，这跟绝味鸭脖有什么关系呢？离谱的地方就在这里，受此"鸭脖与老鼠头"事件的影响，6月5日，绝味鸭脖的股价开盘即闪跌，截至收盘共下跌3.06%，对此股民纷纷评价其为"鼠头"受害股。

一边躺枪，一边挨骂

对于绝味鸭脖这次被无端送上热搜第一，其实本来也没什么，就当是免费送上门的流量了，但关键就在于话题内容竟是股价下跌，还是跟自己八竿子打不着的事情导致的，这种冤大头的无奈，谁看了不说一句"心疼绝味鸭脖"。

在话题讨论区，消费者也对绝味鸭脖的躺枪表示心酸、无奈又想笑，甚至还有人看热闹不嫌事大地直接说出了心里话：之前还挺喜欢吃鸭脖的，现在一想到鸭脖就有点膈应。

看到这里只想说，绝味鸭脖堪称年度最强"背锅侠"。

不过，令人意想不到的是，本以为这次事件会让大家在心疼绝味鸭脖的躺枪之余，帮助绝味鸭脖拉一波同情分与好感度，但在翻看了讨论区之后，人们似乎发现了一些不一样的声音。价格太贵、质量参差不齐、服务差、不好吃……或许是借助此次"老鼠头"事件的爆发点，不少消费者对于绝味鸭脖的怨气也终于找到了一个宣泄点。

而这些声讨也并非一时而起或毫无来源，比如不少消费者都吐槽的价格方面，光是2022年，绝味食品公司就提价了两次。

2022年年初，绝味食品公司宣布：公司的部分产品提价5%。7月，绝味食品公司再次提价，此次提价涉及鸭掌、鱿鱼、凤爪等产品，平均幅度为7%~10%。

虽说官方称涨价原因是原材料价格波动，但根据数据来看，2022年前三个季度，绝味食品公司的毛利率下滑明显，各期分别为30.31%、25.68%及23.58%。很明显，提价行为并没有给绝味食品公司带来更多的收益。

当然，如果提价能带来与之匹配的消费体验，那贵一点也无可厚非，但从市场反馈来看，绝味食品公司近几年在产品质量、卫生、服务等方面的口碑实在不敢恭维。

比如根据NCBD（餐宝典）《2020中国卤味熟食差评大数据分析与研究报告》，绝味鸭脖的差评率排名第二，达到了8.19%。

在黑猫投诉平台上，相较于周黑鸭、煌上煌等同行来说，有关绝味鸭脖的投诉也明显高出不少。

绝味鸭脖真的冤吗？

曾经，在鸭脖这一支点借力下，解锁辣味带来的成瘾性的绝味鸭脖成功在消费市场俘获了一大批粉丝，并在这样的消费基础上迅速在全国城市线下蔓延开来，疯狂开店。

有数据显示，截至2022年上半年末，绝味食品公司在国内的门店数量为14 921家，相较于上个财年末的13 714家，半年时间净增长1 207家。2022年6月，绝味食品公司相关负责人在业绩说明会中表示："公司将适当加快门店扩张节奏，并辅以资本手段加大对区域中小品牌的整合力度，来进一步提升公司的市场占有率。"这也就意味着在绝味食品公司的计划中，扩张新门店仍是一大战略布局。至少目前来看，绝味食品公司在短时间内并不会就此"收手"，甚至扩张的步伐将更加疯狂。

或许，不断新扩门店的确会给绝味食品公司带来更多的营收机会，但随之而来的隐患则是加盟店过多带来的管理及食品安全风险，这同样棘手。

事实也证明，在盲目扩张之后，绝味食品公司并不是没有遭到过"反噬"，尤其是近两年，绝味食品公司安全问题频发、业绩下滑严重、口碑一落再落。

其2022年年报显示，公司2022年实现营业收入66.23亿元，同比增长1.13%；归属于上市公司股东的净利润2.23亿元，同比下滑76.29%；扣非后净利润下滑64.25%。这是绝味食品公司2017年上市后交出的最差的"成绩单"，净利润水平不及2016年。

这也就不难解释，为何明明绝味鸭脖才是"老鼠头"事件的无端被牵连者，但大家对它的声讨也是真的。与其说在这次"老鼠头"事件中，股价下跌、被送上热搜第一的绝味鸭脖是无辜躺枪、飞来横祸、无奈背锅、实在冤枉，不如说大家只是为自己对绝味鸭脖积攒已久的不满找到了一个宣泄口罢了。而这样的怨气与不满，显然不是一朝一夕就能形成的。

资料来源 纳食号. 一块"老鼠头"引发的"惨案"!［EB/OL］.［2023-06-09］. https://baijiahao.baidu.com/s?id=1768185977809561013&wfr=spider&for=pc.

巴泽尔（1982）在《度量成本与市场组织》一文中研究了如何降低度量成本的问题。他认为，度量问题和度量成本普遍存在，并且严重影响所有的交易活动。然而，在市场交易中，要完全消除度量错误，成本太高，因此，价格相同的东西，其价值不同，就使得一些人花费资源来获得这种差额，这种资源支出就是一种浪费。如果有办法消除这种浪费，就可以实现福利的改善。我们可以假定交易双方会达成合约，减少这种资源浪费导致的成本。由于顾客一般具有更少的信息和知识，由卖者进行度量，限制顾客的选择，可能比较经济，因为卖方进行度量具有知识和规模经济优势。顾客从已经进行了最优分类的商品中进行选择，就避免了过度度量的浪费。可以预期，某些容易获得的信息将被扣留下来，以防止消费者进行过度的度量。

在实际生活中，人们用各种方法来降低度量成本，因此，我们就有了产品保证书、分成合约、品牌、信息扣留和垂直一体化。巴泽尔举了下面一些例子：

①产品保证书。在提供产品保证书的情况下，度量留给消费者在消费时来进行，度量成本因此得到节约，因为消费者在消费时可以更低的成本发现产品的缺陷。

②分成合约。分成合约，如作者与出版商之间的版税合约，也是重要的。巴泽尔对这种合约作了如下解释：事前不是进行一大笔一次性支付，而是确定一个分成公式，双方得到的绝对数取决于消费者在实际出版后的需求。这里节约的是发现图书出版这一风险事业

最终结果的成本，这种成本可能很大，也可能很小。分成合约减少了市场研究的需要。如果说分成合约存在什么问题，主要就是分成规则的制定方面。

③品牌。如果要让消费者在没有进行任何度量的情况下购买，就必须使他相信卖者事先进行了度量。这一点可以通过品牌来达到，但这需要卖者进行更广泛的度量。卖者的优势在于其可以选择在生产过程中的成本最低点而不是交换时进行度量。巴泽尔（1982）注意到，要得到买者的惠顾，卖者就必须说服买者，如果买者发现产品有缺陷，卖者将承受巨大的损失。用品牌来表明产品的质量，就意味着在某个品牌下销售低质量商品将会摧毁整个品牌。

❖专栏6-3

关于品牌的三个案例

案例A：知名品牌以次充好被罚，千元羽绒服成本竟只有75元？

你敢信吗？标价上千元的衣服，实际成本只有几十块钱。大牌任性以次充好，直接把消费者当韭菜割。A知名品牌以次充好被罚，千元羽绒服成本竟只有75元？丧心病狂的标价背后，到底是暴利还是合理？我们奉行的“一分钱一分货”已经不是真理了，或许只是无良商家来掺杂、掺假的营销话术！

近日，韩装巨头衣恋集团在中国的注册公司衣念（上海）时装贸易有限公司（以下简称衣念公司）以假充真、以次充好，被北京市西城区市场监督管理局罚没14 382元。经查，衣念公司在2021年7月委托丹东翔腾服装有限公司为其生产了80件羽绒服，生产成本为一件75元。9月，衣念公司将其中的9件在北京部分百货商场的专柜进行销售。到了11月，专柜一共以2 237.2元的价格卖出2件，而这2件都没有追回，这还是打了7折后的价格。扣除生产成本和商场扣缴的费用一共是742.86元，缴纳税金171.89元，商家直接赚了1 322.45元。

事实上，衣念公司不是第一次被罚。2021年年初，该公司旗下品牌一款女士羊毛大衣，属于虚假或引人误解的商业宣传，被市场监管部门处以20万元罚款。同年，该公司还多次被罚，处罚原因涉及商品掺杂掺假、以假充真、以次充好，以不合格商品冒充合格商品；对商品性能、功能、产地等表示不准确、不清楚等。可见，对于这样的无良商家，绝不是只处罚一次就能万事大吉的。

资料来源　佚名. 知名品牌以次充好被罚，千元羽绒服成本竟只有75元？[EB/OL] [2022-03-09]. https://baijiahao.baidu.com/s?id=1726798731419954201&wfr=spider&for=pc.

案例B：以次充好、电动变手动，盘点那些年车企欺诈消费者的行为

（1）欧拉好猫芯片

欧拉好猫芯片以次充好这个事情虽然已经过去了很久，但是它带来的恶劣影响以及警示之意，仍然值得我们时刻警醒。

2021年年末，多位欧拉好猫的车主发现，车机所用的芯片并非宣传所说的高通八核芯片，而是用了英特尔的四核芯片。这两种芯片的性能差距极大，导致这些车的车机卡顿、反应缓慢等。多名欧拉好猫车主联合起诉厂家，要求退一赔三。事情发酵后，欧拉好猫方面曾数度极力否认，并以文字游戏等方式哄骗消费者，说欧拉好猫用了多种芯片，包括高通、英特尔、瑞萨等，车主提到的车是哪种全靠运气。

然而，央视财经的报道中显示，欧拉好猫此前的官网截图明确表示使用高通专用车

辆处理芯片，这显然与他们说的使用多种芯片的说法不符。此外，车主一方的律师还表示，欧拉好猫卖给国内的消费者的就是以次充好，而销往国外的就都是高通最新的8155芯片。最终在舆论的压力下，长城汽车责成欧拉好猫提出了补偿方案，算是勉强平息了此事。

欧拉好猫本是长城汽车旗下主打女性用户的一个新能源品牌，然而经此事件销量一蹶不振，可见失信于人害人终害己。

（2）保时捷（Cayenne）

按理说，保时捷这么名贵的车，质量也一直不错，应该不存在欺诈才对，但是它真就这么干了。

2022年4月底，有不少保时捷车主称，他们购买的卡宴明明合同里规定车型标配转向柱电动调节，然而等他们提车到手后才发现，电动转向柱变成手动了，与购车合同不符，这明显构成消费欺诈。然而此事还没完，遭到车主投诉后，保斯捷承诺电动调节转向柱会后补并签署了后补协议。

可是过了段时间，保时捷又直接取消了后补电动调节转向柱，只是给了一张2 300元的代金券做补偿。保时捷方面的解释是，由于芯片短缺，所以导致电动调节转向柱功能被迫取消。

保时捷的做法并未取得车主的原谅，舆论进一步发酵，还被知名汽车媒体人蔡老板曝光到了网上，一时引起热议。最后在车主和舆论的压力下，保时捷最终才在2022年第三季度重新启动更换电动调节转向柱的计划。保时捷办的这事其实没什么好说的，芯片短缺也确实是客观存在，只能说保时捷这么大的品牌有恃无恐，最终迫于舆论压力能够履行承诺，对消费者也算有个交代吧。

资料来源　佚名．以次充好、电动变手动，盘点那些年车企欺诈消费者的行为［EB/OL］．［2023-03-15］．https：//baijiahao.baidu.com/s?id=1760422161309797434&wfr=spider&for=pc.

案例C：造假数量超2亿件！最长可追溯到40年前！本田合资零部件厂商承认造假

日本第三大汽车零部件厂商——日立和本田组建的零部件合资企业日立安斯泰莫（Astemo）日前陷入质检造假丑闻。

2023年5月19日，日立安斯泰莫公布的关于2021年年底披露的刹车及悬挂系统质检造假的调查结果显示，该公司生产的22种产品，包括汽车零部件、摩托车零部件、铁路车辆零部件和工业用零部件，在15个国内外工厂存在质检造假现象。

相关产品涉及汽车的刹车及悬挂系统、铁路用阻尼器、产业用阻尼器等，出货量超过2亿件，其中部分产品的造假行为可以追溯到40年前。调查中，除了没有实施定期试验、虚假报告试验结果等问题外，还发现了未经客户批准变更设计规格等不当行为。

在新闻发布会上，日立安斯泰莫株式会社总裁兼首席执行官柯睿思（Bliss Koch）表示："由于不当行为给我们的客户和其他相关方造成了极大的不便和担忧，对此我们深表歉意。我们将认真对待调查结果，对此次曝光的不当行为和监管不力深感遗憾，并培育强大的合规文化，以防止类似事件再次发生。"

资料显示，日立安斯泰莫由日立和本田集团旗下的四家汽车零售制造商合并成立。其中，日立持有66.6%的股份，本田技研工业持有33.4%的股份。2019年10月30日，日立和本田宣布将日立旗下的日立汽车系统与本田旗下的京滨、昭和、日信工业合并为一家新公司，主要产品包括电动汽车传动系统、电子控制部件、底盘部件、电气系统、发动机部件、减震器、刹车和转向系统众多领域，几乎全面覆盖汽车主要零部件。2023年3月，日立和本田宣布将变更日立安斯泰莫的持股比例，变更后双方各持有40%的股份，并引入JIC Capital，持有20%的股份。日立安斯泰莫的业务规模仅次于电装和爱信，成为日本第三大汽车零部件供应商。

2021年12月22日，日立安斯泰莫已公开承认公司旗下工厂存在不检查或篡改数据等违规行为，据当时公布的数据，违规产品涉及山梨工厂生产的5.7万个刹车零部件和福岛工厂约1 000万个悬挂零部件，违规行为从2000年至2021年10月，造假时间跨度长达20年，违规产品影响波及汽车、摩托车等16家厂商，包括丰田、日产、本田、铃木、马自达、斯巴鲁、大发工业等，随后日立安斯泰莫就此事道歉。柯睿思表示，上述违规行为是员工对检查的重要性认识不够、监督系统不完备，且公司人手不足，无法按照要求展开测试。

随后，日立安斯泰莫对全球的140家工厂进行调查。最新调查结果显示，本次受影响的工厂和客户范围比之前披露的要多很多，相关产品涉及汽车、摩托车、铁道车辆、工业等领域，件数也从此前公布的逾1 000万件增至2亿件以上。此外，部分产品的不当行为已经持续了大约40年，从1983年1月到2023年4月。

对此，柯睿思解释称："不当行为的主要原因基本上是缺乏合规理解和资源，在某些情况下，员工将成本和交付时间置于质量和合规之上。"

值得注意的是，截至目前，日立安斯泰莫尚未发布对涉事产品的召回计划，该公司表示其在研发、生产过程中所设定的标准非常严格，留出了充分的余地，即使存在造假行为，安全性和性能也没有问题，将更多引入试验装置，推进自动化检测，并强化品控部门权限等。

值得一提的是，近段时间日本汽车零部件公司及车企"造假"丑闻频出。

近期，丰田全资子公司大发工业接连披露两起质检造假行为。2023年4月底，大发工业发布公告承认，旗下四款车型（丰田Yaris Ativ、PeroduaAxia、丰田Agya和一款未公开的产品）在侧面碰撞测试中存在造假行为，这一行为波及约8.8万辆小型汽车。

2023年5月19日，大发工业向外界承认，该公司生产的两款混合动力车型在车辆侧面碰撞试验中存在违规，原本应该分别提交驾驶座和副驾驶座的试验数据，实际却把副驾驶座的数据作为驾驶座数据提交给了日本国土交通省，涉及车型包括在日本销售的大发Rocky和丰田Raize混动车型，累计销售数量超7.8万辆。

对此，丰田汽车表示，相关车型将于2023年5月19日起停止销售。针对此事，丰田社长以网络方式召开记者会向外界道歉，表示将防止今后再次发生类似的错误。

资料来源 佚名. 造假数量超2亿件！最长可追溯40年前！本田合资零部件厂商承认造假［EB/OL］.［2023-05-25］. https://baijiahao.baidu.com/s?id=1766851191860043009&wfr=spider&for=pc.

④信息扣留（Suppression of Information）。要避免在定价相同的异质品中进行搜寻这种有成本的活动，关于每种产品具体质量的信息可以被扣留下来，如橙子放在封闭的包装中出售、病人不得挑选医生等。但要这样做，卖者必须说服买者，他提供的是一种随机选择，这种随机选择意味着平均质量的供给。当买者相信卖者时，他可能愿意对密封的商品支付一个较高的平均价格，以节省过度的检验成本。

信息扣留的一个例子是病人对医生的选择。巴泽尔指出，在几个医生之间进行比较是被限制的，医生则不能相互批评，直到最近，医生还不能做广告或做其他显示自己医术的事情。在这种情况下，大量的资源都被医学院用来提高医生的一般技能，以便造成这样一种状态：随机选择毕业生看来是合理的。

⑤垂直一体化。认为垂直一体化有效率的根据是，这种做法节约了度量成本。巴泽尔认为，企业一体化是想在内部解决度量的困难，同时，不同的企业在产出容易度量的结合点形成市场并相互交易。

在罐装鲑鱼这种商品离开制造商到达消费者手中这段时间，商品的物质属性和价值只有微小的变化。其他产品，如农产品和面包则可能有很大的变化……我们可以预见，商品的变化越小，其所有制（在生产和消费之间）越是频繁地变动。因而，罐装鲑鱼比新鲜鲑鱼的所有制将更频繁地变动，奶粉将比新鲜牛奶更频繁地变动……（巴泽尔，1982）

肯尼（Kenney）和克内因（1983）举了另外一个例子，来说明如何避免过多的搜寻。他们以迪拜斯集团中心销售组织（Central Selling Organization of the De Beers Group，CSO）为例，说明卡特尔销售组织由于最大限度地减少了买者对信息的过度搜寻而降低了搜寻成本。CSO从事钻石的贸易活动，销售世界上大多数未经切割的高质量钻石。它在出售钻石时，采取了信息扣留的办法：

"石头根据形状、质量、颜色和重量分成2 000多类，而且每一类中各个石头的价值差别巨大。为了避免过度的搜寻，每一块石头都根据原样出售（凭肉眼看），CSO则根据每个顾客事先提出的要求供给石头。每个买者先看后买，不还价也不准挑选。当然，也有极少数时候，买家认为石头分类分错了，如果销售员认可的话，可以调换。但调换以后如果买家还不接受的话，销售员就不会再拿一箱给他。然而，买家拒绝接受的情况十分罕见，因为拒绝接受的买家将不再会接到邀请。"（肯尼和克内因，1983）

由此可见：①石头被迪拜斯集团中心销售组织分成不完全同质的各种类型；②按挑选前的原样出售；③出售给事先挑选的买者；④以一口价出售；⑤买者若拒绝所提供之物，将导致迪拜斯集团中心销售组织以后不发请柬给他。

其实，迪拜斯集团中心销售组织只要稍微花一点力气，把每个石头钻一个小孔，就可以看到石头里面是否有钻石，以及钻石的价值到底有多大，然后按质量论价，但他们没有这样做，目的显然是防止顾客过度挑选，同时使自己的预期收益极大化。

那么，这种做法是否使顾客受到损失呢？这种做法可能使一些顾客以相对低的价格获得价值连城的钻石，同时使另一些顾客一无所得，但总的来说顾客的平均收益可能增加，因为如果顾客得不偿失，他们就会退出市场，这将使迪拜斯集团中心销售组织或者降低销售价格，或者改变销售方法。这有点类似于股票市场，尽管大多数人最终的结局可能是亏损，但由于参与其中就有机会获得超高收益，因而吸引人们前赴后继。彩票的例子也是如此。在这些例子中，买者和卖者之间存在所谓的“垂直合作”，双方都同意以这种方法销售，风险自担。这种合作发生在签约以前。

水平合作则是以各种双边或多边协议的形式出现的，包括竞争者之间隐性或显性协议的形成（常规、准协定、同盟、合资、营销协议、卡特尔等）、地方性市场或集市的建立、商业企业或金融中介的设立（批发商或零售商、超市、百货商店、银行等）、协会或合作社的成立、战略同盟的形成等。所有这些活动都会影响市场的组织，包括劳动、商品、服务、金融等。它们使搜寻和检验变得更容易或者更便宜（弗鲁博顿和芮切特，2000）。

①隐性协议。Fellner（1949）在关于寡头垄断的理论中描述过竞争性买者和卖者之间的准协定。我们把Fellner关于垄断者之间的准协定理解成一种有关的合约，这是一种随着“以牙还牙”战略实施的规则而变化的隐性长期合约。以美国烟草业为例，美国烟草业是寡头垄断行业，其广告支出巨大。我们可以把这种广告支出理解成一种商标名资本的投资。这种投资只有在产品价格足以超出生产成本时才是有利可图的。在这种情况下，价格竞争（或价格战）是不可能发生的。相反，人们可以预期价格会朝着同一方向变化，就像美国烟草业在1923年至1939年一样。在这些条件下，寡头垄断者之间的有关合约可以描述为一种重新协商的证据。寡头垄断者事前防止事后机会主义行为的措施就是进行大规模的广告支出。由于当前和过去的广告支出效应具有高折旧率，如果减少广告支出以弥补竞争性降价，广告商就要冒失去商标名资本的风险。高额的广告支出也成为新进入者的进入障碍，因而有助于保护在位者获得市场组织专项投资的准租金。这对社会来说可能是一种正向激励。

②战略同盟。战略同盟可以理解成一种显性的双边水平协定，近年来在计算机这种高科技行业频繁出现战略同盟。现在我们对它进行一些分析。

战略同盟的定义是Teece（1992）提出的，他认为战略同盟可以定义为一种双边协定，这种协定是两个或多个企业伙伴为了达到同一个目标而作出的承诺，它需要汇聚专业资产和能力。战略同盟包括下面的一种或多种：技术交换；联合进行R&D或共同开发；互补性资产的分享，如对合作开发的产品，一方负责制造而另一方负责分配。

因此，在有交易费用的世界里，没有任何直接信息内容的广告可能是节省搜寻成本的一种方式，信息扣留可能是节省检验成本的方法，竞争者之间的准协定（如价格领袖）可能把竞争导向对社会有利的方向。这就使这种行为可能有助于保证产品的高质量和避免价格战。买者和卖者之间的长期垂直合作关系，或者竞争者之间的长期水平合作关系（隐性的或显性的有关合约）也会发挥作用。

总之，在市场交易的第一阶段，消费者需要进行检验和度量，为了降低这种度量成本，消费者和卖者可能进行各种形式的合作。这从一个方面说明了市场是一种合作的组织。

6.3.2　合约缔结活动

缔约是在经过检验或度量以后，消费者和卖者之间进行价格协商，即讨价还价。价格协商也是有成本的，为了降低这种协商成本，买者和卖者也要进行合作，由此产生了一些专门的协商机制。

以拍卖为例，拍卖者根据协商规则来管理卖者和许多潜在买者之间的价格协商。在这里，价格被用来完全清理市场。在其他大多数市场上，潜在买者和潜在卖者之间的价格协商机制可能各不相同，但都有降低协商成本的作用。为了降低协商成本，最典型的办法是实行刚性价格。

阿尔钦等人（1987）认为，价格刚性是买者和卖者之间价格协商（如牌价的习俗、法律等）的结果。阿尔钦等人对牌价作了如下解释：牌价是公开宣布和维持的价格；公告方可以按这一价格交易任何数量；所有交易方都得到同一价格；尽管所有其他交易者都得到更好的价格，但对某一特定方来说，价格是不可能改变的。牌价的好处在于：价格的公示和稳定表明了一种信任，这是一种买者对卖者的信任，或者是卖者对买者的一种信任。这种信任对二者之间存在依赖关系的人来说非常必要，其含义是：在存在依赖时，需要作出信任投资，稳定的牌价就是一种投资。例如，在许多农产品市场上，价格就是固定的，因为农民依赖唯一的买者——加工商。

这就是说，牌价实际上是促成买者与卖者之间合作的一种手段。在牌价下，消费者可以相信价格对所有人是一视同仁的，因而是公平的；牌价还节省了议价的成本，消费者在牌价下要么接受，要么离开，简单明了。

存在价格刚性的另一个原因是，在一些长期生意关系中，要求双方进行关系专用性投资，价格刚性就相当于这种投资。在长期内，价格可以随着供求关系的变化而变化，也可以因为买卖双方的机会主义行为而变化，但这两种变化并不是可以清楚地加以区分的。在买卖双方存在依赖关系的情况下，就会出现“敲竹杠”问题。例如，如果买者严重地依赖卖者，卖者就可以随时借口成本上升而将产品涨价，这就会损害买者的利益，就不利于双方的合作。那么，怎样才能让一方相信另一方没有采取机会主义行为呢？办法之一就是干脆让价格长期保持不变。

新制度经济学认为，价格刚性的存在意味着有关的合约（尽管是隐性合约）在供给者和顾客之间形成了，这就是说，垂直合作出现了。这种合作显然有利于降低双方的交易费用。一个例子是现在许多资源（如矿石）采取了长协定价的形式，这就是典型的与卖方的垂直合作。

❖专栏6-4

铁矿石的长协定价

20世纪60年代，日本工业还未大规模发展之前，矿山大多由钢厂直接投资兴办，当时的销售地主要是美国和西欧。随着美国和西欧城市化的逐渐完善，投资矿山所承担的风险越来越大，而日本作为一个矿物资源贫乏的国家，在当时“逆势”加仓，积极投资开发海外铁矿石资源，其中最广为人知的公司就是日本三井物产株式会社（以下简称三井物产）。三井物产在20世纪60年代开始参与多项海外矿场资源的投资，2003年更是收购了淡水河谷母公司15%的股权，加上其与必和必拓以及力拓的合作，三井物产对铁矿石的控股产量已经跃居世界第四。日本出资开发矿山，然后再由澳大利亚、巴西出口到日本，这极大地保障了日本在城市化期间对铁矿石需求的稳定供应。而随着日本工业化以及全球化贸易的快速发展，依托海运的铁矿石贸易也日渐成熟，逐步形成了特定的交易模式，即年度长协定价。

长协定价从1980年（1981财年）开始，主要规则为：铁矿石供需双方长期协议“定量不定价”，价格一年一谈，确定首发价后，其他的矿山公司以及钢厂进行确定跟随。在长协合同中确定好供货数量以及采购数量后，合同期限一般在5年以上，有的甚至长达二三十年。之后，一般在每年的第四季度，由主流铁矿石供应商以及主要的钢厂进行下一财年铁矿石价格谈判。只要铁矿石需求方的任意一家与供应方的任意一家在价格上达成一致则谈判结束。国际铁矿石供需双方均接受此价格为新一财年的价格，即“首发-跟风”模式。计价基准为离岸价，同一品质的铁矿石各地涨幅一致，同一类型各品质铁矿石涨幅一致，即“离岸价，同涨幅”。供应方主要由三大矿山组成：代表澳大利亚的必和必拓（后用BHP表示）和力拓（后用RIO表示）、代表巴西的淡水河谷（后用VALE表示）。而需求方主要有代表亚洲市场的日本新日铁和韩国浦项钢铁、代表欧洲市场的德国阿赛洛。从谈判双方的数量可以看出，当时的供需博弈力量相对均衡，且双方利益都能得到较好的平衡。买方可以保证有稳定的原料用于生产，这对工业的连续性十分重要；而卖方也能通过稳定的需求较好地控制风险并且掌握市场的份额。

资料来源　佚名.铁矿石的行业属性及其定价机制［EB/OL］.［2022-11-29］. http://finance.sina.com.cn/money/future/wemedia/2022-11-29/doc-imqmmthc6368713.shtml.

那么，价格刚性会不会造成新的无效率呢？由于价格刚性意味着价格不能随着供求关系的变化而变化，当供求关系发生变化时，市场如何实现均衡呢？答案是数量调节。此外，只要交易双方存在专用性投资及由此导致的锁定效应，数量调节就比价格调节具有更好的激励相容属性。威廉姆森（1985）论证说：价格调节具有不幸的零和性质（即一方所得为另一方所失），而增加、减少或延缓交货则没有这种性质。通过改变价格来进行调节会产生一种风险：交易双方都可能通过改变导致价格变化的条件而谋取自身的利益。相反，进行数量调节只能根据是否发生了意外事件而不是策略性行为，这就使调节具有一些客观的依据。

这种做法不仅对市场上买者和卖者之间的双边关系来说是有效的，而且可以用于卖者与其追随者（如价格领袖及跟风者）之间的关系。卖者和其追随者都在进行专用性投资，双方都在一定程度上被锁定了，现在价格的固定可以理解成保护依附资源的准租金。所谓依附资源，是指某些资源没有其他资源就难以发挥出作用。这些资源获得的报酬很容易因为依附关系而被侵占，价格刚性则避免了这种侵占。此外，在这种市场关系中，卖者也可以看成其追随者的代理人，而且卖者可能和其他竞争者签订某种水平的合作协定，决定或影响某个特定市场的竞争规则。

同样的原理亦适用于雇佣关系，因为雇佣关系也是一种具有专用性投资的有关合约，因此，工资刚性成为一种普遍现象。阿尔钦等人（1987）举了一个极端的例子来说明工资刚性。“设想一个雇主和一个雇员，他们会针对每一种不同的情形每小时不断地协商价格吗？如果雇员是一个餐馆的侍者，侍者的工资会因为每一个新顾客而协商吗……显然价格不会随时变化……但正确的价格协商或价格变化的时间是多少呢？通常的答案‘当供给和需求一改变时’是没有表明什么信息的。”

在他们看来，工资之所以不经常发生变动，一是因为工资本身存在议价成本，减少变化频率的工资刚性显然降低了这种议价成本；二是因为工人与雇主是一种长期合约关系，双方在某种程度上被锁定，工资刚性可以避免双方的机会主义行为，使二者获得一种信任，以便更好地进行合作。在这种情况下，数量调节被用来平衡供求的变化，如果市场需求增加，雇主可以增加劳动的需求量，但不会增加工资；如果市场需求减少，雇主可以减少劳动的需求量，但工资并不会降低。因此，除非市场供求有重大变化；否则，工资一般不会变动。

那么，是不是所有的长期合约都呈现出价格刚性的特征呢？佳士科（Joskow，1985）对此进行了研究。他认为，长期合约中当然有可能存在固定价格，但也有理由相信不会使用固定价格。从实际经验来看，在他所考察的煤炭合约中，价格往往随时间而变化，这种合约通常都含有相当复杂的定价条款，这些条款都综合考虑了实际成本、投入的价格指数和流行的市场价格等各种因素。他发现，煤炭的交易价格在一个地理供求区内，在不同时间的变动幅度很大，现货价格和合约价格常常极为不同。

现在让我们来考察一下典型的有组织市场，看一下证券交易。证券交易是一个相当封闭的市场，它可以被看成一个已成功地建立了金融产品市场的企业。一些学者认为，金融产品创造了市场，实际上也生产了“价格”。虽然理论经济学家把证券交易看成一种完全竞争的理想情况，但应用经济学家认为证券交易存在严格的调控，他们认为调控代表着行使垄断势力的企图，旨在限制竞争。但科斯（1986）的看法不同：“为了达到完全竞争，一个复杂的规则和调控体系一般是需要的……以便降低交易费用，因而增加交易量。”

总而言之，与传统理论相反，按照新制度经济学的观点，价格刚性和进入障碍起着有益的经济作用。

6.3.3 签约后的活动

买者和卖者通过讨价还价签订了成交合约，交易就进入第三阶段。第三阶段的问题主要是如何执行合约的条款。即使对那些即时完成的交易来说，也可能出现产品质量问题，或者消费者不满意购买的产品等问题。在这些情况下，消费者都面临着如何索赔或退货的问题。由于许多交易并不是即时完成的，比如企业雇佣劳动，并不是决定雇佣就完成了整个交易，更重要的是随后如何使用劳动，因而交易后的执行问题可能更为复杂。

从交易费用的观点来看，签约后主要有三种活动：实施、控制与执行。这些活动一旦出现问题，解决起来都有成本。当然，消费者可以通过第三方来解决这些问题，如诉诸法律，或者自行解决，但都有一个成本问题。

那么，如何降低这种成本，以提高解决问题的效率呢？新制度经济学认为，在第三阶段也存在买者与卖者的合作，以便提高效率，更好地降低这些交易后的执行成本。

威廉姆森的交易费用方法（1979，1985）研究了制造商之间的垂直合作问题。在需要进行专用交易投资的情况下，几个卖者（或买者）可能达成合约，将事前的竞争转换成某种双边垄断。这种合约实际上使合约双方在某种程度上在事后被锁定了，因此，防止签约后的机会主义行为就成为一个问题。在这种情况下，单是求助法庭来解决争端不是不可能，就是费用太过昂贵，或者是太费时间，或者是不确定，因此首先要考虑私人解决办法。由此，合约方的问题就变成如何组织事前的交易，以便在有限理性的情况下节约成本并防止事后的机会主义行为。

那么，合约方如何组织事前的交易，以防止事后的机会主义行为呢？这里，我们同样可以看到许多市场现象，例如，市场价格在竞争性价格之上、经销权、垂直与水平一体化、政府调控、争议由私人或第三方解决等。前两种现象称为垂直合作，后三种现象则是垂直或水平合作或两种合作的结合。新制度经济学对这五种现象进行了解释。

（1）市场价格在竞争性价格之上

这种现象可以由自我履行协议理论来解释。克内因和拉弗勒（1981）认为，在某些情况下，自我履行协议是保证高质量供给的最有效方式（即成本最低）。他们认为，当质量特性可以很好地说明而且被第三方所度量，因而合约的执行成本很低时，在合约里明确解决方案可能是一种成本较低的办法。这是显性合约的解决办法。当这种显性合约的解决方法成本很高，且供应低质量商品的短期利润很高，因而保证质量而得到的价格优惠也很大时，由政府来规定和执行最低质量标准可能是一个降低成本的办法。最后，垂直一体化也是一种解决这一问题的可能安排。

他们考察了非政府机制、重复购买机制和合约执行机制。他们认为，市场交易者签订的大多数合约并不是能够由政府或任何其他第三方来执行的。在重复交易的情况下，交易者仅仅靠终止生意关系这种威胁就可以执行合约承诺的条款。而第三方执行即使有可能，其成本也是相当昂贵且费时间的。"市场安排，如消费者受骗就不再购买，将促使交易者遵守诺言，可能是保证承诺实现的最便宜方式。"他们的结论是，市场价格处于竞争性价格之上是执行质量承诺的一种办法。商标名资本投资的作用也可以做如此理解，这是一种沉淀资本。保证高质量商品供给的就是这种资本的损失：如果生产低质量商品，将来生意丢了，这种资本就损失了。广告的作用也可以这样来理解，"当消费者不知道最低质量保证价时，企业商标名资本的投资相对于销售来说越大，其价格溢价越可能促使高质量商品的生产。商标名资本中的竞争性投资现在不再限于得到直接的消费者服务流的资产……例如，即使得不到直接的消费者服务流，企业也会提供奢侈的店面、华丽的展览或标示。这种与特定企业相关的资产告诉消费者有关企业的沉淀资本的成本大小和它们的供给信息，这种信息说明了企业获得的以溢价形式存在的准租金流，因而也是它进行欺骗的机会成本"。

因此，他们实际上重复了纳尔逊的论点，广告是向消费者提供有价值的信息，这种信息不是广告词里面所说的产品的用途和产品的质量，而是企业正在做广告这一行为的信息。

我们还可以用效率工资来更好地说明这种合约的执行问题。效率工资就是雇主付给雇员的工资超过了市场的均衡水平。这样做的原因在于，监督雇员是否努力工作是有成本的。因此，如果有办法让雇员自愿选择努力工作，这种监督成本就节约了。效率工资通过付给雇员高于市场工资的办法，使雇员偷懒的成本提高：一旦因为偷懒而被解雇，雇员想寻找同样报酬的工作非常困难。在偷懒成本提高的情况下，员工的最优选择当然是减少偷懒！最早实行效率工资的福特公司的例子也证明了这一点。

（2）经销权

新制度经济学认为，经销权实际上是为保护专用资产的准租金。一种资产的准租金是其价值超过其残值，即对另一个租用者在次佳用途中的价值。可获得的准租金并不是通常意义上的垄断租金，它可以在没有市场封锁时发生。专用性投资一旦作出，投资者在某种意义上就被套牢了，如果没有预设的保护措施，其准租金就容易被侵占。合约方的机会主义行为就与事后重新分配准租金有关。从这个意义上来说，对事后的机会主义行为缺乏防范就会导致更少的专用性投资。因此，事后的机会主义行为不仅是财富的重新分配，而且是效率的损失。

克内因和拉弗勒举了许多例子来说明这一点，问题的关键当然是如何在事先采取一些措施来防止事后的机会主义行为。他们把经销权合约理解成一种企业商标名资本的租用合约。商标名资本是一种高度的专用资本，租用的问题很特殊。如果一定要租用，那么租用者必须通过广告或成功的业绩建立自己的信誉，因为这种投资对于商标名来说是高度专用性的。经销商不仅会停止进行商标名投资，而且会销售低质量商品而损害商标名。因此，为了防止这种行为，经销权就产生了。经销权是对商标名资本的租用。由于上述的资本专用性问题，对经销商的行为必须进行直接管制。支付的租金往往是某种形式的利润分成安排。此外，尽管经销商在法律上是一个独立的企业，但在现实中，企业和其经销商的关系更接近垂直一体化关系，而不是独立市场上的标准合约关系。

（3）垂直与水平一体化

在长期中，如果专门用于交易的沉淀资本占了总成本的大部分比例，而且存在很大的不确定性，以及声誉因素不可能限制“恶劣”行为，上下游垂直一体化会特别有效。克内因、克瑞福德和阿尔钦（1978）举的汽车生产公司的例子很好地说明了这一点。汽车生产公司拥有向车身部件盖印的巨型压力机，盖印的模具是高度专用性的投资，因此，模具所有者不希望独立于汽车生产商。模具商除了汽车生产商以外没有其他的顾客，因此，汽车生产商可能采取机会主义行为，例如，汽车生产商可能用各种办法压低模具的价格，由此，模具商不会独立存在，只有汽车生产商自己拥有模具才能解决这一问题。

在这种框架下，他们讨论了1926年发生的通用汽车收购Fisher Boby案。这两个企业一直存在合作关系，但在1919年它们之间的合作出现了问题，原因是在这一年，汽车车身用金属材料代替了原来的木头，而金属车身需要专用的盖印机来加盖各种印记。威廉姆森（1985）描述了这一纵向联合过程：

①1919年，通用汽车同Fisher Boby签订了一份为期10年的合约，通用汽车同意从Fisher Boby购买所有的封闭式车身。

②交货的价格定在成本加成的水平，并规定了这样一个条款：通用汽车不会收取超过其他竞争性汽车制造商的价格。价格争议由指定的仲裁机构解决。

③在合约有效期内，市场对汽车的需求增加大大超过了原先预期的水平，结果通用汽车对价格必须调整的条款不再满意，它要求Fisher Boby把车身厂设在靠近通用汽车装配厂的地方，以便降低运费和减少存货。Fisher Boby拒绝了。

④1924年，通用汽车开始收购Fisher Boby的股票，1926年完成了兼并。

威廉姆森认为，运用交易费用方法并不能精准地预测这一事件的发生过程，但是，观察到的顺序与交易费用方法关于垂直一体化的分析是一致的。

（4）政府调控

传统理论认为，市场失灵（如自然垄断）出现时，需要政府进行调控。德姆塞茨反对这一观点，他认为，常规分析的缺陷在于它没有区别事前投标者数量和事后的供给条件。即使规模经济确实存在，因而事后只存在一个供给者，在开始阶段也可能存在大量的投标者。在大量合格的交易者进行非串谋的投标，以成为成本递减的生产活动的供应商时，由此导致的价格不一定反映了垄断势力。常规分析的缺陷是它忽略了这一最初为了获得特许权而进行竞争的投标阶段。在这种竞争性投标下，特许权会提供给叫价最低的人。德姆塞茨认为，供给自然垄断产品的长期合约可以在没有调控的市场上达成。因此，公开市场的竞争是比调控更有效的约束力量。

（5）争议由私人或第三方解决

仲裁就是一个解决争议的第三方。新制度经济学也解释了这种第三方存在的必要性，这也与特定条件下的交易费用有关，而这也是正统经济学理论无法解释的。

总之，新制度经济学关于市场的理论解释了市场上的各种现象与做法，由此弥补了正统经济学理论的不足。

本章小结

新制度经济学的市场理论主要讨论了市场存在的原因、市场的本质、市场的作用、各种市场现象的存在逻辑等。在新制度经济学看来，市场是一种进行合作的经济组织，它的存在是为了降低交易费用。从市场决定的成本来看，完全竞争市场的建构成本可能高不可攀，因而存在一定的垄断可能是一种降低成本的选择；价格刚性不是无效率的，相反它降低了定价成本，并加强了卖者和买者之间的信任，从而增强了市场的合作功能。其他市场做法，如牌价、信息扣留、广告、产品保证书、品牌、垂直一体化、战略同盟、经销权和特许权安排、分成合约、隐性合约等，也都具有降低度量成本、增进买者和卖者合作的作用。在市场组织交易的各个阶段，如搜寻、检验、讨价还价、签约和履行合约等，都有一些特殊的安排。互联网的出现虽然降低了一些费用，改变了行业生态甚至作用机制，但实现交易费用最小化的本质没有变化。

基本概念

价格刚性　信息扣留　牌价　常规　垂直一体化　经销权　战略同盟　水平合作　隐性协议　特许权

复习思考题

1. 新制度经济学关于市场的理论与新古典经济学有何不同？

2. 为什么说市场是一种进行合作的经济组织？市场是如何进行合作的？

3. 价格刚性是否是无效率的？

4. 各种市场安排的目的是什么？

5. 如何理解市场的本质？

6. 市场建设为何特别重要？以股票市场为例，说明应如何进行市场建设。

主要参考文献

[1] COASE.The Firm，the Market and the Law [M]. Chicago and London：University of Chicago Press，1988.

[2] KENNEY，KLEIN .The Economics of Block Booking [J]. Journal of Law and Economics，1983（26）.

[3] 弗鲁博顿，芮切特. 新制度经济学——一个交易费用分析范式 [M]. 姜建强，罗长远，译. 上海：上海三联书店，上海人民出版社，2006.

[4] WILLIAMSON.The Economic Institutions of Capitalism [M]. New York：Free Press，1985.

［5］FELLNER.Competition among the Few：Oligopoly and Similar Market Structures［M］. New York：Knopf，1949.

［6］ROSENBERG，SANDAU，MOWREY.Technology and the Wealth of Nations［M］. Stanford：Stanford University Press，1992.

［7］TEECE.Strategies for Capturing the Financial Benefits from Technological Innovation［M］//ROSENBERG，SANDAU，MOWREY.Technology and the Wealth of Nations. Stanford：Stanford University Press，1992.

［8］ALCHIAN，WOODWARD.Reflections on the Theory of the Firm［J］. Journal of Institutional and Theoretical Economics，1987（143）.

［9］JOSKOW.Vertical Integration and Long Term Contracts：The Case of Coal-burning Electric Generating Plants［J］. Journal of Law，Economics，and Organization，1985（1）.

［10］KLEIN，LEFFLER.The Role of Market Forces in Assuring Contractual Performance［J］. Journal of Political Economy，1981（89）.

［11］KLEIN，CRAWFORD，ALCHIAN.Vertical Integration，Appropriable Rents，and the Competitive Contracting Process［J］. Journal of Law and Economics，1978（28）.

第7章
企业理论

学习目标

1.掌握新制度经济学关于企业的基本看法
2.了解企业的合约特性
3.认识企业规模的决定因素及与市场的边界
4.熟悉企业产权安排的经济逻辑

对于“企业是什么”这一问题，新古典经济学同样没有作出很好的回答。新古典经济学家把企业看成将投入转化为产出以实现最大化利润的一个微观经济主体，然后在一些严格的假设下运用生产函数与成本函数等数学工具，推演出利润极大化的条件，其中包括产出最大化和成本最小化的前提条件。但它没有回答企业为什么存在、企业的本质是什么、企业与市场的边界何在，以及企业的内部是如何组织的这类根本性的问题。新制度经济学回答了这些问题。在新制度经济学中，企业被定义为通过合约联结起来的合作性组织，故企业也可称为合约的网络或合约的联结。人们公认，科斯最早建立了新制度经济学的企业理论，他认为，企业是价格机制的替代物。阿尔钦和德姆塞茨则不同意科斯的看法，认为企业是一种团队生产。沿着科斯的思路，张五常提出，企业是合约选择的一种形式；威廉姆森则认为，企业是一种科层组织。20世纪七八十年代以后，经济学家进一步分析了影响交易费用的具体因素，他们认为，企业是不对称信息和不完全预测力下的一种非市场合约，其作用是对组成私人企业的要素所有者进行管理。这些研究使企业理论日臻完善。本章将依次介绍这些理论。

7.1 企业概论

新制度经济学对企业的讨论主要是基于产权方法、交易费用方法与合约方法，主要回答企业为什么存在、企业的规模由什么决定、企业所有权与控制权如何分配、企业的资本结构如何确定等问题。新制度经济学在讨论时主要强调了两个方面：一是企业是投入所有者之间的一组长期合约；二是企业用要素市场代替了产品市场，其中价格信号起着相对小的作用。典型的情况是，等级关系代替了市场交换。比如，劳动的所有者同企业家签订合约，将其劳动资源的使用权转让给企业家，按月领取薪水。一旦签订了这种长期合约，劳动资源就不再对价格信号作出反应，而是接受企业家的管理。长期合约的主要特征是它不再对一些经济变量的变化，如价格、数量、质量等的变化作出反应。当代企业理论的主要代表人物有科斯、阿尔钦、巴泽尔、德姆塞茨、威廉姆森、弗鲁博顿、詹森和麦克林等，他们研究了企业的本质，试图解释投入所有者签订的不同合约形式。

7.1.1 资源所有者投入的联合

在现代工业社会中，大多数经济部门由大企业，即资源所有者的联合所主导。具体来说，现代企业就是由劳动所有者、资本所有者、企业家（即组织这种要素的所有者）和土地所有者联合而成的。那么，为什么要进行这种联合？这种联合在许多情况下为何比个人单干（或建立单元企业）更好？也就是说，企业为什么能够以更低的成本提供商品和服务呢？这是科斯在讨论企业的本质时提出的问题。

科斯认为，企业的显著特征就是它是价格机制的替代物。那么，价格机制为什么要被企业家的工作所替代呢？科斯提出了几种可能的解释，但都被他自己否定了。第一种解释是，一些人愿意在别人的指导下工作，这些人为了能在别人手下工作而愿意接受较低的报酬，如果是这样的话，企业就会出现。但科斯认为，这种情况不可能是企业出现的一个重要理由，因为人们往往更愿意“成为自己的主人”，即人们不仅不愿意在别人的指挥下工作，而且往往更喜欢指挥别人。由此得到了第二种解释，是否有些人为了能够指挥别人而给别人高于价格机制下的报酬呢？如果是这样的话，企业也会产生。但这意味着这些人是为了能指挥别人而付钱，而不是因指挥别人而赚钱。科斯认为，这种情况显然也是不真实的，因为在实际生活中，许多人往往依靠指挥别人而赚到更多的钱。第三种解释是，消费者可能更喜欢企业生产的产品。科斯认为，即使消费者有这种偏好，这种偏好的重要性也是可以忽略不计的，况且，企业生产的产品与非企业生产的产品看不出有什么不同，消费者也没有理由更偏爱企业生产的产品，因此，第三种解释也站不住脚。既然这些解释都不成立，那就只有从其他因素中寻找企业产生的原因了。

在科斯看来，建立企业的主要原因是使用价格机制是有代价的。首先，通过价格机制来组织生产的最明显成本是发现所谓的相对价格；其次，市场上发生的每一笔交易的谈判和签约也是需要成本的；最后，一些活动通过市场交易可能需要很多合约，每一个合约的签订都有成本，但如果组成企业，这些成本都可以节省，或至少是大大减少，因为组成企业的话，就可以用一个合约代替几个合约。所以，科斯说：“市场的运行是有成本的，通过形成一个组织，并允许某个权威（一个‘企业家’）来支配资源，就能节约某些市场运行成本。”“企业家不得不在低成本状态下行使他的职能，这是鉴于如下的事实：他可以以低于他所替代的市场交易的价格得到生产要素，如果他做不到这一点，通常也能够再回到公开市场。”这就意味着企业之所以存在或出现，市场交易费用的存在是唯一重要的因素。在这里，科斯实际上提出了后来广为流传的交易费用思想，并用交易费用来解释企业的存在。当然，对于交易费用的具体内容，当时20岁出头的科斯是语焉不详的。尤其是他几乎没有讨论签约后的问题，因而这种理论仅仅是利润极大化动机的另一种观点，其本身是空洞的（弗鲁博顿和芮切特，2000）。

1972年，阿尔钦和德姆塞茨提出了一个不同于科斯的解释，强调了企业组织内部的监督与产权归属问题。他们不同意科斯关于市场是一种自愿的合约关系、企业是一种权威关系的观点。阿尔钦和德姆塞茨在《美国经济评论》上发表了《生产、信息成本和经济组织》一文，从另一个角度讨论了企业的存在问题。这篇文章在经济学界引起了很大的反响，成为到目前为止这一领域引用最多的文献之一。他们认为，企业是一种通过内部合作进行生产的经济组织，这种组织之所以存在，是因为通过内部组织形成的协作生产（Team Production，又称团队生产）比通过市场进行合作生产具有更高的效率，但由此也产生了度量每种投入所有者的贡献之困难。由于不能准确地度量每个团队成员的工作努力程度，这就使参与团队生产的成员都有了偷懒的动机，这又使监督成为必要的。然而，由谁来监督呢？只有经理拥有剩余索取权，经理能够享有监督的收益，经理才能成为有效的监督人，故产权的归属十分重要。

在团队生产的条件下，为什么会产生度量问题呢？阿尔钦和德姆塞茨认为，当两个人联合将一重物运上卡车时，我们只能看到每天装载的总重量，却无法确定每个人的生产率，关键在于这两个人进行的是合作生产。在团队生产的条件下，总产出属于团队，人们只能观察到总产出，而很难确定每个成员对总产出所作的贡献。所以，准确地说，团队生产就是一种合作生产，这种生产的总产出大于每个成员单独生产时的产出之和，这相当于发挥一种集体生产力。

举一个例子，如果一个人只能把100斤重的货物搬上车，两个这样的人合作就可以把250斤或300斤重的货物搬上车。这说明，通过各个成员的合作生产，收益可以增加。但这时也产生了一个重要问题：一个团队如何向其成员支付报酬，才能诱使他们有效地工作呢？在团队生产的条件下，我们只能观察到总产出，而不能观察到每个成员的产出。如果团队成员的所得与其报酬不成比例，则团队成员的积极性将受到影响，团队生产的集体生产力也就不能发挥出来。那么，怎样才能准确地度量每个成员的贡献呢？这就是所谓的度量问题。这种度量问题的存在意味着团队成员的行为不能被完全监察到，或者监察需要很高的成本。因此，团队生产一方面具有增加收益的优势，另一方面也产生了监督成员努力工作的成本。只有当增加的收益大于由此产生的监督成本时，团队生产才是有效率的。

那么，怎么才能减少监督成本，进而减少偷懒呢？从原则上讲，市场竞争可以起到一定的监督作用，因为那些不是团队成员的投入所有者由于得到的报酬较低，他们具有进入团队、替代那些偷懒成员的激励。同时，现有团队成员由于害怕被替代，其行为将受到约束，或至少他们将更秘密地偷懒。因此，潜在加入者的竞争决定了团员成员的构成及每个成员的报酬。在这种情况下，“生产性投入的团队正如商业团体一样，将演化成明显的自发的市场——它没有任何集中的、有组织的代理人、团队的管理者或老板”。不过，市场竞争并不能完全代替有效的监督，原因有两点：第一，潜在进入者必须了解原有团队成员偷懒的程度和方式，以确定他们替代原有成员之后是否能够增加产出，但这样做是有成本的；第二，假定存在监督成本，新进入者为了保住其在团队中的位置，必须接受较低的报酬，那么，他偷懒的激励至少仍然和他替代的成员偷懒的激励一样大，因为他所承担的费用仍然低于他应分摊的整个团队产出的降低。这就是说，他偷懒的成本仍然部分地由别人承担。

减少偷懒的一个办法是专门安排一个人来监督团队成员的工作情况，但由谁来监督呢？又由谁来监督监督者呢？阿尔钦和德姆塞茨认为，市场竞争可以对监督者起到部分监督作用，但不完全有效。另一个办法是把团队生产的净收入及向其他成员支付报酬的权力授予监督者。如果团队成员同意监督者获得规定数额以上的剩余产品，监督者就得到了一种额外的激励：努力监督将使他的收入增加，这将减少他的偷懒，因为他能够获得进行监督活动的边际产品。

在这种情况下，获得剩余产品的专家成为监督者。监督者通过监督成员的行为来获得剩余，而团队成员为了增加收益，也同意监督者的剩余索取权和其他权利。于是，监督者就成为中心签约者而具有了一系列权利，包括：第一，享有剩余的权利；第二，观察成员行为的权利；第三，成为所有投入合约的中心方；第四，改变团队成员资格的权利，即有权决定雇佣或解聘一个成员；第五，出售上述这些权利的权利。这些权利结合起来，解决了团队生产中由于信息不对称而产生的偷懒问题。此时，每个成员与企业的所有者之间形成了一种简单的报酬合约，每个人都可以从事买卖，雇员可以"命令"团队的所有者向他支付货币，雇主也可以"命令"队员执行某些行动。雇员和雇主都可以终止合约。在这个意义上，阿尔钦和德姆塞茨认为，"长期合约不是企业的本质属性，'强制''独裁''命令'也是与企业的概念和它的效率不相干的一些属性"。

概括起来，企业的形成需要两个条件：一是通过团队的合作生产可以提高生产效率。不过，这种生产方法在直接度量团队成员的边际产出时是有成本的，只是通过成员之间的简单市场交换更难限制偷懒。二是通过观察或确定团队成员的行为来估计边际生产率是经济的。古典企业就是在这两个条件下产生的，这种企业的特点是：

①联合投入的生产；

②包括几个投入的所有者；

③一方是所有投入合约的中心人；

④这个中心人有权与任何一个投入所有者重新谈判合约；

⑤他拥有剩余索取权；

⑥他有权出售上述一系列权利。

所以，当存在联合投入的团队生产时，企业就成了一种特殊的监察装置，这种装置可以减少监察成本，但如果由此引起其他方面更高的监察成本，就会采用一些其他形式的合约安排，故对于每一种来源的信息成本，都可能有不同的监督形式和合约安排。推而广之，在通过市场监察有困难的时候，就会设计不同的合约安排，企业便是这样一种合约安排形式。

所以，"在现实中，企业是市场的替代物，不同之处在于，企业中存在一个长期的、一般的劳动合同，这个合约无须在每次更换劳务类型时，不断地重新谈判"（阿尔钦，1977）。

根据这种看法，他们还讨论了生产要素的租售问题。在他们看来，如果交易费用（具体表现为度量成本和监督成本）为零，企业是租借还是拥有一种要素是无差异的，因为在租借的情况下，可以签订一个完全的使用合约，出现任何问题都可以按照事先约定的方法解决。但如果交易费用不为零，那么，租借与拥有就不同了，关键是在不完全合约的情况下，若进行租借，就存在使用过程中的监督问题。

威廉姆森在其一系列著作（1975，1979，1985）中，立足于资产专用性概念，对企业的存在作了进一步拓展。在他看来，由于资产专用性的存在，市场交易将存在机会主义行为与"敲竹杠"现象，因而企业将出现。企业这种合约在三个方面优于市场合约："首先，当机会主义出现时，与独立签约人相比，内部交易的各方不太可能牺牲整个组织的利益而攫取次一级群体的收益……其次，对内部组织更容易进行有效的监督。最后，当分歧

产生时，内部组织在解决纠纷方面要比市场中介交易更具有优势。”（1975）

然而，在企业产生以后，企业内部的权利配置会对企业的行为和效率产生很大的影响，但威廉姆森没有讨论企业的产权安排问题，后来格罗斯曼和哈特进一步讨论了这一问题。

1983年，张五常在《企业的合约本质》一文中吸收了阿尔钦和德姆塞茨的观点，重新表达了科斯的中心思想，把企业理解为合约选择的一种形式。

在张五常看来，在私有产权制度下，每种资源或投入（要素）的所有者都有三种选择：一是自己生产和出售产品；二是把投入完全卖掉，直接获得一次性收入；三是作出某种合约安排，把投入的使用权委托给代理人，换取一定的收入。资源所有者具体选择哪一种合约，显然取决于成本。张五常认为，当资源所有者作出第三种选择时，就出现了所谓的企业。企业家或代理人根据合约获得了一组生产要素的使用权，他指挥生产而不直接涉及每种活动的价格，并把生产出来的产品拿到市场上去卖。由此就产生了一个难题：如果不存在私有产权，因而不存在上述各种选择的话，资源的所有者受某只“有形之手”指挥而不受市场价格机制的指引还是比较容易理解的；如果存在私有产权，问题就来了，资源的所有者为何要放弃自己的使用权而听从“有形之手”的指挥呢？或者说，资源的所有者为何放弃前两种选择而作出第三种选择呢？科斯的答案是为了降低交易费用。张五常认为，这固然正确，但科斯只提到了其中两种交易费用，其实发现相对价格的费用包括以下四个方面：

第一个方面是如果不存在企业，而是直接通过市场来组织生产的话，就需要更多次交易，由此也就需要决定更多个价格。由于任何一个产成品都包含了各种资源所有者的贡献，从理论上来说，如果不存在交易费用，消费者可以分别购买产品的各个部件，分别对每一种资源的贡献付酬。但在交易费用不为零的情况下，这样做就可能使交易费用高不可攀。比如，若一台电视机有1 000个零件，由五种资源协作生产出来。在交易费用为零时，消费者可以分别购买这1 000个零件，分别向五种资源所有者支付报酬，这时完成整个交易就需要1 000个合约。但在交易费用大于零的情况下，消费者要进行1 000次交易，签订1 000个合约，其成本就非常之高。但如果这五种资源的所有者相互签约（共9个合约），然后协作生产，将产成品卖给消费者，完成同样的交易就只需要10个合约。进一步说，如果有一个企业家分别与这五种资源的所有者签订合约，组织这五种资源进行协作生产，只需要6个合约就可以完成上述交易。可见，企业的存在使合约的数量从1 000个减少到6个，相应地，交易费用也大大下降。

第二个方面是了解一种产品的信息成本。这个方面显然是科斯没有考虑到的。购买电视机的消费者虽然知道电视机的用途，但或许并不知道其中每个零件的用途。让消费者就他们并不知道用途的零部件与生产者达成价格协议是非常困难的，换言之，协商价格的成本比消费者知道其用途时更高。除了专业人员以外，消费者往往对许多产品的零部件并不清楚，甚至不知道它们是否存在，所以直接利用市场价格机制来指导生产，成本肯定更高。

第三个方面是度量成本。在每一次交易中，都必须对交易对象（商品或服务）的特征或性质进行度量，以确定交易的价格。但如果资源的所有者进行的活动经常变化，或者在交易之前并不能清楚地规定要进行什么活动，那么直接进行度量的成本就非常高。在这种情况下，放弃直接度量，而代之以间接度量可能更经济。企业的存在正是间接度量资源（或要素）所有者贡献的经济组织。

第四个方面是把各种贡献区分开来的成本。当要素的所有者一起工作时，每个人的贡献有时并不能界定得很清楚，每个人都可能要求多于自己贡献的报酬。代理人通过合约，得到了类似征用权的权利，通过度量一个代表物（如工作的小时数等）来界定要素所有者的贡献。当然，这种界定有些武断，但这是成本最低的一种办法。比如，过去中国内河的纤夫拉纤，一些人沿着河岸合作拉一只木船，纤夫之间的劳动是一种协作劳动，每个人都对船只的移动作出了贡献，但要准确地度量每个人的贡献到底是多少就非常困难。这表明，发现每个投入所有者相对贡献的价格是需要成本的。在这种情况下，往往由代理人根据自己的主观判断来决定。

概括起来说，由于以上四种成本的作用，人们运用价格机制来组织经济活动需要付出很高的代价。降低这种代价的一个办法是使用某种替代办法，这种替代办法不是直接和分别为每种活动定价，而是通过间接度量代表物来对每种要素的贡献定价。一旦出现这种情况，企业和企业家也就产生了。所以，通过市场来组织经济活动是合约的一种形式，而通过企业来组织经济活动是合约的另一种形式。市场这种合约形式的特点是对交易对象直接度量和定价，而企业这种合约形式的特点是对交易对象间接度量和定价。随着交易对象的不同，直接度量的成本也就不同，为了降低交易费用，人们也会选择不同的度量方法，由此合约的形式也就跟着不同，故"说'企业'代替了'市场'并不完全正确。确切地说，是一种合约代替了另一种合约"（张五常，1983）。

沿着合约选择的思路，威廉姆森（1980）讨论了市场经济中存在的多种合约结构：

第一，商人协调者。他供给原材料，拥有生产过程中的存货，同单个企业家签订合约，企业家在自己家里用自己的设备进行基本经营。这与西方工业化早期阶段的外包制（Putting-out System）相对应。

第二，联合式（The Federated Mode）。工作岗位在一个共同的设备上相互联结，中间产品根据合约经过几个阶段，为了避免监督和不断的协调，每个岗位上都有缓冲存货。每个岗位都同生产链条上的前后岗位签订双边合同。

第三，内部合约式（The Inside Contracting Mode）。资本家提供车间和机器、原材料和工作资本，并销售最终产品。协调生产过程的任务交给内部签约者负责，他雇佣和监督自己的员工。

第四，权威关系（The Authority Relation）。与基本的资本主义相对应，其特征是等级关系。

这四种形式多发生在企业内部，也有一些处于市场与企业之间。张五常以中国香港的例子说明了市场交易经由计件工资到企业交易的转变过程，揭示了合约的多样性以及企业的合约本质。这里有三个例子：

首先看看香港中间商人的例子。中间商人从制造商那里购买衬衫，然后把衬衫卖给美国的进口商。中间商人收集样品、寻找买主、报价。他很少告诉制造商生产什么，也不指导工人如何生产。他所做的只是传递价格信号，而不指导资源的使用。他从制造商那里购买衬衫，按件计价，实际上是对制造商实行计件工资。但人们一般并不认为中间商人在实行计件工资，而认为他进行的是一种标准的市场交换。

其次看看香港铺设硬木地板的例子。想铺地板的顾客找到建筑商，按商定的每平方英尺的价格签订承包合约；此后，建筑商再按照商定的价格转包给一个二级承包商；这个二级承包商进口木材和加工木材，并寻找三级承包商，把加工好的木材提供给三级承包商；三级承包商雇佣工人，按工人铺设每平方英尺的价格向工人支付工资。在这种情况下，每签订一个合约都传递了一次价格信号。每一个合约既是进行了一次市场交易，也是在按计件工资付酬。除了经过的步骤较多以外，这个例子和上述中间商人的例子几乎没有什么不同。当然，在这里，顾客也可以直接找工人铺设硬木地板，按铺设的面积向工人支付计件工资。有些人可能是这样做的，但大多数人可能会找承包商做，因为找承包商做的话，可能更为专业、更节约成本。

张五常认为，铺设地板的例子清楚地说明了计件工资的优点。按铺设的平方英尺付酬，度量标准简单明了，不会引起争议；铺设的地板质量很容易检验，专业的承包商往往只看一眼就知道其质量好坏；每平方英尺的价格在香港几乎是众所周知的，承包商和工人都知道自己的选择，因而很容易商定价格。在这种计件合约下，工人除了时间和地点由承包商规定外，不用让出自己的劳动使用权。反过来，这种工作如果实行计时工资，就会遇到很大的麻烦，其交易费用就可能高不可攀。首先，不同的工人工作效率不一样，实行统一工资肯定会引起争议；其次，如果对不同的工人实行差别工资，则必须估计每个工人的工作能力，这就需要大量的有关背景材料，同时这种估计必然是有些主观的和有成本的；最后，由于计时工资度量的是工人的工作时间，在这种工资合约下，工人可能“偷懒”，由此需要对工人进行监督，而这种监督也是有成本的。这些问题说明，计时工资对这个行业来说是行不通的，或至少是高成本的，故计件工资是较好的选择。

最后看看为绶带和头束串珠子的例子。这种工作不需要什么设备，工作可以在家里完成。每一件产品都是完整的。这种工作一般也是按件数和质量付酬的。市场上的消费者给予工人的信息只是珠子的式样和颜色。当有中间人收购时，中间人也只是传递消费者关于式样和颜色的偏好，其余的一概不管。在这种情况下，工人也没有让出他的劳动使用权。但在服装、玩具、金属灯具和塑料等行业，生产一般需要比较复杂或大型的设备，故工作只能在工厂里进行。这些工作虽然也实行计件工资，其产品却不是完整的，而只是完整产品的一个部件。由于这种部件一般没有市场价格作为参考，故制定每一件的报酬时需要花费一定的成本。好在这些行业一般有标准的计件工资可作参考，这种标准的计件工资一般是这些行业长期使用的。现在的问题是如果生产的产品发生变化，管理部门就必须考虑是否有足够的订货量，值得花费更多的成本来制定新的计件工资标准。新的计件工资标准不能由开始时测试的产量来决定，因为开始时工人的工作并不熟练，而且工人往往夸大生产新部件的难度。制定新的计件工资标准必须聘请动作专家，根据生产新部件所需要的动作强度和难度，确定一般工人每天可以生产的产量，然后再与工人代表谈判新的计件工资。这一谈判过程可能比较麻烦，因此，当零部件经常变化，每一种零件的产量较少时，就不太适合使用计件工资。推而广之，当工人从事的活动经常变化，其工作的质量和数量不易确定时，就不能采用计件工资，如修理员、办公室职员、模具设计员等，只能拿计时工资。此外，如果工人进行的是协作劳动，虽然这种劳动并非经常变化，但由于很难将每个工人的贡献区分开来，也不宜采用计件工资。例如，开发一种新产品时，需要各种人员的合作，一些人调查产品的销路，委员会评估各种生产方案，营销经理收集潜在顾客的反馈信息。由于很难分清每个人的贡献，而每个人都声称自己的贡献很多，这时在一个代理人的裁决下，通过度量某种代表物来定价，确定每个人的工资，成本就较低。度量小时或天数这样的代表物很容易，它不像部件或员工的贡献那样经常变化，可以对每个员工分别度量，而且可以包括每个员工从事的各种活动。这些优点使计时工资的决定成本较低。但是，时间本身并不创造任何价值，它只表示工人在一定时间内可能从事一些活动。至于工人是否真的努力工作，则另当别论。因此，在计时工资合约下，由于工人从事的活动没有直接定价，工人有“偷懒”的动机，需要对工人进行监督和指导。这种监督和指导有时成本很高，所以在某些情况下，即使决定计件工资的成本高于决定计时工资的成本，人们也会采用计件工资。

计件工资合约传递了价格信号。工人需要知道生产什么样的产品，以及每一件产品的价格，至于如何生产，一般不需要监督和指导，故监督成本肯定低于计时工资下的监督成本。但在计件工资合约下，工人有赶速度的动机，由此必须对产品质量进行严格检查。相比之下，在计时工资合约下，工人有强烈的“偷懒”动机，必须对工人进行更严格的监督和指导。同时，计时工资意味着劳动者放弃自己的劳动使用权，在合约界定的一系列权利范围内，代理人决定劳动的使用。当由代理人决定劳动的使用时，管理成本和决策失误的成本也就产生了。因此，计时工资的好处是降低了决定工资（即发现价格）的成本，代价是相应地增加了监督和管理成本。

概言之，从中间商人经由计件工资到计时工资的转变，也就是交易时度量的对象从整个产品到部件，再到代表物的转变；传递的价格信号也从全面的估价贡献到根本没有直接的信号；代理人的指挥和监督也从没有直接的指挥和监督到全面的指挥和监督。随着这一过程的延伸，使用投入要素的权利也越来越多地被转让，直至根据合约的限制而由代理人完全控制投入的使用。这个过程就是从市场交易向企业内部交易转变的过程。在这个转变过程中，市场交易逐渐被企业内部的交易所替代，最后，要素市场出现，完全取代了产品市场。所以，计件工资恰好处在市场和企业之间，它兼具市场交易和企业交易的特征，为我们理解企业的产生，特别是在不同的交易费用下选择不同的合约形式提供了一条有益的途径。

1986年，格罗斯曼和哈特区分了企业内合约与企业间合约的不同之处，进一步拓展了企业理论。随后他们把企业理解成一种不完全合约，建立了最优企业所有权安排理论(见第4章4.4节)。

7.1.2 企业家的功能和度量成本

讨论企业时，一个绕不开的话题是企业家的作用问题。新制度经济学认为，在生产中进行合作的团队生产的联合价值取决于团队成员获得报酬和被监督的方式。经济代理人总是处在获得信息是有成本的、其结果受到运气影响的环境之中。企业家的功能就是收集信息，从潜在的投资项目、潜在的团队成员和潜在的合约形式中作出选择，并同联盟外的个人——投入的供给者和产品的需求者签订合约（埃格森，1990)。

1987年，巴泽尔在《企业家自我监督的报酬》一文中，根据度量成本分析了企业家的作用。他认为，度量企业家的活动成本高昂，这是解释企业家企业（Entrepreneurial Firm）的合约性质中的关键因素。因为企业家的活动极其复杂，企业家活动的结果在很大程度上取决于运气，故度量成本非常高。1985年，巴泽尔提出了有两个代理人的模型，这两个代理人在生产中进行合作，他们的唯一投入是工作时间。一个代理人是剩余索取者，其时间在工作与监督工人之间分配，工人的产量随着监督的增强而以递减的速度增加。巴泽尔还假定，这两个代理人都想极大化其联合产值。当A是剩余索取者，B是雇员时，产值达到最大化。巴泽尔表明，如果B的市场工资超过一定点之后，这两个角色就会颠倒过来，即B成为雇主。为什么会这样呢？原因在于监督的报酬递减，在“偷懒”完全消除以前，监督雇员的净收益将降低到零。因此，处于监督下的工人的产出低于他自己做老板时的产出。当一个代理人，即B的贡献变得很大时，产出极大化要求他通过成为剩余索取者来监督他自己。一旦个人作为剩余索取者接管生产，则产出极大化也要求他从事一些很难度量的非日常工作。

根据代理理论，关于企业家活动的信息具有不对称性，这就使企业家有一种超过其他联盟成员的战略优势。这也导致了严重的道德风险问题，除非企业家受到某种合约安排的有效限制。自我监督看来是这个问题的有效解决办法：在古典企业（即个人业主制企业）里，企业家受到其对剩余索取权的限制。企业其他投入的业绩一般通过各种代表物以相对低的成本来度量或间接估计，这些投入所有者往往签订固定收入合约，或签订与特定业绩尺度有关的激励报酬合约，且得到的报酬至少等于其资源在其他最佳用途中所得到的报酬。每个投入所有者都同企业家——剩余索取者签订合约。

联盟的价值取决于企业家的技能、努力程度、发现有价值商品的运气、组织有效率的团队、找到适当的合约安排及执行合约。由于企业家具有剩余索取权，故他获得提高联盟价值的所有收益，并承担固定收入合约规定的价值超过联盟价值的所有成本。中心代理人显然有激励执行其他投入所有者的固定收入合约，但度量成本的存在通常使完全执行合约变得不值得。

大量的“偷懒”可以降低联盟的价值，且导致整个联盟的“偷懒”。这会给联盟参加者造成损失。如果报酬是浮动的，且“偷懒”导致了联盟内各种投入所有者的收入下降，投入所有者将发现他们处于一种不令人满意的状态，即他们愿意有较高的收入和较少的“偷懒”，但通过团队成员的集体行动来控制“搭便车”的成本很高。“偷懒”的可能造就了设计合约安排以克服“搭便车”问题的激励。企业家（即监督者）拥有剩余索取权，提供了生产联盟成员“搭便车”问题的古典解。

把企业家个人的贡献区别开来的成本高昂，以及在随机环境中约束其行为的成本高昂，对企业家的项目融资具有重要含义。巴泽尔在1987年认为，由于存在度量问题，企业家寻找有利可图的项目的报酬率是内生变量，搜寻的预期报酬率取决于外部融资的程度。外部观察者发现很难度量企业家的行为，很难度量他的勤奋程度，以及他是否用较低概率获得高收益的项目（即失败可能性更大但收益更高的项目）代替了较高概率获得适度报酬的项目。如果企业家只享受成功的收益而不承担失败的损失，他就有动力寻找高风险、高报酬的项目。度量成本越高，企业家对融资的作用越小，项目的预期报酬越低。这表明，寻找盈利机会往往是企业家自我投资的。

当一些技术或物质属性使得监督、管理资源的代理人具有成本时，阿尔钦和伍德华德（Woodward）认为资产和投资具有可塑性。在这种情况下，外部观察者很难猜测企业家是在努力使合作项目的联合利润极大化，还是在实现他个人的利益最大化。

7.1.3 专项投资、专项准租金、唯一性资源和依附

这里主要讨论20世纪90年代以来在文献中变得日益流行的三个重要概念：可获得的准租金（Appropriable Quasi-rents）、唯一性资源（Unique Resources）和依附（Dependence）。这三个概念是与企业这种合约的特性密切相关的。

20世纪70年代以来，威廉姆森对企业理论的发展作出了重大贡献，他在《市场与科层结构：分析与反托拉斯含义》一书中提出了几个后来流行的概念：市场与科层组织、机会主义行为、抵押。

准租金来自专项投资。准租金本来是马歇尔提出来的一个概念，用以表示固定资产在短期内的收益，现在被新制度经济学家用来表示专项投资在某种用途超过其他用途的收益。所谓专项投资，就是一旦投入就不能转作他用，否则就会导致价值损失的投资。投资可以专用于一个国家、一种职业或一个行业，也可以专用于一个企业。阿尔钦认为，发现有价值商品与发现成功团队一样，是一个试错的过程，也是一种专项投资。“成功团队价值的一部分是已经组成成功团队的价值，即避免将来寻找成功团队的成本。”因此，企业涉及的单个资源的市场价值加总起来小于其联合产品的市场价值，是因为其中涉及许多专项投资。

人力资本投资和物质产品投资都可以是专项的，也可以是通用的。当它们是专项的时候，它们可以得到一种高于所有其他用途的收益，这种收益就是准租金。专项投资的准租金可以许多方式被不同投入的所有者所占有。由于专项投资依赖与之合作的其他投入，故其他投入的所有者可以借此获得专项投资的准租金。

首先，如果合作投入的所有者撤回投入，就会降低专项投资的价值，因为找到合作投入的替代品是有成本的，这又源于它们是唯一的。例如，辞退饭店有魅力的明星领班，解除租借协议而迫使零售商店离开已建立声誉的地方，诺贝尔化学奖得主离开小的私立学院到一个颇具规模的大学等，就是这种例子。

其次，由于不对称信息、度量成本很高和机会主义行为，专项投资的准租金也会减少。在度量业绩和防止“偷懒”存在成本时，或者防止合作投入蓄意破坏存在成本时，专项资产的价值就处于风险之中。例如，制瓶厂的非熟练工人不擦干净瓶子，损害了制瓶商的声誉，降低了其专项投资的价值。

因此，当专项投资依赖其他投入时，它们就不容易获得其准租金。如果合作投资具有相近的替代品，其所有者的讨价还价力量就取决于他们能够偷多少懒、能够采取多少机会主义行为，以及能够在多大程度上搞破坏等而不用承担全部成本。同时，唯一投入所有者的议价力量取决于撤回唯一投入能在多大程度上影响该专项投资的价值。

当然，各种资源可能是相互依赖的，一种投入可能既是另一种投入的唯一投入，也依赖于另一种投入，即依赖是相互的。

为了更好地理解这个问题，我们设想一下，一个工厂位于干旱地区，该地区只有一口水井，这是唯一的水源，水是这个工厂至关重要的投入。对某些投入的所有者来说，水是具有唯一性的资源。非熟练工人和通才们可以很容易地找到新的工作，工厂也可以毫发无损地出租机器。阿尔钦认为，其财富不受企业命运影响的投入所有者，从经济意义上来说，不可能成为构成企业的团队成员或联盟成员。

但是，企业家（他们已投资寻找有价值的产品）、企业专项资产的所有者和那些投资于企业专项技能的员工，都容易受到水井所有者提高水价和侵占准租金的威胁。

一般而言，投资于企业专项人力资本的工人就冒着报酬被侵占的风险。一旦投资已经进行，工人就处于企业经理的怜悯之下，经理可能拒绝将工资提高到与新技能相对应的水平，除非作出某种安排来约束经理。因此，经理应该承担企业专项人力资本投资的成本，并获得相对应的报酬。但是，在这种情况下，工人又可以用离开企业相威胁来索取其专项技能的报酬，迫使经理提高工资。这种困境的一个解决办法是企业专项人力资本投资的成本和收益以某种形式在双方分摊。

还要注意的是，依赖可能是相互的。在上例中，更有趣的情况是，工厂可能是唯一的水井使用者，如果没有工厂买水，水井对所有者几乎没有任何价值。这种情况可能形成共同所有。其中的经济原理在于，在个人计算其专项投资的净预期报酬时，他会按照准租金被侵占的概率来贴现收入，即使被侵占的概率较小，也可能使一个潜在有利可图的项目的净现值成为负数，故投资者在进行专项投资以前就有激励采取各种措施来保护自己的准租金。依赖专项投资的资产的所有者也有激励向投资者提供某种保证：其准租金不会被侵占。

首先，专项资源的所有者通过成为其所有者而减少对其他投入的依赖，例如，企业家只有在得到水井以后才会在该地建厂投资。由此，1984年，阿尔钦指出，企业的相互依赖的资产往往成为共同所有，故企业可以定义为一束相互依赖的资产（Cluster of Interdependent Assets）。

其次，可以通过长期合约限制投入所有者将来侵占准租金的行为来保护准租金。例如，水井的所有者为了吸引企业家在该地设厂，可以提供一个长期合约，规定将来的水价，并保证供水的稳定等。

近年来，专项投资、准租金和依赖等概念已被用来分析各种合约结构的存在理由。长期合约的目的是保护准租金，使价格保持稳定。

7.2 企业的规模与类型问题

新制度经济学讨论企业时涉及的另一个问题是企业规模的决定问题，新制度经济学在这一问题上也提出了与新古典经济学不同的看法。

在新古典经济学中，企业的最优规模是可以决定的。由于平均成本曲线是U形的，因而企业规模是有限的，即一旦产量达到平均成本的最低点，企业也就达到了最优规模，再进一步扩大产量就变得不经济了。可以看出，在新古典经济学中，生产成本是企业规模的决定因素。

当然，在新古典经济学中，也有一些学者认为企业的规模是不能人为决定的，或者是不能科学地分析的。例如，奈特（1922）曾经认为：“从本质上讲，就一个工厂的效率与规模之间的关系而言，其在相当程度上与其说取决于智力的一般原理，不如说是取决于个人人格与历史机遇。但这个问题是至关重要的，因为垄断收益的可能性对企业不断的和无限的扩张提供了强有力的激励，而这种力量必然随着企业规模的增大而使效率下降……”虽然奈特看到了企业规模不能无限地扩大，但到底如何决定取决于个人人格与历史机遇，而这些东西是不确定的。

在新制度经济学中，企业的规模是可以分析并且可以决定的。在《企业的本质》一文中，科斯用交易费用来说明企业规模的决定。科斯提出了这样一个问题：既然企业的存在消除了一定的成本，而且事实上也减少了生产成本，那么，市场交易为什么还存在呢？为什么所有的生产不由一个大企业去进行呢？

科斯的答案是：第一，当企业扩大时，企业内部组织交易的成本可能会上升，所以企业不能无限地扩大。“企业的扩大必须达到这样一点：在企业内部组织一笔额外交易的成本等于市场上完成这笔交易所需要的成本，或者等于由另一个企业来组织这笔交易的成本。”第二，当组织的交易增加时，或许企业家不能将生产要素用到价值最大的地方。也就是说，企业规模的扩大可能导致资源的非有效使用。第三，一种生产要素或多种生产要素的供给价格可能会上升，因为小企业的其他优势大于大企业。由于这些因素的作用，企业的规模不可能无限地扩大。企业的规模就是由这些因素共同决定的。可以推论，当其他条件相同时，企业在下列情况下将趋于扩大：

①组织成本愈少，随着被组织的交易增多，成本上升得愈慢。

②企业家犯错误的可能性愈小，随着被组织的交易增多，失误增加得愈少。

③企业规模愈大，生产要素的供给价格下降得愈大（或上升得愈小）。

借助交易费用的思想，科斯还讨论了企业的联合和一体化问题。在他看来，联合是指先前由两个或更多的企业组织的交易现在由一个企业来组织；一体化则是指先前由企业之间在市场上完成的交易被组织起来。他认为企业可以用这两种方式中的任何一种或同时用这两种方式扩张。

这样，科斯通过交易费用揭示了企业的本质，划定了企业和市场的边界，说明了企业的规模，从而奠定了现代企业理论的基础。

在科斯以后，其他学者在科斯的基础上进一步分析了企业的规模问题，提出了一些更为具体的观点，这些观点都强调了企业管理费用在决定企业规模中的重要性。例如，威廉姆森（1985）提出了“威廉姆森之谜”：“小企业联合起来能办到的事情，一家大企业为什么就做不到，也不能做得更多？”换言之，企业通过合并而使规模变大为什么在很多时候不可行？他的答案是，将一个交易从市场转到企业内部，通常会损害激励机制。原因在于，市场所提供的强激励机制是不可能被企业复制而又不带来很高费用的，即使在企业采用低激励机制的情况下，仍然要考虑所存在的额外费用。这就限制了企业的合并或一体化，也就限制了企业的规模无限地变大。

格罗斯曼和哈特（1986）则将企业规模与产权安排联系起来，他们认为，限制企业规模的因素与剩余索取权有关。经验表明，如果一个企业是通过大量次级单位建立起来的大企业，由于递增的费用和无效率，交易费用和协调问题将对企业的规模产生限制。同时，如果合并后的企业按照合并前的方式经营和管理次级单位，避免合并带来的费用，将出现不同的问题。这样看来，交易费用和协调问题是企业规模的决定因素。

克瑞普斯（1990）认为，企业规模的扩大可能增加效率，但也可能增加合约所要考虑的偶然性。在这种情况下，有几个问题可能产生：参与人可能很难在事后决定合约是否合适，或者合约可能运用于并不适宜的偶然性。因此，“问题很简单：从所要涉及的偶然性的类型来看，较大规模的合约类型可以通过两种方式中的一种来处理。当事人可以广泛地采用委托人/合约，但是这时可能增加因如何处理某个偶然性而产生的模糊性。模糊性的增加不利于信誉的维持。或者说，人们（在一个越来越大的范围内）可以保持同样非常明确的聚点委托人/隐性合约/公司文化，但是随着偶然性的范围和类型增加，适用于偶然性的委托人/合约/文化将越来越适宜。在某一点上，组织规模扩大带来的收益可能不足以弥补所产生的无效率，这样就可以在组织之间找到区分的自然界限”。换言之，克瑞普斯从声誉的角度来看待企业的规模问题。

米尔格罗姆和罗伯茨（1990）认为，企业是一个基于权威的官僚组织，其“影响成本”的存在导致了无效率，因而企业的规模不可能无限变大。

概言之，科斯以后的学者都根据企业这种组织所产生的费用来解释企业的规模，这可以看成科斯观点的拓展或自然延伸。

值得一提的是，张五常也分析了企业的规模问题，但他的结论在新制度经济学中非常独特，他认为企业的规模是不能人为决定的。20世纪70年代初期，张五常曾向科斯提出一个这样的问题：如果一个苹果种植园主和养蜂人签订合约，让蜜蜂为苹果树授粉（这种情况就是他在华盛顿州苹果种植区实际看到的情况），那么是一个企业还是两个企业？科斯没有回答。张五常认为，苹果种植园主和养蜂人签订的可能是一份蜜蜂租赁合约、工资合约、苹果收成的分成合约，或这些合约的某种组合，以及其他一些安排。在每一种情况下，养蜂人都得到他的劳务报酬，而他从苹果种植园主得到的指令随着合约形式的变化而变化。那么，这里到底是一个企业还是两个企业？各地的税法不同，工商业登记制度不同，答案也就不同。经济学家的看法是，如果养蜂人按工资合约接受雇佣，则只有一个企业；如果养蜂人出租蜜蜂，则有两个企业。问题是如果从合约的角度来看这个问题，则企业是什么、企业有多少，以及企业有多大，就不清楚了。

在前面铺地板的例子中，从建筑承包商到工人之间有三个层次的承包合约，这里涉及的是一个企业还是四个企业？根据中国香港的法律，所有各方都要纳税；除了工人以外，都要持有营业执照。但经济学家也可能认为，由于他们是通过合约被纵向地结合在一起的，因而在转移定价条件下，只存在一个企业。另一个例子是，一家大百货商店只有一个名称，而实际上由许多独立的经销商组成，这些独立的经销商都向一个中心管理者交纳租金，并按照统一规定的时间和商品种类经营，这似乎是一个企业。但在许多购物中心采取的也是这种安排，所不同的只是每家商店有自己的名称。同时，一些大公司建立了许多分支机构，每个机构都有自己的名称。在这些例子中，究竟有几个企业又不清楚了。实际上，企业可以小到只有两个投入所有者之间的合约关系；如果允许合约的链条延长，企业也可以大到包括整个经济。因此，张五常得出结论：硬要问企业是什么或不是什么，毫无益处。如果每个人都是投入要素的所有者，那么，社会中的每个人在相互竞争和相互作用时，几乎都要受到合约的约束。因此，对经济学家来说，重要的问题是合约为什么采取了我们观察到的那些形式、不同的合约安排和定价安排具有什么样的经济含义。这些问题才是真正需要解释的。

从以上分析中可以看出张五常对企业规模的分析与科斯的不同之处。科斯认为，企业不断扩张，直到企业内部组织一笔交易的费用等于在公开市场上完成同一笔交易的费用时为止。这就是说，企业与市场的边界就在这两种交易费用相等之处，或者说，只有这两种费用相等时，企业和市场的相互替代才会停止。张五常认为，这个条件并不能决定企业的规模，确切地说，这只决定了合约替代的程度；说企业替代了市场，等于说一个合约代替了另一个合约。一旦合约的替代确定了，企业的规模也就确定了。由于合约的替代是无法确定的，故企业的规模也就不能确定。由此可见，张五常实际上是立足于交易费用来讨论企业的存在，他把企业理解成为节约交易费用而选择的一种合约形式，这就在科斯的基础上将企业理论往前推进了一步。

从实际来看，当今世界既存在一些巨型公司（如跨国企业），也存在大量的中小企业。虽然大企业有大企业的问题、小企业有小企业的问题，但总体来看，大企业有越来越庞大的趋势，这可能得益于科技进步使管理手段与技能日益提升，以及成本不断下降（收益提高）的激励。在互联网时代，影响企业规模的因素进一步变化，使巨型公司的规模越来越大，这似乎表明新制度经济学关于企业规模的讨论既有一些合理之处，也有一些尚待研究的问题。

企业不仅有规模问题，而且展现出不同的类型，这些不同类型的企业所出现的问题也与规模有间接的关系。阿尔钦和德姆塞茨在1972年的文章中考察了几种类型的企业。

第一种是利润分享企业。如果利润由所有成员分享，则监督者就会“偷懒”，由此造成的损失可能大于因为所有成员分享利润这一激励带来的产出增加。如果企业只由两个成员构成，则利润和损失会在二者之间分摊，这时，每个人“偷懒”的激励小于企业规模更大时的激励。反之，当企业规模更大时，“偷懒”的人所导致的损失只有一小部分由他自己承担，故其有更强的“偷懒”动机。因此，在等额利润分享制下，“偷懒”的激励与企业的规模成正比。从这个意义上来说，利润分享制只适合较小规模的企业。较小规模的企业还有一个优势，就是成员之间更容易相互监督。从实际来看，在资本主义社会，分享制似乎主要局限于合伙制。当企业雇佣一些专业人员或有特殊才能的人员的时候，可能也让这些人分享利润。

第二种是社会主义企业。这种企业如南斯拉夫的企业，由雇员所有，雇员分享所有的剩余。随着政治约束的终结，这些企业大多只付工资，而不是让雇员分享剩余。这是因为，如果由雇员分享剩余，由于监督者“偷懒”增加而导致的损失就会超过雇员由于分享剩余而减少“偷懒”所增加的收益。正是由于有这种问题，故雇员分享利润制在西方世界并不盛行。雇员分享利润制如果由于政治的原因而强制推行，那么，就会产生某种管理办法来减少中央监督者的“偷懒”。比如，南斯拉夫存在大量的利润分享企业，在这种企业中有雇员委员会，雇员委员会可以向国家建议终止经理的雇佣合约。阿尔钦和德姆塞茨认为，雇员委员会有权建议终止经理的雇佣恰好是因为全盘的利润分享过分地增加了经理的“偷懒”激励。

❖ 专栏7-1

中国的国有企业

国有企业也称国营事业或国营企业。在国际惯例中，国有企业仅指一个国家的中央政府或联邦政府投资或参与控制的企业。在中国，国有企业还包括由地方政府投资参与控制的企业。其营利性体现为追求国有资产的保值和增值。其公益性体现为国有企业的设立通常是为了实现国家调节经济的目标，起着调节国民经济各个方面发展的作用。政府的意志和利益决定了国有企业的行为。国有企业作为一种生产经营组织形式，同时具有营利法人和公益法人的特点。

国有企业具有一定的行政性。由于历史原因，中国的国有企业分类相当复杂。在国际惯例中，国有资产投资或持股超过50%的企业即为国有企业；而中国大陆及中国台湾的国有企业，一般是指单纯的国有资产投资的企业。当然，法律对国家参股的企业也有所规范。

在1978年改革开放前，或者说直到20世纪末，国有企业一直是政府支持和扶植的对象。政府税收的很大部分都投入到国有企业中，大量的国有企业因此建立和出现，有的国有企业还是由原来的政府部门转变而来的，如中国电信、中国移动，原来是邮电部，后来改为电信局，20世纪90年代末到21世纪初改组成为中国电信、中国移动等电信企业。中国的国有企业是指企业全部资产归国家所有，并按《中华人民共和国企业法人登记管理条例》的规定登记注册的非公司制经济组织。国有企业是一种特殊企业，它的资本全部或主要由国家投入，其全部资本或主要股份归国家所有。这同其他全部或主要由民间社会（组织与个人）投资的企业不同。其特殊性还表现在以下几个方面：

（1）国有企业从事生产经营活动虽然有营利目的，但也有非营利目的，或者说它不以营利为唯一目的。国有企业要执行国家计划经济政策，担负国家经济管理（调节社会经济）的职能。对于有些重要的行业和产品，即使明知在一定时期内不能营利，也要由国家投资开办企业，而等到以后其经营能够营利或盈利率较高时，民间社会愿意投资了，这时国家往往减少投资，甚至退出这些领域。

（2）国有企业虽然是一个组织体，但它只有或主要有国家一个出资人。这不同于合伙、合作企业和一般的公司，也不同于私人独资企业。国家作为企业的出资人，一般并不由最高国家机关（最高国家权力机关或中央政府）直接进行具体的投资管理和经营活动，而是按照“统一领导、分级管理”原则，分别由各级有关国家机关或其授权的部门，代表国家所有权人负责具体的投资、管理和经营活动。

（3）国有企业同所有其他企业一样都必须依法设立，但它们所依据和适用的法律有所不同。国有企业依据和适用国家制定的关于国有企业的特别法，虽然它们也适用一般企业法的许多一般性规定。国有企业法同一般企业法相比，在企业设立程序、企业的权利义务、国家对企业的管理关系等方面，规定有所不同。国有企业设立的法律程序较其他企业更为严格、复杂。国有企业往往享有许多国家给予的政策性优惠和某些特权，如某些行业经营的垄断性、财政扶助、信贷优惠以及在资源利用、原材料供应、国家订货和产品促销、外汇外贸等方面的优惠、亏损弥补和破产时的特殊对待等。同时，它也受到国家和有关主管部门的政策性限制，承担许多特别的义务，如必须执行国家计划、价格权限制、生产经营自主权限制，要优先保障国家和社会需要，满足国家调节经济的要求，有时利微或无利也得经营等。国家对其他企业的管理主要是制定其组织和活动的一般规则，要求其守法和照章纳税；而对于国有企业，国家需要以政权和所有者的双重身份进行管理，在许多方面，国家（其代表者）要以自己为一方主体同企业和企业中有关各方直接发生各种法律关系。在国有并实行国营的情况下，这种情况尤为突出。

国有企业作为法人，同一般企业法人相比，也有其特殊性。凡法人都应拥有独立财产。一般企业法人对其财产拥有所有权，国有企业（这里指国有独资企业）对财产只享有经营管理权，而无所有权。除法人条件上的这一区别外，在所属法人类型上，国有企业法人也有其特殊性。法人通常可分为私法人与公法人、社团法人与财团法人、营利法人与公益法人等。一般企业法人属于私法人、社团法人和营利法人，国有企业却兼具不同类型法人的特点。

国有企业全部或主要由国家投资设立，由国家有关主管机关或其授权的部门进行管理，在国有并国营的情况下，国家还委派国家工作人员进驻企业主持生产经营活动；它分担一定的国有管理职能，但不同于国家机关以专司某种国家管理为本职，它主要从事生产经营活动；国家及其有关政府部门对它进行较为严格的管理，但毕竟不同于对一般国家机关或其科室的管理；它的组织与活动所适用的法律具有公法性，但又有许多私法性质的条款，并适用其他一般企业法的许多基本规定。

综上所述，国有企业是企业，但是一种特殊企业；是法人，但是一种具有特殊性质的法人。如果注重国有企业的营利性一面，减轻其政策性使命，扩大它的生产经营自主权，放宽和改善政府对它的干预管理，则国有企业更像企业（更接近一般企业的各项特征）；作为法人，它更接近私法人、社团法人和营利法人。反之，则国有企业更像国家机关或其附属物；作为法人，它更接近公法人、财团法人和公益法人。

资料来源　佚名.国有企业［EB/OL］.［2017-12-18］. https://baike.baidu.com/item/%E5%9B%BD%E6%9C%89%E4%BC%81%E4%B8%9A/3457818? fr=aladdin.

第三种是公司。公司通过承诺给予一定的未来收益而从所有者那里获得金融资本，或者公司通过预售产品从消费者那里得到资本，公司还可以在付酬之前得到一些专业人员的服务。这使公司可以得到更廉价的各种来源的资本。但正是由于公司由众多的股东所有，股东分享利润，也就产生了在公司内如何减少“偷懒”的问题。一个解决办法是实行有限责任。如果每一个股东都参与公司的所有决策，则不仅会使成本增大，而且由于决策失误的损失由众多的股东分摊，因而每个股东都不会尽心尽力地进行决策。在这种情况下，较好的办法是将决策权转移给一个小集团。这个小集团与企业的其他投入所有者谈判、签约，并进行管理。而股东则有权决定谁做管理人员，有权作出影响公司结构或公司解散的重大决策。结果，合伙关系发生了变化，不用其他股东的同意就可以卖出公司股份。股东们不是试图控制管理者的决策，而是在不如意时选择离开。在这种情况下，对管理者“偷懒”的监督主要来自市场竞争。如果管理者过分“偷懒”，将由潜在的竞争者取而代之。此外，通过资本市场的收购也可以起到监督约束作用，甚至取代管理者和改变管理政策。

第四种是共同所有和非营利企业。如果股票能够买卖，新的管理者得到的利益会更大，因为这能使预期的改善资本化，并变成那些买进股票且通过改进管理而创造了更多资本的新的管理者的现在财富。但在非营利组织中，如大学、乡村俱乐部、共同储蓄银行、共同保险公司等，改进管理的预期收益并没有资本化而变成股东的现在财富。同时，在这些组织里，一个人也不可能通过购买更多的股票而控制企业，因此，原有的管理者受到的竞争有限，故在非营利和共同所有企业里，可以看到经理有更多的“偷懒”行为。

第五种是合伙制企业。艺术或专业知识技能方面的团队生产更可能采取合伙制。这等于一种市场组织的团队活动，也等于一种非雇主的身份。在这种情况下，自我监督的合伙制而非雇主-雇员合约被采用。这种组织规模很小，以防止“偷懒”。合伙制更可能存在于亲戚之间和保持长期关系的熟人之间，这不仅是因为他们拥有共同的效用函数，而且因为每个人都非常清楚对方的工作特征和“偷懒”的情况。

第六种是雇员联盟。雇员联盟对雇员来说是一个监督者。在雇员联盟中，雇主监督雇员，同样雇员也监督雇主，但雇主的一些行为更难以计量，所以更可能出现雇主“偷懒”。雇主的收支同样难以监督，故雇员聘请一个专家型的监督者来监督雇主。

总之，在阿尔钦和德姆塞茨看来，企业作为一种团队生产，其优势在于能够提高生产效率，而提高生产效率的原因不在于企业拥有更好的生产要素，而在于企业具有更多的关于各种生产要素的生产效率的信息。企业作为一种市场制度，充分利用这种信息把各种异质的生产要素组合起来，进行有效的生产。虽然在企业内部每种生产要素的贡献很难准确度量，由此存在要素的“偷懒”可能，但在不同类型的企业中，人们还是找到了一些克服“偷懒”问题的办法。所以，相对而言，通过企业组织生产比市场组织生产具有更高的生产力。阿尔钦和德姆塞茨关于企业内部“偷懒”、监督及监督人应拥有剩余索取权的观点对后来的经济学家产生了重大影响，成为现代企业理论的源头。当然，他们反对科斯关于企业具有权威性的观点不为其他经济学家所接受。

7.3 企业的产权安排与委托代理问题

由于产权对经济行为有重要影响，因而权利在一个企业内如何配置就至关重要。尤其是在制度经济学的语境下，机会主义、信息不对称、正交易费用、有限理性是企业内部组织面临的重要约束条件，而企业的主要特征是大量目标多样化且利益相互冲突的经济代理人通过合约进行协作，此时的最优决策问题取决于产权在企业中的配置方式。“在任何一个时点，现存的产权安排确立了实际上控制组织的那些人的地位，并反映着组织中决策形成的立场来自何处。现存的产权安排不仅影响交易费用、生产效率，而且会对收入分配以及与联合体有关的不同要素所有者的权利产生影响。因此，任何权利结构的变化都是为了改善控制政策的那些人的福利。在这种情形下，没有任何东西可以保证利润最大化或者成本最小化能够成为指导企业行为的准则。”（弗鲁博顿和芮切特，2000）这说明，讨论企业的产权安排对于理解企业的运行有着特别重要的意义。

为了降低交易费用或者提高效率，企业中的产权可以分割，并委派给不同的各方，合约执行的保证可以通过企业内部形成的机制或者企业之外更为广泛的制度安排来建立。新制度经济学关于企业产权安排的讨论正是从实证和规范两个方面进行的，研究的主题是企业的产权应如何分配，才能提高企业的经营效率。

在资本主义制度中，企业的所有者享有一些法律规定的权利，包括：第一，控制企业的权利；第二，获取企业剩余收入的权利；第三，将上述两种权利转让给他人的权利。这些权利是重要的，因为控制这些权利的人享有对企业进行管理的权威。但是这些权利是可以分割的，因而所有权与控制权有时合而为一，有时相互分离。这就使问题变得异常复杂。当所有权与控制权合而为一时，委托代理问题并不存在，因而也就不需要特别的安排来解决监督与道德风险问题。然而，一旦所有权与控制权相分离，委托代理问题就产生了，此时权利应该如何安排才能解决委托代理问题呢？

在所有权与控制权相分离的情况下，企业的所有者要保护自己的权利不被他人侵占，就需要在企业内部设计一种特殊的产权安排，以使企业各个成员或参与企业的各种要素之间的冲突达到最小，合作的效率达到最高。

在所有权与控制权相分离的情况下，企业的所有者成了委托人，管理者成了代理人。

由于交易费用不为零，因而代理人不一定按照委托人的意愿来工作并使委托人的利益达到最大化；相反，代理人会追求自己的利益，甚至不惜牺牲委托人的利益，由此造成的效率损失称为委托代理成本。委托代理成本的存在显然减少了所有者的收入，因此，在所有权与控制权相分离的情况下，一个主要问题就是如何控制委托代理成本。

❖专栏7-2

某信托公司副总经理2年奖金284万元，被起诉讨回

在金融业“降薪”和风险暴露的背景下，部分金融机构开始向离职高管和员工“反向讨薪”，即要回不合理的补贴、费用和奖金。

《21世纪经济报道》记者获悉，中国裁判文书网2023年6月8日公布了一则案由为“不当得利纠纷”的二审民事判决书。整个事件的来龙去脉是：2015年至2016年期间，陆家嘴信托将部分财政扶持资金奖励给时任公司副总经理翟振明。5年后，该信托公司大股东向翟振明指出该笔奖励系违规发放，要求其退还已领取资金。由于翟振明没有退还相关奖金，陆家嘴信托通过诉讼方式，向翟振明讨回了280多万元。

“目前多数‘反向讨薪’事件是由于项目风险暴露而追讨前期发放的绩效奖励奖金，这反映了金融机构绩效薪酬追索扣回机制正在发挥作用。”受访业内人士分析认为，但这一案件的关键或在于上述奖励资金分配和发放的合规性。

1.前高管获280多万元奖励

在陆家嘴信托任职的2年多时间内，翟振明获得了280多万元奖励。

2014年5月，翟振明入职陆家嘴信托，并于2017年2月从该公司离职，这期间他任该公司副总经理。

在这期间，经陆家嘴信托时任董事长常某签署《陆家嘴国际信托有限公司签报单》，审核通过《关于2014年度财政扶持资金奖励高管的请示》和《关于2015年度财政扶持资金奖励高管的请示》，分别对翟振明奖励税前105万元和税前250万元。随后，2015年12月14日和2016年6月20日，陆家嘴信托分别以银行转账方式交付翟振明84万元（税后）和200万元（税后），即合计到手284万元。

而这两笔奖励资金来源于财政扶持资金。根据《青岛市人民政府关于进一步加强财源建设工作的意见》（青政字〔2012〕58号）相应的解答定稿第一条“鼓励企业税收增长政策”中（第四项）“扶持资金用途”的规定，奖励企业高管，每人税后所得不超过200万元，奖励资金不超过扶持资金总额的50%，高管人数及构成由企业确定。

申请这笔财政支持资金曾得到该信托公司两家股东的支持。

2014年10月23日，上海陆家嘴金融发展有限公司（以下简称陆家嘴金融发展公司）向陆家嘴信托出具了文件号为“沪陆金发〔2014〕043号”的《关于陆家嘴国际信托有限公司申请青岛市财政支持有关事项的复函》（以下简称“43号文件”），明确扶持和奖励公司高管的部分不计入公司年度薪酬和奖金总额，由该公司按照青岛市、区两级政府相关文件明确的范围直接发放。

2015年1月21日，青岛国信发展（集团）有限责任公司（以下简称青岛国信集团）向陆家嘴信托出具相关函件的回复意见，明确：“同意你公司向政府申请相关财政支持政策，我公司已将《关于恳请支持陆家嘴国际信托有限公司申请青岛市财政支持政策的请示》报送青岛市金融办、崂山区政府等相关部门为你公司争取财政支持政策。”

2.大股东5年后启动纠错

值得注意的是，在奖金发放5年之后，这笔奖励被浦东新区纪委（监委）认定为违规发放，并要求启动纠错工作。

2021年6月10日，陆家嘴集团公司、中共上海陆家嘴（集团）有限公司委员会联合向翟振明发送“通知书”，其中明确：“关于陆家嘴集团下属的陆家嘴信托于2014—2016年发放青岛财政扶持资金事项，浦东新区纪委（监委）通知陆家嘴集团认定为违规发放，并要求陆家嘴集团立即启动纠错整改工作，向领取人收回其所领取资金（税后合计实际领取金额）。现正式向你通知，请予以配合，退还已领取资金。”

2021年11月4日，中共上海陆家嘴（集团）有限公司委员会向集团专项工作小组发文指出：“……经集团党委会审议，为推进违规发放款项的纠错回收工作，结合集团合规治理、实事求是、有错必纠的工作要求，同意对沪陆金发〔2014〕043号复函启动纠错，确认该函未经合规决策流程，系在常某等人的蓄意欺骗下违规出具，不代表陆金发公司的真实意志，自始不具有效力。”随后陆家嘴信托的大股东——陆家嘴金融发展公司也召开董事会，审议确认上述情况。也就是说，大股东方面认定43号文件不合规。

另外，法院查明，陆家嘴信托于2011年10月及2014年12月修订的公司章程规定，公司总经理及其他高管人员的聘任、解聘和报酬事项是“董事会行使职权”之一，并规定“公司员工的薪酬分配制度由总经理办公会拟订后，提交董事会审议批准”“董事会应当向股东会就公司高级管理人员履行职责的情况、绩效评价情况、薪酬情况作出专项说明”。

3.关键在于奖励发放的合规性

“上述案件的关键或在于上述奖励资金分配和发放的合规性。”上海律师协会信托专业委员会负责人冯加庆律师对《21世纪经济导报》记者分析指出：“需要明确这笔资金的属性是什么？是直接奖励给个人的还是直接奖励给企业的，还是戴帽奖励给个人但是必须通过企业取得相关奖励资金的？在归属和分配过程中，个人应不应该享受相应的利益？如果享受，是否需要考虑单位职务与利益的关系？这些利益如何划分？在相关利益个人能够充分或者全面控制单位的意思表示的情况下，又需要经过怎样的合规程序？比如股东会、董事会审批等，又或者需要相关利益个人回避。”

在未经董事会决议的情况下，向翟振明发放奖励款违反了公司章程的规定。另外，在陆家嘴信托已经举证证明向翟振明发放奖励款违规并要求其返还的情况下，翟振明继续占有案涉款项，缺乏合法依据且损害陆家嘴信托的合法权益。有受访人士认为，整个过程中还可能涉及职务廉洁问题。本报记者注意到，在奖励资金被纪委认定违规、大股东启动纠错工作之时，不仅翟振明已离开陆家嘴信托4年多，签字并审批通过奖励方案的时任董事长常某也已出事4年多。据了解，2017年6月18日，浦东新区纪委已开始对常某进行调查。2017年7月12日，陆家嘴信托发布常某停职公告。

资料来源 佚名.某信托公司副总经理2年奖金284万，被起诉讨回！[EB/OL].［2023-06-14］. https://new.qq.com/rain/a/20230614A09ZAP00.

1965年，曼尼（Manne）引入接管威胁对所有权和控制权的分离进行了考察。他认为，接管威胁是约束管理层的一种最有效的工具，因为企业管理效率与企业的股价之间存在高度的正相关关系，如果一个企业管理不善的话，那么其股价就会非常低，这就使该企业成为一个有吸引力的兼并目标，接管方只要改善管理，就可以大幅度提高企业的绩效。因此，在交易费用为零时，接管威胁的存在足以解决委托代理问题。但是，在现实世界中，交易费用大于零，因而接管机制的效率受到影响，代理费用的存在不可避免。

詹森和麦克林认为，当所有权与控制权分离时，代理问题就变得重要了。1976年，他们将代理费用定义为三种要素的总和：第一，委托人的监管费用；第二，代理人的保险费用；第三，剩余损失。监管费用就是委托人对代理人进行监管所产生的费用；保险费用就是代理人向委托人作出不损害委托人利益承诺时产生的费用，或者一旦这种承诺没有实现时代理人补偿委托人损失的费用；剩余损失就是代理人作出的决策与委托人利益最大化决策不一致时所造成的损失。在此基础上，他们进一步区分了两种类型的代理费用：一是外部股权代理费用；二是债务的代理费用。前者就是因为外部委托人监督、控制代理人而产生的费用，以及由于监督不完全而造成的剩余损失；后者包括债券持有人和所有者及经理对企业投资决策造成影响所形成的财富机会损失，以及监督支出和保证金支出，还包括破产和重组费用。因此，最优的资本结构就是使这两种代理费用最小化的资本结构。他们认为，代理费用与企业的其他费用一样真实存在，如果不考虑其他因素，代理费用的大小与法律规定和合约的设计有关。

例如，“如果一个企业是由其所有者来管理的，那么，他将会作出令他效用最大化的决策。这些决策不仅涉及他得到的货币收益，而且包括作为企业家所享有的其他非货币收益”。但如果把企业的股权出售给外部股东，代理费用将不可避免地产生，此时外部股东无法完全观察和监督内部经理的行为，而内部经理因为不能享有全部的剩余会降低工作努力程度。

另外，企业债权人不得不面临经理人的道德风险问题，因为如果企业破产，管理者的效用并不会受到很大的损失。这就使他有动机从事高风险、高收益的投机活动。如果成功，他将得到大部分收益；如果失败，债权人将承担大部分损失。如此一来，债权人要把钱借给企业经理，就会要求企业经理提供一种担保，这就给债权人带来了机会财富损失。此外，债权人还要承担监督费用、担保费用、破产和重组费用（詹森和麦克林，1976）。詹森和麦克林将不同类型的代理费用综合起来，计算了外部股权和债务的最优比例，提出了最优资本结构理论。

与上述观点不同，一些学者看到了所有权与控制权相分离的优势。法玛（1980）认为，企业所有权和控制权的分离不仅不是一种效率损失，反而是一种有效的方式，因为这种分离使股东成为专门的风险承担者，使经理成为专门的管理者。在他看来，管理与风险承担是生产过程中的两种不同的自然要素。如果从资产组合理论的角度来看，风险承担者可能将他们的财产分布在许多企业中，因而对直接控制任何单个企业的内部管理层并不感兴趣。而对企业经理的监督和控制主要来自经理市场的竞争，包括企业内部上下级经理之间的竞争以及企业外部潜在的经理人的竞争。如果市场竞争是完全的，那么，这种监督与控制就是有效的，因为经理人为了在市场上取得高身价，一定会努力工作，而不需要股东的监督。“因为经理市场被认为是理解工资修正过程的重心……将风险承担、证券所有权与控制权进行分离所产生的任何潜在管理激励问题都可以得到解决。管理者可以签约获得在职消费的最优数量。事前制定的工资不一定包括任何偏离合约的事后激励条件，因为工资修正过程中和了任何这样的激励。”

法玛强调了市场竞争的作用，但他的观点建立在有效市场的基础上，如果市场有效竞争是不存在的，或者市场是不完全的，那么，单纯依靠市场竞争是不能解决企业所有权与控制权相分离所带来的问题的，因而，认为企业所有权与控制权的分离是一种有效的形式就只是一种幻想。从实践来看，古典企业由于将剩余索取权赋予重要的决策代理人而成功地解决了委托代理问题，因为此时决策者同时也是管理者和风险承担者；而在现代股份公司中，决策管理、决策控制和剩余风险承担是分离的，由此产生的代理问题就需要特殊的安排来解决。一种方法是，让高级管理者批准和监督低级管理者的决策提案，并评估低级管理者的绩效，使得所有层次的决策代理人通过牺牲剩余索取者的利益来谋取自身利益的可能性变得很小。同时，强化代理人之间的相互监督，也可以减少代理成本。

不过，在威廉姆森看来，上述分析主要强调了事前激励安排，而更重要的是如何降低事后的交易费用问题。威廉姆森承认所有权是重要的，但他认为所有权需要事后的一些安排来保证或支持，由此他提出了交易费用分析方法。交易费用分析方法强调的是在不完全合约情况下，事后的交易费用是通过建立不同的治理结构，即通过市场、科层组织或某种混合来降低的，而不能仅仅通过重新安排激励机制和对它们进行定价来解决。

1985年，威廉姆森出版了《资本主义的经济制度》一书，对影响企业存在及合并的因素进行了分析。在他看来，如果交易的一方或双方在交易前需要进行某种专项投资，那么，交易双方在事后就被拴在一起。所谓专项投资，是指该投资一经投下，就不可再用于其他地方。如果合约是完全的，在产权明确的条件下，合约可以是最优的。但是，合约不可能是完全的，比如，人们事前不能准确地预见将来可能发生的事情，制定详细的合约费用太高，有些指标也不能清楚地描述出来，这些可能导致合约执行的困难或容易引起争议。在合约不完全的情况下，交易双方的利益冲突不可能在事前得到解决，有些事就只能在事后解决了。但在事后解决时，人们发现交易双方的情况出现了变化。如果卖方进行了大量的专项投资，就使得买方在事后的讨价还价能力增强。另外，如果卖方事先预见到这种情况会发生，那么，卖方就可能减少事先的投资，或者根本不投资。这就使交易受到阻碍。因此，威廉姆森认为，投资的减少是由于合约的不完全性导致了市场交易成本，为了减少这一成本，交易双方应该合并为一个企业。

假设一个企业生产汽车发动机，另一个企业生产汽车，生产汽车发动机的企业将汽车发动机卖给生产汽车的企业。在竞争条件下，这两个企业在投产之前处于完全平等的地位。但如果生产汽车发动机的企业除了将汽车发动机卖给生产汽车的企业以外，没有其他市场，则一旦生产汽车发动机的企业投产，它的资产就具有了专用性。如果生产汽车的企业还有其他的汽车发动机供应来源，则生产汽车发动机的企业就严重依赖生产汽车的企业。结果，生产汽车发动机的企业在交易中就处于不利地位。但生产汽车发动机的企业可能估计到这种情况，所以事先采取了一些预防措施。这些预防措施就成为一种交易费用。假如交易费用足够大，生产汽车发动机的企业就不会投资生产汽车发动机了。如此一来，在没有其他供货来源的情况下，汽车生产企业就只有自己生产汽车发动机了，于是，两个企业由于交易费用的存在而成为一个企业。这一理论解释了为什么在有些条件下上下游企业会实行一体化。

交易费用分析方法强调了资产专用性的程度。威廉姆森（1988）还用这种方法解释企业的融资问题，他把股权和债权都看成治理结构而不是金融工具。“债务是一种设计出来的治理结构，它比较好地符合那些资产具有高度可转换的投资项目。股权是一种拥有决定权并运用于资产不具有可置换的投资项目……交易费用经济学认为，一些投资项目通过债务融资比较容易，因而应该选择债务融资。对于这些投资项目，有形资产的专用性较低，因而比较容易处理。但是，随着资产专用性的增加，债券持有人关于投资的优先要求权只能提供有限的保护——因为这种资产具有有限的可置换性。不仅债务融资的费用因而会增加，而且亲临监督的收益也会增加。结果是，在公开发行股票的企业中，股权融资能够提供更具干预性的监督，而且可以通过董事会进行干预，从而使股权所有权更为集中，因而对于那些资产专用性非常高的投资项目而言，股权融资是一种更为可取的融资工具。”

格罗斯曼和哈特发展了威廉姆森关于资产专用性导致上下游企业一体化的思想。1986年，格罗斯曼和哈特在《政治经济学杂志》上发表了《所有权的成本和收益：纵向一体化理论》一文，他们认为，市场交易可能带来成本，通过企业合并能够减少这种成本，但与此同时，企业合并也可能带来新的成本。只有合并的成本小于市场交易成本时，合并才会发生。具体来说，一方面，由于合约的不完全性，事后的机会主义行为会引起事前投资的扭曲，这是企业分离的成本；另一方面，若一个企业吞并了另一个企业，即一个企业的所有者对另一个企业的财产具有剩余控制权，则被吞并的企业的所有者就由所有者变成了部门经理，他的积极性就将下降，这是企业合并的成本。只有比较了这两种成本的大小，才能决定这两个企业是合还是分。这样，企业的并购问题就成了一个由所有权变更引起的成本和收益变化的比较问题。

他们将产权看成必备的保证方式，因为如果不拥有某种权利，这些个体可能对共同体之外其他人侵吞他们资产的行为漠不关心，因而是否存在一种特殊的产权结构可以为相关各方提供足够的保护就至关重要。由此，他们从分析财产控制权入手，把财产控制权分为特定控制权和剩余控制权两个方面。特定控制权是指合约中明确规定的那部分财产的控制权利，比如日常生产、销售、雇佣等权利。这些权利是通过合约明确授予经理的经营权。如果合约是完全的，特定控制权就包括全部权利。如果合约是不完全的，则凡是合约中没有规定的权利就是剩余控制权。剩余控制权包括任命和解聘经理、决定经理的报酬、决定重大投资、决定企业并购等权利。这部分权利又可以定义为所有权。所有权决定了企业的合并和分离。如果两个企业的财产的剩余控制权由不同的所有者拥有，则这两个企业就是分离的；如果这两个企业的财产的剩余控制权由同一个或同一些所有者拥有，则这两个企业就合并到了一起。两个企业是分是合，对资源配置有重要影响，因为当不可预见的偶然事件发生时，企业内的交易将由单一所有者来决定，而企业间的交易将由两个企业协商来决定。这种解决方式的不同会影响事后的剩余分割，因而必然也会影响事前的投资决策。

与威廉姆森关注降低事后交易费用相关的是克瑞普斯的声誉理论。克瑞普斯把所有权看成将声誉由一代所有者向下一代所有者传递的某种机制。1984年，克瑞普斯在《公司文化与经济理论》一文中提出，声誉在降低事后执行成本中具有重要作用。他认为，如果交易只进行一次的话，结果就很难达到高效率，因为在这种情况下，交易双方不可能相互信任。比如，如果买者先交钱，卖者就可能不交货；而如果卖者先交货，买者就可能不交钱。但如果交易是重复进行的话，上述情况就不可能发生，因为如果一方违约，将影响以后的交易。所以，声誉对减少交易费用有很大的作用。推广到企业问题，可以认为企业的形成与声誉有关。克瑞普斯认为，声誉的建立不需要双方保持长期的交易关系，只要一方是长期存在的，而且大家又可以观察它的商业行为，那么声誉就会发挥作用。这时任何人都可以与“长寿”的一方签订合约，表示接受“长寿”一方的权威指令。这对双方的交易是有利的，而且另一方不必担心“长寿”一方会滥用权威，因为它会考虑以后的声誉，这是一种无形资产。这“长寿”的一方就是企业。所以，企业的核心是声誉，这种声誉有利于降低市场的交易费用。

举例来说，可以把哈佛大学看成一个“长寿”的企业，教授与哈佛大学签订受聘合约，接受哈佛大学的权威；学生与哈佛大学签订就学合约，也接受哈佛大学的权威。由于哈佛大学很关心自己的声誉，故教授和学生通过与哈佛大学签约而相互交易，可以提高效率。假如教授和学生不通过哈佛大学而在市场上相互交易，其成本就可能非常高。

克瑞普斯进一步把声誉称为“公司文化”。任何一个企业都努力在社会上建立自己的文化。值得注意的是，只有那些对资产具有剩余控制权的实体才有可能建立声誉，不具备这种剩余控制权的组织不可能建立自己的声誉，因为外人是不能在这种组织中自主决策的。在合约不完全的条件下，声誉对具有剩余控制权的实体来说是无形资产，可以大大降低由于市场投机行为而带来的交易费用。

米尔格罗姆和罗伯茨则批评了威廉姆森的观点，从另一个角度讨论了企业的产权安排问题。在他们看来，资产的专用性并不重要，关键是短期合约的成本。米尔格罗姆和罗伯茨在《讨价还价成本、影响成本和经济活动的组织》一书中认为，市场交易是一种短期合约，因此评价市场交易效率的关键指标是短期合约签订时的协商费用。如果这种费用为零，那么通过市场交易来组织经济活动总是有效率的。如果可以无成本地签订短期合约，那么，长期合约的不完全性就不应该成为经济效率低下的原因，因为在这种情况下，人们大可只签订短期合约。由此看来，市场的交易费用归根到底不是由合约的不完全性造成的，而是由签订短期合约的成本造成的，而短期合约的成本又主要是由于市场失灵所致。市场失灵主要包括三个方面：第一，如果买卖双方在讨价还价的过程中出现多个可能的价格，那市场机制就无法选择最优的价格作为结果；第二，存在信息成本和度量成本；第三，存在不完全信息，如个人的偏好不为别人所知，因此，双方都尽可能隐藏自己的真实价值判断。这三个方面结合起来，就构成了讨价还价的成本。正是这种讨价还价成本的存在才导致了企业的存在，故企业是为了减少市场失灵而产生的。

但企业本身也有成本。根据他们的分析，企业可定义为一种商业组织，这种商业组织有一个中心机构，这个中心机构在企业内具有任意权利，且独立于其他机构或组织。比如，企业的经理可以自由地决定解聘或雇佣一个工人。这种具有任意权利的中心机构的存在至少带来了三个方面的成本：第一是当人的权力变大时，他无法克制自己不干涉那些不应干涉的事情，而这种干涉会造成一些副作用。第二是中心机构的决策人员并不是无所不知的，他们需要下级提供信息和建议，才能作出合理的决策，而下级为了自己的私利，可能自觉或不自觉地向上传递一些对自己有利的信息，从而影响上级的决策。这就是所谓的“影响成本”。第三是腐败造成的成本。中心机构的决策人有了权力之后就容易产生腐败，这也是一种成本。在米尔格罗姆和罗伯茨（1990）看来，这三种成本中最重要的是影响成本。影响成本是具有任意权利的中心机构本身存在的成本。只要多个人有同一个上级，那么多个人就会把很多精力放在“影响”上级决策上，从而使上级决策扭曲。这种形式的竞争不仅是一种浪费，而且会产生严重的后果。

他们还以威廉姆森所举的Fisher Boby和通用汽车之间的交易关系为例，说明如果市场交易费用为零，那么，不论资产的专用性如何，总是能够通过市场交易达到最有效率的结果；但如果市场交易费用不为零，尤其是如果讨价还价的成本比较高的话，那么运用权威办法来组织经济活动就可以降低交易费用。

霍尔姆斯特伦和泰诺概括了所有权与控制权相分离时解决委托代理问题的四种方法，根据他们的概括，四种方法分别是：第一种是内部制约，即设计补偿计划，从企业内部来约束代理人的道德风险问题。第二种是劳动市场制约，也就是通过经理市场的竞争对经理人的行为进行规范。第三种是产品市场制约。由于垄断的真实费用可能更多地来自组织上的松懈而不是来自价格的扭曲，因此，竞争可以改善一个组织的松懈状况，并迫使价格下降。这样，如果产品市场是竞争性的，那么企业管理不善就可能亏损，经理人就得不到相应的报酬。第四种是资本市场制约。如果管理者是在牺牲企业效率的基础上追求自己的目标，就此而言，企业的利润可能降低，企业股票价格也可能因此下跌。这意味着企业将发现自己更难按照可以接受的条件从金融市场上筹资，因而必然面临着潜在的接管问题。实际上，接管是对付管理层管理不善的最后武器（曼尼，1965）。

总的来说，20世纪80年代以来，企业理论逐渐进入高潮。在科斯、阿尔钦、德姆塞茨等人的基础上，经济学家们对企业理论作了进一步拓展。经济学家们对于企业的内部组织、企业的资本结构、企业的所有权与控制权及相应的治理结构进行了研究，提出了许多富有启发性的成果。大体来说，现代企业理论认为，现代化生产要求人们分工从事专业化的工作，这种专业化必然使不同的人掌握不同的信息。由于人们之间的利益是冲突的，故选择适当的经济组织和经济机制来协调人们的矛盾和提高经济效率至关重要。但在自由市场经济中，人们是通过各种各样的合约来进行交易的，各种经济组织立足于这些合约，因此，分析经济组织的关键就是要分析各种各样的合约。企业作为一种经济组织，其基础是多方的合约，分析企业也应从合约着手。现代企业理论就是立足于合约，对影响企业合约的各种交易费用进行了更深入的探讨。通过交易费用的细化，现代企业理论探讨了企业的本质和边界、企业的内部组织和资本结构、企业的所有权和控制权等问题，从而使企业理论的大厦最终落成。

本章小结

在新制度经济学中，企业被定义为通过合约联结起来的合作性实体，故也被称为合约的网络或合约的联结。准确来说，企业是在不对称信息和不完全预测力情况下联结私人企业的要素所有者之间的非市场合约，这种非市场合约虽然降低了交易费用，但也产生了新的成本。人们公认，科斯最早建立了新制度经济学的企业理论，他认为，企业是价格机制的替代物。阿尔钦和德姆塞茨则认为企业是一种团队生产。沿着科斯的思路，张五常提出，企业是合约选择的一种形式；威廉姆森认为，企业是一种科层组织，代表不同的治理结构。根据新制度经济学的看法，企业的规模是可以分析的，并且是由交易费用决定的。在不同类型的企业中，通过不同的产权安排或治理结构，可以减少“偷懒”问题，提高企业的效率。从另一个角度看，企业是一种不完全合约，其主要特征是大量目标多样化且利益相互冲突的经济代理人通过不完全合约进行协作，这种协作导致所有权与控制权的分离，而在所有权与控制权相分离的情况下，一个主要问题就是如何控制委托代理成本。其中，曼尼认为，接管威胁是约束管理层的一种最有效的工具；而詹森和麦克林则计算了外部股权和债务的最优比例，提出了最优资本结构理论，认为代理问题可以通过优化资本结构来解决；法玛认为，完善的市场竞争可以有效地抑制经理的道德风险，降低委托代理成本；威廉姆森则更看重降低事后交易费用的问题，他提出了交易费用分析方法，强调在不完全合约情况下，通过建立不同的治理结构（即通过市场、科层组织或某种混合）来降低事后的交易费用，而不能仅仅通过重新安排激励机制和对它们进行定价来解决。格罗斯曼和哈特发展了威廉姆森关于资产专用性导致上下游企业一体化的思想，但他们强调了剩余控制权的重要性；克瑞普斯则认为，企业的核心是声誉，这种声誉有利于降低市场的交易费用。米尔格罗姆和罗伯茨认为，资产的专用性并不重要，重要的是短期合约的成本。最后，霍尔姆斯特伦和泰诺对所有权与控制权相分离时解决委托代理问题的四种方法进行了概括。

基本概念

长期合约　团队生产　监督成本　科层组织　合约网络　外包制　联合式　内部合约式　权威关系　专项投资　准租金　依附　代理费用　影响成本　声誉　公司文化　一体化　财产控制权　非市场合约　影响成本　所有权　控制权　剩余控制权

复习思考题

1. 什么是企业？在什么意义上企业是一种合约的联结？

2. 企业规模由什么来决定？企业与市场的边界如何划定？

3. 企业分为哪几种类型？每种类型企业的特殊问题是什么？不同类型的企业是如何保持效率的？

4. 企业家的功能是什么？

5. 企业的产权应该如何安排，才能很好地解决委托代理问题？

6. 如何理解国有企业的委托代理性质？

7. 互联网平台的发展是否颠覆了现有的企业理论？

主要参考文献

[1] EGGERTSSON. Economic Behavior and Institutions [M]. Cambridge: Cambridge University Press, 1990.

[2] 张五常. 经济解释——张五常经济论文选 [M]. 北京：商务印书馆，2000.

[3] 弗鲁博顿，芮切特. 新制度经济学——一个交易费用分析范式 [M]. 姜建强，罗长远，译. 上海：上海三联书店，上海人民出版社，2006.

[4] ALCHIAN, DEMSETZ. Production, Information Costs, and Economic Organization [J]. The American Economic Review, 1972 (62).

[5] WILLIAMSON. Markets and Hierarchies: Analysis and Antitrust Implications [M]. New York: Free Press, 1975.

[6] WILLIAMSON. Transation-cost Economics: The Governance of Contractual Relations [J]. Journal of Law and Economics, 1979 (22).

[7] WILLIAMSON. The Organization of Work: A Comparative Institutional Assessment [J]. Journal of Economic Behavior and Organization, 1980 (1).

[8] WILLIAMSON. The Economic Institutions of Capitalism [M]. New York: Free Press, 1985.

[9] WILLIAMSON. Corporate Finance and Corporate Governance [J]. Journal of Finance, 1988 (43).

[10] BARZEL. The Entrepreneur's Reward for Self-policing [J]. Economic Inquiry, 1987 (25).

[11] JENSEN, MECKLING. Theory of the Firm: Managerial Behavior, Agency Costs and Ownership Structure [J]. Journal of Financial Economics, 1976 (3).

[12] HART. The Costs and Benefits of Ownership: A Theory of Vertical and Lateral Integration [J]. Journal of Political Economy, 1986 (94).

[13] KREPS. Corporate Culture and Economic Theory [M] //ALT, SHEPSLE. Perspective on Positive Political Economy. Cambridge: Cambridge University Press, 1990: 94-143.

[14] KNIGHT. Risk, Uncertainty and Profit [M]. New York: Harper and Row, 1922.

[15] FAMA. Agency Problems and the Theory of the Firm [J]. Journal of Political Economy, 1980 (88).

[16] MILGROM, ROBERTS. Bargaining Costs, Influence Costs, and the Organization of Economic Activity[M] //ALT, SHEPSLE. Perspective on Positive Political Economy. Cambridge: Cambridge University Press, 1990: 57-89.

第8章
国家理论

学习目标

1. 了解国家的本质、国家的起源和国家的演变
2. 掌握新古典国家理论及国家两重属性
3. 认识政治交易与经济交易的异同
4. 认识国家与国家之间交易的特点

新古典经济学几乎没有讨论国家问题。在新制度经济学中，国家有时也可理解成一个"企业"，这个"企业"是由一个统治者、一个统治阶级或者一个人民代表把持着的，以收益或社会产品极大化为目标的组织。国家之所以被理解成一个"企业"，是因为它和企业有相同之处，它们都可以描述成一种政治系统和一种社会系统，在这种系统中，为了使主体福利最大化而设计一系列规则，包括：第一，以规则和条令的形式建立一套行为约束机制；第二，设计一套发现违反和保证遵守规则和条令的程序；第三，明确一套能降低交易费用的道德和伦理行为规范（诺斯，1981）。当然，国家和企业也有重要区别：国家是一个超级权威，它可以制定自己的法律，企业则不能；相反，企业必须遵守国家制定的法律，在国家的规制下行事。正如科斯（1960）曾经指出的："实际上，政府是一个超级企业（但不是一种非常特殊的企业），因为它能通过行政决定影响生产要素的使用……政府如果需要的话，就能完全避开市场，而企业却做不到。企业不得不同它使用的各种生产要素的所有者达成市场协定。正如政府可以征兵或征用财产一样，它可以强制规定各种生产要素如何使用。这种权威性方法可以省去许多麻烦。进而言之，政府可以依靠警察和其他法律执行机构以确保其管制的实施。显然，政府有能力以低于私人组织的成本（或以没有特别的政府力量存在的任何一定比例的成本）进行某些活动。"在科斯的这段话中，国家的权威特征一览无余。

张五常表达了与科斯相同的观点，但他进一步讨论了国家的起源。在他（2000）看来，政府的存在是选择的结果。"不管政府多么专制，除非把它看做选择的结果，否则经济学家就不能解释它的存在。"即使是历史上存在的荒诞不经的政府，也是约束条件下最大化的结果。

诺斯（1981）则看到了国家的双重作用："国家的存在对经济增长至关重要，但国家也是人为衰退的根源。"之所以如此，一方面，是因为没有国家及其制度和产权框架的支持，经济活动的交易费用将高不可攀，复杂的生产体系不可能运转，涉及长期交换关系的专用性投资也不可能进行；另一方面，有了国家以后，国家也可能建立一些无效率的产权

制度，成为阻碍经济增长的力量。

这些学者虽然从不同的角度讨论了国家的特征、作用和起源，但有一点是相同的：从经济尤其是从交易费用和产权的维度来理解国家的存在、本质和作用，是一个非常好的视角。在这一章，我们将用交易费用、产权和合约理论来分析国家及其组织，由此得到的理论称为新制度经济学的国家理论。

8.1 产权理论与国家理论

不同的人对国家有不同的诉求，国家在照顾一些人利益的同时，可能损害另一些人的利益。国家是一个综合体，也是一个复杂的机构，它可能成为一个为大众谋利的手段，也可能成为一些人剥夺另一些人的工具。这些特性使国家对不同的人意味着不同的东西，有关国家的分析也就特别容易出现分歧。

新制度经济学主要是从交易费用的角度来分析国家的。根据新制度经济学的观点，一方面，国家通过规定产权、提供公共物品和决定游戏规则，对一国的经济增长和一国的财富分配产生重大影响，因此，菲吕博腾和配杰威齐（1972）明确指出，没有国家理论，就不能真正完成产权理论；另一方面，没有产权的建立和维护，我们也不能解释国家的存在和本质。这就意味着，产权理论和国家理论具有天然的联系，国家因为产权的建立和维护而存在，而产权的建立和维护则因为国家的出现而变得更有效率。基于这种推理，诺斯（1981）将产权理论和国家理论结合起来，把它们都纳入制度变迁的研究范围。“理解制度结构的两个主要基石是国家理论和产权理论。”在他看来，国家决定产权结构，因而国家最终要对造成经济增长、经济衰退或停滞的产权结构的效率负责。“因为是国家界定产权结构，因而国家理论是根本性的。最终是国家要对造成经济增长、停滞和衰退的产权结构的效率负责，因而国家理论必须对造成无效率产权的政治-经济单位的内在倾向作出解释，而且要说明历史中国家的不稳定性。”另外，为了解释人类力图降低交易费用和组织交换的经济组织形式，产权理论也是必要的，“实际上，产权的出现是国家统治者的欲望与交换当事人努力降低交易费用的企业彼此合作的结果”。显然，在诺斯的思想中，国家理论和产权理论是相辅相成的。

波特（1990）曾经指出，繁荣和贫穷是一国自己的选择。如果一国选择有利于生产力增长的政策、法律和制度，比如升级本国所有国民的能力，对各种专业化的基础设施进行投资，使商业运行更有效率等，则它就选择了繁荣。与此相反，如果一国允许破坏生产力的政策存在，或者技能培训仅为少数人服务，或者仅靠家庭背景或政府的妥协才能成功，则该国就限制了本国的财富增加，也即选择了贫穷。但是，波特没有很好地解释一国为什么会作出不同的选择。显然，要解释各国为什么作出不同的选择是一个重大的课题。新制度经济学试图用交易费用来解释。

根据新制度经济学的观点，将产权理论和国家理论结合起来，可以很好地回答波特提出的问题。国家或政府没有采取促进经济增长的规则，一定是由于某种交易费用的约束。由此，我们可以得到科斯定理的宏观版本：如果政治和经济领域的交易费用均为零，一国的经济增长和发展基本不受其政府类型的影响。然而，当这两种交易费用为正时，一国内部的权力分配和其制定规则机构的制度结构就是决定经济发展的关键因素（埃格森，

1990）。因此，用交易费用、产权或合约的观点可以很好地分析国家的本质和作用。

这样做的一个自然结果是，历史上出现的经济增长和繁荣、经济停滞和衰退都可以用产权理论和国家理论来解释。其中的几个重要问题是：历史上的政府为何会制定一些阻碍经济增长的规则呢？难道政府不喜欢经济增长吗？因为在历史上，许多国家长期处于停滞和衰退的状态，甚至到现在，这种状况也没有完全消失。显然，我们不能假定政府是喜欢或不关心经济衰退，但可以假定政府是合约性国家（Contract State）或掠夺性国家（Predatory State），由此可以解释国家的行为。

掠夺性国家的观点认为国家是掠夺或剥削的产物，是统治者掠夺或剥削被统治者的工具。合约性国家的观点则认为国家是人民通过协商而达成合约的结果，它要为人民服务。这两种国家的目标当然不同，前者追求的是统治者的租金最大化，后者追求的是国民福利最大化。不过，即使是掠夺性国家，统治者想极大化自己的租金，也要极大化国民收入，因为国民收入构成了税基。因此，为了极大化国民收入而更清楚地界定产权和减少租值消散，应该也是他们所欢迎的。

正是从这个意义上看，国家既具有掠夺性，也具有合约性，并且大多数时候是这两重属性的结合体。因此，诺斯（1981）提出了暴力潜能分配论，将二者统一起来。若暴力潜能在公民之间平等分配，便产生合约性国家；若暴力潜能在公民之间的分配不平等，则产生掠夺性国家。由于暴力潜能的分配没有绝对的平等，也没有绝对的不平等，有的只是程度的不同，因而国家都有两重目的：它既要使统治者的租金或收入最大化，也要降低交易费用使国民收入最大化，从而增加税收，这样，国家也就表现为一个矛盾体。

但是，国家的这两个目的并不总是协调的，它们可能相互冲突甚至相互对抗，由此也就出现了相互矛盾的国家行为和各种各样的结果。当统治者的租金最大化与国民收入最大化一致时，统治者的最大化与国民的最大化也就和谐一致，民众工作的激励增强，国家也就兴旺繁荣；当统治者的租金最大化与国民收入的最大化不一致时，统治者的最大化与国民的最大化也就相互矛盾，民众的工作激励可能下降，国家也就陷于停滞和衰退。例如，统治者进行非生产性的再分配活动，可能使既定国民收入下的租金最大化，但会损害企业与劳动者的工作激励，由此损害未来的国民收入增长。

统治者的租金最大化与国民工作激励之间是通过财产权制度联系起来的。统治者要实现租金最大化，必须建立一套有利于自己的收入分配制度，这又意味着要为自己提供最能攫取收入的财产权制度，但这种财产权制度是否能为国民提供最有效的工作激励，则要看这种财产权制度是生产性的还是分配性的。如果财产权制度仅仅通过再分配手段使统治者获得最大的收入份额，那么国民就无法获得其努力的边际报酬，其工作的激励就会下降。反之，如果财产权制度通过增加生产来扩大自己的收入份额，那么国民也能获得其努力的边际报酬，或者至少部分地获得其努力的边际报酬，国民的工作激励就会上升。

由此可见，国家理论和产权理论天然地联系在一起。国家通过产权制度的建立和执行对经济活动产生重要影响。当国家建立和执行的产权制度有效时，经济就得到发展；当国家建立和执行的产权制度无效时，经济就会停滞和衰退。由此，国家理论和产权理论就成为解释经济停滞和经济增长的关键因素。

8.2 简单的新古典国家理论

众所周知，对国家的存在和本质，到目前为止已有各种各样的解释，前述的合约理论与掠夺理论只是其中的两种。这两种理论都具有重要的经济含义，这两种理论在某种意义上又可以统一起来。基于交易费用和产权理论，诺斯（1981年）提出了一个简单的“新古典国家理论”，并以此作为进一步分析的理论参照点。这种理论建立在统治者与其民众之间存在合约这种观念之上。在这种理论中，国家的主要特点或功能是三个假说：

第一，统治者用保护和公正，包括产权的保护和合约权的保护，来交换收入。因为在提供这种服务中存在规模经济，在提供这种服务中建立专业化组织比个人保护自己的财产能降低交易费用，使社会的总收入达到更高水平。

第二，由于第一点，统治者成为国民的超级权威，国家有命令和得到服从的权力，因而具有强制力。一个收入极大化的政府会做到这一点，就像一个实行差别定价的垄断者一样，将每个集团的子民区别开来，为每个集团设计一个使国家收入极大化的权利体系。

第三，由于总是存在能提供相同服务的潜在竞争对手，统治者的活动或多或少受到一些制约。首先是国民迁移到另一个生活水平更高的国家的成本（退出成本）；其次是推翻现任统治者，支持另一个许诺向国民提供更好服务的统治者上台的成本。

诺斯详细地解释了这三个假说，其中假说一可以这样来理解，国家（统治者）提供的基本服务就是制定和执行游戏规则。无论是用文字写成的宪法的制定和执行，还是无文字的社会习俗的形成和演变，都是为规范人们的行为而设立的。按照诺斯的解释，宪法说明选民的产权结构，目的是在政治和经济交易费用约束下极大化统治者的租金。要达到这一目的，必须提供一系列公共或半公共物品与服务，以降低详细说明、协商和执行经济交换合约的成本。由于国家有这种作用，因而在历史上，当人们在掠夺性国家和无政府之间进行选择时，总是选择国家。这就意味着几乎任何一套规则，哪怕是再坏的规则，都好于无规则。

关于假说二，按照诺斯的观点，产权是国家使垄断租金极大化的一种方式，私人所有权和公共财产的分配可以根据这一点来解释。要征税，统治者就需要征税人（即代理人），委托代理问题由此而产生。统治者的垄断租金在某种程度上由于代理人的存在而消散，例如，立宪国家中的公共官僚机构就是这种代理人。

关于假说三，由于总是存在一些竞争者，如一个统治者或者要与其他国家的统治者竞争，或者要同自己国家潜在的统治者竞争，因而统治者的行为受到约束。替代者越是接近，统治者拥有的自由越少，子民获得的收入增加越大。但这两种竞争所起的作用又是有限的，因为选民改变政府或离开一个国家也有很高的机会成本。具体来说，一方面，一国内部的潜在统治者与在位统治者的竞争往往是通过暴力革命或政治斗争来解决的，由于在位统治者掌握着军队与宣传机器，因而一般处于更有利的地位，这就使得潜在统治者即使冒着杀头的危险，也不容易得手。另一方面，一国居民要离开祖国前往他国，即使是在现代西方国家，也有相当高的成本。例如，统治者可能采取各种措施禁止居民迁往他国，并对外逃的居民进行严厉的惩罚（打击）。从经济学意义上来说，居民的专有投资比企业雇员的专项投资（沉淀成本）高很多，一个人出生和成长在一个国家，他将更多地具有适合这个国家的特质，例如，年轻时学习母语，接受正式和非正式行为规则、宗教和文化的教育等，而这些东西在其他国家可能没有用处，甚至会与当地的行为规则、宗教和文化产生冲突。此外，他们花在家庭、友谊和生意关系方面的成本也是一种专有投资，而且国家之间的迁移还存在很高的信息成本，甚至交通成本。凡此种种，都使一个国家的居民比企业的雇员在更一般和更深刻的意义上锁定在他们的祖国。这些情况使其政府，不管是哪一类政府，都可能采取机会主义行为。

诺斯认为，统治者的租金最大化和降低交易费用使社会产出最大化这两个目标之间可能存在冲突，因为后者需要建立有效率的产权制度，而前者需要建立使统治者的份额最大化的产权制度。这两种产权制度可能是不一致的。例如，通过再分配政策提升统治者份额的产权制度就可能是损害经济效率的产权制度（典型的情况就是增加税收）。在诺斯(1981）的简单静态模型中，统治者面临两个约束条件：一是同竞争者和其他国家进行政治竞争的程度；二是交易费用。这两个约束条件都可能导致无效率的产权制度。在第一个约束条件下，统治者将避免触犯有势力的选民，他可能会同意建立一个有利于这些集团的产权结构而无视这种产权结构对效率的消极影响。在第二个约束条件下，有效率的产权制度可能导致交易费用而使统治者的税收下降，因而也被统治者所拒绝。由于这两个原因，社会产品极大化的产权结构不一定会使统治者的（长期）垄断租金极大化，并且越是有利于统治者收入极大化的产权结构，可能是越没有效率的。这种制度发展现象可称为路径依赖（Path-dependence）。

利维（Levi，1988）对诺斯的观点作了拓展，详细地考察了政府在创造经济制度方面的激励，并以法国的例子证明这些激励怎样不利于长期的效率。她认为，统治者都是掠夺性的，他们极大化个人目标，这要求他们极大化国家的收入。当然，能否极大化国家的收入取决于他们与代理人及国民的讨价还价能力等约束条件。在这里，交易费用就是讨价还价成本，如度量收入来源、监督和惩罚成本等。

诺斯的简单的新古典国家理论既可以解释古代的王国，也可以解释现代的代表制民主国家。根据公共选择理论，民主国家的代表是以牺牲选民的利益来极大化个人效用的，这里还可能存在多种利益集团，而利益集团通常为了自身的利益而要求国家建立一些特殊的产权制度，从而导致无效率的制度安排，这些都符合简单的新古典国家理论的逻辑。

需要注意的是，即使在这种简单的新古典国家理论中，交易费用和产权也起着重要作用。例如，国籍本身就是一种产权，拥有国籍的居民要求国家提供保护，而这种保护具有相当大的物质价值。在战争中，尤其是在内战中，这一点特别明显。此外，居民的国籍身份也是有经济价值的，这种价值取决于一国的财富水平，因此，一国的财富水平对居民来说非常重要。在富国的移民局门前，穷国居民排着长队希望移民，就证明了国籍的经济价值。

还要注意的是，为了获得保护而支付的代价可能非常高。要提供保护，就必须建立公共机构；而要建立公共机构，居民必须以货币或各种服务的形式交纳税负。在这里，可能出现"搭便车"和各种机会主义行为。诺斯（1981）认为，"搭便车"也有其优点。"搭便车"防止了大集团的活动，因而解释了整个历史上国家的稳定，虽然效率可能不高。它也说明，制度创新一般来自统治者而不是来自国民，因为国民在制度创新方面也存在"搭便车"行为。此外，革命一般是宫廷革命或小集团进行的革命。大体来说，通过某种规则来继承可以避免剧烈变革。根据诺斯的看法，这些就是整个历史上国家结构稳定和变化的原因。

以上是简单的新古典国家理论，从中可以看出，在这种简单的新古典国家理论中，国家也像一个“经济人”一样追求最大化，因此，成本和收益分析在国家理论中同样适用，产权、交易费用在解释国家对经济增长的作用中具有重要意义。

8.3 国家的起源与演变

新古典国家理论主要是一种静态学说，实际的发展过程却更为复杂。例如，国家本身是如何产生，又是如何演变的？到底是什么原因使得无效率的制度得以改变？如何说明历史上产权制度的演变过程？这些都是诺斯在研究经济史上的结构与变迁时讨论的重要问题。

前述关于国家的合约理论和国家的掠夺理论实际上表明了国家的起源，即国家起源于人民之间的协商或起源于强势者的掠夺。

合约论的起源很早，其主要代表是霍布斯、卢梭、洛克等。霍布斯认为，可以提出这样的假设：第一，国家产生以前的原始状态是“一切人反对一切人的战争”的无政府状态，通行的是弱肉强食的“丛林原则”；第二，国家的产生是为了摆脱自然状态。具体来说，人们为了保护自己的生命和各种权利，通过共同协商，订立合约，把权力交给一些人代管，并让这些人来保护自己不受侵害。因此，根据合约论的观点，国家是公民达成的一种合约安排，而合约的达成是公民进行广泛的社会博弈的结果。也就是说，就合约来讲，国家是被公众创造出来保护公众权益、调解社会纠纷的制度安排。为了使国家能够以较低成本保护公众利益、调解社会纠纷，国家又被赋予暴力，成为一个暴力机器。以这种暴力作后盾，国家通过强制性手段，进行界定产权和执行产权、解决交易纠纷的活动，可以降低成本。从这个意义上来说，国家是节省交易费用的一种装置。可以想象，如果没有国家，产权的界定和执行活动由公民自己进行，那么，其成本将高不可攀。因此，从节省交易费用的角度看，国家的产生是必然的。

掠夺论的主要代表是黑格尔，后来，马克思、恩格斯与列宁继承和发展了这一理论。这种理论认为，国家是某一阶级或集团的代理人。它的作用是代表该阶级或集团的利益，对其他阶级或集团进行压迫或剥削，榨取收入。为了更好地榨取收入，国家界定和执行有利于统治阶级的产权制度，使自己的租金最大化。由于这种产权制度旨在使统治者的租金最大化，因而它可能既损害被统治阶级的利益，也损害整个社会的福利，因此是无效率的；又因为统治阶级掌握政权，因而这种无效率的产权制度可能长期存在。

❖专栏8-1

自然国——古代制度的优势

国家起源学说众多，如柏拉图、亚里士多德的自然起源说，奥古斯丁、阿奎那的国家神权说，霍布斯、洛克、卢梭的社会契约论，以及马基雅维利、马克思、恩格斯的国家剥削论（掠夺论），其中社会契约论最为流行。

社会契约论者将国家视为一个“公司”，国民是股东，政府是代理人，个人与国家之间是契约关系。这种契约保证每个人的权利平等及自由。

但是，契约国显然有些过于理想化。当今世界，真正按照平等的社会契约组成的法治国也不过数十个，大多数国家更接近霍布斯描述的“臣民对主权者必须绝对服从”的“利维坦”，甚至不少国家所谓的社会契约最终走向了马基雅维利主义。

在现实中，国家起源更可能来自暴力，而不是卢梭、洛克提出的外生力量。“人们为了私利而争斗，呈现出一切人反对一切人的战争状态。”这时，人们只能希望一个强人或强人组织出现来保护自己。

以暴制暴，这就是早期国家组建的原因。

霍布斯在《利维坦》中写道：“在没有一个共同权力使大家慑服的时候，人们便处在所谓的战争状态之下。这种战争是每一个人对每个人的战争。”换句话说，现在绝大部分国家所处的所谓“自然国家”，其面对的核心问题就是以暴制暴。

在中世纪，欧洲大陆的土地多得像空气一样充裕，自由民或农奴为什么不在广袤的土地上开垦庄园，而是去领主的庄园中租赁土地耕种，缴纳沉重的地租和赋税，甚至沦为领主的私人财产（奴隶）？

中世纪所谓的广袤的土地，并不是经济学严格定义的生产要素，只有领主庄园内受到城堡、骑士保护的土地才是真正具有经济价值的土地，而地租和赋税其实是一种保护费——设防的城堡和具有作战技术的骑士提供了地方安全（公共用品）。

所以，这种庄园制度不是社会契约论中的平等契约。“为了达到一个最高尚的目的，可以使用最卑鄙的手段。”

在领主庄园中，农奴与领主之间是人身依附关系，不存在所谓的平等契约。西方有一句名言，“我的附庸的附庸，不是我的附庸”，准确地描述了这种契约关系。

“农奴除了束缚在土地上外，还要为他的女儿出嫁付出一笔奴役性罚金即结婚税。他死时其最好的牲畜还要被征收遗产税，或称死手权，他得按领主的旨意交钱纳税；他的谷物得堆放在领主的磨坊里。”“他们的劳动还要供给军事统治阶级和有关神职人员的衣食之需，而这后两种人则通常给他们以短暂的安宁、公正、教导和戒谕。”

“这样，庄园的习惯法已经成为不成文的‘宪法’，或者说实质上已成为无政府社会的一种重要的制度协定。最适合地说，这个世界是一个个孤立的小村落，常有一处堡垒作保护，四周荒野环绕。”

所以，我们通常会说，所谓的古罗马帝国其实不是一个真正意义上的“国家”，而是由一个个独立性很强的领主庄园组成的城邦联盟。这一领主制形态与中国商周时期比较接近。

中国商周时期的封建体制类似于欧洲中世纪的领主制。

商周时期，贵族和国王都是一家人，由姬、韩、赵、魏、智、范、中行多个姓氏贵族统治，依据亲属而封地。天下井田为周王所有，贵族、领主向周王缴纳地租和赋税。我们经常说，周天子家天下。

当时生产力水平低下，贵族亲属治国信任成本低，是交易成本最低且权力租金最大化的一种制度。

后来，铁器出现，地方诸侯、贵族、领主大力开发私田耕种（自己所有），而荒废公田（无产权，赋税重），井田制开始瓦解，产权制度发生了变化。

久而久之，强枝弱本，周天子难控局面。到了公元前685年，齐桓公命管仲改革，废除井田，设立盐官、铁官、税官及铸钱机构，建立行政体系。在“尊王攘夷”之后，周王朝王权旁落，封建领主制被瓦解。

春秋五霸、战国七雄打成了“一锅粥”，最后秦国一统天下。

秦国商鞅变法，推行了废井田、重农桑、奖军功、实行统一度量和建立县制等一整套改革。“开阡陌封疆”，实行土地私有制；“集小都乡邑聚为县”，废除分封制；按军功赏赐二十等爵，废除世卿世禄制。

这种新的产权制度安排明显更具激励性，符合当时正在崛起的士大夫利益。

铁器出现后，私田大量被开垦，土地上的粮食产量大增，秦朝有足够的财力供养一支职业化军队以及公务员队伍，从而建立了一整套集权国家体系。

从此，中国走上了高度集权的封建郡县制道路。

与古希腊城邦的商贸经济不同，农业经济强调自然循环，拒绝交易，惧怕风险。在一片肥沃的土地上，权力结构稳定，农民不流动，人口稳定繁衍，世世代代种地，生活自给自足，这是成本最低、风险最小的理想状态。

于是，为了降低交易风险，统治者实施“书同文、行同伦”，建立“以正君臣，以笃父子，以睦兄弟，以和夫妇”等级森严的纲常保障。农民依附在土地上，不流动，不思考，只干活。

通过科举制度，让最优秀的人去做官而不是经商和搞科研。科技发明不能破坏农业的稳定以及统治者的权力，但凡有科技不受控，比如火药，就将被压制。

这样，每个人都很清楚自己的角色和本分，每个人各尽其责、坚守本分，人口能够持续繁衍，社会秩序自然稳定。整个社会的交易成本大幅度降低，风险最小，资源配置的效率也更高。

可见，统治者利用孔孟之道建立了一个权力租金更高、交易费用更低的国家机制。统治者通过构建一套消灭市场的制度来降低交易费用，弱化社会分工，退回到封闭的自然经济体系之中。

与欧洲庄园制度相比，这套封闭的制度无疑是先进的，私有制激发了劳动积极性。与早期古希腊、古罗马商业制度相比，这套封闭的制度也是先进的，因为其交易费用更低。

古希腊、古罗马受制于盐碱化的土地，只能发展商业谋生。当时生产力低下，靠交易生存无疑是极不稳定的；而中国在一个封闭的自然经济体系中，社会分工及交易环节极少，交易费用很低，春耕秋收很稳定。

在古代社会，人的寿命是很短的，人口繁衍是大事。《礼记·曲礼上》说“二十曰弱，冠”，行了成人礼后，经“父母之命，媒妁之言”成家立业、传宗接代。

孔子说“父母在，不远游，游必有方”，儒家强调“百善孝为先”，用各种礼教来约束人的行为和自由。

这样，社会以最小的成本、最稳定的方式实现传承。反过来，当时依靠国家养老、市场投资养老都是非常不靠谱的。

但是，这套制度本质上是有利于统治集团、无效率的产权结构。

自然国的结局是什么？

“自然国能够提供一种长时段的社会稳定，并能为经济增长提供某种环境条件，但是总存在蕴生社会动乱的可能性，从而暴动和内战经常是一种可能的结果。”

自然国的悲剧往往是反复踏入历史的暗流。即使在私有产权中，统治者也会构建一系列制度促使自己的垄断租金最大化。即使交易费用降低促进了经济增长，统治者也会利用经济力量以及一切科技力量维持统治。最终，经济或国家崩溃于自然国的“马尔萨斯陷阱”。

资料来源　智本社.权力的游戏与大国的代价［EB/OL］.［2019-10-05］. https://baijiahao.baidu.com/s?id=1646520243283555972&wfr=spider&for=pc.

在新制度经济学看来，合约论和掠夺论都有一定的合理性，又都有一定的片面性。例如，诺斯认为，虽然合约论可以解释为什么国家能提供一个经济地使用资源的框架，从而促进福利的增加，但国家也是强制性产生的根源，国家中的每个人都希望按照有利于本人或本阶级的方式再分配社会财富。因此，合约论虽然解释了最初签订合约的利益，却无法解释合约签订以后各个利益集团的寻租行为。掠夺论虽然解释了每个利益集团的寻租行为，却没有解释最初签订合约能获得的利益，也不能说明一个国家内的互利合作关系。基于这种认识，诺斯（1981）提出了暴力潜能论，将二者统一起来。

在奥尔逊（1993）看来，国家是“流窜的匪徒”为了收入最大化而变为“常驻的匪徒”的结果。在自然状态或无政府状态下，“流窜的匪徒”所进行的不规则抢劫摧毁了投资和生产的积极性，这会导致一种双输的结局。但如果其中一个匪徒成为独裁者，成为一个“常驻的匪徒”，即以各种税收的形式垄断“偷盗”物品并使之合理化，那么对大众和匪帮这两方都会更好。这是因为，一个稳固的独裁者希望在自己的地盘内获得稳定的收益，并且这种收益随着生产的发展而扩大，因而他有动力提供和平秩序和其他提高生产力的公共物品。而当统治者制定和执行稳定的税收政策时，由于大众可得到努力的边际产品，因而也会比较努力地投资和生产，由此社会总产品将增加。然而，当一位独裁者预期自己的任职期限很短时，没收那些在他任期内所应交纳的税少于其总价值的资产，当然对他更有利。

没有人盗窃，也就不需要人防止盗窃。没有人强行占有其他人的财产，也就不会有建立和保护产权的国家。所以，从本质上来说，作为暴力机器的国家，其产生的根源在于人类自私所导致的掠夺行为。

既然国家的建立是一些人为了收入最大化而作出的选择，那么，在国家建立以后，这种收入最大化的要求自然会得到进一步延伸。对此，诺斯（1994）指出，问题在于政府不仅有权力保护产权，也有权力剥夺产权。在这种情况下，一个市场经济得以运作的基本条件除了基本法律秩序以外，政府对尊重私有产权给予可信的承诺是必不可少的，但由于国家是使统治者收入最大化的一种装置，因而国家在建立和执行产权时，又成为个人权利最大和最危险的侵害者，由此出现了“国家悖论”。

“国家悖论”清楚地表明了国家的两重性。立足于这种“国家悖论”，诺斯（1981）进一步指出了新古典经济学分析的缺陷。在他看来，新古典经济学的分析至少有两个方面的缺陷：

第一，在一个国家中，政治控制力的分配是选民集团谋取利益能力的结果，这种控制力的分配越分散，就越难以解释或推测到底会出现什么形式的产权制度。例如，要解释古埃及的再分配性社会的经济组织可能不太困难，但要解释当代民主社会的经济组织就要困难得多，因为在当代民主社会中，各个利益集团相互竞争如何控制国家、如何改变产权，以及如何改变经济组织，其中涉及的因素太多，实在不容易得出什么确切的结论。

第二，新古典经济学也是不完全的，个人的效用函数远比新古典经济学假定的复杂得多，这使得在新古典经济学中，关于人的行为其实并没有明确的说法。例如，一些文献提到机会主义行为，但没有明确说明人们为什么有时相互利用，有时则不会；有时努力工作，有时则不会；在合约安排中，人们有时诚实、正直，有时欺骗、偷懒。这些问题实际上在加入度量成本和意识形态以后就可以很好地进行解释，但新古典经济学没有这种概念。

此外，新古典经济学关于国家的理论观点也是矛盾的，因为它既假定福利最大化，又假定存在霍布斯主义的国家模式（即“丛林原则”）。这就导致了一个矛盾的结果：如果人的行为根据第一个假定是合理的话，那么，根据第二个假定就是不合理的，“同意通过建立一整套控制人们行为的规则来限制行为是符合新古典主义者的利益的，由此得出这样的观点，即霍布斯主义的国家是新古典模式应用于国家理论时的逻辑推演。但违反这些规则也符合新古典主义者的利益，只要关心利益和成本的个人主义的计算要求这样的行为”。(诺斯，1981)

按照新古典经济学的假定，个人都是理性的，他们会根据个人主义的计算，对一切相对价格的变化作出合理的反应，因而只要相对价格发生变化，人们的行为就会发生变化。按照这种理论，长期的变化是由相对价格引起的。显然，如果局限于这种新古典经济学的假定，我们就无法解释历史上出现的大多数发展与变化。这些发展与变化之所以发生，不仅是因为相对价格的变化对新古典经济学模型产生了压力，而且是因为意识形态使得个人和集体对自身地位的公平性产生了相互对立的观点，并使他们按这些观点而行动（诺斯，1981)。这就是说，基于相对价格变化引起人们理性行为的相应变化的新古典经济学理论虽然可以解释经济史上的某些发展与变化，但不能解释大多数发展与变化，意识形态的变化才是更好的解释因素。

❖ 专栏 8-2

关于制度变迁理论：路径依赖

吴思在其2001年出版的《潜规则——中国历史中的真实游戏》一书中举了这样一个例子：据《眉山县志》记载，清光绪初年，眉山县户房（财政局）每次收税，都直截了当地在砝码外另加一个铜块，叫做戥头。乡民每年都被侵蚀多收，心里痛苦，却没有办法。另一个说法是在皇粮正税之外再加一钱八分银子，官吏把这笔钱据为己有，上下相蒙20年不改。

一钱八分银子并非要命的大数字，按照其对大米的购买力折合为人民币，相当于80多元。按照现在的贵金属行情，还不到20元。我们折中一下，姑且算50元。数字虽小，但架不住人口多、时间长。眉山县地处四川盆地，是天府之国，一个县总有三五万户人家，如此收上20年，这就是三五千万元人民币的巨额数字了。

眉山县有个痒生，也就是州县学校的读书人，名叫李燧。《眉山县志》上说他“急公尚任侠”，是个很仗义的人。这50元的乱收费不知怎么就把李燧惹火了，他义愤填膺，“破产走五千里”，到上级机关去告状。既然闹到了上访的地步，我们就有理由推测，他在眉山县一定也闹过，但没有结果。县领导一定不肯管，县领导要掐断部下三五千万元人民币的财源，说不定其中还包括领导本人的若干万元，想必是很难下手的。这是一个很要命的重大决策。

李燧的上访并不顺利，他把更高一级的领导惹怒了，被诬陷为敛财，革除了他的生员资格。生员资格是很值钱的，清人吴敬梓写的《儒林外史》第三回说，穷得叮当响的私塾先生周进，在众商人的帮助下花钱纳了一个监生，可以像生员一样到省城里的贡院参加乡试，花费了200两银子。折中算来，这笔银子价值四五万元人民币。如此估价生员资格并没有选择高标准，《儒林外史》第十九回还说，买一个秀才的名头（即生员身份），要花1 000两银子。请枪手代考作弊，也要花四五百两银子。

李燧为什么这么倒霉？其中内幕只能推测。他要断人家的大财源，不可能不遭到反击。官吏们熟悉法律条文，又有权解释这些条文，再加上千丝万缕的联系，彼此同情，反击一定是既合法又有力的。遥想当年，李燧上访难免得到一些百姓的支持，大家凑了一些钱。这既是非法集资，又是聚众闹事，还可以算扰乱社会秩序，甚至有危害国家安全的嫌疑。结果，李燧丢掉生员资格后，因敛财的罪名被投入监狱。在他漫长的坐牢生涯中，还有几次差点被杀掉。

李燧入狱后，当地百姓更加痛苦无告，也没有人再敢告状了。眉山县的官吏们严防死守，杀鸡骇猴，保住了财源。

12年后，省里新来了一个主管司法和监察的副省长，他听说这个情况以后，很同情李燧，可怜他为了公众的利益受此冤枉，放他回家，还赠给他一首诗：破了产，丢了生员的资格，走了五千里，关了十二年，得了一首诗。这就是李燧的得失对比。至于那个戥头，据说光绪十二年（1886年），眉山县令毛隆恩觉得不好，主动给革除了。从时间上看，这与释放李燧大约同时，不过功劳却记在了新领导的账上。我宁愿相信是李燧发挥了作用，不然这牢也坐得太窝囊了。

资料来源　吴思．潜规则——中国历史中的真实游戏［M］．昆明：云南人民出版社，2001.

基于上述观点，诺斯分析了历史上国家的演变。诺斯认为，国家的出现是古代世界最重要的成就。大约一万年以前，人类开始从狩猎和采集转向定居农业，这种转变导致了第一次经济革命。第一次经济革命产生了国家，建立起经济秩序的政治约束以及超越部落狩猎与采集单位基本需要的专业扩张与劳动分工。早期的国家具有寺庙社会的特征，例如，埃及的法老既是统治者又是神。军事技术的发展导致国家规模的增长。数千年的发展趋势也非常明显：国家越变越大。当统治者面对国家间普遍存在的竞争而被迫改变产权和政治特权以获得一个可行的军事秩序时，对军事技术的需要导致国家管理方式的改变。随着国家规模的增长而来的是代理费用的增长，以及为从较大的政治-经济单位中获取收入而设定规则与服从程序的制度创新费用的增长（诺斯，1981）。当这种费用的增长超过了国家带来的收入增长时，国家就要消亡。诺斯具体研究了古埃及、波斯帝国、古希腊和罗马帝国的特征与兴衰。

古埃及是一个同质社会，产权的终极所有权属于法老，贸易由国家垄断，内部组织是一种等级制。相反，波斯帝国是一个由各种宗教、经济和结合成高度分权帝国的政治单位所组成的巨大混合体。波斯帝国的异质性要求容忍大量不同宗教和不同经济组织的存在。分权式的结构既是波斯帝国的成功之处，也是它的内在缺陷。后来，波斯帝国由于重税、征收体制和缺乏与政治扩张相联系的必要刺激，在统治150年后，经济发展明显陷于停滞。

古希腊的城邦是以地理环境为条件的，地理条件使得小型政治-经济单位可能生存下来。古希腊的民主政治与奴隶制是密不可分的，而正是这种结合使其组织具有绝对优势，经济持续繁荣，并最终征服了波斯帝国。

罗马帝国不是一个城邦，而是一个封建帝国，其管理体制更为精细。古罗马人设计了一套完整的民法体系，商法的制定是古罗马社会的一大成就，财产法解决了奴隶的所有权问题，而奴隶在罗马帝国早期是主要的劳动力来源。更重要的是，罗马帝国进行的军事远征非常成功，而成功的远征不仅带来了大量的战利品，也带来了大量的廉价劳动力（以奴隶形式），还扩大了征税的区域。这些因素使得罗马帝国在经济上盛极一时，但由于这种繁荣主要是建立在军事优势上的，因而当罗马帝国的军事优势消失，而且大型国家不再提供保护产权和执行产权时，罗马帝国的生存理由也就完全消失了。因此，罗马帝国的崩溃主要是由经济力量造成的。

关于封建主义的兴衰，诺斯也进行了分析。他认为，人口变化和战争在解释有关结构变化中起了关键作用。战争是政治单位的规模和结构的决定因素，人口变化则通过影响土地和劳动的相对价格，从而在改变经济组织和产权中起着同样的决定作用（诺斯，1981）。以中世纪的农奴制为例，中世纪的农奴制取代过去长期存在的奴隶制，是理性选择的结果。为什么在封建时代地主没有简单地将雇农变为奴隶而完全拥有他们，主要有两个原因：一是劳动力稀缺，地主要为使用雇农而竞争，雇农很容易逃到附近条件更好的城邦中去；二是要使自给自足的采邑制成为一种可行的经济制度，涉及许多难度较大的工作，比如需要劳动者小心谨慎地进行细心密集型工作，而在这些工作中，控制和监督奴隶劳动的成本非常高。

诺斯（1981）还认为，一种经济长期变化的主要源泉是结构变迁，这种结构变迁的主要因素是技术、人口、产权和政府对资源的控制。政治-经济组织的变迁及其相应的激励效应是将结构变迁的所有来源理论化的基础，而且包含着有目的的人类活动的制度改变。

根据这种看法，诺斯研究了民族国家的产生及发展。他认为，17世纪兴起的欧洲各民族国之间出现的不同经济增长率，可以用各个国家建立的不同产权制度来解释。其中，政府和臣民之间在扩大国家征税权方面的制衡特别重要。在两个成功的小国家里，产权制度激励人们更有效地使用资源，并把大量资源用于创新和发明，因为它们的产权制度使这种活动的报酬很高；而在不太成功的国家里，税收太高和取得财政收入的扭曲形式抑制了个人的创新和发明。

具体来说，法国在百年战争后面临重建的任务，皇室需要大量的收入进行建设，因而建立增加收入的产权制度非常必要。与此同时，它还需要一个完备的代理机构对这一过程进行监管，由此产生了官僚机构。但这种官僚机构不仅吸走了一部分收入，而且成为法国政界中的一股重要势力。最终的结果是，尽管皇室和官僚机构的收入都增加了，但对生产率产生了负面影响，由此抑制了经济增长。法国本质上是一种地区经济，而地区垄断又抑制了创新，因而法国由于国家的财政需要而牺牲了改善市场效率的好处。

与法国一样，国家转让垄断权是西班牙收入的主要来源，并产生了类似的、更具破坏性的后果。在法国和西班牙，人民保护和行使基本产权的欲望非常强烈，故通过赋予人民产权就使国家掌握了征税权，但是，随着国家增加财政收入的需要越来越大，国家转让产权换取收入的数量也越来越多。问题是被转让的产权并没产生相应的效率，因而最后对经济造成了损害。

荷兰是一个资源相对稀缺的国家，荷兰的成功就在于它建立了更有效率的经济组织，发挥了扩大世界贸易的优势，从而克服了资源稀缺的困难。荷兰统治者鼓励竞争，反对行会限制和贸易限制，使贸易和商业的发展成为经济增长的主要动力，并由此在17世纪成为欧洲经济的领袖。

英国的成功也是由于建立了有效率的私有产权制度。通过建立私有产权制度，英国摆脱了17世纪的危机，并在18世纪取代荷兰成为世界上发展最快的国家。其实，英国也面临和其他民族国家一样的财政需求，在英国发展的初期，它还面临法国、西班牙和荷兰这些欧洲强国的竞争，但它找到了一个中间地带，通过制度改革建立了有效率的产权制度，从而实现了较快的发展。总之，“由于私有产权的建立和贸易与商业上的竞争降低了交易费用，才使英国在17世纪摆脱了使法国和西班牙深受其害的马尔萨斯灾难”（诺斯，1981）。

概括四国兴衰的原因，可以得出这样的结论：政治和经济组织的结构决定一个经济体实绩及知识和技术存量的增长速率，人类发展中合作与竞争的形式以及组织人类活动规则的执行体制是经济史的核心。

根据上述观点，诺斯还研究了产业革命发生的原因。许多经济史学家认为，产业革命是技术进步的结果，而且是一种突变。而诺斯认为，产业革命是一系列因素长期渐变带来的结果，而在这些因素中，技术进步并不是最重要的因素。在他看来，由于较充分地界定了产权（与自由放任不同），改善了要素市场和产品市场，因而市场规模扩大，导致了更高程度的专业化与劳动分工，其结果是增加了交易费用，而交易费用的上升又使制度与组织创新成为必要。“组织的变迁旨在降低这些交易费用，结果在市场规模扩大以及发明的产权得到更好的界定，从而提高了创新收益率的同时，创新成本得到根本性的降低。正是这样一系列变化为联结科学与技术的真正技术革命——第二次经济革命——铺平了道路。也正是19世纪后半叶的这种变化，使得新知识的供给曲线富有弹性，从而得到一个短期内超越前人积累的前所未有的发展。”（诺斯，1981）

总之，研究产业革命的经济史学家着眼于把技术变化视作这一时期的主要动态因素。然而，他们常常不能回答是什么引起了这一时期技术进步速度的提高。在讨论技术进步的原因时，他们常常假定技术进步是无代价的和自发的。但简而言之，技术进步速度的提高既缘于市场规模的扩大，又出自发明者能获取他们发明收益的较大份额的可能性（诺斯，1981）。在诺斯看来，技术进步速度加快的原因在于经济方面，其中产权更好地界定和保护是主要原因。

首先，诺斯于1968年发表了关于海洋运输方面的文章，他指出，传统理论将生产力的来源归结为技术进步和资本增加，但17—19世纪200多年间，海洋运输的船舶技术并没有多大改变，资本投入比率也没有明显增加，而这一时期的海洋运输生产力大幅度提高，其原因在于制度的改变。制度的改变使船运组织能利用英国海军的保护成功地防止海盗与扩大市场，以降低营运成本及提高载货率。

其次，诺斯和兰斯·戴维斯（Lance Davis）于1971年出版了《制度变迁与美国经济增长》一书，强调制度的创新是造成美国经济增长的主因。在已有的制度下，当获利机会不能被充分利用时，就面临制度改变的时机。成功的制度革新经过产权的重新安排得以降低交易费用。美国的历史经验说明了成功的制度革新是如何提高效率并促进经济增长的。

1973年，诺斯和托马斯出版了《西方世界的兴起》一书，在经济史学界产生了很大的反响。在这本书中，他们将制度分析的框架应用到18世纪的欧洲历史中。在比较了英、法、荷兰与西班牙等国经济发展的过程后，他们发现，各个社会的资源多寡虽然会影响经济增长，但有效率的组织才是长期经济增长的关键。有效率的组织才能造就有利于增长的制度安排与产权规则，并且在条件改变时顺利促成制度的变迁。相对于荷兰与英国的成功，法国与西班牙的失败则显示出健全的制度并不容易获得。由于集体行动所遇到的组织困难，私人团体所能达到的制度改变有一定的限度，因此，政府的强制力量在协调公私利益的差距而建立有效产权方面有发挥功能的机会。但当政府的力量未受节制时，它往往又成为破坏产权的主因，因此，政府的作用是一把“双刃剑”。

上述两本著作将制度分析应用于经济史的研究，为经济史的研究开辟了新的天地。更为系统的理论是1981年诺斯在《经济史的结构与变迁》一书中建立的。在这本书中，诺斯以新古典经济学理论为基础，加上交易费用因素，建立了一个制度分析框架，这个分析框架有三个支柱：经济组织、政府理论与意识形态。一方面，它针对经济活动、产权与集体行动进行分析；另一方面，又处理了三者的互动，揭示了其产生的历史意义。诺斯应用这个分析框架分析了人类自新石器文明以来历史结构的稳定与变迁，成为当代经济史学的一部经典之作。

1990年，诺斯出版了《制度、制度变迁与经济绩效》一书，对他的有关思想作了进一步的总结，该书不但延续了《经济史的结构与变迁》一书的思想，而且提出了更有挑战性的分析框架。他提出的问题是：经济体制为什么在长期会产生极为不同的结果？为什么有些社会会繁荣，有些社会会贫穷落后，而且往往出现贫者恒贫、富者恒富的局面？为了回答这些问题，他进行了更为深入的制度分析。他首先把制度定义为游戏规则，接着强调了组织与制度的互动对经济绩效的影响。他认为，制度是行为限制，设立组织是要利用制度带来的机会，并由此导致经济体系的发展。再后他分析了制度对行为的限制作用，区分了正式规则、非正式规则与实施机制三者的不同作用，说明了制度的变动涉及三者的互动。最后他说明了制度演进与组织行为互动中的学习效应，指出制度的演变和发展具有一种路径依赖效应，制度变迁一旦踏上某种特殊的发展路径，就有累积强化的作用，这就导致了一些国家的持久繁荣和另一些国家的持久贫困。

由此，诺斯对有史以来的经济发展作出了全新的解释，建立了新经济史学。

8.4 政治制度与政治市场

我们可以把国家想象成一个选民和其统治者（代表）之间的（隐性的）委托代理合约。在这种合约中，委托人是选民（即居民），他们是超级权威（主权）本原的“所有者”。他们通过投票过程任命自己的一些同胞作为代理人来行使主权。但是，这种合约与一般合约的不同之处在于，一旦代理人上台，代理人就开始行使公共权威，反过来告诉委托人应该干什么。这就使国家从根本上来说不像私人合约中的委托代理关系。

从理论上来说，在政治交换中也面临交易费用的经济学考察问题：合约缔结前后都存在信息不对称，这种信息不对称导致了事前和事后的机会主义行为；同时，选民的专用性投资高昂，还造成了锁定效应。因此，我们可以认为，在这里，签约后的支持性制度也至关重要（威廉姆森，1985）。

此外，信息不仅是不对称的，而且是不完全的——尤其是不知道将来会发生什么，因此，立法者、政府、政府官员和法官的决策不能完全用规则来规范和限制。代理人还必须有一些相机抉择的余地，委托人（选民）必须在某种程度上相信他们。这样一来，政府对选民承诺的公信度问题也就产生了。

还要注意的是，政治交换是社会中不同利益集团的代表之间的交换，正如公共选择理论创始人布坎南和图洛克（1962）所分析的那样，议员之间的交易，如投票等，也起着重要作用。这种交易的问题一般是有时间限度的，在许多情况下，"今天"颁布的立法只代表对将来某个时间的承诺（诺斯，1990）。因此，在政治交换中，承诺也非常重要。而要让承诺变得可信，同经济交换一样，也要借助适当的制度安排。

这些问题都说明，由于不确定性、决策者的有限理性、法律的不完全执行、机会主义行为等在政治交换中同样存在，而且这种交换中的承诺因为政治制度而变得可信，因而，投票人与政治家之间的委托代理关系、利益集团之间的政治交换也可以用威廉姆森的交易费用方法来分析。

代理人的政治承诺是否可信，与相应的制度安排关系重大。这方面的例子很多，温格斯特（Weingast，1995）认为联邦主义就是一个重要的政治制度，令人信服地承诺政府保护市场。这就是说，通过限制政府相机抉择的权力，增强经济自由。关于这方面的讨论集中在是什么使联邦主义的限制得到自我执行这一问题上。温格斯特用三个案例来说明这些机制是如何运作的：18世纪的英格兰、19世纪的美国和现代中国。在这三个案例中，联邦主义都支持了快速的经济增长，当然，当代中国并不是温格斯特所说的联邦主义，而是中央与地方的分权。

承诺是否可信对于交易能否进行至关重要，因而新制度经济学家和宏观经济学家都对可信性的问题进行了研究。虽然他们研究时使用的方法不同，但得到的结论相同：相关的制度安排至关重要。

在公共选择文献中也强调了制度的重要性。例如，Moe（1990）指出，制度解释了在实际生活中社会选择为什么不是杂乱无章的原因。实际上，社会选择是十分稳定的，其原因在于社会选择并不是简单地由多数原则决定，而是由各种制度决定，这些制度约束着多数原则的运作……政治是稳定的，因为制度在其中起着突出作用。

克瑞普斯提出的组织文化（Organizational Culture）概念也可以用于分析政府官员与其选民之间的等级交易（1990）。组织文化理论的论据是，代理人（立法者、政府官员等）必须事先就告诉委托人他们将怎样对事后未预料到的事件作出反应，其中传达的意思必须是委托人能够接受的一些原则和观念，并满足两个条件：第一，事后能够检查委托人得到满足的程度；第二，相信代理人打算做的事情有足够的成功可能性。故这一理论可以成为不确定条件下自我履行协议理论的一个必要部分。

因此，选择的原则事前需要具有某种说服或教育效应，以便被人们所接受。在这里，道德和意识形态起着重要作用。

克瑞普斯（1990）认为公司文化与刚才定义的原则是一致的，他认为，从严格意义上来说，公司文化使成员具有一种认知他们组织（这里是国家、社区、政党等）的感觉，团结起着作用。不过，在选民之间以及选民与政治领导人之间只有微弱的团结。

从某种意义上来说，投票是交换代表与其选民之间的承诺，因此，熊彼特认为民主政治类似于经济竞争。而德姆塞茨认为，竞争使政治家和政党经受投票的过滤，就像竞争使经理经受市场的过滤一样。但诺斯认为，政治体制中的民主不能等同于经济中的竞争市场。

弗鲁博顿和芮切特认为，经济竞争与政治竞争的决定性区别在于通过经济交换获取经济优势，其基础是保护产权。另外，政治竞争是想获得权威，即改变这些产权的权力。因此，在政治竞争中，产权不仅是经济权利，而且是行使公共权威的政治产权。结果，在民主社会，制度框架不断改变，因而可能很不稳定。于是，政治家们努力设置这样一个政治结构：安插支持他们的代理人和制订有利于他们的计划，以便将来行使公共权威。这就使得结构更稳定，但以牺牲效率为代价。政治家们努力的目标是获得权威，这种努力从来不会终结，并且将会影响制度的形式。其结果是，公共部门和私人部门中的“企业”结构可能完全不同。但是，也有人认为，如果没有随后的政治变革，任何详细的正式规定的结构都不一定能保护这一演进过程。故我们也有理由相信，当立法者失去权力时，更大程度的官僚自主实际上可能比限制官僚自主的政策更完整地维持立法者的意图（弗鲁博顿和芮切特，2000）。

Moe（1990）认为，政治家们要保护他们的“政治产权”，就要通过详细的政治规定——标准、原则、界限——事前限制官僚自治，并将这些内容写进法律而不是试图在怎样行使权利时进行控制。这种结构策略有助于控制这种活动，虽然不一定有效率，同时保护这种特殊政治产权的创始者避免政治不确定性问题，结果，政治竞争一般不会带来有效率的结果，一般来说并不存在有效率的政治市场。这种市场在经济世界是稀缺的，在政治世界就更稀缺了。分配上的冲突、集体行动计划、“搭便车”问题都可能使经济上有效率的政治体系难以形成。另外，正如诺斯（1990）所说的，走向更高的政治效率一般与民主立宪政体的演进联系在一起，不幸的是，这一过程相当缓慢而且困难。

从一般意义上来说，经济市场体系和政治市场体系表现出类似性，二者都必须通过双边或多边的讨价还价来组织协调，因此，在合约缔结前后必须进行同样一些活动。这就是说，在政治交易场合，也必须进行搜寻、检验、讨价还价，实施、控制和执行等活动。策略性决策也起着重要作用。此外，与市场经济相似，民主国家中的政治交换也可以理解成一种个人之间长期有关合约的网络，其目的是有效地组织人们对政府官位（政治产权）的竞争，以及政治交易本身。但是，“有组织暴力垄断”远未完善，其存在方式可能有多种：一个国家的居民能够影响政治决策，包括形成压力集团、罢工、抗议等。选民不必是议会成员或者政府成员，甚至不必是居民。工会、雇员协会、商业组织、政治游说团体和政党等都是通过各种途径影响政治决策的。另外，他们的影响都是在日常生活中行使的，而不一定是在选举的时候行使的。这可能是政治竞争比经济竞争效率更低的一个原因（弗鲁博顿和芮切特，2000）。

概括起来，政治交换、政治市场与经济交换、经济市场既有相同之处，也有差异，有一点是一致的：二者都可以用交易费用方法来分析。

8.5　国际关系中的国家

对于国与国之间的关系，新制度经济学也进行了分析，这种分析同样是建立在交易费用的基础之上的（弗鲁博顿和芮切特，2000）。

新制度经济学认为，从原理来说，交易无论是发生在国内政治力量之间，还是在民族国家之间，或者是在企业之间与私人之间，都具有相同的特质，只是政治交易的目标一般是改变社会关系的制度框架。此外，不论是一个镇、一个国家、一个世界共同体，还是一个市场、一个企业、一桩婚姻，交易双方的目标都有部分冲突，决策者都有有限理性。

当然，国家之间的交易要受到竞争的影响。国家之间的竞争可能会也可能不会导致帕累托改进。国家之间的竞争与相互依赖造成了竞争的不确定性。与竞争者进行合作，从而减少竞争的不确定性，是国家之间建立战略同盟的重要动机，这跟企业建立战略同盟一样。进行和平的政治交易，其情形同物物交易市场中的经济交易一样。在这里，和平交易的原则也适用，而且都立足于大卫·休谟所说的三个基本规律：占有稳定、自愿转让和信守承诺。这三个规律是私有制经济的中心要素。在国家之间的关系中，这三个规律同样适用。人类社会的和平与安全也立足于这三个规律。如果没有这三个规律，个人之间建立良好关系的可能性是不存在的。

国家之间的交易与国内政治经济交易不同的是：国际经济关系的秩序无法由一个超级世界权威来保证，国家间的法律不能像在国内那样得到执行，国际司法是自愿性质的。国家大多是主权国家，必须依赖它们自己制定的一些关于国际关系的制度规章，这些制度规章包括整个外交活动，甚至还包括发动战争。

国际政治交易涉及的是国际社会法律和运行规则的演进、保证与管理。具体来说，问题是如何定义、保证和转让国际领域内的政治与经济产权。交易就导致了国家间的隐性协议、明确（正式）条约或其他类似的东西。换言之，国家间的协议类似于一国内部的宪法，它们都涉及有关的合约。分配问题是其中的核心。由于有限理性和不完全预知，各个政党不可能事前就对影响这种关系的所有意外事件达成一致意见。它们也没有能力向旁观者展示所有相关变量，因而交易专用性投资就是必要的，由此可能导致各个政党事后的机会主义行为。因此，在国际关系中，也必须对事后的机会主义行为作出事前防范。

对国际合约进行公共调控，不仅涉及各个政府之间的问题，而且涉及各国企业之间或企业与政府之间的问题。像经济市场一样，人们也可以通过卡特尔或战略联盟（军事、技术或经济方面的）来减少竞争的不确定性。就像高科技企业通过竞争性企业之间在R&D上的各种复杂形式的合作可以得利一样，竞争性国家之间通过（在某些问题上）建立战略同盟也可以获得利益。例如，发达国家对前社会主义国家、欠发达国家和欧盟国家进行技术和组织援助就证明了这一点。国家间的战略同盟类似于行业的战略同盟，也有保护性和侵略性的目的。因此，政治和经济同盟博弈之间的比较既可能非常残酷，也可能非常有趣。

同盟的问题是怎样捍卫或执行这种双边或多边的国际协定呢？这包括事前作出各种防范、事后从打破协议到全面战争的各种执行机制。

8.5.1 捍卫国际协议

克龙曼（Kronman）区别了四种不同的事前防范方法。

（1）抵押

抵押可以是任何有价值的东西。如果提供抵押品的一方不遵守协议，接受抵押的一方就可以威胁摧毁抵押品。在国际关系领域，1972年，美苏之间的《限制反弹道导弹系统条约》（Treaty on the Limitation of Anti-ballistic Missile Systems）就是一种抵押品的交换，其目的是增加双方的信任。

（2）担保

在国际关系领域，担保的例子就是1922年法国和比利时军队对德国鲁尔区的占领，迫使德国遵守第一次世界大战失败的赔偿协议。

（3）束缚手脚

如果许诺者有信守诺言的声誉，一般来说，限制自由就类似于提供抵押。这类似于自我履行协议理论，声誉的价值起了重要作用。在国际关系领域，欧盟成员对政治经济问题不断作出政府宣言就是例证，如1992年2月7日签订的《马斯特里赫特条约》。

（4）联盟

联盟也是降低机会主义风险的一个办法，联盟可以理解成一个协定。当以前的主权国家统一成一个联邦国家时，权威就形成了，它能够合法履行成员的责任。另外，如果联邦国家是民主的，投票者就可以进行威胁：不再选举现任统治者或其他政党作领导者。例子是德国1871年的统一和1990年的重新统一（克龙曼，1985）。

8.5.2 执行国际协议

克龙曼提出的防范办法具有和平性质。在政治和经济生活中，更激烈的手段，如生活中的离婚、军事上的进攻与反攻等，都起着重要作用。这些构成了政治和经济竞争相互性机制的特征。

（1）终止（Termination）

终止就是通过终止合作迫使对方遵守协议。

（2）以牙还牙（Tit-for Tat）

以牙还牙就是用报复的办法迫使对方遵守协议。在国际领域，以牙还牙非常普遍，如两国之间的贸易战就是一种以牙还牙战略。在经济生活中，以削价对削价、以广告竞争对广告竞争、以技术创新对技术创新等，都是以牙还牙的例子。当然，报复也是看情形而定的。在不对称信息情况下，如果对方的攻击不严重，可能不会招致立即报复，竞争对手可能不会作出有效的反应。这些都是比较“软”的执行办法，还有一些比较“硬”的执行办法，如军事威胁或直接干预。在这种情况下，终止关系不是“离异”而是战争，即消灭另一方的威胁。在这种情况下，均衡也是可以想象的，并且可以实际观察到。

（3）力量平衡制（Balance of Power System）

根据力量平衡理论，国家之间的合作必须由对抗敌人的国家之间的政治-军事同盟组成。力量平衡制可以理解成对手之间在游戏规则方面的一些隐性合约，它可能是国家之间最古老的一种战略同盟。

（4）盟主稳定性（Hegemonic Stability）

这一体制立足于创立与保证国际秩序或国际政制的盟主——强国，由此创造了规章和原则，并且有利于盟主的利益。根据盟主稳定性理论，制度（即国际政制）只有在权力的分配仍然稳定时才是稳定的和有效的。

尽管美俄盟主的地位被动摇，但国际之间的合作仍然存在，而且美国在当今世界上的强势地位仍然无可置疑。当然，在一些地区事务中，其他国家有时也起着主导作用，如法德在欧盟。一般来说，在盟主制下，合作至关重要。

（5）盟主合作

在一个超级大国的主导下，主权国家的合作是盟主制的一个薄弱形式。联合国、欧盟这类国际政体就是这种不对称的国际合作的典型结果。由于历史原因，许多国家发现它们被锁定在一个联盟中。在每一个联盟中，总有一个国家起着主导作用。盟主将采取机会主义行为，虽然其范围有限，但盟主也有助于建立和保证某种秩序，即国际政制。

国际政制当然是有关合约的一个特例。从法律上说，这些政制是不可以执行的（因为存在国家主权），但像合约一样，这些国际政制有助于以互利的方式建立起国家间的联系。由于创造国际政制是有成本的，因而它们一旦存在，就会继续存在下去，除非创造新的国际政制成本下降。从这个意义上说，国际政制是一种制度，有助于稳定国际关系；它们是对专用性投资、不确定性和交易费用的反应；它们减少了未预期到的行为的范围。当不确定性下降、信息可在更广泛的范围内得到时，其分布的不对称性也降低了。简单地说，国际政制使各国能够达成对大家都有利的协议。

本章小结

在新制度经济学中，国家有时也可理解成一个“企业”，这个“企业”是由一个统治者、一个统治阶级或者一个人民代表把持着的，以收益或社会产品极大化为目标的组织。一方面，国家是一个暴力机构，其产生是为了降低保护成本（交易费用），因为没有国家及其制度和产权框架的支持，经济活动的交易费用将高不可攀，复杂的生产体系不可能运转，涉及长期交换关系的专用性投资也不可能进行；另一方面，有了国家，国家也可能建立一些无效率的产权制度，成为阻碍经济增长的力量。国家既具有掠夺性，也具有合约性，并且大多数时候是这两种属性的结合体，故诺斯的暴力潜能分配论能够把二者统一起来。产权和交易费用方法也可以用来分析历史上国家的演变。在诺斯看来，国家的产生是古代世界的重要成就。国家一旦产生，就需要相应的费用来维持，当然国家也通过建立一套产权制度来创造收入（税收）。当国家建立的产权制度有效时，收入就会大于支出，国家就能够维持并得到发展；一旦支出大于收入，国家就会消亡。17世纪兴起的欧洲各民族国之间出现的不同经济增长率可以用各个国家建立的不同产权制度来解释，产业革命是一系列因素长期渐变的结果，其中产权制度的改进是决定性因素。政治和经济组织的结构决定一个经济体实绩及知识和技术存量的增长速率，人类发展中合作与竞争的形式以及组织人类活动规则的执行体制是经济史的核心。在现代民主社会，国家可以被想象成一个选民和其统治者（代表）之间的有关（隐性的）委托代理合约。通过这种合约，社会中不同利益集团进行政治交换，这种政治交换虽与经济交换有少许不同，但同样可以用交易费用方法来分析，甚至国家与国家之间的交换也是如此。

基本概念

合约性国家　掠夺性国家　暴力潜能　国家悖论　路径依赖　政治交易　经济交易　国际政制　政治产权　政治市场　集体行动　搭便车　寻租　经济租金　制度创新　丛林原则　马尔萨斯灾难　公共选择理论　国际协议

复习思考题

1. 国家的本质是什么？
2. 国家理论与产权理论有何关系？
3. 国家是如何产生的？又是如何演变的？
4. 如何理解“国家悖论”？
5. 政治交易与经济交易有何异同？
6. 国家与国家之间的交易有什么特点？
7. 如何从国家理论看“中国之治”的制度基础？

主要参考文献

[1] 科斯，等.财产权利与制度变迁［M］. 刘守英，等译.上海：上海三联书店，1991.

[2] 诺斯.经济史中的结构与变迁［M］. 陈郁，罗华平，等译.上海：上海三联书店，上海人民出版社，1994.

[3] 张五常.经济解释——张五常经济论文选［M］. 北京：商务印书馆，2000.

[4] NORTH.A Framework for Analyzing the State in Economic History[J]. Explorations in Economic History，1979（7）.

[5] 菲吕博腾,配杰威齐.产权与经济理论：近期文献的一个综述[M]//科斯，等.财产权利与制度变迁［M］. 刘守英，等译.上海：上海三联书店，1991.

[6] PORTER.Competitive Advantage of Nations［M］. New York：The Free Press，1990.

[7] LEVI. Of Rule and Revenue［M］. Berkeley： University of California Press， 1988.

[8] OLSON. Dictatorship， Democracy， and Development［J］. American Political Science Review，1993，87（3）.

[9] EGGERTSSON. Economic Behavior and Institutions［M］. Cambridge：Cambridge University Press，1990.

[10] KREPS.Corporate Culture and Economic Theory［M］//ALT，SHEPSLE.Perspective on Positive Political Economy.Cambridge：Cambridge University Press，1990：57-89.

[11] 弗鲁博顿，芮切特.新制度经济学——一个交易费用分析范式［M］. 姜建强，罗长远，译.上海：上海三联书店，上海人民出版社，2006.

［12］ MOE. Political Institutions: The Neglected Side of the Story ［J］. Journal of Law, Economics, and Organization, 1990（6）.

［13］ NORTH. Institutions, Institutional Change, and Economic Performance ［M］. Cambridge: Cambridge University Press, 1990.

［14］ NORTH. The Rise of the Western World: A New Economic History ［M］. Cambridge: Cambridge University Press, 1973.

［15］ KRONMAN. Contract Law and the State of Nature ［J］. Journal of Law, Economics, and Organization, 1985（1）.

［16］ 诺斯，瓦利斯，温格斯特. 暴力与社会秩序 ［M］. 杭行，王亮. 译. 上海：格致出版社，上海三联书店，上海人民出版社，2017.

第9章
法律经济学

学习目标

1.掌握法律经济学的研究对象和研究方法
2.了解法律经济学关于财产权的分析
3.了解法律经济学关于合约的分析
4.了解法律经济学关于侵权行为的分析
5.了解法律经济学关于诉讼程序、犯罪与刑法的经济分析

“没有法律的经济是无序的，没有经济内容的法律是苍白的。”这句话很好地揭示了法律与经济之间的关系。确实，法律和经济应该结合，也必须结合；否则，法律和经济都会因为缺少依托而陷入困境。市场经济是法治经济，在市场经济中二者也只有结合起来，经济才能有序地运行，法律也才能更好地为社会服务。法律经济学正是在这个结合点上产生的一个经济学分支。

法律经济学（Economics of Law）亦称法和经济学（Law and Economics）或法律的经济分析（Economic Analysis of Law），是边缘学科与交叉学科，也是第二次世界大战后当代新制度经济学的一个重要研究领域。这个令人着迷的新领域虽然可以追溯到旧制度经济学的代表人物康芒斯，但其理论体系是在20世纪60年代末70年代初才形成的。它以诺贝尔经济学奖获得者科斯和大法官波斯纳等人为代表，用经济学的准则和价值判断，尤其是经济学的成本和收益方法研究了法律规章，揭示了法律制度与法庭判决的经济效率含义，形成了系统的理论体系。

概括起来，法律经济学要考虑的是如何使法律制度或法庭的判决更符合经济效率原则，避免传统上认为法律只是片面地考虑公平，以致不惜代价地追求表面上的公平而忽视效率的倾向。这种引入经济效率原则的做法使法律有了坚实的经济含义，由此也就能够更加切合经济活动的现实需求。

9.1 法律经济学研究的主要问题与研究方法

9.1.1 法律经济学的产生与发展

自古典经济学产生以来，由于经济研究不时涉及社会制度问题，因此也就触及了法律问题。从早期的古典经济学家亚当·斯密到李嘉图，从德国历史学派的罗雪尔到美国制度

学派的康芒斯，毫无例外地都在经济研究中讨论了社会法律制度问题。20世纪二三十年代，新古典经济学的主导地位确立，既定社会制度下的资源配置问题成为经济学家关注的焦点，社会制度，尤其是法律制度问题，反而被搁置一边。20世纪50年代后期至整个60年代是法律经济学的初创时期。艾伦·迪雷克特教授在1958年创办了《法律经济学杂志》(Journal of Law and Economics)，就是在这本杂志上，科斯于1960年发表了《社会成本问题》一文，标志着法律经济学的问世。

在《社会成本问题》一文中，科斯引用了大量的法院诉讼案例，说明法律制度的经济意义。科斯引入了一个关键概念——交易费用，说明在交易费用为零时，只要法律制度清晰地界定了产权，那么在资源使用存在冲突的情况下，通过市场机制的作用，可以妥善地解决外部性问题，使资源配置达到最优化。这时法律制度作为一个前提条件，其作用是界定产权。而只要界定了产权，不论产权归谁，都可以达到最优化的结果（科斯，1960）。这就是著名的"科斯定理"。

如果说"科斯定理"只具有"分析坐标"作用，那么，"科斯第二定理"就有实际意义了。科斯接着指出，当交易费用不为零时，不同的产权界定会导致不同的资源配置结果，因为如果法律将权利界定给生产率较低的一方，而交易费用的存在又阻碍了市场交易，那么，资源配置就达不到最优化。所以，在交易费用不为零时，产权如何分配对资源配置的结果具有重大影响。

基于这种观点，科斯进一步考察了法律制度的作用。科斯（1960）认为，有效的法律制度安排能够节省私人交易的费用，减少私人谈判达成协议的障碍，因而有利于资源配置结果的改善。因此，科斯通过引入"交易费用"这一核心概念，将法律制度安排与资源配置效率二者有机地结合在一起，为运用经济学的理论与方法研究法律问题奠定了基础。从科斯的分析中可以看出，不论是在交易费用为零的新古典经济学中，还是在交易费用不为零的现实世界，法律制度的存在都是经济达到有效状态的前提条件。

在法律经济学的初创时期，除了科斯以外，还有两位非常重要的代表人物：一位是阿尔钦，另一位是卡拉布雷西。阿尔钦在1961年发表了《关于产权经济学》一文，运用效用理论和最大化方法研究了产权制度问题；卡拉布雷西则在同一年发表了《关于风险分配和侵权法的思考》一文，从经济学的视角比较系统地研究了侵权的法律问题。这两篇论文的研究内容涉及普通法的两个非常重要的领域——财产法和侵权法，标志着经济学的分析进入了传统上属于法学家的普通法研究的具体领域。

以阿尔钦的《关于产权经济学》为例，阿尔钦认为，每个社会都必须解决其成员的利益冲突问题，因为资源是稀缺的。解决利益冲突的方式是竞争，而决定竞争赢输的标准是产权；产权的界定和执行不仅依靠习惯的约束，更要依靠法律的强制。从这个意义上来说，财产法确定了一个社会的根本游戏规则，也成为经济活动的指南。

在此基础上，20世纪七八十年代，法律经济学经历了一个蓬勃发展的时期。在这个时期，涌现出许多优秀的代表人物与研究成果，包括理查德·A.波斯纳的《法律的经济分析》(1973)、沃纳·Z.赫希的《法和经济学》(1979)、A.米契尔·波林斯基的《法和经济学导论》(1983)、考特和尤伦的《法和经济学》(1988)。在同一时期，有关法律经济学的研究机构和学术刊物也纷纷问世，如美国爱默里大学的"法和经济学研究中心"和《法律经济学》杂志、迈阿密大学的"法和经济学研究中心"和《法与政治经济学杂志》、华盛顿大学的《法和经济学研究》杂志以及在纽约出版的《法和经济学国际评论》等，都是在这一时期创设的。英国还成立了“工业法研究会”等机构，仅牛津大学就出版了《工业法杂志》和《法学、经济学与组织研究杂志》。此外，一些著名的大学，如哈佛大学、芝加哥大学、斯坦福大学、加州大学伯克利分校、牛津大学、约克大学、多伦多大学等，纷纷在法学院、经济学院（系）开设法律经济学课程。一些著名大学的老牌法学杂志，如《哈佛法学评论》《耶鲁法学评论》《哥伦比亚法学评论》《多伦多大学法律杂志》等，也开始重视法律经济学的研究，刊登有关法律经济学的研究成果。这一时期，法律经济学由于自身的不断成长，已经开始从新制度经济学中独立出来，成为一门具有比较完善的理论体系的相对独立的新兴学科（史晋川，2007）。

在法律经济学的蓬勃发展时期，理查德·A.波斯纳堪称其中的代表人物。他原来是芝加哥大学法学院的讲座教授，1981年起担任上诉法官。他兴趣广泛，著述丰富，主要著作有《性和理性》《法学和文学》《正义的经济分析》《法律、实用主义和民主》《道德伦理和道德哲学的困窘》《防范恐怖突袭》《法律的经济分析》等。他最重要的著作《法律的经济分析》多次再版，是一部类似于法律经济学“百科全书”的经典作品。这部著作首次出版于1973年，标志着法律经济学完整的理论体系的建立。2007年，波斯纳修订出版了新的《法律的经济分析》。新版本涵盖了从普通法到宪法几乎所有法律经济学的关键领域。新版本除了对原有的一些材料进行了与时俱进的更新外，还加入了组织经济学、国家安全与对外事务中的法律经济问题、合约法、知识产权法、行为金融问题，以及与互联网有关的法律经济问题等新内容。全书共分为七个部分：第一部分为导论，介绍了法律经济学的基本概念与研究方法；第二部分讨论了普通法中关于产权的规定，说明了普通法的经济逻辑；第三部分讨论了政府对市场的规制，比如反托拉斯法对垄断的规制、劳动法对劳资关系的规制、对公用事业的规制等；第四部分讨论了商业组织与金融市场规制问题，涉及企业的创立与破产、融资与清算、重组与兼并、金融机构与证券市场调控等问题；第五部分讨论了收入和财富分配方面的法律；第六部分对法律的制定与执行过程进行了经济分析；第七部分讨论了宪法和联邦制经济基础。新版本涉及的内容十分广泛，几乎包括了政治体制和社会生活各个方面的问题。

在波斯纳首次出版《法律的经济分析》的同一时期，随着法律经济学理论研究的不断扩展和深入，法律经济学对立法和司法实践的影响也在不断扩大。例如，时任美国总统里根在1981年任命波斯纳、博克和温特三位在法律经济学方面颇有造诣的法学家为美国联邦上诉法院法官；同年，还通过并颁布了12291号总统令，要求所有新制定的政府规章都要符合成本-收益分析的标准。在1997年芝加哥大学的圆桌会议中，一些学者认为，法律经济学的发展已经对法律教育和法学研究产生了深远的影响。人们通过经济学可以比过去更好地理解法律制度，因为一旦人们揭示出法律中所隐含的经济理论结构，法律的内涵就变得更为简明清晰了。在一些学者看来，经济学分析方法的引入之所以能对法律产生重要的影响，实际上是因为经济学在引入法学领域后，产生了一种反向的运动（类似于把牡蛎植入沙堆中），从而刺激了法学研究。在一定程度上，甚至可以把法学研究的进展视作法学家对法律经济学“愤怒的反应”的结果（史晋川，2007）。

9.1.2　法律经济学研究的问题与方法

从学科研究的性质来看，法律经济学已明确将自己定位为一门“用经济学阐述法律问题”的学科。用波斯纳自己的话来说，法律经济学是“将经济学的理论和经验方法全面运用于法律制度分析”的学科。具体来说，法律经济学采用经济学的理论与分析方法，研究特定社会的法律制度以及不同法庭判决对经济效率的影响；其研究的主要目的不仅在于“使法律制度原则更清楚地显现出来”，而且更符合经济效率原则，“而不是改变法律制度”。正是在这个意义上，尼古拉斯·麦考罗和斯蒂文·G.曼德姆指出：“法和经济学是一门运用经济理论（主要是微观经济学及福利经济学的基本概念）来分析法律的形成、法律的框架和法律的运作以及法律与法律制度所产生的经济影响的学科。”

法律经济学认为，财产、合约和侵权的法律规则对各种不同的行为都会产生费用，因而可以用微观经济学的工具来进行分析。美国学者考特和尤伦在其所著的《法和经济学》中，把法律经济学研究的主要问题归纳为以下几个：

第一，在不确定条件下或在有风险的情况下，交易双方的合约如何签订以达到最优的风险分担。法律必须做到把风险造成的损失分配给能以最低成本承担这种风险损失的一方，这就是效率原则。也就是说，如果在合约中不能分配由于某种偶然因素而无法履行合约所造成的损失，法院将决定哪一方能以较低的成本承担这一风险，然后就把这种损失分配给该方。这样做的结果是，引导人们签订更有效率的合约。法律经济学就是要研究达到这种最优风险分担的规则。

第二，在外部性存在的场合，一方的行为会影响另一方的收益或福利。传统经济学认为，在这种情况下，应对造成损害的一方进行限制或要求其赔偿，以消除外部性。法律经济学认为，如果损害是不可避免的，那么要决定的就是如何使总的损害最小。也就是说，在两种相互冲突的资源使用中，要决定哪一种选择更可能促进稀缺资源的有效运用。这实际上是科斯定理所讨论的问题。

第三，对违法行为的处罚如何达到有效状态的问题。例如，如果一些白领犯罪（典型的如金融领域的犯罪）是在仔细地权衡了成本和收益之后作出的，那么，对白领犯罪的处罚就要考虑罚金的方案是否能有效地制止犯罪。法律经济学认为，把风险确定在适当的水平上，就可以达到制止白领犯罪的任一理想水平。

❖专栏9-1

犬主不牵狗绳执法为何这么难？人大代表：只罚20元，太轻

“这部法规实施9年，大家普遍认为执行不到位。”梳理代表议案和建议，30多名人大代表一直在关注《上海市养犬管理条例》的具体执行进程。据悉，修改《上海市养犬管理条例》已列入市人大常委会2020年度立法计划调研项目。上周，市人大监察和司法委员会专门听取了公安治安总队的相关汇报，探讨了关于立法调研的相关问题。记者获悉，《上海市养犬管理条例》如若修订，拟增加流浪猫、无主猫的妥善收容、认领等内容。

2020年市人代会上，许丽萍等21名代表提交了关于加快修订《上海市养犬管理条例》的议案。与此同时，高燕峰等12名代表也提出参照该条例，制定《上海市宠物管理条例》。这两份议案作了并案处理。

“目前对犬类的管理过于宽松，处罚额度低，不少市民遛犬不挂犬牌、不系牵引带，大型犬不戴嘴套，饲养烈性犬只等违规行为经常可见。”许丽萍认为，养犬执法时主要遇到三类问题：一是根据现有法律，违法处理程序比较复杂，基层执法队伍花费时间过多；二是执法成本显著高于违法成本，法律威慑力不足；三是目前流浪犬数量多，收容所面积无法满足实际需求。

在代表们看来，《上海市养犬管理条例》执行不到位，首先是认识层面的问题。过去几年里，部分城市管理者认为养犬管理是小事、是可做可不做的事、是花费力气也不会有明显成效的事情，这样的理念会导致执法刚度不足、法律修订不及时。法律的生命在于实施，应该进一步理清政府部门的监管责任和养犬者的主体责任。特别是要倾听市民的抱怨与建议、公安执法时遇到哪些窘境、居委会和物业公司具体管理与协调时会遇到哪些困难，以便有针对性地修改相关条款，提升法律条文的可实施性。

《上海市养犬管理条例》规定，对犬龄满3个月的犬只未进行狂犬病免疫接种的，处1 000元以下罚款。“这个处罚力度不足。鉴于狂犬病后果严重，狂犬病免疫接种是控制该风险的重要手段，需要以零容忍的态度、高处罚手段，倒逼养犬者履行法定职责。”许丽萍说。

按照《上海市养犬管理条例》，养犬人携带犬只外出，应为犬只挂犬牌、为犬只束牵引带、为大型犬只戴嘴套，违反规定的，由公安部门责令改正，可以处20元以上200元以下罚款。“20元的底线处罚明显偏低。”许丽萍说，市民反映此类违法现象较为普遍，伤人风险由此引起，建议加大执法力度，提高处罚额度。“平安上海”已成为上海的名片，然而，恶犬伤人事件时现，让市民在社区、街区漫步时感到不安全。犬类管理已成为平安社区建设的短板，许丽萍等呼吁对现有法规加快进行修订。

资料来源 王海燕.犬主不牵狗绳执法为何这么难？人大代表：只罚20元，太轻！[EB/OL].[2020-07-28]. https://export.shobserver.com/baijiahao/html/273873.html.

从法律经济学的研究范围来看，法律经济学对法律制度问题的研究基本上覆盖了整个法律领域，包括民事、刑事和行政程序，惩罚理论及实践、立法和管制的理论及实践，法律的实施和司法管理实践，以及宪法、海事法、法理学等各个方面。不过，法律经济学研究的重点在于普通法的核心内容：财产、合约和侵权。波斯纳曾经指出，经济学家以前对法律的研究基本局限在反托拉斯法和政府对经济实行公开管制的领域，而法律经济学的研究重点则转向了“并不公开管制的法律领域”。基于这种看法，本章主要介绍财产、合约和侵权三个方面的内容。

法律经济学的研究方法仍然是以“个人理性”及相应的方法论的个人主义作为基础，以经济学的“效率”作为核心衡量标准，以“成本-收益”及最大化方法作为基本分析工具。赫希曾经指出：“尽管并非所有的研究者对法和经济学的研究视角和方法都持有一致的看法，但是，绝大多数的人都认为，新古典主义经济学的分析方法——包括经济理论与计量分析工具——构成了法律和法律制度经济分析的基本特征。”不过，与新古典经济学研究方法不同，法律经济学更多地使用了案例研究法。

具体来说，法律经济学的研究方法具有如下特征：

第一是方法论上的个人主义。法律经济学是以方法论个人主义的假定作为其研究基础的。方法论个人主义的核心思想是：经济理论的研究必须建立在对个人意向和行为研究的基础之上，理论研究对象的基本单元是完全理性或有限理性的个人，并由此假定集体行为是个人选择的结果。

由于方法论个人主义同样也是古典经济学研究方法的重要基础，并且在“边际革命”兴起后的新古典经济学的发展过程中得到了广泛的运用，因此，法律经济学在以方法论个人主义假定作为其研究基础时，也就不可避免地借用了与这一方法论相一致的一些经济学的基本概念和分析方法，如“效用”“效率”“机会成本”等概念，以及“成本-收益分析”“均衡分析”“边际分析”等分析方法。由此，考特和尤伦（1988）在阐述运用微观经济理论的工具来研究法律问题的理由时指出，“法律所创造的规则对不同种类的行为产生隐含的费用，因而这些规则的后果可当做对这些隐含费用的反应加以分析”，据此，“我们认为诸如最大化、均衡和效率之类的经济概念是解释社会，尤其是解释理性的人们对法律规则的反应行为的基本范畴”。

第二是规范分析与实证分析并重。规范分析和实证分析是经济学最基本的分析方法。在法律经济学的研究中，规范分析的最大特点就是确立和突出了法律的经济分析中的效率标准，即研究在一定社会制度中法律的制定和实施的效率问题。在一些法律经济学家看来，传统法学研究强调“公平”“正义”，而这一类概念本身的含义往往是模糊不清的。同时，在很多情况下，经济学分析都可以得出与法律分析相同的结论，所以，可以用“经济效率”取代“正义”之类的传统法律概念，甚至可以将法律转为经济学。

从具体的效率标准来看，法律经济学在规范分析中所运用的经济效率标准主要不是“帕累托最优”，而是“卡尔多-希克斯补偿原则”意义上的效率标准。按照这一效率标准，在社会资源的配置过程中，对于那些从资源重新配置过程中获得利益的人来说，只要其所增加的利益足以补偿（并不要求实际补偿）在同一资源重新配置过程中受到损失的人的利益，那么，这种资源配置就是有效率的。法律经济学的规范研究所确立的这种经济效率标准可以被认为是支撑法律经济学理论大厦最重要的“顶梁柱”，也是法律经济学展开实证分析必不可少的前提。

在法律经济学中，实证分析最适合用来分析法律的效果问题，或者说，实证经济学的分析方法最适合研究法律的“效果评估”问题，包括对法律的效能做定性研究和定量分析。法律经济学运用实证研究来分析、预测各种可供选择的法律制度安排的效果，目的是更好地说明法律的实际效果与人们对该项法律预期的效果是否一致，或是在多大程度上是一致的。实证分析在法律经济学中的运用不仅促进了法律经济学研究的“模型化”和“精确化”，而且使得“法律效果”这个在法学中处于十分重要地位的法律分析问题研究取得了极大的进展。

第三是案例分析。案例分析是法律经济学研究的一大特色。法律经济学在研究过程中引用了大量的案例，通过对这些案例的分析，揭示问题的所在，并得出一些具有启发性的观点。以科斯的《社会成本问题》为例，科斯在讨论外部性问题时，先引用随机游走的牛群损害庄稼的案例，说明无论种植庄稼的农夫是否有不受损害的权利，只要交易费用为零，都可以达到产值最大化；随后科斯又引用了医生与糖果商之间的噪声干扰等众多案例，说明各种外部性产生的异曲同工之处；最后引入正交易费用，说明在交易费用不为零时，权利的不同界定如何导致资源配置的不同效果。

再以考特和尤伦的《法和经济学》为例，他们采用的也是案例分析法。他们先从一个具体的案例开始提出问题，然后分析问题的关键所在，最后通过回答问题，归纳出理论观点。案例分析法的优势在于：研究者提出的问题是现实中存在的问题，因而有坚实的经验基础，同时在分析中由于不需要通过假定舍弃一些重要的因素，因而案例分析的结论对于我们更好地理解经济体系的实际运作更有针对性。

第四是激励分析。激励分析是现代经济学理论研究经济主体行为的一种重要分析方法，尤其适用于研究分析经济主体的预期行为。在波斯纳看来，传统的英美法学研究主要是考察已经发生的事件及案例，是一种“事后研究”（Expost Approach），而法律经济学主要从事的是一种“事前研究”（Exante Approach），因此，它必须注重分析随法律制度及相关因素变化所产生的预期行为刺激。“对法律经济学家而言，过去只是一种‘沉没了’的成本，他们将法律看成一种影响未来行为的激励系统。”例如，法律经济学在讨论由于合同条文的不明确所产生的合同履行过程中偶发性风险（损失）分摊问题时，之所以要确立一种规则——把损失分配给能以最低成本承担这种损失风险的一方，其目的就是通过警告未来的签约双方，法院将利用这个规则来分配不履行合同的损失，从而利用这一法院确立的规则来促使未来的签约双方设计出对损失风险作出明确分配的合同，促进经济活动效率的改善。

9.2 关于财产的经济理论

从法律的观点来看，财产是一组权利，这些权利描述了一个人对其所有的财产可以做些什么、不可以做些什么，也就是界定了所有者对财产的占有、使用、改变、馈赠、转让和阻止他人侵犯的范围，或者说，“财产的法律概念就是一组所有者自由行使并且其行使不受他人干涉的关于资源的权利”。这些权利不是一成不变的，而是随着时间和地点的变化而有所不同。例如，从一代人到另一代人，从一个地方到另一个地方，都会发生一些变化。那么，关于财产的法律为什么会有这种特性？这种特性的合理性何在？法律经济学中的财产理论就是研究这类问题的。

归纳起来，法律经济学中有关财产的经济理论主要集中于四个基本问题（考特和尤伦，1988）：

第一，私人可以拥有什么财产？

第二，所有权是怎样建立起来的？

第三，所有者如何合法地处置其财产？

第四，如何保护产权？如何赔偿对产权的侵犯？

对于上述四个问题，法律提出了自己的回答，但是，这些回答是否符合经济学的逻辑呢？我们先看一看这四个问题的含义。

第一个问题实际上是“一个人怎样获得对某物的使用权”，法律上的“首先占有原则”合理吗？在自然状态下，世间万物皆无主人。在进入市民社会以后，是不是任何东西都可以由私人所有？凭简单的直觉，人的劳动力天然由他个人所有，衣服也可以由个人所有，但地上的走兽、空中的飞鸟和海里的游鱼也可以由私人所有吗？

第二个问题实际上是产权的建立问题，当不同所有者的使用出现冲突时，应如何协调他们的矛盾？或者说，应该将产权界定给哪一方？是按先来后到，还是根据强权？

第三个问题是政府对私人所有权的调控是否有边界，比如说，农民能否改变自己所拥有土地的用途？居民能否改变其住房的结构？企业能否向公共河流排放废水？

第四个问题实际上是：当一方的合理或不合理行为侵犯另一方的产权时，是否应当赔偿？如果赔偿的话，应当确定什么样的赔偿标准？

对于这些问题，法律经济学作出了自己的回答。法律经济学依据微观经济学有关私人产品和公共产品的区别来分析和回答第一个问题——“私人可以拥有什么财产”。由于私人产品具有排他性的特点，或者说，在消费上具有对抗性，因此，对私人产品特性的资源建立和执行所有权（私人财产权）的成本比较低，而且通过建立所有权所带来的利用资源的效率将提高。例如，土地（无论是耕地还是牧场）的使用是具有对抗性的，如果不建立土地的私人财产权，将出现“公地的悲剧”，由此损害土地资源配置的效率。土地私人所有权的确立将对土地所有者产生一种有效利用土地资源的激励，从而有利于改善土地资源配置的效率。

相反，公共产品在消费上没有对抗性，由私人生产者阻止消费者“搭便车”的代价太高，故通过私人生产然后卖给消费者的办法就不经济；而由政府来生产，免费供应给居民，代价则相对较低。

因此，由私人所有的应是具有对抗性和排他性的私人产品，而由公共所有的应是具有非对抗性和非排他性的公共产品。准确地说，财产经济理论认为，所有权应赋予任何一种资源，只要被称为财产的一组权利将带来使用那种资源的更高效率并由此增加社会财富，只要履行这些所有权的代价小于收益。建立和履行私有产品所有权的代价低，而建立和履行公共产品所有权的代价高。私人产品的特性能建立产品分配的市场，而公共产品的特性则排斥市场的形成，故私人产品通过市场来生产和分配效率高，而公共产品则需要政府进行干预或直接生产和分配。显而易见，土地、小麦和劳动力这类私人产品倾向于由私人所有，而安全、空气和公海这类公共产品则倾向于共有（考特和尤伦，1988）。

对于“所有权是怎样建立起来的”这一问题，法律经济学是根据自愿交换的谈判理论和博弈论的研究方法来进行分析的。考特和尤伦（1988）提出了谈判模型来说明所有权的产生过程。谈判理论表明，人们进行自愿交换的基础在于，交换的参与双方都有可能通过交换来增加各自的利益，或者说，交换将带来一种“合作剩余”。所有权的建立可以看成一种通过谈判建立起一组有关资源配置及资源配置结果分配的“社会契约”的过程，只要有关建立所有权的谈判成本及所有权的建立和运作成本小于所有权的建立所带来的收益，并且这种收益能够合理地分配给有关谈判各方，所有权的建立就会作为谈判的结果自然而然地出现。

然而，谈判过程也可能存在障碍。谈判就是要确定各方的风险点、决定合作解以及找出一个分割合作剩余的合理方式。如果风险点不能确定，找出并履行合作解的成本很高，或者分割合作剩余的方式不合理，就会出现合作的障碍。合作的障碍可以归纳为三种费用：信息传递费用、监督费用和对策费用。

如果谈判者的权利明确，合作的可能性就大；而谈判者的权利模糊，合作的可能性就小。也就是说，如果风险点是公开的信息，谈判博弈就易于解决。由于各方的权利界定了他们在法律纠纷中的地位或风险点，故财产法的一个重要作用就是确定一些简单而又明确的所有权规则，以避免经济活动中的纠纷。例如，土地所有权的公开注册制度就避免了许多争端。

找出合作解可能需要广泛的谈判，而履行合作解可能需要监督和控制。谈判涉及信息传递，而信息传递的成本在很大程度上又取决于参与方的人数及其在地理上的分散程度。当参与方的人数不多且在地理上相互靠近时，信息传递的成本就会较低；反之，信息传递的成本就会很高。在达成协议以后，还存在履行协议的成本。违反协议的行为如果不容易被察觉，监督的成本就会很高。

就合作剩余的分割而言，也存在估计错误或互不相让的问题。由于各方都希望获得尽可能多的剩余，因而讨价还价的过程可能漫长而痛苦，还可能因为分割不合理而导致谈判破裂。

这些障碍的存在使得合作的达成有很高的成本，问题是不合作的代价也是很高的，所以，如果有办法能避免不合作的产生，对社会来说就是一种改善。17世纪哲学家霍布斯认为，即使谈判中没有严重的障碍，人们也极少有充分的理性就剩余的分割达成协议，除非有一个强有力的第三方迫使他们同意，否则人们天生的贪婪会使他们争吵不休。由此霍布斯提出了财产法的第一个原则：建立法律以使私人协议失败造成的损害最小。根据这一原则，法律的设计应能够防止胁迫和意见分歧造成的损害。

两个多世纪以后，科斯看到，通过建立法律消除私人协议的障碍，甚至避免进行私人协议，将有利于资源配置效率的提高。这一看法被称为“规范的科斯定理”。

因此，法律经济学在研究所有权建立问题时，提出了两个非常重要的财产法原则：第一个原则被称为“规范的霍布斯定理”，即“建立法律以使私人协议失败造成的损害达到最小”；第二个原则被命名为“规范的科斯定理”，即“建立法律以消除私人协议的障碍”。这两个财产法原则从不同的角度说明建立所有权的目的就是帮助私人谈判，从而促进资源配置效率的改善。

财产法的这两个原则在法律上具有广泛的用途，也是财产法经济理论的核心所在。实际上，财产法的经济分析所要讨论的问题就是一种财产规则或财产制度是否以及怎样有助于私人谈判从而促进资源的转让。

对于“所有者如何合法地处置其财产”和“如何保护产权及赔偿对产权的侵犯”这两个问题，法律经济学主要是根据经济学的外部性来加以分析的。

首先，所有者在利用其财产时，不能因为其利用财产的行为而给别人造成成本，或者损害别人的利益。如果出现了这种损害，也就是侵犯了他人的财产。

其次，当产权受到侵犯时，法律对侵权行为的制裁必须根据对产权的侵犯的不同性质而采取不同的措施。具体来说，当对产权的侵犯是一种“私害”（指只对极少数人造成损害）时，应该选择禁令这种衡平赔偿；当对产权的侵犯是一种“公害”（指会对许多人造成损害）时，则应该选择损失赔偿（或货币赔偿）这种法律赔偿。这两种赔偿的区别在于：法律赔偿是向后看的，是对已受到损害的原告提供补偿；而衡平赔偿是向前看的，是力求阻止被告在将来给原告造成损害。那么，从经济学的观点来看，是损失的法律赔偿好还是禁令的衡平赔偿好呢？法律经济学的答案是，“私害”适用于衡平赔偿，而“公害”适用于法律赔偿。其原因在于，产权的保护也必须考虑交易费用，法律的实施必须以改善资源配置效率为目标。这实际上是以“科斯定理”作为分析的基础。

9.3 关于合约的经济理论

关于合约的经济理论主要讨论的问题是：应该履行什么样的合约？违背可履行的合约应该给予什么补偿？

9.3.1 经典的合约理论

合约的交易理论产生于19世纪末20世纪初的美国，这一理论所采用的方法是在一个典型的交易中分离并抽象出最少的要素，这些要素一旦确定，就成为合约的本质要素，是否违背合约就看这些本质要素是否得到了遵守。根据这种观点，经典的或交易的理论对合约理论的第一个问题“什么诺言在法律上是可强制实行的”所作的回答是：如果它是作为交易的一部分所立的诺言，那么在法律上就是可以强制实行的，反之则反是。这一原则将不是作为交易的一部分而作出的许诺排除在外，比如“我答应以后不抽烟”“我以后会对你好的”等，这类承诺是随便作出的，不是从交易的部分内容中抽出的，故它们在交易原则下是不可强制实行的。同理，交易原则也意味着不能强制实行赠送礼物之类的诺言，如“如果你考上名牌大学，我就送你一辆小汽车”等。当然，这并不否认许诺者没有道德的、宗教的或社会的义务来履行自己的诺言，只是说，如果许诺者不遵守诺言，法律不能强制他履行诺言。对于那些不符合道义但是交易的承诺，法律仍然是可以强制实行的，例如“我用我的遗产跟你换一碗汤”。

因此，交易理论要求对交易中的必要以及充分要素作出一种精确的分类。交易理论家们区分了交易的三种要素：报价、接受和对价。

一旦一方提出了报价并且为另一方所接受，下一步便是交易。在合约的这一阶段，一方（立约人）对另一方（受约人）作出一个承诺，接着就是经典合约理论中最重要而又最神秘的要素：对价。对价就是受约人接受立约人的承诺而给予对方等值的东西作为交换。对价可以是货币，也可以是实物，还可以是某种承诺，因而交易有多种形式：货币与诺言的交易、诺言与诺言的交易、商品与诺言的交易、服务与诺言的交易。不管是哪种形式的交易，都是一方立下诺言，另一方提供对价给予回报。根据经典合约理论，正是对价通过使交易在法律上成为可行从而完成了交易，因此，由对价来担保的诺言是可强制实行的，而没有对价的诺言是不可强制实行的。即使对价与诺言不对称，或者交易不公平，但只要存在对价，就构成了可强制实行的条件。

在判断了“哪些承诺是可以强制实行的”以后，下一步要解决的问题是：对违背可强制实行的承诺应如何进行补偿？交易理论认为，受害方应得到违约方支付的赔偿，赔偿数额刚好足以使他的处境恢复到履行合约时所得到的利益。

交易理论存在的问题是，在有些情况下，有些承诺即使不牵涉交易，强制履行也有助于个人实现私人目标。例如，假设一个汽车销售商公开承诺以一个价格销售汽车，同时有一个潜在的买主考虑购买。汽车销售商许下承诺，目的是引诱顾客购买汽车，从而增加接受的概率。在这里，由于没有买主出现，因而没有交易，按照交易理论，其承诺就是不可强制实行的承诺。但如果这个承诺是可强制实行的，买主就不必考虑销售商违约的问题。因而，强制实行固定报价有助于降低交易费用，提高交易效率。

另外，如果一个老奸巨猾的销售商引诱一个无知的顾客签订了一个不合理的合约，使顾客高价购买了一种产品，其中虽无欺诈，但违反道德和诚信。根据交易理论，这个承诺也应该是强制实行的，但是，如果拒绝强制实行对于社会来说要更好一些，至少社会公平可以在一定程度上得到维护。

9.3.2 合约法的目的与合约的经济理论

根据法律经济学的分析，可以依据交易所需要的时间，将社会经济活动中的交易区分为瞬时交易和缓期交易。瞬时交易就是一手付钱一手交货的交易，“银货两讫，离柜概不负责”是这种交易的特点。缓期交易是一种承诺交易，从承诺的作出到承诺的实现之间存在一段完成交易所需要的时间，因此，承诺交易一定涉及未来。承诺意味着约束交易参与人的未来行动。因为承诺交易涉及未来，所以会出现不确定性及风险问题，也更容易出现信息的不对称问题。这就使承诺交易成为合约理论研究的主题。

合约是完成承诺交易的一个重要手段，所以合约的订立必须考虑承诺交易中的两个重要问题——分配由不确定性所造成的风险损失和促进信息交流的顺畅，从而有助于交易双方顺利达成交易目的。相应地，合约法的目的就是“通过强制履行承诺帮助人们实现他们的私人目标”，而有关合约的经济理论的研究重点是如何通过人们所达成的自愿协议来促进人们对私人目标的追求。

既然合约法的目的是通过强制人们履行承诺来帮助人们实现他们的私人目标，那么，什么样的合约（承诺）是应该按其条款严格履行的呢？法律并不是不加区别地强制人们履行合约，而是强制人们履行有效率的合约。从帕累托效率的角度看，如果一份合约经过修改有可能在双方不受损的条件下至少使一方受益，那么原来的合约就是无效率的；反之，如果不可能出现上述合约修改的结果，那么该合约就是有效率的。从另一个角度来看，有效率的合约也就是一份完全的合约，合约的经济理论把“完全的合约定义为假如可强制履行，那就能理想地实现立约人和受约人目标的一种承诺”。所以，如果合约是完全的，就应当履行；如果合约是不完全的，法律就应当通过一些适当的办法来纠正其缺陷。

合约的经济理论研究表明，一份完全合约的订立需要满足两个基本条件：一是合约的订立者必须具备个人理性；二是签订合约必须有一个类似完全竞争的环境。

有关完全合约的经济理论也为法律经济学研究由于个人理性和市场环境的缺陷所造成的合约纠纷的法律问题提供了一种新的理论基础。例如，当在合约的执行过程中出现违约时，原告会对被告（违约方）提出起诉，被告则可能提出辩解。被告的辩解可以分成两类：一是“立约抗辩”，即被告声称在合约订立时就存在不正常的因素，使得合约不完全，妨碍了合约的合法性；二是“履约抗辩”，即被告声称在准备执行合约的过程中出现了意外的情况，导致他无法履行合约。被告抗辩的目的自然是要求法院免除其合约义务。在这种情况下，法院根据效率原则，将依据合约是否完全的有关标准，来判定违约方所提出的抗辩理由是否能够成立，并以此来作出是否应该免除违约方合约义务的判决。如果合约是完全的，法院可能判决违约方赔偿违约受害者所承受的实际损害，即违约补救的“法律救济”（亦称“法律补救”）；法院也可能判决违约方履行合同义务，即违约补救的“特定履行”（亦称“衡平补救”）。

9.3.3　违约补救的经济学

如果一个合约是完全的，违约后的补救将作为合约的一部分内容而明确地包括在合约之内。如果合约清楚地载明了违约所形成的损失，那么，一旦违约的情况实际发生，法院就要决定是否履行这些条款。当法院选择履行这些损失条款时，它们就被称为“偿清了的损失条款”。法院在决定以前当然要仔细审查这些损失条款是否合理。确定这种损失是法院的特权，但有时一些违约造成的损失不确定，由当事人来确定损失也是可行的。如果赔偿等于受害者所承受的实际损害，那么赔偿就是“补偿性的”；如果赔偿超过当事人所承受的实际损害，赔偿就是“惩罚性的”。法院一般不会采取“惩罚性的”的赔偿方案，因为法院不会帮助一个人而惩罚另一个人。

大多数合约在提起诉讼时并不存在一个赔偿条款是可履行的偿清条款还是不可履行的惩罚条款的问题，因为大多数合约并不包含明确的损失赔偿条款。如果合约没说明违约损失，法院则必须提供补偿，问题是法院必须考虑在违反合约时何种违约赔偿是有效的。

违约的补救方法一般是偿还损失费，那么，如何确定损失费呢？如果合约是完全的，法院只要宣判违约方按事先写明的损失条款进行赔偿就行了；如果合约是不完全的，法院就要尽力使其完全，并决定理性的当事人都会同意的赔偿条款。实际上，法院通常用补偿违约受害者所蒙受的损害程度来计算损失额。

9.4　关于侵权的经济理论

侵权在社会经济生活中十分普遍。例如，司机开车撞上行人，媒体的不实报道损害了某人的声誉，个人派对制造的噪声影响了邻居，个人的隐私被传播到网上等。在这些案例中，受害者与施害者没有合约关系，因而不能通过合约法来解决纠纷，而要通过侵权法来解决。

根据传统的法学理论，侵权是指个人的过失或伤害行为。构成侵权行为的要素主要有：第一，被告对原告的失职或行为有“过失”；第二，原告受到了伤害；第三，被告的“过失”是原告遭受伤害的直接原因或近因。法律经济学关于侵权行为的经济分析在传统的法学侵权理论基础上，进一步表明，侵权是一种给他人造成损害的失职行为，并且对于这种行为的后果，受害人无法通过求助事先的合同来解决赔偿问题。根据经济效率标准和交易费用理论，侵权行为的发生往往是“始料不及”的，因此，就侵权的伤害及赔偿在事先进行谈判并缔结合约是不可能的。以交通事故这类侵权行为为例，就不可能通过行人和司机事先谈判订立合约来解决侵权行为的责任及赔偿问题。

侵权行为发生后，首先要解决的是侵权的责任问题。侵权者是否故意造成伤害并不影响其赔偿受害者的责任。构成侵权并造成伤害的过失未必都是故意的，只要施害者有责任，受害者都能要求赔偿。现在的问题是：侵权责任如何确定？这个问题至关重要却又难以回答。法律的一般规则是：潜在的侵权人负有合理注意的责任。但究竟怎样做才算“合理”呢？一个客观标准是把被告的预防行为与一个理性人在相同情况下可能作出的行为相比较，但这种比较仍然是模糊的，所以，在法律中，合理注意、一般注意以及特别注意都没有明确的标准，其具体确定要看一般人的价值观和习惯风俗。

侵权行为的第二个要素是施害者的过失或失职必须导致了可计算的损害。若过失没有造成伤害，再大的过失都不构成侵权，也没有理由诉讼。这种没有导致伤害的粗心被戏称为“空中的疏忽”。

对于实际造成了伤害的过失来说，过去的法律规定了可赔偿的伤害类型，例如施害者可以赔偿医药费，但不赔偿感情伤害、精神痛苦之类的损害，因为这些损害难以计算。现在这种损害已经可以计算了（虽然计算方法还不是无懈可击），因而法院逐步将赔偿扩大到无形的损害。

例如，19世纪，法律规定，一个人的民事能力随着他的死亡而消失。因此，若B的粗心导致了A的死亡，则A的家属无权起诉B，因为这种行为能力随着A的死亡而消失，只有当A活着的时候，才能向B提出侵权损害的赔偿。这显然是不合理的，因为A的死亡会对A的亲人造成巨大的痛苦（即伤害）。现在，A的家属也可以向B提起诉讼，要求B进行赔偿。赔偿数额也很容易计算，至少应等于A如果活着可以挣得的工资数量。

但由此又引出了新问题，如果死亡的不是大人而是小孩，赔偿如何计算呢？因为死一个小孩不会对一个家庭的经济收入造成损失，相反，小孩的死还可以节省一笔抚养费。但小孩的死确实会给家庭造成巨大的伤痛，这意味着赔偿的范围必须进一步扩大，法院必须允许感情赔偿和失去亲人的赔偿。这种损失如何计算呢？如果某人打碎了一个古董花瓶，赔偿可以是这个古董花瓶的市场价格，失去古董花瓶的人可以拿着赔偿的钱再买一个同样的古董花瓶。但人的生命不能重置，要把这种赔偿作为“补偿”毫无意义。

总起来说，法律经济学运用经济学的理论与分析方法讨论了侵权的赔偿问题，从中得出的结论是：无论是补偿性损害赔偿金的确定，还是惩罚性损害赔偿金的确定，都必须考虑一个重要的效率原则，即通过损害赔偿把侵权行为所造成的外部损害内部化，以促使人们注意遵守法定预防标准，或通过增加故意侵权行为的预期成本来减少各类侵权行为的发生。

侵权行为的第三个要素是过失与伤害之间的因果关系，过失必须与伤害有直接联系。如果伤害与过失没有必然联系，那么，即使侵权，也没有责任。

具体来说，侵权的责任问题大致可以分为两类：一是“严格责任原则”；二是“疏忽原则”。严格责任是指只要发生侵权行为，施害人无论如何都必须对受害人所遭受的伤害完全负责。疏忽原则是指施害人在侵权行为中的责任与一定的法定标准有关，施害人的行为在参照法定标准时，施害人可能负完全责任，也可能只负部分责任，还可能不负任何责任。侵权行为的经济分析表明，之所以在发生侵权的场合不能一律运用“严格责任原则”，原因在于这样做的社会成本将大于社会收益，从而使许多有益的社会活动（包括生产活动）成为不可能，结果是降低了社会的总体福利。

当“疏忽原则”适用的情况发生时，与此相关的法定标准或法定预防标准的确定就成了一个关键的问题。法学界和经济学界已广为接受的有关侵权行为法的规范性效率目标是卡拉布雷西提出来的，即侵权责任原则的构成应该能使预防费用、事故费用（损失）和行政费用减少到最低限度。据此，法定预防标准的确立原则是：法定预防标准应确定在使社会成本最小化的标准上。

设W为单位预防成本，X为预防标准或程度量，则WX为预防成本，且是X的增函数；同时设ρ（X）是侵权行为发生的概率，A是侵权所造成的潜在受害人的损失费用，则ρ（X）A为可能发生的侵权行为的损害费用，且是X的减函数。由此，我们可以得到侵权行为的社会成本（SC）公式：

$$SC=WX+\rho(X)A$$

最佳的法定预防标准的确定必须使得社会成本最小化，即：

$$SC'=W+\rho'(X)A$$

或者：

$$W=-\rho'(X)A$$

上述方程表明，当侵权行为预防的边际成本（W）等于预防的边际收益（ρ′（X）A，可理解为预防所避免的边际损害费用）时，所确定的法定预防标准的社会成本达到最小。利用上述方程即可解出最佳的法定预防标准（或法定预防程度量）X^*。

9.5　普通法诉讼程序的经济效率

一个完整的法律纠纷至少包括以下几个部分：旨在解决纠纷的协商、审判和上诉。这个程序的每一步都提出了重要的法律和政策问题。本节要讨论的问题是：为什么大多数法律纠纷会通过协商解决？为什么有些纠纷以审判而告终？民事审判能够很好地解决法律纠纷吗？上诉程序能否使普通法发展成为关于财产、侵权和合约的在经济上有效率的法规？这些问题并不容易回答。

由于诉讼不是免费的，因而如果一个案件的预期判决价值比审判的费用低，理性的当事人一般不会提起诉讼。人们要提起诉讼，显然是因为预期判决价值比审判的费用高。即使预期判决价值相对很高，也仍然存在避免诉讼的办法。比如，潜在的被告可以采取预防措施来防止可能引起的纠纷，如产品生产商可以加强质量管理，减少产品出现责任事故的可能性；司机可以小心驾驶，避免交通事故的发生。只要这种预防措施的成本不超过预防的收益就行。当纠纷发生时，潜在的被告可以向原告私下行贿而让其放弃诉讼。因此，诉讼是否发生及发生的数量也符合经济学的极大化原则：若预期的损失赔偿金比审判费用小或比预防费用大，诉讼的数量会减少；反之，当预期判决的价值提高到平常数量之上时，诉讼的数量一定会增加；但当预期判决的价值增加得特别大时，诉讼的数量又会减少，因为人们会采取预防措施。我们可以预期，诉讼的数量与预期判决价值之间是一种抛物线关系。

❖专栏9-2

把非诉讼纠纷解决机制挺在前面

法治建设既要抓末端、治已病，更要抓前端、治未病。习近平总书记曾深刻指出，坚持和发展新时代“枫桥经验”，把非诉讼纠纷解决机制挺在前面，推动更多法治力量向引导和疏导端用力，加强矛盾纠纷源头预防、前端化解、关口把控，完善预防性法律制度，从源头上减少诉讼增量。这些重要指示精神为人民法院做好新时代纠纷解决和诉讼服务工作提供了强大思想武器和科学行动指南。

面对人民群众日益增长的纠纷解决需求，2019年年初，最高人民法院创造性地提出一站式多元解决纠纷的工作模式，整合解纷资源、重塑诉讼格局、服务社会治理。时任院长周强更是高度重视，连续两年召开全国高级法院院长座谈会部署工作，强调“加快形成符合中国国情、满足人民期待、体现司法规律、引领时代潮流的中国特色纠纷解决和诉讼服务模式”，同时五次带队专题调研一站式建设，明确了一站式建设的战略目标、职能定位、方法路径、重点任务等，为全国法院一盘棋推进工作指明了方向。

蓝图已绘就，一站式建设便迅速铺开：以全国人大代表马善祥、李金莲为代表的“老马工作室”、“金莲调解工作室”、黑龙江“说和人老李调解工作室”……一个个喊得出、叫得响的多元解纷品牌扎根中华大地，成为新时代司法为民的杰出样板；北京、上海、广东等多地法院畅通与工会、妇联、行业组织等对接渠道，为人民群众提供“菜单式”“定制式”调解服务；“寻乌经验”“龙山经验”“封调禹顺”多元化纠纷解决机制真正把矛盾纠纷化解在基层，彰显人民法院为民服务解难题的责任担当……一站式多元纠纷解决和诉讼服务体系建设真正实现“全天候”服务、“家门口”解纷，让人民群众感受到了实实在在的获得感。

向内要生产力，也要向外汇聚合力。作为在全国率先实现人民法院调解平台与工商联商会调解服务平台“总对总”对接的安徽法院，不断扩大多元解纷“朋友圈”，在深化一站式建设方面成绩亮眼：2020年度和2021年上半年，安徽法院一站式建设质效评估均位于全国法院第一方阵前列；滁州市中级人民法院创建的“司法赋能创建商会人民调解新模式”被纳入人民法院一站式建设十大典型经验，相关做法为优化营商环境、推动民营经济健康发展、促进社会和谐稳定作出了新贡献。

3年多来，一站式建设从夯基垒台到立柱架梁、精耕细作，人民群众对高效便捷、成本低廉解决纠纷机制的期待，正在人民法院大刀阔斧的改革中成为现实图景。

踏上新征程，奋斗正当时。人民法院必将继续坚持和发展新时代“枫桥经验”，推动一站式建设从“有”向“优”转变，让这条具有中国特色、符合中国实际的司法为民创新发展之路越走越宽广！

资料来源 人民法院报评论员.把非诉讼纠纷解决机制挺在前面[N]. 人民法院报，2023-08-18.

当然，诉讼数量的增加也可能是由于诉讼费用减少引起的。律师数量的增加使律师之间的竞争加剧，这是诉讼费用减少的原因之一。例如，在侵权案件中，律师通常收取“胜诉酬金”，即只有胜诉了，律师才收取大约判决价值1/3的酬金；如果败诉，律师则分文不取。假定某案件的判决价值为1 000美元，胜诉的概率为0.5，胜诉的酬金为0.3，那么，对律师来说，这一案件的预期价值就是150美元（1 000×0.5×0.3）。如果本案的准备和进行需要2小时，那么，律师每小时的报酬就是75美元。律师会权衡是否接下这个案件。如果律师有更多的赚钱机会，接下本案的机会成本就会增加，律师可能就不会接下本案；但如果律师数量众多，相互之间竞争激烈，那么律师接下本案的可能性就会上升。

诉讼以后可能是庭外和解，也可能是审判。由于审判的费用很高，故庭外和解的数量非常多。但还是有很多案件最终是通过审判来解决的，之所以如此，原因可能在于当事各方对审判的预期价值超过了和解的价值。因此，审判的根源之一就是乐观主义，在当事人认为他们会在审判中取胜时，他们就不会在协商中让步。一方面，在大多数情况下，当事人会取得和解并分享合作带来的剩余，这表明过分乐观会导致资源的浪费；另一方面，可以说明不过分乐观的当事人也可能出现资源浪费的情况。

那么，普通法的判决会导致有效率的结果吗？普通法的判决带有某些竞争性市场的因素，因为原告与被告相互竞争以达到他们自己的目的，因此，诉讼不需要法官有意识的帮助就可以使普通法得到发展，并导致有效率的法律结果。

具体来说，决定何时起诉以及在准备案件上花费多少，就像买进或卖出商品一样受自身利益的驱使。虽然诉讼人尽量争取自己胜诉，而不是去提高法律的效率，但结果就是法律效率的提高。个中的原因在于：

第一，选择性诉讼。假设无效法律比有效法律更有可能用于诉讼，那么无效法律就会在法庭上不断受到非难。在这种情况下，无效法律就可能被推翻或修改，而有效法律则会被保存下来。这种选择就像过滤器一样，将无效法律过滤掉，留下有效法律，最后，剩下的法律会随着时间的推移而变得更有效率。虽然这一过程不是法官有意进行的，但确实导致了法律制度的有效演进（考特和尤伦，1988）。

第二，法官有意识的努力。虽然法官在判决中可能没有明确地提到经济效率，但法官更喜欢有效率的法规，这是一种推进法律制度有效演进的有意识力量。例如，假设法院遇到一个新问题，它必须制定一部新的法律来解决这个新问题，那么，它制定的新法律是直接明确且范围有限还是模糊不清而范围宽泛呢？如果新法律范围太窄，它会将应该置于此范围之内的案件排除在外；如果新法律范围太宽，又会将不该置于此范围的案件包括进来。无论这两种情况中的哪种情况发生，都会给法官带来困扰。因此，理性的法官会根据自身的利益作出最佳取舍，考虑新法律包含过分与包含不足之间哪个危险性更大，以决定新法律的最佳范围。

第三，审判是要求法院作出判决的一项不确定事件，那么，法庭程序与不确定性下的经济决策的逻辑是一致的吗？如果答案是“一致的”，那么，法庭就会像明智的投机者那样作出不确定性下的判决；如果答案是“不一致的”，那么，根据经济学的不确定性理论，法院就是缺乏理性的。法庭程序的一个显著特点是，证据法规则不允许进行推理，证人不能把听到的东西或传闻当做证词提交给法庭，这与不确定条件下的投机者不同。另外，在民事诉讼中，原告必须用占优势的证据证明案件，这种证据不能以推理为基础，而是以目击者的报告为基础。这也与不确定条件下的投机者不同。然而，虽然程序规范有时与不确定条件下作出决策的经济规则相矛盾，但有时也是一致的。例如，当程序规范对法庭强行加以限制时，陪审团和法官就像明智的经济决策者那样在这些限定的范围内进行推理。程序规范规定了一个结构，其理由不一定是经济的，但在这个规定的结构内，经济逻辑同样起作用。

一个经济上的明智决策者从某些先验的信念开始，然后根据新的证据通过推理对原来的信念进行修改，以获得最大化。在法庭上，法官也用相同的方式对证据进行加工处理，他们根据认定的证据对原来的信念进行修改。此外，法官要求当事人中的一方有责任举证以证明其在纠纷中的立场。因此，民事诉讼中的原告通常必须用占优势的证据来证明自己受到的伤害以及被告行为的不合理性。

概言之，审判程序与不确定条件下的投资决策有异曲同工之妙，二者都可以看成在不确定条件下进行决策的过程，故都符合期望效用最大化的原则。

9.6 关于犯罪和刑法的经济理论

9.6.1 犯罪的基本要素

犯罪是任何社会都存在的现象，但不同的社会对犯罪的界定和惩罚程度是不同的，那么，如何界定犯罪和制定惩罚标准才是有效率的呢?

各国的法律对犯罪的定义并不一样。例如，成文法比普通法更为五花八门，而且更不符合情理（考特和尤伦，1988)。在法律经济学中，犯罪的基本要素是什么呢?

犯罪的第一个要素是犯罪意图。这就必须区别过失与犯罪，虽然每一种犯罪都有过失，但并不是所有的过失都构成犯罪。过失就是没有履行义务。在侵权行为中，造成损害的过失也要承担赔偿责任，但没有主观故意的过失并不承担刑事责任。相反，有主观故意且造成损害的过失称为犯罪，犯罪就要承担相应的刑事责任。因此，有主观故意是犯罪的首要因素。以驾车为例，小心谨慎，符合法定行为准则，一般不会伤害任何人，这时也就不存在过失。但鲁莽大意很可能给其他人带来危险，也违背了法定行为准则。犯罪则更为恶劣：故意伤害他人。所以，在涉及人身伤害的案件中，有无故意伤害他人的意图才是能否构成犯罪的标准。当然，这种故意也可以分成不同的层次，有轻微的故意，也有处心积虑的预谋。例如，犯罪可能出自一时冲动，事先没有任何预谋，也无意伺机行事，但有机遇降临时，就顺手牵羊地利用了这一机会；但犯罪也可能是预先精心策划的，作案者考虑了所有的可能性。

犯罪的第二个要素是伤害的对象。侵权行为伤害的是私人，而犯罪行为伤害的是公众，故侵权诉讼由受害者（原告）个人提出，而刑事诉讼由国家（公诉人，在中国是检察院）提出。犯罪有时候对个人来说可能不是伤害而是利益，但危害到国家和平与公共安全。例如，赌博、卖淫和贩毒的交易双方自认为是互惠互利的，但这些交易有很大的外部性，并威胁到社会治安。

故意犯罪却没有实际发生称为犯罪未遂。未遂和已遂在道德上同样不可饶恕，但未遂与已遂在刑法上所受到的处罚不一样，一般来说，对未遂的处罚要轻一些。从经济学意义上说，这样做的道理在于，如果未遂与已遂受到的处罚一样，那么，犯罪者就会无所顾忌地继续犯罪，直到已遂，因为继续犯罪成本并不增加；若未遂处罚比已遂轻，则继续犯罪的成本增加，及时中止犯罪就是理性的选择。

犯罪的第三个要素是制裁。有犯罪就必须有处罚，否则就不能有效地制止犯罪，就会使人们感到自己时刻处在被侵害的状态，这对社会来说是一种高不可攀的成本。另外，犯罪对于犯罪者来说一定有某种利益，而处罚则是他付出的成本。如果对犯罪不加以惩处，犯罪的收益就会超过成本，犯罪的动机就会得到强化，犯罪行为就会增加。相反，对犯罪的处罚加重，意味着犯罪的成本增加，就会减少犯罪行为。

对犯罪的处罚是多种多样的，民事赔偿不同于刑事制裁。民事赔偿由施害人承担受害人的全部损失，而刑事制裁虽使施害人受到了惩罚，受害人却没有得到任何好处。由于犯罪动机不一样，因而民事赔偿与刑事制裁往往相互独立。在刑事诉讼附带侵权诉讼的情况下，施害人除了赔偿受害人以外，还要承担刑事责任。但在谋杀未遂等犯罪案件中，由于受害者没有受到实际的损害，因而施害人不负责民事赔偿，但要承担刑事责任。

犯罪的第四个要素是举证标准。刑事案件中的起诉人比民事诉讼中的原告负有更大的举证责任。在民事诉讼中，原告必须提出占优势的证据以论证他的主张，即证据必须比对方更有说服力；在刑事案件中，起诉人必须证明他说的情况超出了合理怀疑范围之外，这一要求显然比民事诉讼中的占优势证据更高。之所以有这种规定或做法，是因为原告或起诉人提供证据的成本更低，且更有动机提供有力的证据以达到自己的目的（收益更高）。

概言之，犯罪共有四个要素，也可以称为犯罪意图、公众损害、制裁和超出合理怀疑范围的证明。

在侵权诉讼中，损害赔偿有两个基本原则：无差异和风险等价。如果一个人在无损害、无赔偿和有损害、有赔偿之间取得相等的效用，那么，此时得到的就是完美的补偿措施，也就实现了无差异原则；反之，如果二者不相等，就表明赔偿不是过大就是过小。

无差异原则并不适用于一些人身伤害案件，因为人们无法在失去生命或受伤而获得赔偿与无伤害、无赔偿之间取得相同的效用。也就是说，即使获得赔偿，人们也不愿意遭受车祸。然而，汽车带来的正效用大大超过负效用，因为大部分人宁愿冒着生命危险生活在有汽车的世界里，而不愿意生活在无汽车的世界里。那么，如何解决这一问题呢？理性的办法不是禁止驾驶，而是严禁人们故意制造车祸。具体来说，就是设立一种法律，惩罚违反这一规则的人，由此，我们得到一个观点：如果完美的损害赔偿是不可能的，那么，用侵权法代替刑法、用赔偿代替惩罚，可能是无效率的。因为如果完美的损害赔偿是不可能的，那么，损害赔偿就不能使侵权行为引起的外在伤害内在化，而如果伤害不能完全内在化，理性的自利者就会更进一步，干出比侵权更严重的事情来。

完美的损害赔偿即使在理论上可能，在实践中也会由于标准的确定而变得不可行，因为生命没有市价，失去一条腿也没有市价，因而存在讨价还价的困难。此外，即使生命有市价，也还存在一个问题，那就是受害者的利益虽然得到了保护，但其不受侵害的权利没有得到保护。这些都说明，单纯的损害赔偿并不是解决问题的好办法，由此，刑法的存在也就成为必然，刑法优于损害赔偿的理由也就变得充分了。

上述观点可以用偷窃的例子来说明。如果单纯运用损害赔偿法来解决偷窃问题，那么，由于窃贼偷窃的收益大于成本，偷窃就变得有利可图，这是因为窃贼偷窃被捕的概率大大小于1，万一不幸被抓获，偷窃1 000元财物最多也只赔偿1 000元。假设偷窃被抓的概率是0.5，那么他偷窃1 000元财物所付出的期望成本只有500元（1 000×0.5），而其收益是1 000元。因此，即使是完美的赔偿也使偷窃有利可图。而如果偷窃有利可图，理性的个人从事偷窃的动机将大大加强，社会财富将大大减少。这说明，用刑法来防止偷窃优于完美的赔偿。法律的作用就在于防止人们用偷窃的办法增加财富，鼓励人们通过自愿的交换来增加社会财富。

9.6.2　犯罪决策的经济解释

我们在前文指出了犯罪的四个基本要素，第一个基本要素就是犯罪有主观意图。这里要补充的是，也有一些犯罪没有主观故意。例如，一个男人与一个不满法定年龄的女人发生性行为，即使这个女人是自愿的，而且这个男人误以为她过了法定年龄，其行为仍然构成强奸罪。在这种情况下，该男人的本意并不是想与一个不满法定年龄的女人发生性行为，他无意以身试法，故没有犯罪的主观意图，但这并不能成为他没有犯罪的理由。同样，制造假冒伪劣产品、违章安装线路、非法行医等，行为者都无意触犯刑律，却构成了犯罪。这些无主观意图的犯罪称为严格责任犯罪。如果把这种严格责任犯罪行为也考虑进来，我们能否用经济学的理论来解释犯罪行为呢？答案是肯定的。

根据经济学的理论，决策者都是理性的，据此可以推论：有理性的犯罪一定是决策者通过犯罪可以获得更大的收益。以贪污为例，贪污者是在考虑了成本和收益以后作出贪污决策的。由于犯罪越严重，刑罚越严厉，在贪污的例子中，贪污的金额越大，惩罚也越大，但由于惩罚是在贪污行为被发现后作出的，因而这里存在一定的不确定性，这类似于不确定条件下的决策。假设贪污者贪污行为被发现的概率是0.5，那么，贪污1 000元而处罚2 000元所付出的预期成本是1 000元（2 000×0.5），此时收益与成本相等，贪污与不贪污无差异。但如果被发现的概率下降为0.2，那么，预期成本就变为400元，贪污的收益就大于成本，此时理性的贪污犯就会选择作案。这样看来，在贪污的金额一定时，一方面，对贪污处罚的程度越严厉（或罚金越大），贪污越不合算；反之，处罚越宽松，贪污越合算。另一方面，贪污被发现的概率越低，贪污的预期成本越小，贪污的收益就越可能超过成本或超过成本的程度越大；反之，被发现的概率越高，贪污的预期成本越高，贪污的动机就越被削弱。因此，处罚的程度及被发现的概率决定了贪污者的贪污决策。

当然，精明的罪犯在实际计算时是比较复杂的，犯罪的成本和收益不一定就是财物，也可能包括财物以外的因素，如犯罪后获得的精神上的满足感，但在原则上它们仍是相同的（考特和尤伦，1988）。因此，在实际生活中，有一套强有力的非刑事审判制度，如耻辱感、社会舆论的谴责等；而刑事审判机关也必须划分各种罪行的等级，以确定各种相应的惩罚措施。

从这种分析中可以看出，犯罪行为的发生以及对犯罪的惩罚符合经济学的理性选择原则，那么，对犯罪的刑事处罚能否有效地制止犯罪呢？如果犯罪是决策者深思熟虑的理性选择，结论肯定是预期刑罚的加重将导致犯罪行为的减少。但是，刑罚加重导致犯罪行为减少的程度如何呢？也就是说，犯罪行为对预期刑罚有多大弹性？

为了回答这一问题，人们提出了两大假设：第一个是“威慑假设”，它认为人们对刑事审判制度所包含的威慑刺激反应灵敏，因此，增加社会在拘捕、定罪和刑事审判方面的投入是减少犯罪数量和降低犯罪社会成本的最有效的政策处方；第二个是“不受威慑假设”，它认为罪犯不会因为刑事审判制度更为确定或更为严厉而减少犯罪，相反，犯罪是由复杂的社会经济和生理原因引起的，故减少犯罪和降低犯罪社会成本的办法应是根除犯罪的原因，如投入资源增加就业、保障基本的生活条件、心理抚慰或精神劝告等。这两种假设孰是孰非，目前还没有科学的证据，也许把二者结合起来更为合理。一方面，制定完善的刑事审判制度，以强化刑事处罚对犯罪行为的威慑力；另一方面，投入资源，消除引起犯罪的社会经济条件和心理因素。

本章小结

法律经济学主要考虑的是如何使法律制度或法庭的判决更符合经济效率原则，或者将经济学的理论和经验方法全面运用于法律制度分析。法律经济学研究的重点是普通法的中心内容——财产、合约和侵权，研究方法是经济学的个人主义，同时也运用案例分析和激励分析。在关于财产的经济分析中，法律经济学研究了四大问题：私人可以拥有什么财产？所有权是怎样建立起来的？所有者如何合法地处置其财产？如何保护产权以及如何赔偿对产权的侵犯？法律经济学认为，由私人所有的应是具有对抗性和排他性的私人产品，而由公共所有的应是具有非对抗性和非排他性的公共产品；所有权是作为谈判的结果自然而然地出现的；所有者在利用其财产时，不能因为其利用财产的行为而给别人造成成本，或者损害别人的利益；当产权受到侵犯时，法律对侵权行为的制裁必须根据对产权侵犯的不同性质而采取不同的措施。在关于合约的经济理论中，法律经济学讨论的主要问题是应该履行什么样的合约、违背可履行的合约应该给予什么补偿。法律经济学认为，作为交易的一部分所许下的承诺，在法律上是可以强制实行的；如果违背这种承诺，受害方应得到违约方支付的赔偿，且赔偿的数额刚好足以使他的处境恢复到履行合约时所得到的利益。施害者与受害者之间没有合约关系的损害行为称为侵权，侵权一旦发生，就要进行赔偿，赔偿必须考虑一个重要的效率原则，即通过损害赔偿把侵权行为所造成的外部损害内部化，以促使人们注意遵守法定预防标准，或通过增加故意侵权行为的预期成本来减少各类侵权行为的发生。由于诉讼不是免费的，大多数法律纠纷会通过协商解决，只有少数纠纷以审判而告终，而上诉程序可以使普通法发展成为关于财产、侵权和合约的在经济上有效率的法规。法律经济学还认为，犯罪是犯罪者理性选择的结果，因而通过增加社会在拘捕、定罪和刑事审判方面的资源投入而减少犯罪与降低犯罪的社会成本的办法可以达到减少甚至根除犯罪的效果。

基本概念

所有权　首先占有原则　谈判理论　规范的霍布斯定理　规范的科斯定理　衡平赔偿　损失赔偿　承诺　对价　瞬时交易　缓期交易　完全合约　立约抗辩　履约抗辩　补偿性损害赔偿　惩罚性损害赔偿　侵权行为　严格责任原则　疏忽原则　完美的补偿　法定预防标准

复习思考题

1. 法律经济学是研究什么的？
2. 法律经济学的研究方法有什么特点？
3. 关于财产的经济理论主要涉及哪四个基本问题？法律经济学是如何回答这些问题的？
4. 应该履行什么样的合约？如果违约，应该给予什么样的赔偿？
5. 什么是侵权行为？侵权赔偿应遵循什么原则？
6. 为什么大多数纠纷通过协商来解决？上诉程序能否使法律变得更有效率？
7. 如何界定犯罪行为和制定惩罚标准才是有效率的？
8. 根据法律经济学的分析，如何实现依法治国？

主要参考文献

［1］科斯.企业、市场与法律［M］.陈郁，译校.上海：上海三联书店，1990.

［2］波斯纳.法律的经济分析［M］.蒋兆康，译.北京：中国大百科全书出版社，1997.

［3］考特，尤伦.法和经济学［M］.张军，等译.上海：上海三联书店，上海人民出版社，1994.

［4］史晋川.法律经济学述评［J］.经济社会体制比较，2003（2）.

［5］熊秉元.法理的基因［M］.北京：东方出版社，2017.